Hans Christian Andersen
MÄRCHEN

Hans Christian Andersen

MÄRCHEN

Bilder von Nikolaus Heidelbach

Aus dem Dänischen von
Albrecht Leonhardt

Beltz & Gelberg

Konzeption sowie die Auswahl der Märchen besorgten gemeinsam
Hans-Joachim Gelberg und Nikolaus Heidelbach.

www.beltz.de
© 2004, 2007 Beltz & Gelberg
in der Verlagsgruppe Beltz · Weinheim Basel
Alle Rechte vorbehalten
Aus dem Dänischen von Albrecht Leonhardt
Neue Rechtschreibung
Einbandbild: Nikolaus Heidelbach
Druck: Himmer, Augsburg
Bindung: Druckhaus »Thomas Müntzer«, Bad Langensalza
Printed in Germany
ISBN 978-3-407-79927-2
1 2 3 4 5   10 09 08 07

Man soll jedes Ding bei seinem Namen nennen
und wagt man es im Allgemeinen nicht,
so soll man es im Märchen können.
Hans Christian Andersen

Inhalt

Das Feuerzeug   8

Es ist ganz gewiss   20

Die glückliche Familie   23

Der Kragen   28

Däumelinchen   31

Der Silberschilling   45

Der Gärtner und die Herrschaft   50

Die Störche   58

Im Entenhof   65

Die Nachtigall   73

Die Prinzessin auf der Erbse   86

Das hässliche Entlein   88

Ole Luköie   101

Die Teekanne   116

Der unartige Knabe   119

Des Kaisers neue Kleider   122

Der Wassertropfen   128

Die wilden Schwäne   130

Der fliegende Koffer   149

Tölpel-Hans   158

Das Sparschwein   163

Die Springer   166

Der standhafte Zinnsoldat   169

Die Schnecke und der Rosenstock   176

Die Hirtin und der Schornsteinfeger   179

Die Stopfnadel   186

Die kleine Meerjungfrau   190

Der Schweinehirt   219

Mutter Holunder   225

Das alte Haus   233

Die Kröte   243

Die Brautleute   252

Der Schmetterling   255

Der Schatten   258

Das kleine Mädchen mit den
   Schwefelhölzern   272

Der Mistkäfer   276

Das Heinzelmännchen beim Speckhöker   286

Der Hofhahn und der Wetterhahn   290

Herzeleid   294

Der Wandergefährte   297

Die Blumen der kleinen Ida   322

Der Schneemann   331

Die Schneekönigin   337

Das Feuerzeug 8

Das Feuerzeug

Es kam ein Soldat die Landstraße dahermarschiert: eins, zwei, eins, zwei! Er hatte seinen Tornister auf dem Rücken und einen Säbel an der Seite; denn er war im Krieg gewesen und nun wollte er nach Hause.

Da begegnete er einer alten Hexe auf der Landstraße; sie war abscheulich anzusehen, ihre Unterlippe hing ihr bis auf die Brust herab. Sie sagte: »Guten Abend, Soldat! Was für einen hübschen Säbel und was für einen großen Tornister du hast, du bist ein richtiger Soldat! Nun sollst du so viel Geld bekommen, wie du nur haben willst!«

»Schönen Dank auch, du alte Hexe!«, sagte der Soldat.

»Siehst du den großen Baum?«, sagte die Hexe und zeigte auf den Baum, der neben ihm stand. »Er ist innen ganz hohl! Du musst hinauf in den Wipfel klettern, dann wirst du ein Loch sehen, durch das du dich hinabgleiten lassen und tief hinunter in den Baum gelangen kannst. Ich werde dir einen Strick um den Leib binden, damit ich dich wieder heraufziehen kann, wenn du mich rufst!«

»Was soll ich denn da unten im Baum?«, fragte der Soldat.

»Geld holen!«, sagte die Hexe. »Du musst wissen, wenn du auf den Boden des Baumes hinunterkommst, bist du in einem großen Gang; dort ist es ganz hell, denn da brennen über hundert Lampen. Dann siehst du drei Türen, die kannst du aufmachen, denn der Schlüssel steckt darin. Gehst du in die erste Kammer hinein, so siehst du mitten auf dem Fußboden eine große Kiste, auf der ein Hund sitzt; der hat ein Paar Augen, so groß wie Teetassen; doch darum sollst du dich nicht kümmern! Ich gebe dir meine blau karierte Schürze mit, die kannst du auf dem Boden ausbreiten; dann geh rasch hin und nimm den Hund, setz ihn auf meine Schürze, öffne die Kiste und nimm so viele Schillinge heraus, wie du haben willst. Sie sind alle aus Kupfer. Willst du aber lieber Silber haben, dann musst du in das nächste Zimmer gehen. Aber dort sitzt ein Hund, der hat ein Paar Augen, so groß wie Mühlenräder; doch darum sollst du dich nicht kümmern, setz ihn auf meine

9

Schürze und nimm von dem Silber! Möchtest du dagegen Gold haben, so kannst du auch das bekommen, und zwar so viel, wie du tragen kannst, wenn du in die dritte Kammer hineingehst. Aber der Hund, der hier auf der Geldkiste sitzt, hat zwei Augen, jedes so groß wie der ›Runde Turm‹. Glaub mir, das ist ein richtiger Hund! Doch darum sollst du dich nicht kümmern! Setze ihn nur auf meine Schürze, dann tut er dir nichts, und nimm aus der Kiste so viel Gold, wie du nur willst!«

»Das wäre gar nicht so übel!«, sagte der Soldat. »Aber was soll ich dir geben, du alte Hexe? Denn etwas wirst du wohl haben wollen, denke ich!«

»Nein«, sagte die Hexe, »nicht einen einzigen Schilling will ich haben! Du sollst mir nur ein altes Feuerzeug mitbringen, das meine Großmutter vergaß, als sie das letzte Mal dort unten war!«

»Na, dann binde mir den Strick um den Leib!«, sagte der Soldat.

»Hier ist er«, sagte die Hexe, »und hier ist meine blau karierte Schürze.«

Nun kletterte der Soldat den Baum hinauf, ließ sich in das Loch hinunterfallen und stand nun, wie die Hexe gesagt hatte, unten in dem großen Gang, wo die vielen hundert Lampen brannten.

Jetzt machte er die erste Tür auf. Uh – da saß der Hund mit den Augen, so groß wie Teetassen und glotzte ihn an.

»Du bist ja ein netter Kerl!«, sagte der Soldat, setzte ihn auf die Schürze der Hexe und nahm so viele Kupferschillinge, wie er in seinen Taschen unterbringen konnte, schloss dann die Kiste, setzte den Hund wieder darauf und ging in das zweite Zimmer. Sieh an! Dort saß der Hund mit den Augen, so groß wie Mühlenräder.

»Du solltest mich nicht so anstarren!«, sagte der Soldat. »Du könntest Augenschmerzen bekommen!« Und dann setzte er den Hund auf die Schürze der Hexe.

Aber als er das viele Silbergeld in der Kiste sah, warf er all das Kupfergeld, das er hatte, fort und füllte die Taschen und seinen Tornister mit lauter Silber. Jetzt ging er in die dritte Kammer! – Nein, war das abscheulich! Der Hund da drinnen hatte wirklich zwei Augen, so groß wie der »Runde Turm« und die drehten sich im Kopf herum wie Räder!

»Guten Abend!«, sagte der Soldat und griff an die Mütze, denn einen sol-

Das Feuerzeug

chen Hund hatte er noch nie gesehen. Aber als er ihn eine Weile angeschaut hatte, dachte er: Nun mag es genug sein!, hob ihn auf den Boden und machte die Kiste auf. – Gott bewahre! Was war das für eine Menge Gold! Dafür konnte er ganz Kopenhagen und die Zuckerschweinchen der Kuchenfrauen, alle Zinnsoldaten, Peitschen und Schaukelpferde kaufen, die es in der Welt gab! Ja, das war wahrhaftig Gold!

Nun warf der Soldat all die Silberschillinge fort, mit denen er seine Taschen und seinen Tornister gefüllt hatte, und nahm stattdessen Gold, ja, alle Taschen,

Das Feuerzeug

der Tornister, die Mütze und die Stiefel wurden gefüllt, so dass er kaum gehen konnte. Jetzt hatte er Geld! Den Hund setzte er auf die Kiste, schlug die Tür zu und rief dann durch den Baum hinauf: »Jetzt zieh mich hinauf, du alte Hexe!«

»Hast du auch das Feuerzeug?«, fragte die Hexe.

»Wahrhaftig«, sagte der Soldat, »das hatte ich ganz vergessen«, und dann ging er und holte es. Die Hexe zog ihn herauf und dann stand er wieder auf der Landstraße, die Taschen, die Stiefel, den Tornister und die Mütze voll Gold.

»Was willst du denn mit dem Feuerzeug?«, fragte der Soldat.

»Das geht dich nichts an!«, sagte die Hexe. »Nun hast du ja dein Geld bekommen! Gib mir nur jetzt das Feuerzeug!«

»Schnickschnack!«, sagte der Soldat. »Du sagst mir jetzt auf der Stelle, was du damit anfangen willst, oder ich ziehe meinen Säbel und schlage dir den Kopf ab!«

»Nein«, sagte die Hexe.

Da schlug der Soldat ihr den Kopf ab, band all sein Gold in ihre Schürze, nahm es wie ein Bündel auf den Rücken, steckte das Feuerzeug in die Tasche und ging geradewegs in die Stadt.

Das Feuerzeug 12

Es war eine schöne Stadt, und in dem schönsten Wirtshaus kehrte er ein, verlangte die allerbesten Zimmer und Speisen, die er gern aß, denn nun war er reich, da er so viel Gold hatte.

Dem Diener, der seine Stiefel putzen sollte, schien es freilich, das wären sonderbare alte Stiefel, die so einem reichen Herrn gehörten; aber er hatte sich noch keine neuen gekauft. Am nächsten Tag schaffte er sich gute Stiefel und schöne Kleider an. Nun war der Soldat ein vornehmer Herr geworden, und die Leute erzählten ihm von all der Herrlichkeit, die es in ihrer Stadt gab, und von ihrem König und was für eine reizende Prinzessin seine Tochter sei.

»Wo kann man sie zu sehen bekommen?«, fragte der Soldat.

»Man kann sie überhaupt nicht zu sehen bekommen!«, sagten alle. »Sie wohnt in einem großen Kupferschloss mit vielen Mauern und Türmen ringsherum! Niemand außer dem König darf bei ihr ein und aus gehen, weil geweissagt worden ist, dass sie einen ganz gemeinen Soldaten heiraten wird, und das gefällt dem König nicht!«

Die möchte ich wohl sehen, dachte der Soldat, aber dazu konnte er ja gar keine Erlaubnis bekommen!

Nun lebte er recht lustig, ging ins Theater, fuhr in des Königs Garten und gab den Armen viel Geld, und das war recht getan. Er wusste wohl aus vergangenen Tagen, wie schlimm es war, nicht einen Schilling zu besitzen!

Er war jetzt reich, hatte hübsche Kleider und bekam daher viele Freunde, die alle sagten, er sei ein lieber Mensch, ein richtiger Kavalier, und das gefiel dem Soldaten. Da er aber jeden Tag Geld ausgab und nie etwas einnahm, so hatte er zuletzt nicht mehr als zwei Schillinge übrig und musste aus den schönen Zimmern ausziehen, in denen er gewohnt hatte, und hinauf in eine winzig kleine Kammer, dicht unter dem Dach; musste seine Stiefel selber putzen und sie mit einer Stopfnadel zusammennähen. Und keiner seiner Freunde kam zu ihm, denn man musste so viele Treppen hinaufsteigen.

Es war ein ganz dunkler Abend und er konnte sich nicht einmal ein Licht kaufen. Aber da fiel ihm ein, dass ein kleiner Stummel in dem Feuerzeug lag, das er aus dem hohlen Baum mitgenommen, in den die Hexe ihm hinuntergeholfen hatte. Er holte das Feuerzeug und den Lichtstummel hervor; aber gerade als er Feuer schlug und die Funken aus dem Feuerstein sprühten, sprang die Tür auf,

13   *Das Feuerzeug*

und der Hund mit den Augen, so groß wie Teetassen, den er unten im Baum gesehen hatte, stand vor ihm und sagte: »Was befiehlt mein Herr?«

»Was ist denn das?«, fragte der Soldat. »Das wäre ja ein lustiges Feuerzeug! Kann ich so bekommen, was ich haben will? – Schaff mir etwas Geld«, sagte er zu dem Hund und wupp, war der Hund fort und wupp, war er wieder da und hielt einen großen Beutel voller Schillinge in seinem Maul.

Nun wusste der Soldat, was für ein herrliches Feuerzeug das war! Schlug er einmal, so kam der Hund, der auf der Kiste mit dem Kupfergeld saß, schlug er zweimal, so kam der, welcher das Silbergeld hatte, und schlug er dreimal, dann kam der, welcher das Gold bewachte. – Jetzt zog der Soldat wieder hinunter in die schönen Zimmer, legte die guten Kleider an und gleich erkannten ihn alle seine Freunde wieder und hatten ihn gern.

Da dachte er einmal: Es ist doch etwas Sonderbares, dass man die Prinzessin nicht zu sehen bekommen kann! Sie soll so schön sein, sagen sie alle. Aber was hilft das schon, wenn sie allezeit in dem großen Kupferschloss mit den vielen Türmen sitzen soll? – Kann ich sie denn gar nicht zu sehen bekommen? – Wo ist denn mein Feuerzeug? Und dann schlug er Feuer und wupp, kam der Hund mit den Augen, so groß wie Teetassen.

»Es ist freilich mitten in der Nacht«, sagte der Soldat, »aber ich möchte so herzlich gerne die Prinzessin sehen, nur einen kleinen Augenblick!«

Der Hund war gleich zur Tür hinaus, und ehe der Soldat sich's versah, kam er mit der Prinzessin zurück. Sie saß auf dem Rücken des Hundes und schlief und war so wunderschön, dass jeder sehen konnte, dass es eine wirkliche Prinzessin war. Der Soldat konnte gar nicht anders, er musste sie küssen, denn er war ein richtiger Soldat.

Der Hund lief dann mit der Prinzessin zurück; aber als es Morgen wurde und der König und die Königin Tee tranken, sagte die Prinzessin, sie habe heute Nacht einen so seltsamen Traum von einem Hund und einem Soldaten geträumt. Sie sei auf dem Hund geritten und der Soldat habe sie geküsst.

»Das war ja eine nette Geschichte!«, sagte die Königin.

Nun sollte in der nächsten Nacht eine der alten Hofdamen am Bett der Prinzessin wachen, um zu sehen, ob es ein wirklicher Traum war oder was es sonst sein mochte.

Das Feuerzeug

Der Soldat sehnte sich so schrecklich danach, die schöne Prinzessin wieder zu sehen, und so kam denn der Hund in der Nacht, holte sie und lief, was er nur laufen konnte; aber die alte Hofdame zog Wasserstiefel an und lief ebenso schnell hinterher.

Als sie nun sah, dass sie in einem großen Haus verschwanden, dachte sie: Jetzt weiß ich, wo es ist, und machte mit einem Stück Kreide ein großes Kreuz an das Tor.

Das Feuerzeug

Dann ging sie heim und legte sich hin und der Hund kam auch wieder mit der Prinzessin zurück. Aber als er sah, dass ein Kreuz an das Tor des Hauses gemacht war, wo der Soldat wohnte, nahm er auch ein Stück Kreide und malte Kreuze auf alle Tore in der ganzen Stadt und das war klug gehandelt; denn nun konnte ja die Hofdame das richtige Tor nicht finden, da auf ihnen allen Kreuze waren.

Früh am Morgen kamen der König und die Königin, die alte Hofdame und alle Offiziere, um zu sehen, wo die Prinzessin gewesen war.

»Da ist es!«, sagte der König, als er das erste Tor mit einem Kreuz darauf sah.

»Nein, es ist dort, mein lieber Mann!«, sagte die Königin, die das zweite Tor mit einem Kreuz sah.

»Aber da ist eins und dort ist eins!«, sagten sie alle; wohin sie sahen, waren Kreuze an den Toren. Da begriffen sie, dass all ihr Suchen nichts helfen würde.

Aber die Königin war eine sehr kluge Frau, die mehr konnte als in der Kutsche fahren. Sie nahm ihre große goldene Schere, schnitt ein Stück Seidenstoff entzwei und nähte dann einen kleinen, niedlichen Beutel; den füllte sie mit feiner Buchweizengrütze, band ihn der Prinzessin auf den Rücken, und als das getan war, schnitt sie ein kleines Loch in den Beutel, so dass die Grütze auf dem ganzen Weg, den die Prinzessin einschlagen würde, herausrieseln konnte.

In der Nacht kam dann der Hund wieder, nahm die Prinzessin auf seinen Rücken und lief mit ihr zum Soldaten hin, der sie so lieb hatte und so gern ein Prinz gewesen wäre, um sie zur Frau zu bekommen. Der Hund merkte gar nicht, wie die Grütze herausrieselte vom Schloss drüben bis zum Fenster des Soldaten, wo der Hund mit der Prinzessin die Mauer hinauflief. Am Morgen sahen nun der König und die Königin wohl, wo ihre Tochter gewesen war, und da nahmen sie den Soldaten und setzten ihn ins Gefängnis. Da saß er nun. Hu, wie dunkel und langweilig es dort war! Dann sagten sie zu ihm: »Morgen wirst du gehängt!«

Das hörte sich nicht lustig an und sein Feuerzeug hatte er im Wirtshaus vergessen. Am Morgen sah er durch das Eisengitter des kleinen Fensters, wie die Leute aus der Stadt eilten, um zu sehen, wie man ihn hängte. Er hörte die Trommeln und sah die Soldaten marschieren. Alle Menschen liefen hinaus. Da war auch ein Schusterjunge mit Schurzfell und Pantoffeln; der lief so im Galopp, dass er seinen einen Pantoffel verlor, der gerade gegen die Mauer flog, wo der Soldat saß und zwischen dem Eisengitter hinausguckte.

Das Feuerzeug

»He, du, Schusterjunge! Du brauchst keine solche Eile zu haben«, sagte der Soldat zu ihm, »bevor ich komme, kann es nicht losgehen! Aber wenn du hinlaufen willst, wo ich gewohnt habe, und mir mein Feuerzeug holst, dann sollst du vier Schillinge bekommen! Aber du musst die Beine in die Hand nehmen!«

Der Schusterjunge wollte die vier Schillinge gern verdienen und rannte davon, um das Feuerzeug zu holen, gab es dem Soldaten und – ja, nun werden wir hören!

Draußen vor der Stadt war ein großer Galgen errichtet, ringsherum standen die Soldaten und viele hunderttausend Menschen. Der König und die Königin saßen auf einem schönen Thron, dem Richter und dem ganzen Rat gerade gegenüber.

Der Soldat stand schon oben auf der Leiter; aber als sie ihm den Strick um den Hals legen wollten, sagte er, dass man einem Sünder ja immer, bevor er seine Strafe erleide, die Erfüllung eines unschuldigen Wunsches gewähre. Er wolle so gern eine Pfeife Tabak rauchen; es sei ja die letzte Pfeife, die er in dieser Welt bekomme.

Das wollte ihm nun der König nicht abschlagen und so nahm der Soldat sein Feuerzeug und schlug Feuer: eins, zwei, drei! Und da standen alle Hunde, der mit den Augen, so groß wie Teetassen, der mit den Augen wie Mühlräder und der, welcher Augen hatte, so groß wie der »Runde Turm«.

»Helft mir jetzt, dass ich nicht gehängt werde!«, sagte der Soldat und da fuhren die Hunde auf den Richter und den ganzen Rat los, packten den einen bei den Beinen und einen an der Nase und warfen sie viele Klafter hoch in die Luft, so dass sie niederfielen und ganz in Stücke sprangen.

»Ich will nicht!«, sagte der König, aber der größte Hund packte sowohl ihn als auch die Königin und warf sie hinter allen anderen drein. Da erschraken die Soldaten und alle Leute riefen: »Kleiner Soldat, du sollst unser König sein und die schöne Prinzessin haben!«

Dann setzten sie den Soldaten in des Königs Kutsche und alle drei Hunde tanzten vorneweg und riefen: »Hurra!« Und die Jungen pfiffen durch die Finger und die Soldaten präsentierten das Gewehr. Die Prinzessin kam heraus aus dem Kupferschloss und wurde Königin und das gefiel ihr gut! Die Hochzeit dauerte acht Tage und die Hunde saßen mit zu Tisch und machten große Augen.

Das Feuerzeug

Es ist ganz gewiss

Das ist eine fürchterliche Geschichte«, sagte eine Henne, und zwar drüben in dem Viertel der Stadt, wo die Geschichte nicht passiert war. »Das ist eine fürchterliche Geschichte im Hühnerhaus! Ich wage es nicht, heute Nacht allein zu schlafen! Es ist gut, dass wir so viele beisammen sind auf der Stiege.« Und dann erzählte sie, so dass den andern Hühnern die Federn zu Berge standen und der Hahn den Kamm fallen ließ. Es ist wahrhaftig wahr!

Aber wir wollen mit dem Anfang anfangen und der ging in dem andern Viertel der Stadt in einem Hühnerhaus vor sich. Die Sonne ging gerade unter und die Hühner flogen auf ihre Stange. Eins von ihnen war weiß gefiedert und

kurzbeinig, es legte seine vorgeschriebenen Eier und war als Henne in jeder Beziehung achtbar. Als es auf die Stiege kam, zupfte es sich mit dem Schnabel und da fiel ihm eine kleine Feder aus.

»Da liegt sie«, sagte es. »Je mehr ich mich zupfe, desto schöner werde ich wohl!«

Und das war im Scherz gesagt; denn dieses Huhn war das heitere Gemüt unter den Hennen, im Übrigen, wie gesagt, sehr achtbar; und dann schlief es ein.

Dunkel war es ringsumher, Henne saß neben Henne, und die, welche der Weißgefiederten am nächsten saß, schlief nicht; sie hörte, und sie hörte auch wieder nicht, wie man es ja tun soll in dieser Welt, um in Ruhe leben zu können. Aber ihrer anderen Nachbarin musste sie es doch sagen: »Hast du gehört, was hier gesagt wurde? Ich nenne niemand, aber es gibt eine Henne, die sich rupfen will, um gut auszusehen. Wäre ich Hahn, ich würde sie verachten!«

Und gerade über den Hühnern saß die Eule mit Eulenmann und Eulenkindern; sie hatten scharfe Ohren in dieser Familie, sie hörten jedes Wort, das die Nachbarhenne sagte. Und sie rollten mit den Augen und Eulenmutter fächerte sich mit den Flügeln: »Hört nur nicht darauf; aber ihr habt wahrscheinlich gehört, was gesagt wurde? Ich hörte es mit meinen eigenen Ohren, und man muss viel hören, ehe sie einem abfallen! Da ist eine von den Hennen, die in einem solchen Maße vergessen hat, was sich für eine Henne schickt, dass sie dasitzt und sich alle Federn ausrupft und es den Hahn mit ansehen lässt.«

»Prenez garde aux enfants!«, sagte Eulenvater. »Das ist nichts für die Kinder!«

»Ich will es doch der Nachbareule erzählen, sie ist so eine achtbare Eule im Umgang!« Und dann flog Mutter fort.

»Huhu! Uhu!«, heulten sie beide, und das gerade in den Taubenschlag des Nachbarn zu den Tauben hinein.

»Habt ihr es gehört, habt ihr es gehört! Uhu! Da ist eine Henne, die sich um des Hahnes willen alle Federn ausgerupft hat! Sie wird erfrieren, wenn das nicht schon geschehen ist, uhu!«

»Wo? Wo?«, gurrten die Tauben.

»Im Hof des Nachbarn. Ich habe es so gut wie selbst gesehen. Es ist beinahe unpassend, die Geschichte zu erzählen. Aber es ist ganz gewiss!«

»Wir glauben, wir glauben jedes einzelne Wort«, sagten die Tauben und gurrten hinunter in den Taubenhof: »Da ist eine Henne, ja, es gibt einige, die sagen, dass es zwei sind, die sich alle Federn ausgerupft haben, um nicht so wie die andern auszusehen und dadurch die Aufmerksamkeit des Hahnes zu erwecken. Das ist ein gewagtes Spiel, man kann sich erkälten und am Fieber sterben; und sie sind alle beide gestorben!«

»Wacht auf! Wacht auf!«, krähte der Hahn und flog auf den Bretterzaun; der Schlaf saß ihm noch in den Augen, aber er krähte dennoch: »Es sind drei Hühner aus unglücklicher Liebe zu einem Hahn gestorben; sie haben sich alle Federn ausgerupft. Das ist eine scheußliche Geschichte; ich will sie nicht für mich behalten, lasst sie weitergehen!«

»Lasst sie weitergehen!«, pfiffen die Fledermäuse und die Hühner gluckten und die Hähne krähten: »Lasst sie weitergehen! Lasst sie weitergehen!« Und dann ging die Geschichte von Hühnerhaus zu Hühnerhaus und zuletzt zurück an den Ort, von dem sie eigentlich ausgegangen war.

»Da sind fünf Hühner«, hieß es, »die sich alle Federn ausgerupft haben, um zu zeigen, welches von ihnen aus Liebeskummer um den Hahn am magersten geworden sei, und dann hackten sie sich gegenseitig blutig und fielen tot um zur Schmach und Schande für ihre Familie und zum großen Verlust für den Besitzer.«

Und die Henne, welche die lose kleine Feder verloren hatte, kannte natürlich ihre eigene Geschichte nicht wieder, und da sie eine achtbare Henne war, sagte sie: »Ich verachte diese Hühner; aber es gibt mehr von der Art. So etwas soll man nicht verschweigen, und ich will das Meine dazutun, dass diese Geschichte in die Zeitung kommt, dann geht sie durch das ganze Land; das haben diese Hühner verdient und die Familie auch.«

Und es kam in die Zeitung und es wurde gedruckt und es ist ganz gewiss: Eine kleine Feder kann sehr wohl zu fünf Hühnern werden.

Die glückliche Familie

Das größte grüne Blatt hierzulande, das ist doch wohl das Ampferblatt; hält man es vor seinen kleinen Bauch, dann ist es wie eine richtige Schürze, und legt man es auf seinen Kopf, dann ist es bei Regenwetter fast so gut wie ein Schirm, denn es ist gewaltig groß. Niemals wächst eine Ampfer allein, nein, wo eine wächst, da wachsen mehrere, es ist eine wahre Pracht und all diese Pracht ist Schneckenkost. Die großen, weißen Schnecken, die vornehme Leute in alten Zeiten als Frikassee zubereiten ließen, aßen und dabei sagten: »Hm, wie das schmeckt!«, denn sie glaubten eben, es schmecke so herrlich, die lebten von Ampfernblättern und deshalb wurden die Ampfern gesät.

Nun war da ein alter Herrenhof, wo man keine Schnecken mehr aß, sie waren ganz ausgestorben. Aber die Ampfern waren nicht ausgestorben, sie wuchsen und wuchsen über alle Pfade und Beete, man konnte sie gar nicht mehr kleinkriegen, es war ein ganzer Ampfernwald. Hier und da stand ein Apfel- oder Pflaumenbaum, sonst hätte man sich wohl niemals denken können, dass es ein Garten sei; alles war Ampfer und darin wohnten die beiden letzten, uralten Schnecken.

Sie wussten selbst nicht, wie alt sie waren; aber sie konnten sich gut daran erinnern, dass sie einmal viel zahlreicher gewesen, dass sie von einer Familie aus fremden Ländern abstammten und dass der ganze Wald für sie und die Ihrigen gepflanzt worden war. Sie hatten ihn nie verlassen, aber sie wussten, dass es noch etwas in der Welt gab, das Herrenhof hieß, dort oben wurde man gekocht und dann wurde man schwarz und dann kam man auf eine silberne Schüssel, aber was weiter geschah, wusste man nicht. Wie es übrigens war, gekocht zu werden und auf einer silbernen Schüssel zu liegen, konnten sie sich nicht denken, aber schön sollte es sein und überaus vornehm. Weder der Maikäfer noch die Kröte oder der Regenwurm, die sie fragten, konnten Auskunft geben, keiner von ihnen war gekocht worden oder hatte auf einer silbernen Schüssel gelegen.

Die alten, weißen Schnecken waren die vornehmsten in der Welt, das wussten sie; der Wald war ihretwegen da, und der Herrenhof war da, damit sie gekocht und auf eine silberne Schüssel gelegt werden konnten.

Sie lebten nun sehr einsam und glücklich, und da sie selbst keine Kinder hatten, so hatten sie eine kleine, gewöhnliche Schnecke zu sich genommen, die sie aufzogen wie ihr eigenes Kind. Der Kleine wollte nicht wachsen, denn er war gewöhnlich; aber die Alten, besonders Mutter, Schneckenmutter, meinte doch bemerken zu können, wie er zunahm, und sie bat Vater, falls er es nicht sehen könne, möge er das kleine Schneckenhaus doch befühlen, und da befühlte er es und fand, dass Mutter Recht habe.

Eines Tages fiel heftiger Regen. »Hör, wie es auf die Ampfern tromme-romme-rommelt!«, sagte Schneckenvater.

»Es kommen aber auch Tropfen!«, sagte Schneckenmutter. »Es läuft ja nur so am Stängel herab. Warte nur ab, hier wird es nass! Ich bin froh, dass wir unser gutes Haus haben und dass auch der Kleine eins hat. Für uns ist wahrlich mehr getan worden als für alle andern Geschöpfe; man sieht doch deutlich, dass wir die Herrschaften in der Welt sind. Wir haben ein Haus von Geburt an und der Ampfernwald ist unsertwegen gesät! Ich möchte wissen, wie weit er sich erstreckt und was außerhalb von ihm ist!«

»Es ist nichts außerhalb«, sagte Schneckenvater. »Besser als bei uns kann es nirgends sein und ich habe nichts zu wünschen!«

»Doch«, sagte Mutter, »ich möchte wohl auf den Herrenhof kommen, gekocht und auf eine silberne Schüssel gelegt werden. Das ist mit allen unsern Vorfahren geschehen, und du kannst dich darauf verlassen, es ist etwas Apartes daran!«

»Der Herrenhof ist möglicherweise eingestürzt«, sagte Schneckenvater, »oder der Ampfernwald ist über ihn hinweggewachsen, so dass die Menschen nicht herauskönnen. Es hat doch auch keine Eile; aber du eilst immer so entsetzlich und der Kleine fängt auch schon damit an; ist er nun nicht in drei Tagen an diesem Stängel emporgekrochen? Ich bekomme Kopfschmerzen, wenn ich zu ihm hinaufschaue!«

»Du darfst nicht schimpfen«, sagte Schneckenmutter. »Er kriecht so bedächtig, wir werden schon noch Freude an ihm haben, und sonst haben wir Alten ja

Die glückliche Familie

Die glückliche Familie

nichts, wofür wir leben. Aber hast du daran gedacht: Wo kriegen wir eine Frau für ihn her? Glaubst du nicht, dass da drinnen im Ampfernwald irgendwo jemand von unserer Art sein könnte?«

»Schwarze Schnecken wird es dort sicher geben«, sagte der Alte, »schwarze Schnecken ohne Haus, aber das ist so simpel und die bilden sich was ein; aber wir könnten die Ameisen damit beauftragen, sie laufen hin und her, als hätten sie etwas zu tun, die wissen sicher eine Frau für unsern kleinen Schneck.«

»Wir wissen freilich die allerschönste«, sagten die Ameisen, »aber wir fürchten, das wird nicht gehen, denn sie ist Königin.«

»Das macht nichts«, sagte der Alte. »Hat sie ein Haus?«

»Sie hat ein Schloss«, sagten die Ameisen, »das schönste Ameisenschloss mit siebenhundert Gängen.«

»Danke schön!«, sagte die Schneckenmutter. »Unser Sohn soll nicht in einen Ameisenhaufen! Wenn ihr nichts Besseres wisst, dann geben wir den weißen Mücken den Auftrag, die fliegen weit umher in Regen und Sonnenschein, die kennen den Ampfernwald von innen und außen.«

»Wir haben eine Frau für ihn«, sagten die Mücken, »hundert Menschenschritte von hier sitzt auf einem Stachelbeerbusch eine kleine Schnecke mit Haus; sie ist ganz einsam und alt genug, um zu heiraten. Es sind nur hundert Menschenschritte!«

»Ja, lasst sie zu ihm kommen!«, sagten die Alten. »Er hat einen Ampfernwald, sie hat nur einen Busch!«

Und dann holten sie das kleine Schneckenfräulein. Es dauerte acht Tage, ehe sie kam, aber das war gerade das Angenehme dabei, so konnte man sehen, dass sie von der rechten Art war.

Und darauf hielten sie Hochzeit. Sechs Glühwürmchen leuchteten, so gut sie konnten; im Übrigen verlief alles still, denn die alten Schneckenleute konnten Zecherei und Munterkeit nicht vertragen. Aber eine schöne Rede wurde von Schneckenmutter gehalten; Vater konnte nicht, er war zu bewegt. Und dann gaben sie ihnen den ganzen Ampfernwald als Erbschaft und sagten, was sie immer gesagt hatten, dass er das Beste in der Welt sei, und wenn sie redlich und anständig lebten und sich vermehrten, würden sie und ihre Kinder einmal auf den Herrenhof kommen, schwarz gekocht und auf eine silberne Schüssel gelegt werden.

Die glückliche Familie

Und nachdem diese Rede gehalten war, zogen sich die Alten in ihr Haus zurück und kamen nie mehr heraus; sie schliefen.

Das junge Schneckenpaar regierte im Wald und bekam eine große Nachkommenschaft, aber sie wurden nie gekocht und kamen nie auf eine silberne Schüssel. So schlossen sie daraus, dass der Herrenhof eingestürzt und alle Menschen in der Welt ausgestorben seien. Und da niemand ihnen widersprach, musste es ja wahr sein.

Und der Regen trommelte auf die Ampfernblätter, um ihretwegen Musik zu machen; und die Sonne schien, um dem Ampfernwald ihretwegen Farbe zu geben. Und sie waren sehr glücklich und die ganze Familie war glücklich, das war sie wirklich.

Die glückliche Familie

Der Kragen

Es war einmal ein feiner Kavalier, dessen ganzer Hausrat aus einem Stiefelknecht und einer Haarbürste bestand. Aber er hatte den schönsten Halskragen der Welt und von diesem Kragen werden wir eine Geschichte hören. Er war jetzt so alt, dass er daran dachte, sich zu verheiraten, und da traf es sich, dass er mit einem Strumpfband in die Wäsche kam.

»Nein!«, sagte der Kragen. »Etwas so Schlankes und so Feines, so Weiches und so Allerliebstes habe ich wahrhaftig noch nie gesehen! Darf ich mich nach Ihrem Namen erkundigen?«

»Den sage ich nicht«, sagte das Strumpfband.

»Wo sind Sie denn zu Hause?«, fragte der Kragen.

Aber das Strumpfband war schüchtern von Natur und fand, es sei etwas sonderbar, darauf zu antworten. »Sie sind wohl ein Leibband?«, sagte der Kragen. »So ein inwendiges Leibband? Ich sehe schon, Sie sind zum Nutzen und auch zum Schmuck da, kleine Jungfrau!«

»Sie dürfen mich nicht ansprechen!«, sagte das Strumpfband. »Ich finde, ich habe gar keine Veranlassung dazu gegeben.«

»Doch, wenn man so schön ist wie Sie!«, sagte der Kragen. »Das ist Anlass genug.«

»Kommen Sie mir nicht so nahe«, sagte das Strumpfband. »Sie sehen so männlich aus.«

»Ich bin auch ein feiner Kavalier!«, sagte der Kragen. »Ich habe einen Stiefelknecht und eine Haarbürste!« Das war gar nicht wahr, denn nur sein Herr hatte sie; aber er prahlte damit.

»Kommen Sie mir nicht nahe!«, sagte das Strumpfband. »Das bin ich nicht gewohnt.«

»Zimperliese!«, sagte der Kragen und dann wurden sie aus der Wäsche genommen; sie wurden gestärkt, hingen auf dem Stuhl im Sonnenschein und wurden auf das Plättbrett gelegt; dort kam das warme Eisen.

»Frau Witwe«, sagte der Kragen, »kleine Frau Witwe! Mir wird ganz warm. Ich werde ein ganz anderer, ich komme ganz aus den Falten, Sie brennen ein Loch in mich hinein! Oh! – Ich freie um Sie!«

»Lump!«, sagte das Plätteisen und ging stolz über den Kragen hinweg, denn es bildete sich ein, es sei ein Dampfkessel, der zur Eisenbahn kommen und Wagen ziehen sollte.

»Lump!«, sagte es.

Der Kragen war an den Rändern ein wenig ausgefranst, deshalb kam die Papierschere, um die Fransen abzuschneiden.

»Oh!«, sagte der Kragen. »Sie sind sicher Solotänzerin! Wie Sie die Beine strecken können! Das ist das Reizendste, was ich jemals gesehen habe. Das kann Ihnen kein Mensch nachmachen.«

»Das weiß ich!«, sagte die Schere.

»Sie verdienten es, Gräfin zu sein«, sagte der Kragen. »Alles, was ich besitze, ist ein feiner Kavalier, ein Stiefelknecht und eine Haarbürste. – Hätte ich doch eine Grafschaft!«

»Wollen Sie etwa freien?«, fragte die Schere, denn sie wurde böse; und dann gab sie ihm einen ordentlichen Schnitt und da war er erledigt.

»Ich sollte wohl lieber um die Bürste freien«, sagte der Kragen. »Es ist merkwürdig, wie Sie alle Ihre Haare behalten haben, kleines Fräulein. Haben Sie nie an eine Verlobung gedacht?«

»Doch, das sollten Sie eigentlich wissen!«, sagte die Haarbürste. »Ich bin ja mit dem Stiefelknecht verlobt!«

»Verlobt?«, sagte der Kragen; jetzt gab es keine mehr, um die er freien konnte, und da verachtete er die Freierei.

Eine lange Zeit verging, dann kam der Kragen in eine Kiste beim Papiermüller; dort war große Lumpengesellschaft, die feinen für sich, die groben für sich, so wie es sein soll. Sie hatten alle viel zu erzählen, aber der Kragen am meisten, er war ein richtiger Prahlhans.

»Ich habe so schrecklich viele Liebschaften gehabt«, sagte der Kragen, »man ließ mir keine Ruhe! Ich war allerdings auch ein feiner Kavalier, mit Stärke! Ich hatte einen Stiefelknecht und eine Haarbürste, die ich nie benutzte. Sie hätten mich damals sehen sollen, mich sehen sollen, als man mich umgelegt hatte! Ich werde nie meine erste Liebe vergessen; es war ein Leibband, so fein, so weich und so allerliebst; sie stürzte sich meinetwegen in einen Wasserkübel! Da war auch eine verwitwete Dame, die glühend wurde, aber ich ließ sie stehen und schwarz werden. Da war die Solotänzerin, die gab mir die Wunde, mit der ich jetzt herumlaufe, sie war so wild! Meine eigene Haarbürste war in mich verliebt und verlor alle ihre Haare aus Liebeskummer. Ja, ich habe viel dergleichen erlebt. Aber am meisten tut es mir Leid um das Strumpfband – ich meine das Leibband, das in den Wasserkübel ging. Ich habe viel auf dem Gewissen, es drängt mich geradezu, weißes Papier zu werden.«

Und das wurde er, alle Lumpen wurden weißes Papier; aber der Kragen wurde gerade zu diesem Stück weißem Papier, das wir hier sehen und auf das diese Geschichte gedruckt ist. Und das geschah, weil er so fürchterlich mit dem geprahlt hatte, was nie gewesen war; und daran sollten wir denken, damit wir uns nicht ebenso benehmen. Denn wir können wirklich nicht wissen, ob wir nicht auch einmal in die Lumpenkiste kommen und zu weißem Papier werden, auf das unsere ganze Geschichte abgedruckt wird, selbst die allergeheimste, und wir dann selbst herumlaufen und sie erzählen müssen wie der Kragen.

Däumelinchen

Es war einmal eine Frau, die so gerne ein kleines, winziges Kind haben wollte; aber sie wusste gar nicht, wo sie es herbekommen sollte. Da ging sie zu einer alten Hexe und sagte zu ihr: »Ich möchte so von Herzen gern ein kleines Kind haben, willst du mir nicht sagen, wo ich es herbekommen kann?«

»Doch, das werden wir schon herausfinden«, sagte die Hexe. »Hier hast du ein Gerstenkorn, es ist nicht etwa von der Sorte, wie sie auf dem Feld des Bauern wachsen oder wie sie die Hühner zu fressen kriegen, lege es in einen Blumentopf, dann wirst du etwas zu sehen bekommen!«

»Ich danke dir«, sagte die Frau und gab der Hexe zwölf Schillinge, ging heim, pflanzte das Gerstenkorn und gleich wuchs eine große, schöne Blume empor. Sie sah ganz so aus wie eine Tulpe, aber die Blätter schlossen sich fest zusammen, gerade als ob sie noch eine Knospe wäre.

»Das ist eine allerliebste Blume«, sagte die Frau und küsste sie auf die feinen roten und gelben Blätter; aber gerade indem sie die Blume küsste, öffnete sie sich mit einem großen Knall. Es war eine wirkliche Tulpe, konnte man sehen, aber mitten in der Blume auf dem grünen Stuhl saß ein winzig kleines Mädchen, so fein und lieblich. Sie war nicht größer als ein Daumen und deshalb wurde sie Däumelinchen genannt.

Eine stattliche, lackierte Walnussschale bekam sie als Wiege, blaue Veilchenblätter waren ihre Matratzen und ein Rosenblatt ihre Bettdecke. Dort schlief sie des Nachts, am Tage aber spielte sie auf dem Tisch, wo die Frau einen Teller hingestellt und ringsum mit einem Kranz von Blumen umgeben hatte, deren Stängel im Wasser staken. Darin schwamm ein großes Tulpenblatt, und auf diesem durfte Däumelinchen sitzen und von der einen Seite des Tellers auf die andere segeln; sie hatte zwei weiße Pferdehaare, mit denen sie ruderte. Das sah wirklich reizend aus. Sie konnte auch singen. Oh, so hübsch und fein, wie man es hier noch nie gehört hatte!

Eines Nachts, als sie in ihrem schönen Bett lag, kam eine hässliche Kröte zum Fenster hereingehüpft, denn eine Scheibe war entzwei. Die Kröte war so garstig, groß und nass, sie hüpfte gerade auf den Tisch hinunter, wo Däumelinchen lag und unter dem roten Rosenblatt schlief. »Das wäre eine schöne Frau für meinen Sohn« sagte die Kröte, und dann ergriff sie die Walnussschale, in der Däumelinchen schlief, und hüpfte mit ihr fort durchs Fenster in den Garten hinunter.

Dort floss ein großer, breiter Bach, aber am Ufer war es sumpfig und schlammig; hier wohnte die Kröte mit ihrem Sohn. Hu! Er war auch hässlich und garstig und glich seiner Mutter aufs Haar. »Koaks, koaks, brekke-ke-keks!« Das war alles, was er sagen konnte, als er das liebliche kleine Mädchen in der Walnussschale sah.

»Sprich nicht so laut, sonst wacht sie auf!«, sagte die alte Kröte. »Noch könnte sie uns davonlaufen, denn sie ist so leicht wie Schwanenflaum. Wir wollen sie draußen im Bach auf eines der breiten Seerosenblätter setzen, das ist für sie, die so leicht und klein ist, gerade wie eine Insel. Dort kann sie uns nicht fortlaufen, während wir die Staatsstube unter dem Schlamm instand setzen, wo ihr wohnen und hausen sollt.«

Draußen im Bach wuchsen so viele Seerosen mit den breiten grünen Blättern, die aussehen, als schwämmen sie oben auf dem Wasser. Das Blatt, das am weitesten draußen lag, war auch das allergrößte. Dorthin schwamm die alte Kröte und setzte die Walnussschale mit Däumelinchen ab.

Das winzige, arme Wesen erwachte sehr früh am Morgen, und als es sah,

Däumelinchen

wo es sich befand, begann es bitterlich zu weinen; denn auf allen Seiten des großen grünen Blattes war Wasser, es konnte gar nicht ans Land kommen.

Die alte Kröte saß unten im Schlamm und schmückte ihre Stube mit Schilf und gelben Seerosenknospen, es sollte richtig nett für die neue Schwiegertochter werden. Dann schwamm sie mit dem hässlichen Sohn zu dem Blatt hinaus, wo Däumelinchen stand. Sie wollten ihr hübsches Bett holen, das sollte in der Brautkammer aufgestellt werden, bevor sie selbst dorthin kam. Die alte Kröte verneigte sich im Wasser tief vor ihr und sagte: »Hier kannst du meinen Sohn sehen, er soll dein Mann sein und ihr werdet so hübsch unten im Schlamm wohnen!«

»Koaks, koaks, brekke-ke-keks!« Das war alles, was der Sohn sagen konnte.

Dann nahmen sie das stattliche kleine Bett und schwammen damit fort. Däumelinchen aber saß ganz allein auf dem grünen Blatt und weinte; denn sie wollte nicht bei der garstigen Kröte wohnen und auch ihren hässlichen Sohn nicht zum Manne haben. Die kleinen Fische, die unten im Wasser schwammen, hatten die Kröte wohl gesehen und gehört, was sie gesagt hatte; deshalb streckten sie die Köpfe aus dem Wasser. Sie wollten das kleine Mädchen doch gern einmal sehen. Sobald sie sie erblickt hatten, erschien sie ihnen so lieblich, und es tat ihnen Leid, dass sie zu der hässlichen Kröte hinuntersollte. Nein, das durfte nie geschehen! Sie scharten sich unten im Wasser um den grünen Stängel, der das Blatt hielt, auf dem sie stand, nagten den Stängel mit den Zähnen durch, und dann trieb das Blatt den Bach hinab, fort mit Däumelinchen, weit fort, wo die Kröte nicht hinkommen konnte.

Däumelinchen segelte an vielen Orten vorüber und die kleinen Vögel saßen in den Büschen, sahen sie und sangen: »Welch liebliche kleine Jungfrau!« Immer weiter und weiter schwamm das Blatt mit ihr fort; so reiste Däumelinchen außer Landes. Ein schöner kleiner weißer Schmetterling flog beständig um sie herum und setzte sich schließlich auf das Blatt nieder, denn er mochte Däumelinchen so gut leiden, und sie war so vergnügt; denn nun konnte die Kröte sie nicht erreichen, und es war so herrlich, wo sie segelte. Die Sonne schien auf das Wasser, es war wie das schimmernde Gold. Dann nahm sie ihr Gürtelband, knüpfte das eine Ende um den Schmetterling und befestigte das andere Ende an dem Blatt; das glitt nun viel schneller dahin und sie mit, denn sie stand ja auf dem Blatt.

Auf einmal kam ein großer Maikäfer angeflogen, der gewahrte sie, und

Däumelinchen

schon schlug er seine Klauen um ihren schlanken Leib und flog mit ihr auf den Baum hinauf. Das grüne Blatt aber schwamm den Bach hinunter und der Schmetterling flog mit; denn er war an das Blatt festgebunden und konnte nicht loskommen.

Gott, wie das arme Däumelinchen erschrak, als der Maikäfer mit ihr in den Baum hinaufflog! Aber am allertraurigsten war sie doch wegen des schönen weißen Schmetterlings, den sie an das Blatt gebunden hatte; wenn er sich nun nicht losmachen konnte, musste er ja verhungern. Aber das kümmerte den Maikäfer nicht. Er setzte sich mit ihr auf das größte grüne Blatt des Baumes, gab ihr das Süße von den Blumen zu essen und sagte, dass sie allerliebst sei, obwohl sie gar nicht wie ein Maikäfer aussehe. Später kamen alle die anderen Maikäfer, die in dem Baum wohnten, und machten Visite. Sie betrachteten Däumelinchen und die Fräulein Maikäfer rümpften die Fühlhörner und sagten: »Sie hat nicht mehr als zwei Beine, das sieht jämmerlich aus!« – »Sie hat keine Fühlhörner!«, sagten sie. »Sie ist so schlank um die Taille, pfui! Sie sieht aus wie ein Mensch! Wie hässlich sie ist!«, sagten alle Maikäferdamen und dabei war Däumelinchen doch so allerliebst. Das fand auch der Maikäfer, der sie hergeholt hatte. Aber als alle die anderen sagten, sie sei hässlich, da glaubte er es zuletzt auch und wollte sie gar nicht haben; sie könne gehen, wohin sie wolle. Sie flogen mit ihr vom Baum hinunter und setzten sie auf ein Gänseblümchen. Da weinte sie, weil sie so hässlich war, dass die Maikäfer sie nicht haben wollten, und dabei war sie doch das Lieblichste, was man sich denken konnte, so fein und zart wie das schönste Rosenblatt.

Den ganzen Sommer hindurch lebte das arme Däumelinchen ganz allein in dem großen Wald. Sie flocht sich ein Bett aus Grashalmen und hängte es unter einem großen Ampferblatt auf; so konnte es nicht auf sie herabregnen. Sie zupfte das Süße aus den Blumen heraus und aß es und trank von dem Tau, der sich jeden Morgen auf den Blättern sammelte. So vergingen Sommer und Herbst, aber nun kam der Winter, der kalte, lange Winter. Alle Vögel, die ihr so schön vorgesungen hatten, flogen davon, Bäume und Blumen verwelkten, das große Ampferblatt, unter dem sie gewohnt hatte, rollte sich zusammen und wurde zu einem gelben, welken Stängel, und sie fror ganz jämmerlich; denn ihre Kleider waren zerrissen, und sie selbst war so fein und klein, das arme Däumelinchen, sie musste erfrieren. Es fing an zu schneien, und jede Schneeflocke, die auf sie herabfiel, war, als wenn man auf uns eine mächtige Schaufel voll wirft; denn wir sind groß und sie war nur einen Zoll lang. Da hüllte sie sich in ein dürres Blatt, aber das wollte nicht wärmen, sie zitterte vor Kälte.

Dicht vor dem Walde, wohin sie nun gekommen war, lag ein großes Kornfeld, aber das Korn war schon längst eingebracht, nur die kahlen, trockenen Stoppeln ragten aus der gefrorenen Erde auf. Däumelinchen war, als wandere sie durch einen großen Wald. Oh, sie zitterte so vor Kälte! Schließlich kam sie vor die Tür der Feldmaus. Das war ein kleines Loch unter den Kornstoppeln. Dort wohnte die Feldmaus warm und gut, hatte die ganze Stube voll Korn, eine schöne Küche und Speisekammer. Das arme Däumelinchen stellte sich vor die Tür wie ein armes Bettlermädchen und bat um ein kleines Stück von einem Gerstenkorn, denn sie hatte seit zwei Tagen nicht das Geringste zu essen bekommen.

»Du Ärmste!«, sagte die Feldmaus, denn im Grunde war sie eine gute, alte Feldmaus. »Komm nur herein in meine warme Stube und iss mit mir!«

Da ihr nun Däumelinchen gut gefiel, sagte sie: »Du kannst gern über Winter bei mir bleiben, aber du musst meine Stube fein sauber halten und mir Geschichten erzählen, denn die liebe ich sehr.« Und Däumelinchen tat, was die gute, alte Feldmaus verlangte, und hatte es sehr gut.

»Nun bekommen wir sicher bald Besuch«, sagte die Feldmaus, »mein Nachbar pflegt mich jede Woche einmal zu besuchen. Bei ihm ist es noch feiner als bei mir; er hat große Säle und geht in einem schönen schwarzen Samtpelz. Wenn du ihn nur zum Mann bekommen könntest, dann wärst du gut versorgt. Aber er kann nicht sehen. Du musst ihm die allerschönsten Geschichten erzählen, die du weißt.«

Aber daraus machte sich Däumelinchen nichts, sie wollte den Nachbarn gar nicht haben; denn er war ein Maulwurf. Er kam und machte Visite in seinem schwarzen Samtpelz. Er sei so reich und so gescheit, sagte die Feldmaus, seine Wohnung sei auch über zwanzigmal so groß als die der Feldmaus und Gelehrsamkeit habe er; aber die Sonne und die schönen Blumen könne er gar nicht leiden, von ihnen spräche er schlecht, denn er habe sie nie gesehen. Däumelinchen musste singen und sie sang »Maikäfer flieg!« und »Der Mönch geht auf der Wiese«. Da verliebte sich der Maulwurf in sie, ihrer schönen Stimme wegen, aber er sagte nichts; denn er war ein sehr besonnener Mann.

Däumelinchen

Er hatte sich jüngst einen langen Gang durch die Erde gegraben von seinem zu ihrem Haus, in dem durften die Feldmaus und Däumelinchen spazieren gehen, wann immer sie wollten. Aber er bat sie, sich nicht vor dem toten Vogel zu fürchten, der im Gang lag. Es sei ein ganzer Vogel mit Federn und Schnabel, der wohl erst kürzlich gestorben sei, als der Winter begann, und nun sei er just dort begraben worden, wo er seinen Gang gemacht habe.

Der Maulwurf nahm ein Stück morsches Holz ins Maul, denn das leuchtet ja im Dunkeln wie Feuer, und ging dann voran und leuchtete ihnen in dem langen, finsteren Gang. Als sie zu der Stelle kamen, wo der tote Vogel lag, stemmte der Maulwurf seine breite Nase gegen die Decke und stieß die Erde in die Höhe, so dass ein großes Loch entstand, durch welches das Licht hereinscheinen konnte.

Mitten auf dem Boden lag eine tote Schwalbe, die schönen Flügel fest gegen die Seiten gedrückt, die Beine und den Kopf unter die Federn gezogen. Der arme Vogel war bestimmt vor Kälte gestorben. Es tat Däumelinchen so Leid um ihn, sie hatte all die kleinen Vögel so gern; denn sie hatten ihr ja den ganzen Sommer lang so schön vorgesungen und -gezwitschert. Aber der Maulwurf gab ihm mit seinen kurzen Beinen einen Schubs und sagte: »Nun pfeift er nicht mehr! Es muss erbärmlich sein, als kleiner Vogel geboren zu werden! Gott sei Dank, dass keinem von meinen Kindern das bevorsteht, so ein Vogel hat ja nichts außer seinem Quiwitt und muss im Winter verhungern!«

»Ja, das müsst Ihr als vernünftiger Mann wohl meinen«, sagte die Feldmaus. »Was hat der Vogel von all seinem Quiwitt, wenn der Winter kommt? Er muss hungern und frieren; aber das soll sicher auch noch vornehm sein!«

Däumelinchen sagte nichts, aber als die beiden andern dem Vogel den Rücken kehrten, beugte sie sich nieder, schob die Federn zur Seite, die über seinem Kopf lagen, und küsste ihn auf die geschlossenen Augen. – Vielleicht war er es, der im Sommer so schön für mich gesungen hat, dachte sie. Wie viel Freude er mir bereitet hat, der liebe, schöne Vogel!

Der Maulwurf verstopfte nun das Loch, durch das der Tag hereinschien, und begleitete dann die Damen nach Hause. Aber in der Nacht konnte Däumelinchen gar nicht schlafen, da stand sie von ihrem Bett auf und flocht aus Heu eine große, schöne Decke, trug sie hinunter und hüllte den toten Vogel darin ein

Däumelinchen

und legte weiche Baumwolle, die sie in der Stube der Feldmaus gefunden hatte, zu beiden Seiten des Vogels, damit er in der kalten Erde warm liege.

»Leb wohl, du schöner, kleiner Vogel!«, sagte sie. »Leb wohl und hab Dank für deinen herrlichen Gesang im Sommer, als alle Bäume grün waren und die Sonne so warm auf uns schien!« Dann legte sie ihren Kopf an die Brust des Vogels, erschrak aber sehr; denn es war, als klopfe darinnen etwas. Es war das Herz des Vogels. Der Vogel war nicht tot, er lag nur in eisiger Erstarrung und war nun erwärmt worden und bekam wieder Leben.

Im Herbst fliegen alle Schwalben fort in die warmen Länder, aber verspätet sich eine, dann friert sie so sehr, dass sie wie tot niederstürzt und liegen bleibt, wo sie hinfällt, und der kalte Schnee deckt sie zu.

Däumelinchen zitterte ordentlich, so heftig war sie erschrocken; denn der Vogel war ja groß, sehr groß gegen sie, die nur einen Zoll lang war. Aber sie fasste doch Mut, legte die Baumwolle fester um die arme Schwalbe und holte ein Krause-minzenblatt, das ihr selbst als Deckbett gedient hatte, und legte es über den Kopf des Vogels.

In der nächsten Nacht schlich sie wieder zu ihm hinunter, und da war er ganz lebendig, aber sehr matt. Er konnte nur einen kleinen Moment seine Augen öffnen und Däumelinchen ansehen, die mit einem Stück morschem Holz in der Hand dastand, denn eine andere Laterne hatte sie nicht.

»Hab Dank, du reizendes kleines Kind!«, sagte die kranke Schwalbe zu ihr. »Ich bin so schön erwärmt worden. Bald kehren meine Kräfte zurück und ich kann wieder in den warmen Sonnenschein hinausfliegen!«

»Oh!«, sagte Däumelinchen. »Es ist so kalt draußen, es schneit und friert. Bleib du nur in deinem warmen Bett, ich werde dich schon pflegen.«

Sie brachte der Schwalbe Wasser in einem Blumenblatt, und der Vogel trank und erzählte ihr, wie er sich den einen Flügel an einem Dornbusch verletzt und deshalb nicht so schnell habe fliegen können wie die anderen Schwalben, die dann fortgeflogen waren, weit fort in die warmen Länder. Sie war schließlich auf die Erde herabgefallen; aber an mehr konnte sie sich nicht erinnern, und sie wuss-te gar nicht, wie sie hierher gekommen war.

Den ganzen Winter aber blieb sie nun da unten und Däumelinchen war gut zu ihr und hatte sie so lieb.

Däumelinchen

Weder der Maulwurf noch die Feldmaus erfuhren das Geringste davon, denn sie konnten die arme Schwalbe ja nicht leiden.

Sobald der Frühling kam und die Sonne die Erde erwärmte, sagte die Schwalbe Däumelinchen Lebewohl, und diese öffnete das Loch, das der Maulwurf oben gemacht hatte. Die Sonne schien so schön zu ihnen herein, und die Schwalbe fragte Däumelinchen, ob sie nicht mitkommen wolle, sie könne auf ihrem Rücken sitzen, sie würden weit hinaus in den grünen Wald fliegen. Aber Däumelinchen wusste, es würde die alte Feldmaus betrüben, wenn sie sie auf diese Weise verließe. »Nein, das kann ich nicht tun«, sagte Däumelinchen.

»Leb wohl, leb wohl, du gutes, liebliches Mädchen!«, sagte die Schwalbe und flog hinaus in den Sonnenschein. Däumelinchen sah ihr nach und die Tränen traten ihr in die Augen; denn sie hatte die arme Schwalbe so lieb.

»Quiwitt, quiwitt!«, sang der Vogel und flog hinein in den grünen Wald.

Däumelinchen war sehr betrübt. Sie durfte nie in den warmen Sonnenschein hinausgehen. Das Korn, das über dem Haus der Feldmaus gesät war, wuchs auch so hoch empor, es war wie ein dichter Wald für das arme kleine Mädchen, das ja nur einen Zoll lang war.

»Jetzt im Sommer musst du an deiner Aussteuer nähen«, sagte die Feldmaus zu ihr; denn nun hatte der Nachbar, der langweilige Maulwurf mit dem schwarzen Samtpelz, um ihre Hand angehalten. »Du brauchst sowohl Wollzeug als Leinwand. Du musst etwas haben, worauf du sitzen und liegen kannst, wenn du die Frau des Maulwurfs wirst.«

Däumelinchen musste sich an die Handspindel setzen, und die Feldmaus mietete vier Spinnen, die Tag und Nacht spinnen und weben mussten.

Jeden Abend machte der Maulwurf Visite und sprach dann immer davon, wenn der Sommer zu Ende gehe, scheine die Sonne nicht mehr so warm, sie brenne ja nun die Erde so fest wie einen Stein; ja, wenn der Sommer vorbei sei, dann solle die Hochzeit mit Däumelinchen gehalten werden. Aber sie war gar nicht vergnügt, denn sie mochte den langweiligen Maulwurf nicht. Jeden Morgen, wenn die Sonne aufging, und jeden Abend, wenn sie unterging, schlich sie sich an die Tür; und wenn dann der Wind die Spitzen der Kornähren auseinander wehte, so dass sie den blauen Himmel sehen konnte, dachte sie daran, wie hell und schön es hier draußen war, und sie wünschte sich so sehr, dass sie die liebe

Schwalbe wiedersehen könnte. Aber die kam nie mehr, sie flog gewiss weit von hier in dem schönen grünen Wald.

Als es nun Herbst wurde, hatte Däumelinchen ihre Aussteuer fertig. »In vier Wochen wirst du Hochzeit halten«, sagte die Feldmaus zu ihr. Aber Däumelinchen weinte und sagte, sie wolle den langweiligen Maulwurf nicht haben.

»Schnickschnack!«, sagte die Feldmaus. »Sei nicht bockbeinig, denn sonst beiße ich dich mit meinem weißen Zahn. Das ist doch ein feiner Mann, den du bekommst! So einen schwarzen Samtpelz wie er hat selbst die Königin nicht! Er hat Küche und Keller voll. Du musst Gott für ihn danken!«

Dann sollte die Hochzeit sein. Der Maulwurf war schon gekommen, um Däumelinchen zu holen. Sie würde mit ihm tief unter der Erde wohnen, niemals in die warme Sonne hinauskommen; denn die konnte er nicht leiden. Das arme Kind war so betrübt, sie sollte nun der schönen Sonne Lebewohl sagen, die sie bei der Feldmaus doch wenigstens von der Tür aus hatte sehen dürfen.

»Leb wohl, du helle Sonne!«, sagte sie und streckte die Arme hoch in die Luft, trat auch ein kleines Stückchen vor das Haus der Feldmaus; denn nun war das Korn geerntet und hier standen nur die dürren Stoppeln. »Leb wohl, leb wohl!«, sagte sie und schlang ihre Ärmchen um eine kleine rote Blume, die da stand. »Grüß die liebe Schwalbe von mir, wenn du sie siehst!«

»Quiwitt, quiwitt!«, ertönte es plötzlich über ihrem Kopf. Sie blickte auf − es war die Schwalbe, die just vorbeikam. Sobald sie Däumelinchen gewahrte, wurde sie höchst vergnügt. Däumelinchen erzählte ihr, wie ungern sie den hässlichen Maulwurf zum Mann haben wolle, und dass sie dann tief unter der Erde wohnen müsse, wo nie die Sonne schien. Sie konnte es nicht lassen, dabei zu weinen.

»Jetzt kommt der kalte Winter«, sagte die Schwalbe, »ich fliege weit fort in die warmen Länder, willst du mich begleiten? Du kannst auf meinem Rücken sitzen! Binde dich nur mit deinem Gürtelband fest, dann fliegen wir fort von dem hässlichen Maulwurf und seiner dunklen Stube, weit fort über die Berge nach den warmen Ländern, wo die Sonne schöner scheint als hier, wo immer Sommer ist und immer herrliche Blumen blühn. Fliege nur mit mir, du liebes, kleines Däumelinchen, die du mir das Leben gerettet hast, als ich halb erfroren in dem finsteren Erdkeller lag!«

Däumelinchen

»Ja, ich will dich begleiten!«, sagte Däumelinchen und setzte sich auf den Rücken des Vogels, mit den Füßen auf seinem ausgebreiteten Flügel, band ihren Gürtel an einer der stärksten Federn fest, und dann flog die Schwalbe hoch in die Lüfte hinauf, über Wald und über See, hoch hinweg über die großen Berge, wo immer Schnee liegt. Und Däumelinchen fror in der kalten Luft. Aber da kroch sie einfach unter die warmen Federn des Vogels und streckte nur den kleinen Kopf hervor, um all die Herrlichkeit unter sich zu sehen.

Dann kamen sie in die warmen Länder. Dort schien die Sonne viel klarer als hier, der Himmel war zweimal so hoch und an Gräben und Hecken wuchsen die herrlichsten grünen und blauen Weintrauben. In den Wäldern hingen Zitronen und Apfelsinen, hier duftete es nach Myrten und Krauseminze und auf den Landstraßen liefen die hübschesten Kinder und spielten mit großen bunten Schmetterlingen. Aber die Schwalbe flog noch weiter fort und es wurde schöner und schöner. Unter den prachtvollen grünen Bäumen an dem blauen See stand ein blendend weißes Marmorschloss aus alten Zeiten, die Weinranken wanden sich um die hohen Säulen empor. Dort, ganz oben, waren viele Schwalbennester, und in einem davon wohnte die Schwalbe, die Däumelinchen trug.

»Hier ist mein Haus«, sagte die Schwalbe. »Aber suche dir nun selbst eine der prächtigsten Blumen aus, die da unten wachsen, dann will ich dich dort absetzen, und du sollst es so wunderschön haben, wie du nur wünschen kannst!«

»Das ist herrlich!«, sagte Däumelinchen und klatschte in die kleinen Hände.

Es lag da eine große weiße Marmorsäule, die umgestürzt und in drei Stücke geborsten war; aber dazwischen wuchsen die schönsten großen weißen Blumen. Die Schwalbe flog mit Däumelinchen hinunter und setzte sie auf einem der breiten Blätter ab. Aber wie erstaunte Däumelinchen! Mitten in der Blume saß ein kleiner Mann, so weiß und durchsichtig, als sei er aus Glas. Auf dem Kopf hatte er die hübscheste Goldkrone und an den Schultern die herrlichsten lichten Flügel; er selbst war nicht größer als Däumelinchen. Er war der Engel der Blume. In jeder Blume wohnte so ein kleiner Mann oder eine Frau, aber dieser war König über sie alle.

»Gott, wie ist er schön!«, flüsterte Däumelinchen der Schwalbe zu. Der kleine Prinz erschrak sehr über die Schwalbe, denn sie war ja ein richtiger Riesenvogel gegen ihn, der so klein und fein war. Aber als er Däumelinchen sah, wurde

43   *Däumelinchen*

er sehr froh; sie war das allerschönste Mädchen, das er jemals gesehen hatte. Darum nahm er die goldene Krone von seinem Kopf und setzte sie ihr auf, fragte, wie sie heiße und ob sie seine Frau werden wolle, dann solle sie Königin über alle Blumen sein! Ja, das war wahrlich ein anderer Mann als der Sohn der Kröte und der Maulwurf mit dem schwarzen Samtpelz. Sie sagte deshalb Ja zu dem schönen Prinzen, und von jeder Blume kam eine Dame oder ein Herr, so lieblich, dass es eine Lust war. Jeder von ihnen brachte Däumelinchen ein Geschenk. Aber das Beste von allen waren ein Paar schöne Flügel von einer großen weißen Fliege; die wurden an Däumelinchens Rücken befestigt und da konnte sie auch von Blume zu Blume fliegen. Das war eine rechte Freude, und die Schwalbe saß oben in ihrem Nest und sang ihnen etwas vor, so gut sie konnte. Aber im Herzen war sie doch betrübt, denn sie hatte Däumelinchen sehr lieb und hätte sich am liebsten nie von ihr getrennt.

»Du sollst nicht Däumelinchen heißen!«, sagte der Blumenengel zu ihr. »Das ist ein hässlicher Name und du bist so schön. Wir wollen dich Maja nennen.«

»Leb wohl, leb wohl!«, sagte die Schwalbe und flog wieder fort von den warmen Ländern, weit fort nach Dänemark zurück. Dort hatte sie ein kleines Nest über dem Fenster, wo der Mann wohnt, der Märchen zu erzählen weiß. Vor ihm sang sie: »Quiwitt, quiwitt!« Daher haben wir die ganze Geschichte.

Däumelinchen

Der Silberschilling

Es war einmal ein Schilling, der kam blank aus der Münze, sprang und klang. »Hurra! Jetzt komme ich in die weite Welt hinaus!« Und das kam er.

Das Kind hielt ihn mit warmen Händen fest, der Geizige mit kalten, feuchten Händen; der Ältere drehte und wendete ihn viele Male, während die Jugend ihn flugs weiterrollen ließ. Der Schilling war aus Silber, hatte sehr wenig Kupfer in sich und war schon ein ganzes Jahr draußen in der Welt, eben in dem Lande, in dem er gemünzt war. Dann kam er auf eine Reise ins Ausland. Er war die letzte Landesmünze in dem Geldbeutel, den sein reisender Herr bei sich trug; er wusste selbst nicht, dass er den Schilling noch hatte, bis er ihm zwischen die Finger geriet.

»Hier habe ich ja noch einen Schilling von zu Hause«, sagte er, »der kann die Reise mitmachen!« Und der Schilling klang und sprang vor Freude, als er wieder in den Geldbeutel gesteckt wurde. Hier lag er nun bei fremden Kameraden, die kamen und gingen; einer machte dem anderen Platz, aber der Schilling von daheim blieb immer übrig; das war eine Auszeichnung.

Nun waren schon mehrere Wochen vergangen, und der Schilling befand sich weit draußen in der Welt, ohne recht zu wissen, wo; er hörte von den anderen Münzen, dass sie französisch und italienisch seien. Die eine sagte, jetzt seien sie in dieser Stadt, die andere sagte, sie seien in jener, aber der Schilling konnte sich keine Vorstellung davon machen. Man sieht nichts von der Welt, wenn man immer im Beutel steckt, und das tat er. Aber wie er eines Tages so dalag, bemerkte er, dass der Geldbeutel nicht geschlossen war, und da schlich er sich bis zur Öffnung, um ein bisschen hinauszugucken. Das hätte er lieber nicht tun sollen, aber er war neugierig und das rächt sich. Er glitt hinaus in die Hosentasche, und als abends der Geldbeutel auf die Seite gelegt wurde, lag der Schilling noch dort, wo er hingerutscht war, und kam mit den Kleidern hinaus auf den Flur; dort fiel er gleich auf den Fußboden; niemand hörte es, niemand sah es.

Am folgenden Morgen wurden die Kleider wieder hereingeholt, der Herr zog sie an, reiste fort und der Schilling blieb liegen. Er wurde gefunden, sollte wieder Dienst tun und ging mit drei anderen Münzen aus.

»Es ist doch schön, sich in der Welt umzusehen«, dachte der Schilling, »andere Menschen, andere Sitten kennen zu lernen!«

»Was ist das für ein Schilling?«, sagte da plötzlich jemand. »Das ist keine Landesmünze! Der ist falsch, er taugt nichts!«

Ja, nun beginnt die Geschichte des Schillings, wie er sie später selbst erzählte.

»Falsch! Taugt nichts! Das traf mich wie ein Schlag«, sagte der Schilling. »Ich wusste, dass ich aus gutem Silber war, guten Klang und eine echte Prägung hatte. Die Leute mussten sich einfach irren, mich konnten sie nicht meinen, aber sie meinten mich doch! Falsch nannten sie mich, ich taugte nichts! ›Den muss ich im

Der Silberschilling

Dunkeln ausgeben!‹, sagte der Mann, der mich gerade hatte, und ich wurde im Dunkeln ausgegeben und dann bei Tageslicht wieder beschimpft – ›Falsch, taugt nichts! Wir müssen zusehen, wie wir ihn loswerden!‹«

Und der Schilling zitterte jedes Mal zwischen den Fingern, wenn er klammheimlich unter die Leute gebracht wurde und als Landesmünze gelten sollte.

»Ich elender Schilling! Was hilft mir mein Silber, mein Wert, meine Prägung, wenn es nichts zu bedeuten hat! Man ist für die Welt nur das, was die Welt von einem glaubt! Es muss doch schrecklich sein, ein böses Gewissen zu haben, sich auf zweifelhaften Wegen umherzuschleichen, wenn mir, der ich doch restlos unschuldig bin, schon derartig zumute ist, weil ich auch nur den Schein gegen mich habe! Jedes Mal, wenn ich hervorgeholt wurde, graute es mir vor den Augen, die mich ansehen würden; ich wusste, dass ich zurückgestoßen und auf den Tisch geworfen werden würde, als sei ich ein einziger Betrug.

Einmal kam ich zu einer armen, alten Frau, die mich als Tagelohn für ihre harte Arbeit erhielt; aber ihr gelang es nun gar nicht, mich wieder loszuschlagen; niemand wollte mich annehmen, ich war ein wahres Unglück für sie.

›Ich bin wahrhaftig gezwungen, jemand damit anzuschmieren!‹, sagte sie. ›Ich kann es mir nicht leisten, einen falschen Schilling aufzuheben; der reiche Bäcker soll ihn haben, der kann das am besten verschmerzen, aber ein Unrecht ist es doch, wenn ich es tue!‹

›Jetzt soll ich auch noch das Gewissen der Frau belasten!‹, seufzte es in dem Schilling. ›Habe ich mich auf meine alten Tage denn wirklich so verändert?‹

Und die Frau ging zu dem reichen Bäcker, aber der kannte die gangbaren Schillinge nur zu gut, ich durfte nicht liegen bleiben, wo ich lag, er warf mich der Frau ins Gesicht; sie bekam kein Brot für mich, und ich war so tief betrübt darüber, dass ich anderen zum Verdruss gemünzt war, wo ich doch in meinen jungen Tagen so keck und so sicher gewesen war, mir meines Wertes und meiner echten Prägung so bewusst. Ich wurde so melancholisch, wie ein armer Schilling es nur werden kann, wenn ihn keiner haben will. Aber die Frau nahm mich wieder mit nach Hause und betrachtete mich so richtig innerlich, milde und freundlich. ›Nein, ich will niemand mit dir betrügen!‹, sagte sie. ›Ich werde ein Loch durch dich schlagen, so dass jeder sehen kann, dass du ein falsches Ding bist, und doch – das fällt mir jetzt gerade so ein –, du bist vielleicht ein Glücksschilling, ja, das glaube ich! Dieser Gedanke überkommt mich eben. Ich schlage ein Loch durch den Schilling, ziehe eine Schnur durch das Loch und werde den Schilling dann dem kleinen Kind der Nachbarsfrau als Glücksschilling um den Hals hängen!‹

Und sie schlug ein Loch durch mich; es ist nie angenehm, durchlöchert zu werden, aber wenn es in guter Absicht geschieht, dann kann man viel ertragen! Eine Schnur wurde durch mich hindurchgezogen und ich wurde eine Art Anhänger zum Tragen. Man hängte mich um den Hals des kleinen Kindes, das mich anlächelte, mich küsste und ich ruhte eine ganze Nacht an der warmen, unschuldigen Brust des Kindes. Am nächsten Morgen nahm mich die Mutter zwischen ihre Finger, sah mich an und hatte so ihre eigenen Gedanken dabei, das merkte ich bald. Sie nahm eine Schere und schnitt die Schnur durch.

›Glücksschilling!‹, sagte sie. ›Ja, das werden wir bald herauskriegen!‹

Und sie legte mich in Essig, so dass ich ganz grün wurde. Darauf kittete sie das Loch zu, rieb mich ein bisschen und ging dann in der Dämmerung zum Lotterieeinnehmer, um ein Los zu kaufen, das ihr Glück bringen sollte.

Wie war mir elend zumute! Es rumorte in mir, als ob ich mitten durchbrechen würde; ich wusste, man würde mich falsch nennen und hinwerfen, und das auch noch vor den vielen anderen Münzen und Schillingen, die mit Inschriften und Gesichtern dalagen, auf die sie stolz sein konnten. Aber das blieb mir erspart; es waren so viele Menschen bei dem Einnehmer, er war so beschäftigt, dass ich klirrend in die Schublade unter die anderen Münzen fuhr. Ob dieses Los später gewann, weiß ich nicht, aber so viel weiß ich, dass ich schon am nächsten Tage als ein falscher Schilling erkannt, beiseite gelegt und losgeschickt wurde, um zu betrügen und immer neu zu betrügen.

Das ist wahrhaftig nicht auszuhalten, wenn man einen reellen Charakter hat, und den möchte ich schon für mich beanspruchen.

Jahr und Tag ging ich so von Hand zu Hand, von Haus zu Haus, immer beschimpft, immer ungern gesehen. Niemand traute mir und ich traute weder mir selbst noch der Welt, es war eine schwere Zeit.

Da kam eines Tages ein Reisender, dem wurde ich ausgehändigt, und er war arglos genug, mich für gangbare Münze zu nehmen; aber nun wollte er mich ausgeben und da hörte ich wieder die Ausrufe: ›Taugt nichts! Falsch!‹

›Ich habe ihn als einen echten bekommen!‹, sagte der Mann und betrachtete mich jetzt ganz genau. Plötzlich lächelte sein ganzes Gesicht, das pflegte sonst nie ein Gesicht zu tun, das mich genauer ansah. ›Ja, aber, was ist denn das?‹, sagte er. ›Das ist ja eine unserer eigenen Landesmünzen, ein guter, ehrlicher Schilling von daheim, durch den man ein Loch geschlagen hat und den man nun falsch nennt. Das ist wirklich kurios! Dich werde ich aufbewahren und mit nach Hause nehmen.‹

Da durchströmte mich große Freude, man nannte mich einen guten, ehrlichen Schilling, und ich sollte wieder in die Heimat kommen, wo ein jeder mich kennen und wissen würde, dass ich aus gutem Silber und von echter Prägung war. Ich hätte Funken sprühen können vor Freude, aber das liegt so gar nicht in meiner Natur, das kann gewiss der Stahl, aber nicht das Silber.

Ich wurde in feines weißes Papier eingewickelt, um nicht unter die anderen Münzen zu geraten und ausgegeben zu werden; und nur bei festlichen Gelegenheiten, wenn sich Landsleute trafen, wurde ich vorgezeigt und man sprach über alle Maßen gut von mir. Sie sagten, ich sei interessant; und es ist komisch genug, dass man interessant sein kann, ohne ein einziges Wort zu sagen!

Und dann kam ich wieder in die Heimat! Alle meine Not war vorbei, meine Freude begann, ich war ja aus gutem Silber, ich hatte die echte Prägung, und es schadete meinem Ansehen keineswegs, dass man ein Loch durch mich geschlagen und mich als falsch bezeichnet hatte; das schadet nichts, wenn man es nicht ist! Man muss bloß ausharren; alles kommt mit der Zeit zu seinem Recht! Das ist nun mal mein Glaube!«, sagte der Schilling.

Der Gärtner und die Herrschaft

Eine Meile von der Hauptstadt entfernt stand ein alter Herrenhof mit dicken Mauern, Türmen und gezackten Giebeln.

Hier wohnte, freilich nur in der Sommerzeit, eine reiche, hochadlige Herrschaft; dieser Hof war der beste und schönste von allen Höfen, die sie besaß; er nahm sich von außen aus wie neu gegossen und innen war lauter Behaglichkeit und Bequemlichkeit. Das Wappen der Familie war über dem Portal in Stein gehauen; herrliche Rosen schlangen sich um Wappen und Erker, ein ganzer Rasenteppich breitete sich vor dem Hofe aus, dort wuchsen Rotdorn und Weißdorn, dort gab es seltene Blumen, selbst außerhalb des Treibhauses.

Die Herrschaft hatte auch einen tüchtigen Gärtner; es war eine Lust, den Blumengarten und den Obst- und Gemüsegarten zu sehen. An diesen grenzte noch ein Rest von dem ursprünglichen alten Garten des Hofes mit einigen Buchsbaumhecken, die so beschnitten waren, dass sie Kronen und Pyramiden bildeten. Hinter diesen standen zwei mächtige alte Bäume; sie waren fast immer kahl, und man konnte leicht glauben, ein Sturmwind oder eine Windhose hätte sie mit großen Mistklumpen bestreut, aber jeder Klumpen war ein Vogelnest. Hier nistete seit undenklichen Zeiten ein Gewimmel schreiender Raben und Krähen, es war ein regelrechtes Vogeldorf und die Vögel waren die Herrschaft, die Grundbesitzer, das älteste Geschlecht des Herrensitzes, die eigentliche Herrschaft auf dem Hof. Keiner von den Menschen dort unten ging sie etwas an, aber sie duldeten diese niedrig gehenden Geschöpfe, obwohl diese gelegentlich mit Büchsen knallten, dass es den Vögeln im Rückgrat kribbelte und jeder Vogel davon aufgeschreckt wurde und »Pack! Pack!« schrie.

Der Gärtner sprach oft mit seiner Herrschaft davon, man sollte die alten Bäume fällen lassen. Sie sähen nicht gut aus, und kämen sie weg, dann würde man wahrscheinlich auch die schreienden Vögel los, die sich eben woanders niederlassen mussten. Aber die Herrschaft wollte weder auf die Bäume noch auf

Der Gärtner und die Herrschaft

das Vogelgewimmel verzichten; das durfte der Hof nicht verlieren, es war noch etwas aus der alten Zeit, und die sollte man nicht ganz auslöschen.

»Die Bäume sind nun einmal das Erbgut der Vögel, lassen wir sie es behalten, mein guter Larsen!«

Der Gärtner hieß Larsen, aber das hat hier weiter nichts zu bedeuten.

»Haben Sie, lieber Larsen, hier nicht genug zu tun? Der ganze Blumengarten, die Treibhäuser, Obst- und Gemüsegarten?«

Das hatte er und die hegte und pflegte er, er war mit Eifer und Tüchtigkeit um sie besorgt und das wurde von der Herrschaft anerkannt, aber sie verhehlte ihm nicht, dass sie bei Fremden oft Früchte äße und Blumen sähe, die das überträfen, was sie im eigenen Garten hätte, und das betrübte den Gärtner, denn er wollte das Beste und tat das Beste. Er hatte ein gutes Herz und war gut in seinem Amte.

Eines Tages ließ die Herrschaft ihn rufen und sagte in aller Milde und Herrschaftlichkeit, dass sie am vorhergehenden Tage bei vornehmen Freunden eine Sorte Äpfel und Birnen bekommen hätten, so saftig, so wohlschmeckend, dass sie und alle Gäste ihre Bewunderung darüber geäußert hätten. Die Früchte seien sicherlich keine inländischen gewesen, aber sie müssten eingeführt und hier heimisch gemacht werden, falls das Klima es zuließe. Man wusste, dass sie in der Stadt beim ersten Obsthändler gekauft worden waren. Der Gärtner sollte in die Stadt reiten und in Erfahrung bringen, woher diese Äpfel und Birnen kämen, und sich dann Pfropfzweige verschreiben lassen.

Der Gärtner kannte den Obsthändler gut, denn gerade an ihn hatte er für seine Herrschaft jenen Überfluss an Obst verkauft, der im Herrschaftsgarten wuchs. Und der Gärtner ritt in die Stadt und fragte den Obsthändler, woher er diese hoch gepriesenen Äpfel und Birnen habe.

»Die sind aus Ihrem eigenen Garten!«, sagte der Obsthändler und zeigte ihm die Äpfel und Birnen, die er wiedererkannte.

Ja, wie sich der Gärtner da freute; er eilte heim zur Herrschaft und erzählte, dass die Äpfel und Birnen aus ihrem eigenen Garten seien.

Das konnte die Herrschaft gar nicht glauben. »Das ist nicht möglich, Larsen! Können Sie eine schriftliche Bestätigung vom Obsthändler beschaffen?«

Und das konnte er. Er brachte ein schriftliches Attest.

Der Gärtner und die Herrschaft

»Das ist doch merkwürdig!«, sagte die Herrschaft.

Von jetzt an kamen jeden Tag große Schalen mit diesen prächtigen Äpfeln und Birnen aus ihrem eigenen Garten auf den Herrschaftstisch; scheffel- und tonnenweise wurden diese Früchte an Freunde innerhalb und außerhalb der Stadt verschickt, ja, sogar ins Ausland. Es war ein wahres Vergnügen! Allerdings mussten sie hinzufügen, dass es ja zwei besonders gute Sommer für Baumfrüchte gewesen seien, denn sie seien überall im Lande gut ausgefallen.

Einige Zeit verging. Die Herrschaft speiste eines Mittags bei Hofe. Am Tage darauf wurde der Gärtner zu seiner Herrschaft gerufen. Sie hatte bei der Tafel Melonen bekommen, so saftig und schmackhaft; aus dem Treibhaus der Majestäten.

»Sie müssen zum Hofgärtner gehen, guter Larsen, und uns einige Kerne von diesen köstlichen Melonen beschaffen!«

»Aber der Hofgärtner hat die Kerne von uns bekommen!«, sagte der Gärtner ganz vergnügt.

»Dann hat dieser Mann es verstanden, die Frucht zu einer höheren Entwicklung zu bringen!«, antwortete die Herrschaft. »Jede Melone war ausgezeichnet!«

»Ja, dann kann ich stolz sein!«, sagte der Gärtner. »Ich will der gnädigen Herrschaft verraten, dass der Schlossgärtner in diesem Jahr kein Glück mit seinen Melonen gehabt hat, und als er sah, wie prächtig unsere standen, und sie kostete, da bestellte er drei von diesen aufs Schloss!«

»Larsen! Bilden Sie sich bloß nicht ein, dass das die Melonen aus unserem Garten waren!«

»Ich glaube es aber!«, sagte der Gärtner, ging zum Schlossgärtner und bekam von ihm einen schriftlichen Beweis, dass die Melonen auf der königlichen Tafel vom Herrenhof gekommen waren. Das war wirklich eine Überraschung für die Herrschaft und sie verschwieg die Geschichte nicht; sie zeigte das Attest vor, ja, es wurden Melonenkerne weit umher versandt, ebenso wie früher die Pfropfzweige.

Über diese erhielt man Nachrichten, dass sie anschlugen, ganz ausgezeichnete Früchte ansetzten und dass sie nach dem Gutshof der Herrschaft benannt wurden, so dass dieser Name jetzt auf Englisch, Deutsch und Französisch zu lesen war. Das hätte man sich früher niemals gedacht!

»Wenn nur der Gärtner keine zu hohe Meinung von sich selbst bekommt!«, sagte die Herrschaft.

Der Gärtner und die Herrschaft

Er fasste es anders auf: Er wollte jetzt gerade danach streben, seinen Namen als den eines der besten Gärtner des Landes zu behaupten; jedes Jahr wollte er versuchen, etwas Vorzügliches von allen Gartengewächsen hervorzubringen, und das tat er auch; aber dennoch bekam er oft zu hören, dass die allerersten Früchte, die er gebracht hatte, die Äpfel und Birnen, eigentlich die besten gewesen seien, alle späteren Sorten seien weit geringer. Die Melonen seien zwar sehr gut gewesen, aber das war ja eine Sache für sich. Die Erdbeeren konnte man vortrefflich nennen, aber sie waren doch nicht besser, als andere Herrschaften sie hatten, und als die Rettiche ein Jahr nicht gediehen, da wurde nur von den missratenen Rettichen gesprochen, nicht aber von all dem anderen Guten, das gebracht wurde.

Es war fast, als wenn die Herrschaft erleichtert war, wenn sie sagen konnte: »Dieses Jahr ist es nicht geglückt, lieber Larsen!« Sie war geradezu froh, sagen zu können: »Dieses Jahr ist es nicht geglückt!«

Ein paar Mal in der Woche brachte der Gärtner frische Blumen in die Stube hinauf, immer sehr geschmackvoll angeordnet; die Farben kamen durch die Zusammenstellung gleichsam in ein stärkeres Licht. »Sie haben Geschmack, Larsen!«, sagte die Herrschaft. »Das ist eine Gabe, die Sie dem lieben Gott zu verdanken haben, nicht sich selbst!«

Eines Tages kam der Gärtner mit einer großen Kristallschale, in der ein Seerosenblatt lag; auf dieses war, mit dem langen, dicken Stiel im Wasser, eine strahlende blaue Blume gelegt, groß wie eine Sonnenblume.

»Der Lotos von Hindustan!«, rief die Herrschaft aus.

Eine solche Blüte hatte sie noch nie gesehen; und sie wurde am Tage in den Sonnenschein und am Abend ins Lampenlicht gestellt. Jeder, der sie sah, fand sie sonderbar schön und selten, ja, das sagte selbst die vornehmste der jungen Damen des Landes und sie war eine Prinzessin. Klug und herzensgut war sie.

Die Herrschaft empfand es als eine Ehre, ihr die Blume zu überreichen, und sie kam mit der Prinzessin ins Schloss hinauf.

Nun ging die Herrschaft hinunter in den Garten, um selbst eine Blume von derselben Sorte zu pflücken, falls es noch eine solche gab, aber sie war nicht zu finden. Da rief sie den Gärtner und fragte, woher er die blaue Lotosblüte habe.

»Wir haben sie vergeblich gesucht!«, sagte sie. »Wir sind in den Treibhäusern gewesen und überall im ganzen Blumengarten!«

Der Gärtner und die Herrschaft   54

»Nein, dort ist sie freilich nicht!«, sagte der Gärtner. »Sie ist nur eine geringe Blume aus dem Gemüsegarten! Aber nicht wahr, wie schön sie ist! Sie sieht aus, als wäre sie ein blauer Kaktus, und ist doch nur die Blüte einer Artischocke!«

»Das hätten Sie uns gleich sagen sollen!«, sagte die Herrschaft. »Wir mussten glauben, dass es eine fremde, seltene Blume ist. Sie haben uns vor der jungen Prinzessin blamiert! Sie sah die Blume bei uns, fand sie so schön, kannte sie nicht, obwohl sie in der Botanik doch ganz bewandert ist, aber diese Wissenschaft hat nichts mit Küchenkräutern zu tun. Wie konnte es Ihnen einfallen, guter Larsen, eine solche Blume ins Zimmer zu stellen? Das heißt, uns lächerlich zu machen!«

Und die schöne blaue Prachtblume, die aus dem Gemüsegarten geholt worden war, wurde aus der Herrschaftsstube, in die sie nicht gehörte, entfernt, ja, die Herrschaft entschuldigte sich bei der Prinzessin und erzählte, dass die Blume nur ein Küchengewächs sei, das der Gärtner hingestellt habe, aber er sei dafür ernsthaft zurechtgewiesen worden.

»Das war schade und ein Unrecht!«, sagte die Prinzessin. »Er hat ja unsere Augen für eine Prachtblume geöffnet, die wir gar nicht beachtet haben, er hat uns die Schönheit dort gezeigt, wo wir sie nie gesucht hätten! Der Schlossgärtner soll mir jeden Tag, solange die Artischocken Blüten tragen, eine in mein Zimmer hinaufbringen!«

Und das geschah.

Die Herrschaft ließ dem Gärtner sagen, dass er ihr wieder eine frische Artischockenblüte bringen könne.

»Sie ist im Grunde schön«, sagte sie, »höchst sonderbar!« Und der Gärtner erhielt ein Lob.

»Das hat Larsen gern!«, sagte die Herrschaft. »Er ist ein verwöhntes Kind!«

Im Herbst kam ein entsetzlicher Sturm; er nahm in der Nacht noch zu und wurde so heftig, dass viele große Bäume am Waldrand mit den Wurzeln ausgerissen wurden, und zum großen Kummer der Herrschaft – Kummer, wie sie es nannte, aber zur Freude des Gärtners – wurden die beiden großen Bäume mit all den Vogelnestern umgerissen. Man hörte durch den Sturm das Schreien der Raben und Krähen. Sie schlugen mit den Flügeln gegen die Scheiben, sagten die Leute auf dem Hof.

»Jetzt sind Sie wohl froh, Larsen!«, sagte die Herrschaft. »Der Sturm hat die Bäume gefällt und die Vögel sind in den Wald geflogen. Hier ist aus der alten Zeit nichts mehr zu sehen; jede Spur und jedes Anzeichen ist dahin! Uns hat das betrübt!«

Der Gärtner sagte nichts, aber er dachte an das, woran er schon lange gedacht hatte: den prächtigen Platz in der Sonne so recht auszunutzen, über den er bis dahin nicht hatte verfügen können; er sollte jetzt zum Schmuck des Gartens und zur Freude der Herrschaft werden.

Die großen umgestürzten Bäume hatten die uralten Buchsbaumhecken mit ihren ausgeschnittenen Figuren zerdrückt und zertrümmert. Er pflanzte hier ein Dickicht von Gewächsen an, heimische Pflanzen aus Feld und Wald.

Was kein anderer Gärtner in so reicher Fülle in den Herrschaftsgarten zu pflanzen gedacht hätte, das setzte er hier in den Boden, wie jedes Gewächs es brauchte, und in Sonnenschein und Schatten, so wie jede Art es brauchte. Er pflegte es in Liebe und es wuchs in Herrlichkeit.

Der Wacholderbusch aus der jütländischen Heide erhob sich in Form und Farbe wie Italiens Zypresse, der blanke, stachlige Christdorn, immer grün, in Winterkälte und in Sommersonne, stand herrlich anzusehen. Davor wuchsen die Farnkräuter, viele verschiedene Arten, einige sahen aus, als wären sie Kinder der Palme, und andere, als wären sie die Eltern der feinen, schönen Pflanze, die wir Venushaar nennen. Hier stand die verkannte Klette, die in ihrer Frische so hübsch

Der Gärtner und die Herrschaft

aussah, dass sie gut in einen Strauß gepasst hätte. Die Klette stand im Trockenen, aber tiefer, auf feuchterem Boden, wuchs der Ampfer, auch eine verachtete Pflanze und doch durch ihre Höhe und ihre mächtigen Blätter so malerisch schön. Ellenhoch, Blüte an Blüte, wie ein gewaltiger, vielarmiger Kandelaber, erhob sich die Königskerze, vom Feld hierher verpflanzt. Hier standen Waldmeister, Schlüsselblumen und Waldmaiglöckchen, die wilde Kalla und der dreiblättrige, feine Sauerklee. Es war eine Pracht.

Davor wuchsen, durch Drahtgitter gestützt, in Reihen ganz kleine Birnbäume aus französischer Erde; sie bekamen Sonne und gute Pflege und trugen bald große, saftige Früchte wie in dem Lande, aus dem sie stammten.

Anstelle der beiden alten, blattlosen Bäume wurde eine hohe Fahnenstange errichtet, wo der Danebrog wehte, und dicht daneben noch eine Stange, um die sich zur Sommer- und Herbstzeit Hopfenranken mit ihren duftenden Blumenbüscheln wanden, wo aber im Winter nach alter Sitte eine Hafergarbe aufgehängt wurde, damit die Vögel des Himmels in der frohen Weihnachtszeit eine Mahlzeit halten konnten.

»Der gute Larsen wird sentimental in seinen alten Tagen!«, sagte die Herrschaft. »Aber er ist uns treu und ergeben!«

Zu Neujahr wurde in einem der illustrierten Blätter der Hauptstadt ein Bild des alten Hofes gebracht; man sah die Fahnenstange und die Hafergarbe für die Vögel des Himmels in der frohen Weihnachtszeit, und es wurde erwähnt und als ein hübscher Gedanke hervorgehoben, dass hier ein alter Brauch wieder zu Ehren gebracht worden sei, der gerade für den alten Hof so bezeichnend war.

»Alles, was dieser Larsen tut«, sagte die Herrschaft, »hängt man an die große Glocke. Das ist ein glücklicher Mann! Wir müssen ja fast stolz darauf sein, dass wir ihn haben!«

Aber sie waren gar nicht stolz darauf! Sie fühlten, dass sie die Herrschaft waren. Sie konnten Larsen kündigen; aber das taten sie nicht. Sie waren gute Menschen und von ihrer Art gibt es so viele gute Menschen und das ist erfreulich für jeden Larsen.

Ja, das ist die Geschichte vom »Gärtner und der Herrschaft«.

Nun kannst du darüber nachdenken!

Die Störche

58

Die Störche

Auf dem letzten Haus in einem kleinen Dorf war ein Storchennest. In dem saß die Storchenmutter bei ihren vier kleinen Jungen, die den Kopf mit dem dünnen, schwarzen Schnabel hervorstreckten, der noch nicht rot geworden war. Ein Stück weiter stand auf dem Dachfirst kerzengerade und steif der Storchenvater. Er hatte das eine Bein hochgezogen, um wenigstens etwas Mühe zu haben, während er Schildwache stand. Man hätte glauben können, er wäre aus Holz geschnitzt, so still stand er. Es sieht bestimmt sehr vornehm aus, dass meine Frau eine Schildwache an ihrem Nest hat, dachte er, es weiß ja keiner, dass ich ihr Mann bin, und sicher glaubt jeder, ich sei hierher befohlen worden. Das sieht so stattlich aus. Und dann blieb er auf dem einen Bein stehen.

Unten auf der Straße spielte eine Schar Kinder, und als sie die Störche bemerkten, stimmte einer der kecksten Knaben, bald gefolgt von den anderen, das alte Storchenlied an, aber sie sangen es eben so, wie es ihnen einfiel:

>»Storch, Storch, fliege,
>Damit ich dich nicht kriege!
>Deine Frau im Nest
>Hält ihre Jungen fest.
>Das erste wird gehängt,
>Das zweite wird erstochen,
>Das dritte wird erschossen,
>Das vierte übergossen!«

»Hört bloß, was die Kinder singen!«, sagten die kleinen Storchenjungen. »Sie sagen, wir sollen gehängt und erschossen werden!«

»Kümmert euch nicht darum«, sagte die Storchenmutter, »hört einfach nicht hin, dann macht es nichts!«

Aber die Dorfjungen sangen das Lied immer wieder und zeigten mit den

Fingern auf die Störche. Nur einer von den Knaben, der Peter hieß, sagte, es wäre gemein, sich über die Tiere lustig zu machen, dabei wollte er nicht mittun. Die Storchenmutter tröstete ihre Kleinen auch. »Schert euch nicht drum«, sagte sie, »seht nur, wie ruhig euer Vater dasteht, und das auf einem Bein!«

»Aber wir haben solche Angst!«, sagten die jungen Störche und zogen die Köpfe tiefer ins Nest zurück.

Am nächsten Tag trafen sich die Kinder wieder auf der Straße, um zu spielen, und als sie die Störche sahen, stimmten sie ihr Lied erneut an:

>»Das erste wird gehängt,
>Das zweite wird erstochen!«

»Sollen wir wirklich gehängt und erstochen werden?«, fragten die kleinen Störche.

»Nein, gewiss nicht!«, sagte die Mutter. »Ihr sollt fliegen lernen, das werde ich euch schon beibringen. Dann begeben wir uns hinaus auf die Wiese und statten den Fröschen einen Besuch ab. Die werden sich im Wasser vor uns verneigen und ›quak, quak‹ rufen und dann fressen wir sie auf. Das wird ein rechtes Vergnügen werden!«

»Und was passiert dann?«, wollten die Storchenjungen wissen.

»Dann versammeln sich alle Störche, die hier im Lande wohnen, und dann beginnt die große Herbstübung. Dazu muss man gut fliegen können, das ist von größter Wichtigkeit, denn wer nicht ordentlich fliegen kann, der wird vom General Storch mit dem Schnabel erstochen. Deshalb gebt nur ja gut Acht, wenn die Übung beginnt!«

»Also werden wir doch erstochen, wie die Knaben behaupten, hört bloß, jetzt singen sie es schon wieder!«

»Hört auf mich und nicht auf die dummen Jungen«, sagte die Storchenmutter. »Nach der großen Herbstübung fliegen wir in die warmen Länder, oh, weit, weit von hier fort, über Berge und Wälder. Nach Ägypten fliegen wir, wo es dreieckige Steinhäuser gibt, die oben spitz zusammenlaufen und bis über die Wolken ragen. Man nennt sie Pyramiden, und die sind älter, als selbst ein Storch sich vorstellen kann. Dort gibt es einen Fluss, der über seine Ufer tritt, dass alles zu Schlamm wird. Man geht im Schlamm und verspeist Frösche.«

»Wie wunderbar!«, klapperten die jungen Störche.

Die Störche

»Ja, es lässt sich wirklich kaum beschreiben, wie herrlich man dort lebt. Man tut den ganzen Tag nichts anderes als fressen, und während es uns so gut geht, ist hier im Norden kein einziges Blatt mehr an den Bäumen. Hier ist es so kalt, dass die Wolken in Stücke frieren und in kleinen, weißen Lappen herunterfallen!« Damit meinte die Storchenmutter den Schnee, aber das konnte sie eben nicht besser erklären.

»Frieren dann auch die unartigen Knaben in Stücke?«, fragten die Storchenjungen.

»Nein, in Stücke frieren sie nicht. Aber es fehlt nicht viel daran. Sie müssen in der dunklen Stube sitzen und sich die Zeit vertreiben; ihr dagegen könnt in fremden Ländern umherfliegen, wo Blumen und warmer Sonnenschein sind!«

Inzwischen war einige Zeit vergangen und die Jungstörche so groß geworden, dass sie aufrecht im Nest stehen und weit umherschauen konnten. Storchenvater kam jeden Tag mit leckeren Fröschen angeflogen, kleinen Schlangen und allen Storchenleckerbissen, die er finden konnte! Es sah so lustig aus, wenn er den Jungen Kunststücke vormachte! Er legte den Kopf weit zurück auf den Rücken, klapperte mit dem Schnabel wie mit einer kleinen Rassel, und dann erzählte er ihnen Geschichten, die alle im Sumpf spielten.

»Aber jetzt müsst ihr endlich fliegen lernen!«, sagte die Storchenmutter eines Tages und dann mussten alle vier Storchenkinder hinaus auf den Dachfirst. Oh, wie sie schwankten, wie sie mit den Flügeln balancierten, und dennoch wären sie beinahe heruntergefallen!

»Seht auf mich«, sagte die Mutter. »So müsst ihr den Kopf halten und so müsst ihr die Füße setzen! Eins, zwei! Eins, zwei! Das wird euch vorwärts helfen in der Welt!« Dann flog sie ein kleines Stück und die Jungen machten einen kleinen, unbeholfenen Hüpfer. Bums!, da lagen sie! Sie waren noch viel zu ungeschickt.

»Ich will nicht fliegen lernen!«, sagte das eine Junge und kroch wieder ins Nest. »Ich habe gar keine Lust, in die warmen Länder zu ziehen!«

»Willst du hier erfrieren, wenn es Winter wird! Sollen die Dorfjungen kommen und dich hängen, spießen und erschießen? Jetzt rufe ich sie!«

»O nein!«, rief der kleine Storch und hüpfte wieder auf das Dach zu den anderen. Am dritten Tag konnten sie schon ein wenig fliegen, und da glaubten sie,

sie könnten auch auf der Luft schweben und sich ausruhen; das hätten sie gern getan, aber bums!, plumpsten sie herunter und mussten schnell wieder die Flügel gebrauchen. Die Dorfjungen unten auf der Straße liefen zusammen und sangen ihr Lied: »Storch, Storch, fliege – «

»Sollen wir nicht hinunterfliegen und ihnen die Augen aushacken?«, fragten die Jungstörche.

»Nein, lasst das bleiben!«, sagte die Mutter. »Hört nur auf mich, das ist viel wichtiger! Eins, zwei, drei! Nun fliegen wir rechts herum! Eins, zwei, drei! Nun fliegen wir links um den Schornstein herum! Seht ihr! Das war schon sehr gut. Der letzte Flügelschlag war so ausgezeichnet, und richtig, dass ihr morgen mit mir in den Sumpf kommen dürft. Dort werdet ihr mehrere vornehme Storchenfamilien mit ihren Kindern treffen. Dann zeigt mir mal, dass meine Kinder die beste Erziehung genossen haben! Und vor allem: Haltet euch gerade, das sieht gut aus und verschafft Ansehen!«

»Aber sollen wir uns denn nicht an den unartigen Burschen rächen?«, fragten die Storchenjungen.

»Lasst sie schreien, so viel sie wollen! Schließlich seid ihr es, die zu den Wolken emporfliegen und in das Land der Pyramiden kommen, während sie frieren müssen und kein einziges grünes Blatt oder einen süßen Apfel haben!«

»Rächen werden wir uns aber!«, flüsterten sie einander zu und dann wurde wieder das Fliegen geübt.

Von allen Dorfjungen auf der Straße trieb es einer mit dem Singen des Spottliedes am schlimmsten, und zwar derjenige, der damit angefangen hatte, ein kleiner Bursche, der sicher nicht älter als sechs Jahre war. Die jungen Störche glaubten freilich, er sei schon hundert Jahre, denn er war ja so viel größer als Mutter und Vater, und was wussten sie schon davon, wie alt Kinder und große Menschen sein konnten. Ihre ganze Rache sollte diesen Jungen treffen, denn der hatte mit dem Spottlied angefangen und er hörte nicht auf damit. Die jungen Störche waren sehr wütend, und je größer sie wurden, desto weniger konnten sie diesen Spott ertragen. Die Mutter musste ihnen schließlich versprechen, dass sie ihre Rache bekommen würden, aber nicht eher als am letzten Tag vor ihrer Abreise.

»Wir müssen ja erst abwarten, wie ihr die große Übung hinter euch bringt.

Versagt ihr da, so dass euch der General den Schnabel durch die Brust stoßen muss, dann hätten die Dorfjungen ja doch Recht gehabt. Warten wir also ab!«

»Ja, du wirst schon sehen«, erwiderten die kleinen Störche und gaben sich besondere Mühe beim Flugunterricht; sie übten jeden Tag und flogen bald so ansehnlich und leicht, dass es wirklich eine Freude war.

Es wurde Herbst. Allmählich versammelten sich die Störche, um ihre Reise in die warmen Länder anzutreten, während bei uns Winter ist. Was für ein Aufbruch! Über Städte und Wälder ging es davon, bloß um zu sehen, wie gut sie fliegen konnten, es war ja eine große Reise, die sie vor sich hatten! Die jungen Störche machten ihre Sache so ausgezeichnet, dass sie die Note »Sehr gut mit Frosch und Schlange« erhielten. Das war das allerbeste Zeugnis; den Frosch und die Schlange durften sie gleich verzehren und das taten sie auch.

»Jetzt kommt noch unsere Rache!«, riefen sie.

»Schon gut!«, sagte die Storchenmutter. »Ich habe mir gerade das Richtige ausgedacht. Ich kenne den großen Teich, in dem alle die kleinen Menschenkinder liegen, bis der Storch sie abholt und ihren Eltern bringt. Die hübschen kleinen Kinder schlafen und träumen so süß, wie sie das später nie mehr tun werden. Alle Eltern möchten gern so ein kleines Kind haben und alle Kinder wünschen sich eine kleine Schwester oder einen kleinen Bruder. Wir werden jetzt zu diesem Teich fliegen und für jedes der Dorfkinder, das sich nicht an diesem bösen Lied beteiligt und sich über uns Störche lustig gemacht hat, ein Geschwisterchen holen. Die anderen bekommen gar keins.«

»Aber der schlimme, hässliche Junge, der mit dem Singen angefangen hat«, schrien die kleinen Störche, »was machen wir mit dem?«

»In dem Teich liegt ein kleines Kind, das sich totgeträumt hat. Das nehmen wir für ihn. Dann muss er weinen, weil wir ihm ein totes Brüderchen gebracht haben. Aber dem guten Knaben, der gesagt hatte, es wäre gemein, sich über die Tiere lustig zu machen – den habt ihr doch wohl nicht vergessen –, dem bringen wir ein Brüderchen und ein Schwesterchen mit, und weil er Peter heißt, so sollt ihr auch alle Peter gerufen werden!«

Und so geschah es und deshalb heißen alle Störche Peter und so werden sie auch heute noch genannt.

Die Störche

Im Entenhof

Es kam eine Ente aus Portugal, manche sagten aus Spanien, doch das ist einerlei; sie wurde die Portugiesische genannt, sie legte Eier, wurde geschlachtet und aufgetragen; das war ihr Lebenslauf. Alle, die aus ihren Eiern krochen, wurden die Portugiesischen genannt und das hatte etwas zu bedeuten. Nun war von der ganzen Familie nur noch eine hier im Entenhof übrig, einem Hofe, zu dem auch die Hühner Zutritt hatten und wo der Hahn mit unendlichem Hochmut auftrat.

»Er kränkt mich mit seinem lauten Krähen«, sagte die Portugiesische. »Aber schön ist er, das kann man nicht leugnen, wenn er auch kein Enterich ist. Mäßigen sollte er sich, aber sich zu mäßigen ist eine Kunst, die von höherer Bildung zeugt, die haben die kleinen Singvögel oben im Lindenbaum des Nachbargartens. Wie lieblich sie singen! Es liegt etwas so Rührendes in ihrem Gesang, ich nenne es Portugal! Hätte ich bloß solch einen kleinen Singvogel, ich würde ihm eine Mutter sein, lieb und gut, das liegt mir im Blute, in meinem portugiesischen!«

Und gerade als sie das sagte, kam ein kleiner Singvogel kopfüber vom Dach herab. Die Katze war hinter ihm her, aber der Vogel kam mit einem gebrochenen Flügel davon und fiel in den Entenhof hinunter.

»Das sieht der Katze ähnlich, diesem Abschaum!«, sagte die Portugiesische, »ich kenne sie noch von der Zeit her, als ich selbst Entlein hatte! Dass so ein Wesen leben und auf den Dächern herumlaufen darf! Ich glaube nicht, dass es so etwas in Portugal gibt!« Sie bedauerte den kleinen Singvogel; die nicht portugiesischer Herkunft waren, bedauerten ihn auch.

»Das arme Tierchen!«, sagten sie und dann kam die eine und dann kam die andere herbei. »Wir können zwar selbst nicht singen«, sagten sie, »aber wir haben die Veranlagung dazu oder so etwas Ähnliches in uns, das fühlen wir, wenn wir auch nicht davon sprechen!«

»Dann will ich davon sprechen!«, sagte die Portugiesische, »und ich will

etwas für ihn tun, das ist die Pflicht eines jeden!« Und dann watschelte sie in den Wassertrog und schlug mit den Flügeln, so dass der kleine Singvogel in dem Guss, der über ihn wegspülte, fast ertrunken wäre, aber es war gut gemeint. »Das ist eine gute Tat«, sagte sie, »daran können sich die andern ein Beispiel nehmen!«

»Piep!«, sagte der kleine Vogel mit dem gebrochenen Flügel; es fiel ihm schwer, sich zu schütteln, aber er begriff schon, wie gut das mit dem Bad gemeint war. »Sie sind so herzensgut, Madam!«, sagte er, aber nach mehr war ihm nicht zumute.

»Ich habe nie über mein Gemüt nachgedacht«, sagte die Portugiesische, »aber so viel weiß ich, dass ich alle meine Mitgeschöpfe liebe, die Katze ausgenommen, aber das kann auch keiner von mir verlangen! Sie hat zwei der Meinigen gefressen; aber fühlen Sie sich hier nur wie zu Hause, das kann man schon. Ich selbst bin auch aus einer fremden Gegend, wie Sie ja schon an meiner Haltung und an meinem Federkleide sehen! Mein Enterich ist ein Einheimischer, hat nichts von meinem Blute, aber ich bin nicht hochmütig! – Wenn jemand hier im Hofe Sie versteht, so darf ich wohl sagen, dass ich es bin!«

»Sie hat Portulak im Kropf!«, sagte ein kleines gewöhnliches Entlein, das witzig war, und die anderen Gewöhnlichen fanden »Portulak« auch ausgezeichnet, es klang wie »Portugal«; und sie stießen sich an und sagten »Rapp!«. Das war unvergleichlich witzig! Und dann beschäftigten sie sich mit dem kleinen Singvogel.

Im Entenhof　　　　　　　　　　　　　　　　　　　　　　　　　　　　　66

»Die Portugiesische hat freilich die Sprache in ihrer Macht!«, sagten sie. »Wir führen nicht so große Worte im Schnabel, aber unsere Teilnahme ist genauso echt! Wenn wir auch nichts für Sie tun, so geschieht das im Stillen; und das finden wir am schönsten!«

»Sie haben eine liebliche Stimme!«, sagte eine der Ältesten. »Es muss ein herrliches Gefühl sein, so viele zu erfreuen, wie Sie es tun! Ich verstehe mich freilich überhaupt nicht darauf, deshalb halte ich meinen Mund, und das ist immer besser, als Ihnen etwas Dummes zu sagen, wie so viele andere es tun!«

»Plagt ihn nicht so!«, sagte die Portugiesische, »er braucht Ruhe und Pflege. Kleiner Singvogel, soll ich Sie wieder beplätschern?«

»Ach nein, lassen Sie mich trocken bleiben«, bat er.

»Die Wasserkur ist das Einzige, was mir hilft«, sagte die Portugiesische. »Zerstreuung ist auch etwas Gutes. Nun kommen bald die Nachbarhühner zu Besuch, unter ihnen sind auch zwei chinesische Hühner, die Mamelucken tragen, viel Bildung besitzen und importiert sind, was sie in meiner Achtung hebt.«

Und die Hühner kamen und der Hahn kam; er war heute so höflich, dass er gar nicht grob war.

»Sie sind ein wirklicher Singvogel«, sagte er, »und Sie machen aus Ihrer kleinen Stimme alles, was aus so einer kleinen Stimme zu machen ist. Aber etwas mehr Lokomotivkraft muss man haben, damit jeder hört, dass man männlichen Geschlechts ist.«

Die beiden Chinesen standen beim Anblick des Singvogels entzückt da; er sah so zerzaust aus von dem Bad, das er bekommen hatte, dass sie fanden, er gleiche einem chinesischen Küken. »Er ist reizend!«

Und dann befassten sie sich näher mit ihm; sie sprachen mit Flüsterstimme und P-Lauten in vornehmem Chinesisch.

»Wir gehören auch zu Ihrer Art. Die Enten, selbst die Portugiesische, gehören zu den Schwimmvögeln, wie Sie gewiss bemerkt haben. Uns kennen Sie noch nicht, aber wie viele kennen uns schon oder machen sich die Mühe, uns kennen zu lernen. Niemand, selbst unter den Hühnern nicht, obwohl wir dazu geboren sind, auf einer höheren Stange zu sitzen als die meisten anderen. — Das ist auch einerlei, wir gehen still unseres Weges zwischen den anderen, deren Grundsätze nicht die unseren sind; aber wir sehen nur auf die guten Seiten und sprechen nur von dem Guten, obgleich es schwierig ist, dort etwas zu finden, wo nichts ist. Mit Ausnahme von uns beiden und dem Hahn gibt es niemanden im ganzen Hühnerhof, der begabt und doch honett ist! Das kann man von den Bewohnern des Entenhofes nicht sagen. Wir warnen Sie, kleiner Singvogel! Trauen Sie der dort mit dem stumpfen Schwanz nicht, sie ist hinterhältig! Die Gesprenkelte mit dem schiefen Spiegel auf den Flügeln ist streitsüchtig und lässt niemandem das letzte Wort und dabei hat sie immer Unrecht. – Die fette Ente dort redet schlecht von allen und das widerstrebt unserer Natur; kann man nichts Gutes sagen, so muss man seinen Mund halten. Die Portugiesische ist die Einzige, die etwas Bildung besitzt und mit der man verkehren kann, aber sie ist leidenschaftlich und spricht zu viel über Portugal!«

»Was die beiden Chinesischen bloß immer zu flüstern haben!«, sagten ein paar von den Enten, »uns langweilen sie; wir haben nie mit ihnen gesprochen.«

Nun kam der Enterich! Er glaubte, der Singvogel sei ein Spatz. »Ja, ich kann keinen Unterschied sehen«, sagte er, »und das ist auch einerlei! Er gehört zum Spielzeug, und hat man es, so hat man es!«

»Scheren Sie sich nicht darum, was er sagt«, flüsterte die Portugiesische. »Er ist tüchtig in Geschäften und Geschäfte gehen über alles. Aber nun lege ich mich zur Ruhe. Das ist man sich selbst schuldig, damit man hübsch fett werden kann, bis man mit Äpfeln und Pflaumen gefüllt wird.«

Und dann setzte sie sich in die Sonne und blinzelte mit dem einen Auge; sie lag so gut, sie war so gut und deshalb schlief sie auch so gut.

Der kleine Singvogel zupfte an seinem gebrochenen Flügel und legte sich ganz dicht an seine Beschützerin, die Sonne schien warm und schön, hier hatte man es gut.

Die Nachbarhühner gingen umher und scharrten; sie waren im Grunde genommen allein des Futters wegen gekommen. Die Chinesischen gingen zuerst fort, dann die anderen; das witzige Entlein sagte von der Portugiesischen, die Alte werde nun bald »entlein-kindisch«, und da lachten die andern Enten, »Entlein-kindisch! Das ist maßlos witzig!«, und dann wiederholten sie den vorigen Witz: »Portulak!« Das war zu komisch; und dann legten sie sich nieder.

Sie lagen eine Weile, bis plötzlich ein paar Leckereien in den Entenhof geworfen wurden; es klatschte, so dass die ganze Besatzung hochstob und mit den

Im Entenhof

Flügeln schlug; die Portugiesische erwachte auch, wälzte sich herum und drückte dabei den kleinen Singvogel jämmerlich.

»Piep!«, sagte er. »Sie treten sehr hart, Madam!«

»Warum liegen Sie mir im Wege!«, sagte sie. »Sie dürfen nicht so empfindlich sein! Ich habe auch Nerven, aber ich habe noch nie Piep gesagt!«

»Seien Sie nicht böse!«, sagte der kleine Vogel, »das Piep ist mir nur so aus dem Schnabel gefahren.«

Die Portugiesische hörte nicht auf ihn, sondern stürzte sich auf die Leckerbissen und hielt eine gute Mahlzeit; als sie fertig war und sich wieder hinlegte, kam der kleine Singvogel und wollte liebenswürdig sein:

> »Trillelelit!
>
> Von Herzen dein,
>
> Will ich singen fein,
>
> Flieg ich über Busch und Hain!«

»Jetzt nach dem Essen brauche ich Ruhe!«, sagte sie. »Sie müssen lernen, sich hier an die Hausordnung zu halten! Jetzt schlafe ich!«

Der kleine Singvogel war ganz verdutzt, denn er hatte es so gut gemeint. Als Madam später aufwachte, stand er mit einem Körnchen vor ihr, das er gefunden hatte; er legte es vor sie hin; aber sie hatte nicht gut geschlafen und so war sie natürlich schlecht gelaunt.

»Das können Sie einem Küken geben!«, sagte sie. »Stehen Sie mir nicht dauernd im Wege!«

»Aber Sie sind mir ja böse!«, sagte er. »Was habe ich denn getan?«

»Getan!«, sagte die Portugiesische. »Dieser Ausdruck ist nicht eben der feinste, darauf will ich Sie doch aufmerksam machen!«

»Gestern war hier Sonnenschein«, sagte der kleine Vogel, »heute ist es hier dunkel und grau! Ich bin so tief betrübt!«

»Sie verstehen wohl nichts von der Zeitrechnung«, sagte die Portugiesische, »der Tag ist noch nicht zu Ende; stehen Sie doch nicht so töricht herum!«

»Sie sehen mich so böse an, wie mich die beiden schlimmen Augen anstarrten, als ich hier in den Hof herunterfiel.«

Im Entenhof

»Unverschämter!«, sagte die Portugiesische. »Vergleichen Sie mich mit der Katze, diesem Raubtier! In mir ist kein böser Blutstropfen; ich habe mich Ihrer angenommen und werde Ihnen gute Manieren beibringen!«

Und dann biss sie dem Singvogel den Kopf ab, dass er tot dalag.

»Was ist das nun wieder?«, sagte sie. »Konnte er das nicht vertragen? Ja, dann war er also auch nicht für diese Welt geschaffen! Ich bin wie eine Mutter zu ihm gewesen, das weiß ich! Denn ich habe ein gutes Herz!«

Und der Hahn des Nachbarn steckte den Kopf zum Hof hinein und krähte mit Lokomotivkraft.

»Sie bringen einen ja um mit Ihrem Gekrähe!«, sagte sie. »Es ist alles Ihre Schuld; er verlor den Kopf, und ich bin nahe dran, ihn auch zu verlieren.«

»Wo der hinfällt, liegt nicht viel!«, sagte der Hahn.

»Sprechen Sie mit Achtung von ihm«, sagte die Portugiesische, »er hatte Ton, er hatte Gesang und hohe Bildung. Liebevoll und weich war er und das schickt sich für die Tiere wie für die so genannten Menschen.«

Und alle Enten versammelten sich um den kleinen toten Singvogel. Die Enten haben starke Neigungen, entweder empfinden sie Neid oder Mitleid, und da es hier nichts zu beneiden gab, so fühlten sie Mitleid und das fühlten auch die beiden chinesischen Hühner. »Solch einen Singvogel bekommen wir nie wieder! Er war fast ein Chinese!« Und sie weinten, dass es gluckste, und alle Hühner gluckhsten, während die Enten mit den rötesten Augen umhergingen.

»Herz haben wir!«, sagten sie. »Das kann doch niemand bestreiten!«

»Herz!«, sagte die Portugiesische, »ja, das haben wir – beinahe ebenso viel wie in Portugal.«

»Lasst uns jetzt lieber daran denken, etwas in den Magen zu bekommen«, sagte der Enterich, »das ist wichtiger! Geht ein Stück von dem Spielzeug entzwei, dann haben wir trotzdem noch genug!«

Im Entenhof

Die Nachtigall

In China, das weißt du ja wohl, ist der Kaiser ein Chinese, und alle, die er um sich hat, sind auch Chinesen. Es ist nun viele Jahre her, aber gerade deshalb ist es wert, die Geschichte zu hören, bevor man sie vergisst. Das Schloss des Kaisers war das prächtigste der Welt, ganz und gar aus feinem Porzellan, so kostbar, aber auch so zerbrechlich, so gefährlich anzurühren, dass man sich ordentlich in Acht nehmen musste. Im Garten sah man die seltsamsten Blumen, und an die allerprächtigsten waren Silberglocken gebunden, die ertönten, damit man nicht an ihnen vorbeigehen sollte, ohne sie zu beachten. Ja, alles war im Garten des Kaisers so ausgeklügelt, und er erstreckte sich so weit, dass der Gärtner selbst dessen Ende nicht kannte. Ging man immer weiter, so kam man in den herrlichsten Wald mit hohen Bäumen und tiefen Seen. Der Wald reichte bis ans Meer hinunter, das blau und tief war; große Schiffe konnten bis unter die Zweige segeln, und in diesen wohnte eine Nachtigall, die so wunderschön sang, dass selbst der

arme Fischer, der so viel anderes zu tun hatte, still lag und lauschte, wenn er in der Nacht draußen war, um das Fischnetz heraufzuziehen, und dann die Nachtigall hörte. »Herrgott, wie ist das schön!«, sagte er, aber dann musste er seine Arbeit tun und vergaß den Vogel. Doch in der nächsten Nacht, wenn sie wieder sang und der Fischer dorthin kam, sagte er das Gleiche: »Herrgott, wie ist das doch schön!«

Aus allen Ländern der Welt kamen Reisende in die Stadt des Kaisers und sie bewunderten sie, das Schloss und den Garten; aber wenn sie die Nachtigall zu hören bekamen, sagten sie alle: »Sie ist doch das Beste!«

Und die Reisenden erzählten davon, wenn sie nach Hause kamen, und die Gelehrten schrieben viele Bücher über die Stadt, das Schloss und den Garten, aber die Nachtigall vergaßen sie nicht, die wurde am höchsten gerühmt; und diejenigen, die dichten konnten, schrieben die schönsten Gedichte, alle über die Nachtigall im Wald bei dem tiefen See.

Die Bücher kamen in alle Welt und einige kamen dann auch einmal zum Kaiser. Er saß in seinem Goldstuhl, las und las; jeden Augenblick nickte er mit dem Kopf, denn es vergnügte ihn, die prächtigen Beschreibungen über die Stadt, das Schloss und den Garten zu hören. »Aber die Nachtigall ist doch das Allerbeste!«, stand dort geschrieben.

»Was ist das!«, sagte der Kaiser. »Die Nachtigall, die kenne ich ja gar nicht! Gibt es einen solchen Vogel in meinem Kaiserreich, noch dazu in meinem Garten? Davon habe ich nie gehört! So etwas muss man erst aus den Büchern erfahren!«

Und dann rief er nach seinem Kavalier, der war so vornehm! Wenn jemand, der geringer war als er, ihn anzusprechen oder etwas zu fragen wagte, antwortete er nichts anderes als »P!«, und das hat nichts zu bedeuten.

»Hier soll es ja einen höchst merkwürdigen Vogel geben, der Nachtigall genannt wird!«, sagte der Kaiser. »Man sagt, er sei das Allerbeste in meinem großen Reich. Warum hat man mir nie etwas von ihm gesagt?«

»Ich habe ihn noch nie erwähnen hören«, sagte der Kavalier. »Er ist bei Hofe nie vorgestellt worden.«

»Ich will, dass er heute Abend herkommen und singen soll!«, sagte der Kaiser. »Da weiß die ganze Welt, was ich habe, nur ich weiß es nicht!«

»Ich habe ihn noch nie erwähnen hören«, sagte der Kavalier, »ich werde ihn suchen, ich werde ihn finden!«

Aber wo war er zu finden? Der Kavalier lief treppauf und treppab, durch Säle und Gänge; keiner von all denen, die er antraf, hatte von der Nachtigall reden hören, und der Kavalier lief wieder zum Kaiser und sagte, dass es gewiss eine Fabel sein müsse, von den Bücherschreibern erfunden. »Eure Kaiserliche Majestät sollen nicht glauben, was geschrieben wird! Das sind Erfindungen und etwas, das ›die schwarze Kunst‹ genannt wird!«

»Aber das Buch, worin ich es gelesen habe«, sagte der Kaiser, »ist mir von dem großmächtigen Kaiser von Japan gesandt worden und da kann es keine Unwahrheit sein. Ich will die Nachtigall hören! Sie soll heute Abend hier sein! Sie hat meine höchste Gnade! Und kommt sie nicht, dann soll dem ganzen Hof auf den Bauch geklopft werden, wenn er Abendbrot gegessen hat!«

»Tsing-pe!«, sagte der Kavalier und lief wieder treppauf und treppab, durch alle Säle und Gänge und der halbe Hof lief mit; denn sie wollten nicht gern auf den Bauch geklopft werden. Das war ein Fragen nach der merkwürdigen Nachtigall, die die ganze Welt kannte, aber niemand bei Hofe.

Endlich trafen sie ein kleines, armes Mädchen in der Küche. Es sagte: »O Gott, die Nachtigall! Die kenne ich gut! Ja, wie die singen kann! Ich darf meiner armen, kranken Mutter jeden Abend die Überreste vom Tisch heimbringen, sie wohnt unten am Strand; und wenn ich dann zurückgehe, müde bin und im Wald ausruhe, dann höre ich die Nachtigall singen. Mir kommen dabei die Tränen in die Augen, es ist, als ob meine Mutter mich küsste!«

»Kleines Küchenmädchen!«, sagte der Kavalier. »Ich werde dir eine feste Anstellung in der Küche verschaffen und die Erlaubnis, den Kaiser speisen zu sehen, wenn du uns zur Nachtigall führen kannst; denn sie ist für heute Abend angekündigt.«

Und darauf zogen sie alle zusammen hinaus in den Wald, wo die Nachtigall zu singen pflegte; der halbe Hof war mit. Als sie gerade so dahingingen, fing eine Kuh zu brüllen an.

»Oh!«, sagten die Kammerjunker. »Jetzt haben wir sie! Es steckt doch eine merkwürdige Kraft in so einem kleinen Tier! Ich habe sie ganz bestimmt schon früher gehört!«

»Nein, das sind die Kühe, die brüllen!«, sagte das kleine Küchenmädchen. »Wir sind noch weit von dem Ort!«

Nun quakten die Frösche im Sumpf. »Herrlich!«, sagte der chinesische Schlossprobst. »Nun höre ich sie, es ist geradezu wie kleine Kirchenglocken.«

»Nein, das sind die Frösche!«, sagte das kleine Küchenmädchen. »Aber nun, denke ich, hören wir sie bald.«

Da begann die Nachtigall zu singen. »Das ist sie!«, sagte das kleine Mädchen. »Hört, hört! Und da sitzt sie!« Und sie zeigte auf einen kleinen, grauen Vogel oben in den Zweigen.

»Ist es möglich!«, sagte der Kavalier. »So hätte ich sie mir nun niemals vorgestellt. Wie simpel sie aussieht! Sie hat sicher ihre Farbe darüber verloren, so viele vornehme Menschen bei sich zu sehen.«

»Kleine Nachtigall!«, rief das kleine Küchenmädchen ganz laut. »Unser gnädiger Kaiser möchte so gern, dass du vor ihm singst!«

»Mit größtem Vergnügen!«, sagte die Nachtigall und sang, dass es eine Lust war.

»Es ist wie Glasglocken«, sagte der Kavalier, »und seht die kleine Kehle, wie sie arbeitet! Es ist merkwürdig, dass wir sie bisher noch nie gehört haben. Sie wird bei Hofe einen großen Erfolg haben!«

»Soll ich dem Kaiser noch einmal vorsingen?«, fragte die Nachtigall, die glaubte, dass der Kaiser auch mitgekommen sei.

»Meine vortreffliche kleine Nachtigall!«, sagte der Kavalier. »Ich habe die große Freude, Sie zu einem Hoffest heute Abend einzuladen, wo Sie Seine hohe, kaiserliche Gnaden mit Ihrem charmanten Gesang bezaubern werden!«

»Er nimmt sich im Grünen am besten aus!«, sagte die Nachtigall, aber sie schloss sich doch gern an, als sie hörte, dass der Kaiser es wünschte.

Das Schloss war so recht prächtig geschmückt. Wände und Fußböden, die aus Porzellan waren, glänzten beim Schein von vielen tausend Goldlampen. Die herrlichsten Blumen, die vernehmlich läuten konnten, waren in den Gängen aufgestellt; es war ein Laufen und ein Zugwind; aber dann erklangen just alle Glocken, so dass man sein eigenes Wort nicht hören konnte.

In der Mitte des großen Saales, wo der Kaiser saß, hatte man einen Goldstab hingestellt, und auf dem sollte die Nachtigall sitzen. Der ganze Hof war anwesend, und das kleine Küchenmädchen hatte die Erlaubnis bekommen, hinter der

Die Nachtigall

Tür zu stehen, da sie nun den Titel einer wirklichen Köchin erhalten hatte. Alle waren sie in ihrem größten Putz, und alle sahen auf den kleinen grauen Vogel, dem der Kaiser zunickte.

Und die Nachtigall sang wunderschön, dass dem Kaiser Tränen in die Augen traten; die Tränen rollten ihm über die Wangen herab und da sang die Nachtigall noch schöner, es ging recht zu Herzen; und der Kaiser war so froh, und er sagte, die Nachtigall solle seinen goldenen Pantoffel um den Hals zu tragen bekommen. Aber die Nachtigall dankte, sie sei schon genug belohnt worden.

»Ich habe Tränen in den Augen des Kaisers gesehen, das ist mir der reichste Schatz! Eines Kaisers Tränen haben eine seltsame Macht. Gott weiß, ich bin genug belohnt.« Und dann sang sie wieder mit ihrer süßen, gesegneten Stimme.

»Das ist die liebenswürdigste Koketterie, die ich kenne«, sagten die Damen ringsumher, und dann nahmen sie Wasser in den Mund, um zu glucksen, wenn jemand zu ihnen sprach. Sie glaubten dann auch, Nachtigallen zu sein; ja, die Lakaien und Kammermädchen ließen melden, dass auch sie zufrieden seien, und das will viel heißen, denn ihnen kann man es am allerschwersten recht machen! Ja, die Nachtigall hatte wirklich Erfolg.

Sie sollte nun bei Hofe bleiben, ihren eigenen Käfig haben samt der Freiheit, zweimal am Tag und einmal in der Nacht herauszuspazieren. Sie bekam dann zwölf Diener mit, die hatten alle ein Seidenband, das ihr um das Bein geschlungen war, und daran hielten sie sie gut fest. Es war kein Vergnügen, einen solchen Ausflug zu machen.

Die ganze Stadt sprach von dem merkwürdigen Vogel, und begegneten sich zwei Bürger, dann sagte der eine nichts anderes als: »Nacht!«, und der andere sagte: »Gal!«* Und dann seufzten sie und verstanden einander. Ja, elf Kaufmannskinder wurden nach ihr benannt, aber nicht eins von ihnen hatte einen Ton in der Kehle.

Eines Tages kam ein großes Paket für den Kaiser, worauf geschrieben stand: Nachtigall.

»Da haben wir also ein neues Buch über unseren berühmten Vogel!«, sagte der Kaiser; aber es war kein Buch, es war ein kleines Kunstwerk, das in einer

---

* Im Original doppelsinnig, da im Dänischen »gal« verrückt heißt.

Schachtel lag, eine künstliche Nachtigall, die der lebenden gleichen sollte, aber über und über mit Diamanten, Rubinen und Saphiren besetzt war. Sobald man den Kunstvogel aufzog, konnte er eines von den Stücken singen, die der wirkliche sang, und dann wippte der Schwanz auf und nieder und glänzte von Silber und Gold. Um den Hals hing ein kleines Band und auf dem stand geschrieben: »Die Nachtigall des Kaisers von Japan ist arm gegen die des Kaisers von China.«

»Das ist schön!«, sagten sie alle, und der, welcher den künstlichen Vogel gebracht hatte, bekam sofort den Titel: Kaiserlicher Nachtigall-Überbringer.

»Nun müssen sie gemeinsam singen, was wird das für ein Duett abgeben!«

Und dann mussten sie gemeinsam singen, aber es wollte nicht recht gehen, denn die wirkliche Nachtigall sang auf ihre Manier und der künstliche Vogel hatte ein Räderwerk. »Er ist daran unschuldig«, sagte der Spielmeister. »Er ist außerordentlich taktfest und ganz nach meiner Schule!« Dann sollte der künstliche Vogel allein singen. Er hatte ebenso viel Erfolg wie der wirkliche und dann war er ja auch so viel reizender anzusehen: Er glitzerte wie Armbänder und Brustnadeln.

Dreiunddreißigmal sang er ein und dasselbe Stück und er war doch nicht müde; die Leute hätten ihn gern wieder von vorne gehört, aber der Kaiser meinte, nun solle auch die lebendige Nachtigall ein wenig singen – aber wo war sie? Niemand hatte bemerkt, dass sie zum offenen Fenster hinausgeflogen war, fort in ihre grünen Wälder.

»Aber was soll denn das heißen!«, sagte der Kaiser; und alle Hofleute schimpften und meinten, dass die Nachtigall ein höchst undankbares Tier sei. »Den besten Vogel haben wir wenigstens«, sagten sie, und dann musste wieder der künstliche Vogel singen, und es war das vierunddreißigste Mal, dass sie dasselbe Stück hörten, aber sie konnten es noch nicht ganz, denn es war so schwer. Und der Spielmeister lobte den Vogel außerordentlich, ja, er versicherte, dass er besser sei als die wirkliche Nachtigall, nicht nur, was die Kleider anging und die vielen schönen Diamanten, sondern auch inwendig.

»Denn sehen Sie, meine Herrschaften, der Kaiser vor allem: Bei der wirk-

lichen Nachtigall kann man nie berechnen, was kommen wird, aber bei dem künstlichen Vogel ist alles festgelegt! So wird es und nicht anders! Man kann Rechenschaft darüber ablegen, man kann ihn öffnen und dem menschlichen Denkvermögen zeigen, wie die Walzen liegen, wie sie gehen und wie das eine aus dem andern folgt.«

»Das sind ganz unsere Gedanken!«, sagten sie alle, und der Spielmeister erhielt Erlaubnis, den Vogel am nächsten Sonntag dem Volk vorzuführen; sie sollten ihn auch singen hören, sagte der Kaiser; und sie hörten ihn, und sie wurden so vergnügt, als ob sie sich an Tee berauscht hätten, denn das ist nun mal so ganz chinesisch, und alle sagten: »Oh!«, und streckten den Finger in die Höhe, den man »Topfschlecker« nennt, und dann nickten sie.

Aber die armen Fischer, die die wirkliche Nachtigall gehört hatten, sagten: »Das klingt ganz schön, es ist auch ähnlich, aber es fehlt etwas, ich weiß nicht, was!«

Die wirkliche Nachtigall wurde aus Land und Reich verwiesen.

Der künstliche Vogel hatte seinen Platz auf einem Seidenkissen, dicht an des Kaisers Bett; all die Geschenke, die er bekommen hatte, Gold und Edelsteine, lagen rings um ihn her und im Titel war er zum »Hochkaiserlichen Nachttisch-Sänger« aufgestiegen, im Rang zu Nummer eins zur linken Seite, denn der Kaiser rechnete die Seite für die vornehmste, auf welcher das Herz sitzt, und das Herz sitzt links, auch bei einem Kaiser. Und der Spielmeister schrieb ein Werk von fünfundzwanzig Bänden über den Kunstvogel; das war so gelehrt und so lang, mit den allerschwersten chinesischen Wörtern, und alle Leute sagten, sie hätten es gelesen und verstanden, denn sonst wären sie ja dumm gewesen und es wäre ihnen dann auf den Bauch geklopft worden.

So verging ein ganzes Jahr: Der Kaiser, der Hof und alle die andern Chinesen konnten jeden kleinen Kluck in des Kunstvogels Gesang auswendig, aber gerade deshalb gefiel er ihnen jetzt am allerbesten; sie konnten selbst mitsingen und das taten sie. Die Gassenbuben sangen: »Zizizi! Kluck-kluck-kluck!« Und auch der Kaiser sang es! Ja, das war wirklich schön!

Aber eines Abends, als der Kunstvogel gerade sang und der Kaiser im Bett lag und ihm zuhörte, sagte es innen in dem Vogel »schwupp«. Es sprang etwas: »Schnurr!« Alle Räder drehten sich im Kreise und dann stockte die Musik.

Die Nachtigall

Der Kaiser sprang sofort aus dem Bett und ließ seinen Leibarzt rufen, aber was konnte der helfen! Dann ließen sie den Uhrmacher holen und nach vielem Gerede und Besehen setzte er den Vogel einigermaßen instand, aber er sagte, dass er sehr geschont werden müsse, denn die Zapfen seien sehr abgenutzt, und es wäre nicht möglich, neue so einzusetzen, dass man sich auf die Musik verlassen könne. Das war eine große Betrübnis! Nur einmal im Jahr durfte man den künstlichen Vogel singen lassen und das war schon fast zu viel. Aber dann hielt der Spielmeister eine kleine Rede mit schweren Worten und sagte, dass es ebenso gut wie früher sei, und da war es ebenso gut wie früher.

Nun waren fünf Jahre vergangen, und das ganze Land befand sich in wirklich großer Trauer, denn sie hatten ihren Kaiser im Grunde alle gern: Nun sei er krank und müsse sterben, sagte man. Ein neuer Kaiser war bereits gewählt, und die Leute standen draußen auf der Straße und fragten den Kavalier, wie es ihrem Kaiser gehe. »P!«, sagte er und schüttelte den Kopf.

Kalt und blass lag der Kaiser in seinem großen, prächtigen Bett; der ganze Hof glaubte ihn tot, und jeder von ihnen lief hin, um den neuen Kaiser zu begrüßen; die Kammerdiener liefen hinaus, um darüber zu schwatzen, und die Schlossmädchen hatten große Kaffeegesellschaft. Ringsum in allen Sälen und Gängen war Tuch gelegt, damit man niemand gehen hören sollte, und deshalb war es da so still, so still. Aber der Kaiser war noch nicht tot; steif und blass lag er in dem prächtigen Bett mit den langen Samtgardinen und den schweren Goldquasten; hoch oben stand ein Fenster offen und der Mond schien herein auf den Kaiser und den Kunstvogel.

Der arme Kaiser konnte kaum atmen, es war, als ob etwas auf seiner Brust säße. Er schlug die Augen auf, und da sah er, dass es der Tod war, der auf seiner Brust saß und sich seine Goldkrone aufgesetzt hatte und in der einen Hand den Goldsäbel des Kaisers, in der andern seine prächtige Fahne hielt. Und aus den Falten der großen samtenen Bettgardinen guckten überall seltsame Köpfe hervor, einige abscheulich hässliche, andere so lieblich milde: Das waren alle die bösen und guten Taten des Kaisers, die ihn ansahen, jetzt, da der Tod auf seinem Herzen saß. »Erinnerst du dich daran?«, flüsterte eine nach der andern. »Erinnerst du dich?« Und dann erzählten sie ihm so viel, dass ihm der Schweiß auf der Stirn ausbrach.

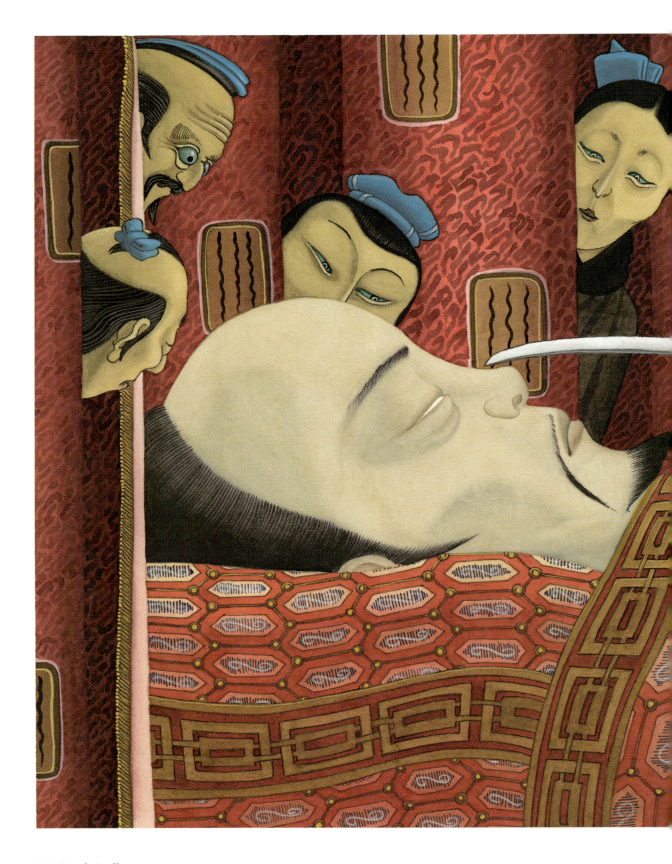

Die Nachtigall

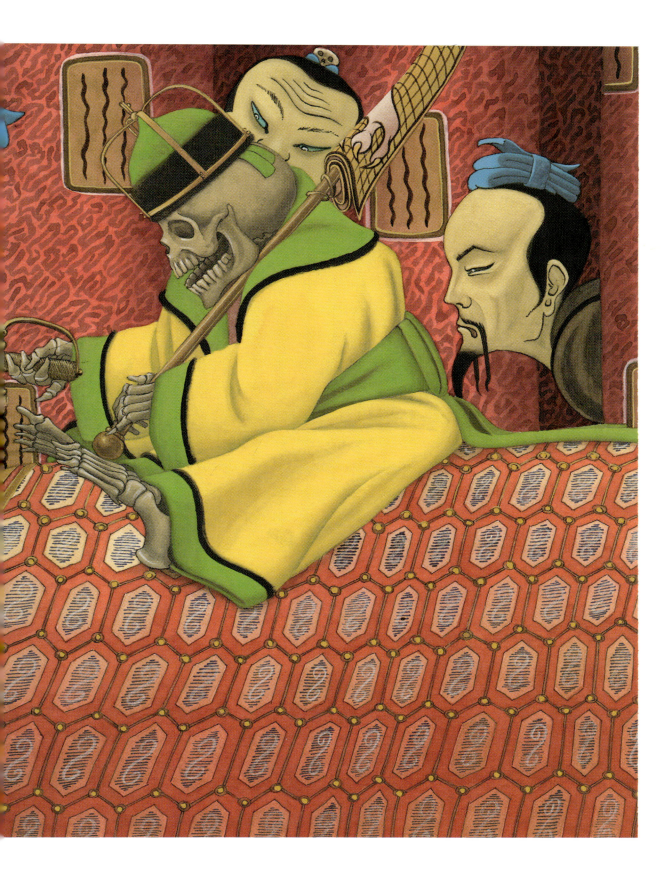

»Das habe ich nie gewusst!«, sagte der Kaiser. »Musik, Musik, die große chinesische Trommel«, rief er, »damit ich das bloß nicht zu hören brauche, was sie sagen!«

Und sie fuhren fort, und der Tod nickte gleich einem Chinesen bei allem, was gesagt wurde.

»Musik, Musik!«, schrie der Kaiser. »Du kleiner, gesegneter Goldvogel, sing doch, sing! Ich habe dir Gold und Kostbarkeiten gegeben, ich habe dir persönlich meinen Goldpantoffel um den Hals gehängt, sing doch, sing!«

Aber der Vogel stand still, es war niemand da, um ihn aufzuziehen, und sonst sang er nicht; aber der Tod fuhr fort, den Kaiser mit seinen großen, leeren Augenhöhlen anzusehen, und es war so still, so schrecklich still.

Da ertönte auf einmal dicht am Fenster der herrlichste Gesang; es war die kleine, lebendige Nachtigall, die draußen auf einem Zweig saß; sie hatte von ihres Kaisers Not gehört und war darum gekommen, um ihm Trost und Hoffnung zuzusingen; und während sie sang, wurden die Gestalten blasser und blasser; das Blut in des Kaisers schwachem Körper kam immer mehr in Bewegung und der Tod selbst lauschte und sagte: »Fahre fort, kleine Nachtigall, fahre fort!«

»Ja, willst du mir den prächtigen Goldsäbel geben? Ja, willst du mir die reiche Fahne geben? Willst du mir des Kaisers Krone geben?«

Und für jedes Lied gab der Tod eines der Kleinodien und die Nachtigall fuhr noch fort zu singen, und sie sang von dem stillen Friedhof, wo die weißen Rosen wachsen, wo der Fliederbaum duftet und wo das frische Gras von den Tränen der Überlebenden benetzt wird. Da bekam der Tod Sehnsucht nach seinem Garten und schwebte wie ein kalter, weißer Nebel zum Fenster hinaus.

»Dank, Dank!«, sagte der Kaiser. »Du himmlischer, kleiner Vogel, ich kenne dich wohl! Dich habe ich aus meinem Land und Reich gejagt und doch hast du die bösen Gesichter von meinem Bett weggesungen, den Tod von meinem Herzen vertrieben. Wie soll ich dir das lohnen?«

»Du hast mich belohnt!«, sagte die Nachtigall. »Ich habe deinen Augen Tränen entlockt, als ich das erste Mal sang, das vergesse ich dir nie! Das sind die Juwelen, die einem Sängerherzen wohl tun; aber schlafe nun und werde frisch und stark! Ich werde dir vorsingen.« Und sie sang – und der Kaiser fiel in einen süßen Schlummer. Ach, wie mild und wohltuend war der Schlaf.

Die Nachtigall

Die Sonne schien durch die Fenster zu ihm herein, als er gestärkt und gesund erwachte; von seinen Dienern war noch keiner zurückgekommen, denn sie glaubten, er sei tot; aber die Nachtigall saß noch immer da und sang.

»Du musst immer bei mir bleiben!«, sagte der Kaiser. »Du sollst nur singen, wenn du selbst willst, und den künstlichen Vogel zerschlage ich in tausend Stücke.«

»Tu das nicht!«, sagte die Nachtigall. »Er hat ja all das Gute getan, das er vermochte! Behalte ihn wie bisher! Ich kann nicht auf dem Schloss nisten und wohnen, aber lass mich kommen, wenn ich selbst Lust habe, dann will ich am Abend auf dem Zweig dort beim Fenster sitzen und dir vorsingen, auf dass du froh und gedankenvoll zugleich werden mögest. Ich werde von den Glücklichen singen und von denen, die leiden; ich werde singen von Gut und Böse, das rings um dich verborgen gehalten wird. Der kleine Singvogel fliegt weit umher zum armen Fischer, zum Dach des Bauern, zu jedem, der weit von dir und deinem Hof ist.

Ich liebe dein Herz mehr als deine Krone und doch hat die Krone einen Duft von etwas Heiligem um sich! Ich komme, ich singe dir vor! – Aber eins musst du mir versprechen!«

»Alles!«, sagte der Kaiser und stand da in seinem kaiserlichen Gewand, das er sich selbst angelegt hatte, und hielt den Säbel, der schwer war von Gold, an sein Herz empor.

»Um eins bitte ich dich! Erzähle niemand, dass du einen kleinen Vogel hast, der dir alles erzählt, dann wird es noch besser gehen!«

Und dann flog die Nachtigall fort.

Die Diener kamen herein, um nach ihrem toten Kaiser zu sehen; ja, da standen sie und der Kaiser sagte: »Guten Morgen!«

Die Nachtigall

Die Prinzessin auf der Erbse

Es war einmal ein Prinz, der wollte eine Prinzessin heiraten; aber es sollte eine richtige Prinzessin sein. Da reiste er in der ganzen Welt umher, um eine zu finden, aber überall stimmte etwas nicht. Prinzessinnen gab es genug, aber ob es richtige Prinzessinnen waren, konnte er nicht recht feststellen. Immer war etwas an ihnen, das nicht so ganz richtig war. So kam er denn wieder heim und war sehr betrübt, denn er wollte so gern eine wirkliche Prinzessin haben.

Eines Abends gab es ein fürchterliches Unwetter; es blitzte und donnerte, der Regen strömte herab, es war ganz entsetzlich! Da klopfte es an das Stadttor, und der alte König ging hin, um aufzumachen.

Draußen stand eine Prinzessin. Aber, mein Gott, wie sah sie aus von dem Regen und dem schlimmen Wetter! Das Wasser lief ihr nur so von den Haaren und den Kleidern herunter und es lief in die Spitzen ihrer Schuhe hinein und an den Absätzen wieder heraus, und dabei sagte sie, dass sie eine wirkliche Prinzessin sei.

Das werden wir schon herausfinden, dachte die alte Königin. Aber sie sagte nichts, ging in das Schlafgemach, nahm das ganze Bettzeug ab und legte eine Erbse auf den Boden des Bettes. Jetzt nahm sie zwanzig Matratzen, legte sie auf die Erbse und dann noch zwanzig Eiderdaunenbetten oben auf die Matratzen.

Dort sollte nun die Prinzessin in der Nacht liegen. Am Morgen fragte man sie, wie sie geschlafen habe.

»Oh, entsetzlich schlecht!«, sagte die Prinzessin. »Ich habe fast die ganze Nacht kein Auge zugetan! Gott weiß, was wohl im Bett gewesen ist! Ich habe auf etwas Hartem gelegen, so dass ich völlig braun und blau am ganzen Körper bin! Es ist ganz entsetzlich!«

Nun konnten sie sehen, dass es eine richtige Prinzessin war, weil sie durch die zwanzig Matratzen und die zwanzig Eiderdaunenbetten hindurch die Erbse gespürt hatte. So empfindlich konnte niemand sein außer einer wirklichen Prinzessin.

Deshalb nahm sie der Prinz zur Frau, denn jetzt wusste er, dass er eine richtige Prinzessin hatte, und die Erbse kam in die Kunstkammer, wo sie noch heute zu sehen ist, falls sie niemand weggenommen hat.

Sieh, das war eine richtige Geschichte!

Die Prinzessin auf der Erbse

Das hässliche Entlein

Es war so herrlich draußen auf dem Lande. Es war Sommer; das Korn stand gelb, der Hafer grün, das Heu war unten in den grünen Wiesen zu Haufen zusammengetragen. Dort stolzierte der Storch auf seinen langen, roten Beinen und schwatzte Ägyptisch, denn diese Sprache hatte er von seiner Mutter gelernt. Rings um Äcker und Wiesen waren große Wälder und mitten in den Wäldern tiefe Seen. Ja, es war wirklich schön dort draußen auf dem Lande. Mitten im Sonnenschein lag ein alter Herrenhof, von tiefen Kanälen umgeben, und von der Mauer bis herunter zum Wasser wuchsen große Ampferblätter, die so hoch waren, dass kleine Kinder aufrecht unter den größten von ihnen stehen konnten; es war da drinnen ebenso wild wie im tiefsten Wald. Und hier lag eine Ente auf ihrem Nest. Sie musste ihre Jungen ausbrüten, aber nun war sie es bald überdrüssig, weil es so lange dauerte und sie selten Besuch bekam. Die andern Enten zogen es vor, im Kanal herumzuschwimmen, statt hinaufzulaufen und unter einem Ampferblatt zu sitzen, um mit ihr zu schnattern.

Endlich platzte ein Ei nach dem andern: »Piep, piep!«, sagte es, alle Eidotter waren lebendig geworden und streckten die Köpfe heraus.

»Rapp, rapp!«, sagte sie, und dann rappelten sie sich alle, was sie konnten, und sahen nach allen Seiten unter den grünen Blättern, und die Mutter ließ sie ruhig schauen, denn das Grün ist gut für die Augen.

»Wie ist die Welt doch groß!«, sagten alle Jungen; denn sie hatten doch jetzt ganz anders Platz als vorher drinnen im Ei.

»Glaubt ihr, das sei die ganze Welt?«, sagte die Mutter. »Die erstreckt sich weit bis auf die andere Seite des Gartens, gerade hinein in das Feld des Pfarrers. Aber dort bin ich nie gewesen! – Ihr seid hier doch wohl alle beisammen?« Und dann erhob sie sich: »Nein, ich habe nicht alle, das größte Ei liegt noch da; wie lange soll das bloß dauern! Jetzt bin ich es bald überdrüssig!« Und dann setzte sie sich wieder.

»Na, wie geht es?«, fragte eine alte Ente, die kam, um ihr einen Besuch zu machen.

»Es dauert so lange mit dem einen Ei«, sagte die Ente auf dem Nest. »Es will nicht platzen! Aber nun sollst du die andern sehen. Sie sind die niedlichsten Entlein, die mir je vorgekommen sind. Sie gleichen alle miteinander ihrem Vater. – Der Schuft! Er kommt mich nicht mal besuchen.«

»Lass mich das Ei sehen, das nicht platzen will!«, sagte die Alte. »Glaub mir, das ist ein Truthennenei! So bin ich auch einmal zum Narren gehalten worden und ich hatte meinen Kummer und meine Not mit den Jungen; denn sie haben Angst vor dem Wasser, will ich dir sagen! Ich konnte sie nicht dazu bringen, ins

Das hässliche Entlein

Wasser zu gehen! Ich rappte und schnappte, aber es half nicht! – Lass mich das Ei sehen! Ja, es ist ein Putenei! Lass es liegen und lehre lieber die andern Kinder schwimmen!«

»Ich will doch noch ein Weilchen darauf sitzen bleiben!«, sagte die Ente. »Habe ich nun so lange gesessen, so kann ich auch noch einige Tage länger sitzen!«

»Bitte schön!«, sagte die alte Ente. Und dann ging sie.

Endlich platzte das große Ei. »Piep, piep!«, sagte das Junge und fiel heraus. Es war sehr groß und hässlich. Die Ente sah es an: »Das ist ja ein schrecklich großes Entlein!«, sagte sie. »Keins von den andern sieht so aus! Es wird doch wohl kein Putenküken sein? Nun, das werden wir bald herausbekommen! Ins Wasser soll es, und wenn ich es selbst hinausstoßen muss!«

Am nächsten Tag war ein gesegnet schönes Wetter. Die Sonne schien auf alle die grünen Ampfern. Die Entenmutter kam mit ihrer ganzen Familie zum Kanal hinunter. Platsch!, sprang sie ins Wasser.

»Rapp, rapp!«, sagte sie und eins nach dem andern plumpsten die Entlein hinaus. Das Wasser schlug ihnen über dem Kopf zusammen; aber sie kamen gleich wieder hoch und schwammen wunderschön. Die Beine gingen von selbst und alle waren sie draußen, selbst das hässliche, graue Junge schwamm mit.

»Nein, es ist kein Puter!«, sagte sie. »Schau, wie schön es die Beine gebraucht, wie gut es sich hält! Es ist mein eigenes Kind! Im Grunde ist es doch ganz hübsch, wenn man es richtig ansieht. Rapp, rapp! – Kommt jetzt mit mir, dann werde ich euch in die Welt einführen und euch im Entenhof vorstellen, aber haltet euch immer schön zu mir, dass niemand auf euch tritt, und nehmt euch vor der Katze in Acht!«

Und dann kamen sie in den Entenhof hinein. Dort war ein schrecklicher Lärm, denn zwei Familien balgten sich um einen Aalkopf und schließlich bekam ihn doch die Katze.

»Seht, so geht es zu in der Welt!«, sagte die Entenmutter und wetzte sich den Schnabel, denn sie hätte den Aalkopf auch gern gehabt. »Gebraucht nun eure Beine!«, sagte sie. »Seht zu, dass ihr euch rappeln könnt, und neigt den Hals vor der alten Ente dort drüben; sie ist die Vornehmste von allen hier, sie ist aus spanischem Geblüt, deshalb ist sie dick, und ihr seht, sie hat einen roten Lappen um das Bein. Das ist etwas außerordentlich Schönes und die größte Auszeichnung,

Das hässliche Entlein

die einer Ente zuteil werden kann. Es bedeutet, dass man sie nicht verlieren will und dass sie von Tieren und Menschen erkannt werden soll! Rappelt euch! Setzt die Füße nicht einwärts! Ein wohlerzogenes Entlein setzt die Füße weit auseinander, so wie Vater und Mutter. So, nun neigt euren Hals und sagt: Rapp!«

Und das taten sie; aber die andern Enten ringsum sahen sie an und sagten ganz laut: »Sieh an, jetzt sollen wir auch noch diese ganze Sippschaft hier haben, als ob wir nicht schon so genug wären. Und pfui! Wie das eine Entlein aussieht! Das wollen wir nicht dulden!« Und gleich flog eine Ente hin und biss es in den Nacken. »Lasst es in Ruhe!«, sagte die Mutter. »Es tut ja niemand etwas!«

»Ja, aber es ist zu groß und eigenartig!«, sagte die Ente, die biss. »Deshalb muss es gepufft werden!«

»Es sind hübsche Kinder, die Sie da haben!«, sagte die alte Ente mit dem Lappen um das Bein. »Alle miteinander hübsch, bis auf das eine, das ist nicht geglückt! Ich wünschte, Sie könnten es noch einmal machen!«

»Das geht nicht, Euer Gnaden!«, sagte die Entenmutter. »Es ist nicht hübsch; aber es hat ein herzlich gutes Gemüt und schwimmt so schön wie alle die andern auch, ja, ich darf sagen, sogar etwas besser! Ich denke, es wird sich schon herausmachen oder mit der Zeit etwas kleiner werden! Es hat zu lange im Ei gelegen und darum hat es nicht die rechte Figur bekommen.«

Und dann zupfte sie das Entlein im Nacken und glättete sein Gefieder. »Es ist überdies ein Enterich«, sagte sie, »und da ist es nicht so schlimm. Ich glaube, er wird gute Kräfte bekommen, er schlägt sich schon durch.«

»Die andern Entlein sind reizend!«, sagte die Alte. »Tut nun, als wäret ihr zu Hause, und findet ihr einen Aalkopf, dann könnt ihr ihn mir bringen!«

Und dann fühlten sie sich wie zu Hause.

Aber das arme Entlein, das zuletzt aus dem Ei geschlüpft war und so hässlich aussah, wurde gebissen, gepufft und gehänselt, und das sowohl von den Enten als von den Hühnern. »Es ist zu groß!«, sagten sie alle. Und der Truthahn, der mit Sporen geboren war und daher glaubte, dass er Kaiser sei, blies sich auf wie ein Schiff mit vollen Segeln, ging gerade auf das Entlein zu und dann kollerte er und wurde ganz rot im Kopf. Das arme Entlein wusste weder, wo es stehen, noch, wo es gehen durfte, es war so betrübt, weil es so hässlich aussah und zum Gespött des ganzen Entenhofes wurde.

So ging es am ersten Tag und später wurde es schlimmer und schlimmer. Das arme Entlein wurde von allen gejagt, selbst seine Geschwister waren gemein zu ihm und sie sagten immer: »Wenn die Katze dich nur holen würde, du hässliches Ungetüm!« Und die Mutter sagte: »Wenn du nur weit fort wärst!« Und die Enten bissen das Junge und die Hühner hackten nach ihm, und das Mädchen, das den Tieren Futter zu bringen hatte, stieß mit den Füßen nach ihm.

Da lief es fort und flog über die Hecke hinweg; die kleinen Vögel in den Büschen fuhren erschrocken in die Höhe. Das ist, weil ich so hässlich bin, dachte das Entlein und schloss die Augen, lief aber trotzdem weiter. Dann kam es hinaus in das große Moor, wo die Wildenten wohnten. Hier lag es die ganze Nacht, denn es war so müde und kummervoll.

Am Morgen flogen die Wildenten auf und sie sahen sich den neuen Kameraden an. »Was bist du für einer?«, fragten sie, und das Entlein drehte sich nach allen Seiten und grüßte, so gut es konnte.

»Du bist mehr als garstig!«, sagten die Wildenten. »Aber das kann uns gleich sein, wenn du nur nicht in unsere Familie hineinheiratest!«

Das arme Entlein. Es dachte wirklich nicht daran, sich zu verheiraten, wenn es nur Erlaubnis bekam, im Schilf zu liegen und etwas Moorwasser zu trinken.

Dort lag es zwei ganze Tage, dann kamen zwei Wildgänse, oder richtiger wilde Gänseriche, denn es waren zwei Männchen. Es war noch nicht lange her, seit sie aus dem Ei geschlüpft waren, und darum waren sie so draufgängerisch.

»Hör mal, Kamerad«, sagten sie, »du bist so hässlich, dass wir dich gut leiden mögen! Willst du mitziehen und Zugvogel werden? Hier ganz in der Nähe in einem andern Moor sind einige süße, liebliche Wildgänse, alles junge Fräulein, die rapp sagen können. Du kannst dort vielleicht dein Glück machen, so hässlich du auch bist!«

»Piff! Paff!«, ertönte es auf einmal über ihnen und die beiden wilden Gänseriche fielen tot ins Schilf nieder und das Wasser färbte sich blutrot. »Piff! Paff!«, ertönte es wieder und ganze Scharen von Wildgänsen flogen aus dem Schilf auf und dann knallte es abermals. Es war große Jagd; die Jäger lagen rings um das Moor herum, ja, einige saßen oben in den Zweigen der Bäume, die sich weit über das Schilf hinstreckten. Der blaue Rauch zog wie Wolken zwischen die dunklen Bäu-

Das hässliche Entlein

me und senkte sich weithin über das Wasser. Durch den Sumpf kamen die Jagdhunde, platsch, platsch! Schilf und Rohr schwankten nach allen Seiten. Das war
ein Schrecken für das arme Entlein, es drehte den Kopf, um ihn unter den Flügel
zu stecken, und im selben Augenblick stand ein fürchterlich großer Hund dicht
neben ihm. Die Zunge hing ihm weit aus dem Hals und die Augen glänzten
grauenhaft hässlich. Er streckte dem Entlein seinen Rachen gerade entgegen,
zeigte die scharfen Zähne – und platsch, ging er wieder, ohne es zu packen.

»O gottlob!«, seufzte das Entlein. »Ich bin so hässlich, dass selbst der Hund
mich nicht beißen mag!«

Und dann lag es ganz still, während das Schrot durch das Schilf sauste und
Schuss auf Schuss knallte.

Erst spät am Tage wurde es ruhig; aber das arme Junge wagte sich noch
nicht zu erheben. Es wartete mehrere Stunden, bevor es sich umsah, und dann
eilte es fort aus dem Moor, so schnell es konnte. Es lief über Feld und Wiese, der
Wind blies so heftig, dass es Mühe hatte, vorwärts zu kommen.

Gegen Abend erreichte es ein ärmliches, kleines Bauernhaus. Es war so
armselig, dass es selbst nicht wusste, nach welcher Seite es fallen wollte, und so
blieb es stehen. Der Wind umsauste das Entlein so stürmisch, dass es sich auf den
Schwanz setzen musste, um sich gegen den Wind anzustemmen; und er blies immer schlimmer. Da bemerkte das Entlein, dass die Tür aus der einen Angel gesprungen war und so schief hing, dass es durch die Spalte in die Stube hineinschlüpfen konnte; und das tat es.

Hier wohnte eine alte Frau mit ihrem Kater und ihrer Henne; und der
Kater, den sie Söhnecke nannte, konnte einen Buckel machen und schnurren; er
knisterte sogar, aber dann musste man ihn gegen die Haare streicheln. Die Henne
hatte ganz kleine, kurze Beine und deshalb wurde sie Kückelikurzbein genannt;
sie legte gut Eier und die Frau hatte sie lieb wie ihr eigenes Kind.

Am Morgen bemerkte man das fremde Entlein gleich und der Kater begann
zu schnurren und die Henne zu glucken.

»Was ist das?«, sagte die Frau und schaute sich nach allen Seiten um, aber sie
sah nicht gut, und deshalb glaubte sie, das Entlein sei eine fette Ente, die sich ver-
irrt habe. »Das ist ja ein angenehmer Fang!«, sagte sie. »Jetzt kann ich Enteneier
bekommen. Wenn es nur kein Enterich ist! Das müssen wir ausprobieren!«

Das hässliche Entlein

Und so wurde das Entlein drei Wochen auf Probe angenommen; aber es kamen keine Eier. Und der Kater war Herr im Hause und die Henne war Madame und sie sagten immer: »Wir und die Welt!« Denn sie glaubten, sie seien die Hälfte von ihr, und zwar der allerbeste Teil. Das Entlein fand, man könne wohl auch anderer Meinung sein, aber das duldete die Henne nicht.

»Kannst du Eier legen?«, fragte sie.

»Nein!«

»Dann halte gefälligst deinen Mund!«

Und der Kater sagte: »Kannst du einen Buckel machen, schnurren und knistern?«

»Nein!«

»Dann darfst du auch keine Meinung haben, wenn vernünftige Leute reden!«

Und das Entlein saß in der Ecke und war schlechter Laune; da musste es an die frische Luft und an den Sonnenschein denken; es bekam eine so seltsame Lust, auf dem Wasser zu schwimmen. Zuletzt konnte das Entlein nicht anders, es musste der Henne davon berichten.

»Was fällt dir ein!«, sagte die. »Du hast nichts zu tun, deshalb sticht dich der Hafer! Lege Eier oder schnurre, dann geht das vorüber!«

»Aber es ist so schön, auf dem Wasser zu schwimmen«, sagte das Entlein, »so schön, wenn es über dem Kopf zusammenschlägt und man auf den Grund hinabtaucht!«

»Ja, das ist sicher ein großes Vergnügen!«, sagte die Henne. »Du bist anscheinend verrückt geworden! Frage den Kater, er ist der Klügste, den ich kenne; frage ihn, ob er etwas davon hält, auf dem Wasser zu schwimmen oder unterzutauchen! Von mir will ich gar nicht sprechen. Frage selbst unsere Herrschaft, die alte Frau; klüger als sie ist niemand auf der Welt! Glaubst du, sie hat Lust, zu schwimmen und sich das Wasser über dem Kopf zusammenschlagen zu lassen?«

»Ihr versteht mich nicht!«, sagte das Entlein.

»Ja, verstehen wir dich nicht, wer sollte dich dann verstehen! Du willst doch wohl nicht klüger sein als der Kater und die Frau, von mir gar nicht zu reden! Zier dich nicht so, Kind! Danke du lieber deinem Schöpfer für all das Gute, das man für dich getan hat! Bist du nicht in eine warme Stube gekommen und hast einen Umgang, von dem du etwas lernen kannst? Aber du bist ein Dummkopf, und es macht keinen Spaß, mit dir zu verkehren! Mir darfst du glauben! Ich meine es gut mit dir, ich sage dir Unannehmlichkeiten, und daran soll man seine wahren Freunde erkennen! Sieh nur zu, dass du Eier legst und schnurren und knistern lernst!«

»Ich glaube, ich will hinaus in die weite Welt gehen!«

»Ja, tu das nur!«, sagte die Henne.

Und dann ging das Entlein; es schwamm auf dem Wasser, es tauchte unter, aber alle Tiere übersahen es seiner Hässlichkeit wegen.

Nun brach der Herbst an; die Blätter im Wald wurden gelb und braun, der Wind erfasste sie, so dass sie umhertanzten, und oben in der Luft sah es kalt aus; die Wolken waren von Hagel und Schneeflocken schwer und auf dem Zaun stand der Rabe und schrie »Au, au!« vor lauter Kälte. Ja, man konnte ordentlich frieren, wenn man bloß daran dachte; das arme Entlein hatte es wahrlich nicht gut.

Eines Abends, die Sonne ging so prächtig unter, kam ein ganzer Schwarm schöner, großer Vögel aus dem Gebüsch. Das Entlein hatte noch nie so schöne Vögel gesehen. Sie waren ganz schimmernd weiß mit langen, geschmeidigen Hälsen. Es waren Schwäne. Sie stießen einen sonderbaren Laut aus, breiteten ihre prächtigen, langen Flügel aus und flogen von den kalten Gegenden fort nach wärmeren Ländern, zu offenen Seen. Sie stiegen so hoch, so hoch, dass dem hässlichen kleinen Entlein ganz wunderlich zumute wurde. Es drehte sich im Wasser herum wie ein Rad, reckte den Hals hoch in die Luft und stieß einen so lauten und seltsamen Schrei aus, dass ihm selbst dabei bange wurde. Oh, es konnte die schönen Vögel, die glücklichen Vögel, nicht vergessen, und sobald das Entlein sie nicht mehr erblickte, tauchte es bis auf den Grund hinab, und als es wieder heraufkam, war es wie außer sich. Es wusste nicht, wie die Vögel hießen, nicht, wo sie hinflogen, aber doch liebte es sie, wie es noch nie jemand geliebt hatte. Es beneidete die Vögel gar nicht, wie sollte es ihm einfallen, sich eine derartige Schönheit zu wünschen; es wäre froh gewesen, wenn doch wenigstens die Enten es unter sich geduldet hätten, das arme, hässliche Tier.

Und der Winter wurde so kalt, so kalt! Das Entlein musste im Wasser umherschwimmen, damit die Oberfläche nicht ganz zufror, aber jede Nacht wurde das Loch, in dem es schwamm, schmaler und schmaler. Es fror, so dass es in der

Das hässliche Entlein

Eisdecke krachte. Das Entlein musste ständig die Beine gebrauchen, damit sich das Wasser nicht schließen konnte. Zuletzt ließen seine Kräfte nach, es lag ganz still und fror dann im Eis fest.

Früh am Morgen kam ein Bauer; er sah das Entlein, ging hinaus und schlug das Eis mit seinem Holzschuh in Stücke und trug das Tier heim zu seiner Frau. Da kam es wieder richtig zu sich.

Die Kinder spielten mit ihm, aber das Entlein glaubte, dass sie ihm etwas zuleide tun wollten, und fuhr vor Schrecken gerade in die Milchschüssel hinein, so dass die Milch in die Stube überschwappte. Die Frau zeterte und schlug die Hände über dem Kopf zusammen, und da flog das Entlein in den Trog, wo die Butter war, und dann hinunter in das Mehlfass und wieder hinauf. Hu! Wie es sich dabei zurichtete! Die Frau schrie und schlug mit der Feuerzange nach ihm, und die Kinder rannten einander über den Haufen, um das Entlein zu fangen; und sie lachten und sie schrien. Ein Glück nur, dass die Tür offen stand; da stürzte es eilends hinaus zwischen die Büsche in den frisch gefallenen Schnee und dort lag es wie erstarrt.

Aber es würde allzu traurig werden, von der Not und dem Elend zu erzählen, die das Entlein in dem harten Winter durchmachen musste.

Als die Sonne wieder warm zu scheinen begann, lag es im Moor zwischen dem Schilfrohr. Die Lerchen sangen, es war herrlicher Frühling.

Da hob es auf einmal seine Flügel, sie brausten stärker als früher und trugen es schneller davon; und ehe es sich versah, war es in einem großen Garten, wo die Apfelbäume in Blüte standen, wo der Flieder duftete und an den langen, grünen Zweigen bis zu den gewundenen Kanälen herunterhing. Oh, hier war es so schön, so frühlingsfrisch! Und dort, aus dem Dickicht heraus, kamen drei schöne, weiße Schwäne. Sie brausten mit den Federn und schwammen so leicht auf dem Wasser. Das Entlein kannte die prächtigen Tiere und wurde von einer seltsamen Wehmut ergriffen.

»Ich will zu ihnen hinfliegen, den königlichen Vögeln! Und sie werden mich mit ihren Schnäbeln tothacken, weil ich, der ich so hässlich bin, mich ihnen zu nähern wage. Aber das ist einerlei! Besser von ihnen getötet zu werden, als sich von den Enten schnappen, von den Hühnern hacken, vom Mädchen, das den Hühnerhof besorgt, mit Füßen treten zu lassen und im Winter Böses zu erleiden!«

Und das Entlein flog ins Wasser hinaus und schwamm zu den prächtigen Schwänen hin. Diese sahen es und kamen mit brausenden Federn angeschossen. »Tötet mich nur!«, sagte das arme Tier und beugte seinen Kopf zur Wasserfläche hinab und erwartete den Tod.

Doch was sah es in dem klaren Wasser? Es sah unter sich sein eigenes Bild; aber es war kein plumper, schwarzgrauer Vogel mehr, hässlich und garstig, es war selbst ein Schwan.

Es macht nichts, im Entenhof geboren zu sein, wenn man nur in einem Schwanenei gelegen hat!

Es fühlte sich ordentlich froh über all die Not und die Widerwärtigkeiten, die es erfahren hatte. Jetzt erst schätzte es sein Glück, die Schönheit, von der es begrüßt wurde. Und die großen Schwäne umschwammen es und streichelten es mit ihren Schnäbeln.

Einige kleine Kinder kamen in den Garten, sie warfen Brot und Korn ins Wasser hinaus und das kleinste rief: »Da ist ein neuer!« Und die andern Kinder jubelten mit: »Ja, es ist ein neuer gekommen!« Und sie klatschten in die Hände und tanzten umher, holten Vater und Mutter herbei und es wurde Brot und Kuchen ins Wasser geworfen und alle sagten sie: »Der neue ist der schönste, so jung und so prächtig!« Und die alten Schwäne verneigten sich vor ihm.

Da fühlte er sich ganz beschämt und steckte den Kopf unter die Flügel, er wusste selbst nicht, wie ihm war. Er war überglücklich, aber gar nicht stolz, denn ein gutes Herz wird nie stolz. Er dachte daran, wie er verfolgt und verhöhnt worden war, und hörte nun alle sagen, dass er der schönste von allen schönen Vögeln sei. Und der Flieder beugte seine Zweige zu ihm in das Wasser hinunter und die Sonne schien warm und so gut. Da brausten seine Federn, der schlanke Hals hob sich und er jubelte aus vollem Herzen: »So viel Glück habe ich mir nicht träumen lassen, als ich das hässliche Entlein war!«

Das hässliche Entlein

Ole Luköie

In der ganzen Welt gibt es niemand, der so viele Geschichten zu erzählen weiß wie Ole Luköie*! Gegen Abend, wenn die Kinder noch am Tisch oder auf ihrem Schemel sitzen, kommt Ole Luköie. Er öffnet still die Tür und pst – spritzt er den Kindern süße Milch in die Augen, so fein, so fein, aber doch immer so viel, dass sie die Augen nicht offen halten können und es deshalb nicht sehen. Er schleicht sich gerade hinter sie, pustet ihnen sachte in den Nacken und dann wird ihnen der Kopf schwer, o ja! Aber es tut nicht weh, denn Ole Luköie meint es nur gut mit den Kindern. Er will bloß, dass sie ruhig sein sollen, und das sind sie am ehesten, wenn man sie ins Bett bringt; sie sollen still sein, damit er ihnen Geschichten erzählen kann.

Wenn nun die Kinder schlafen, setzt sich Ole Luköie auf das Bett; er ist gut angezogen, sein Mantel ist aus Seidenstoff, aber es ist unmöglich zu sagen, welche Farbe er hat, denn er schimmert grün, rot und blau, je nachdem er sich dreht. Unter jedem Arm hält er einen Schirm, einen mit Bildern darauf, und den spannt er über die guten Kinder aus und dann träumen sie die ganze Nacht die schönsten Geschichten. Und dann hat er einen Schirm, auf dem gar nichts ist, und den spannt er über die ungezogenen Kinder aus, dann schlafen sie so dumm und haben am Morgen, wenn sie aufwachen, nicht das Geringste geträumt. – Nun werden wir hören, wie Ole Luköie eine ganze Woche lang jeden Abend zu einem kleinen Knaben kam, der Hjalmar hieß, und was er ihm erzählte! Das sind ganze sieben Geschichten, denn eine Woche hat sieben Tage.

Montag

»Nun hör mal zu«, sagte Ole Luköie am Abend, als er Hjalmar zu Bett gebracht hatte. »Jetzt werde ich es hier schön machen!« Und dann wurden alle Blumen in

---

* Ole Luköie – Ole Augenschließer

Ole Luköie

102

den Blumentöpfen zu großen Bäumen, die ihre langen Zweige unter der Decke und an den Wänden entlangstreckten, so dass die ganze Stube wie die schönste Gartenlaube aussah. Und alle Zweige waren voller Blüten und jede Blüte war schöner als eine Rose, sie duftete so herrlich, und wollte man sie essen, war sie süßer als Eingemachtes. Die Früchte glänzten wie Gold, und dann waren da Wecken, die vor lauter Rosinen platzten, es war unvergleichlich! Aber auf einmal begann es drüben in der Tischschublade, wo Hjalmars Schulbücher lagen, schrecklich zu jammern.

»Was ist denn das?«, sagte Ole Luköie und ging zum Tisch hin und zog die Schublade auf. Es war die Tafel, in der es presste und drückte, denn es war eine falsche Zahl in die Rechenaufgabe geraten, so dass sie nahe daran war, auseinander zu fallen. Der Griffel hüpfte und sprang an seiner Schnur, gerade als wäre er ein kleiner Hund; er wollte der Rechenaufgabe helfen, konnte aber nicht. Und dann begann es auch in Hjalmars Schreibheft zu jammern; oh, es war richtig grässlich anzuhören! Auf jeder Seite standen von oben nach unten alle die großen Buchstaben, jeder mit einem kleinen neben sich, eine ganze Reihe herunter, das war so eine Vorschrift; und neben diesen standen wieder einige Buchstaben, die glaubten, sie sähen ebenso aus wie diese, und die hatte Hjalmar geschrieben; sie lagen fast, als wären sie über den Bleistiftstrich gestolpert, auf dem sie stehen sollten.

»Seht, so solltet ihr euch halten!«, sagte die Vorschrift. »Seht, so schräg geneigt mit einem flotten Schwung!«

»Oh, wir möchten gern«, sagten Hjalmars Buchstaben, »aber wir können nicht, uns ist so elend!«

»Dann müsst ihr Kinderpulver haben!«, sagte Ole Luköie.

»O nein!«, riefen sie, und dann standen sie so rank, dass es eine Lust war.

»Ja, nun kann ich keine Geschichte erzählen«, sagte Ole Luköie, »jetzt muss ich mit ihnen exerzieren! Eins, zwei, eins, zwei!«

Und dann exerzierte er mit den Buchstaben, und sie standen so rank und so gesund, wie nur eine Vorschrift stehen kann.

Aber als Ole Luköie ging und Hjalmar am Morgen nach ihnen sah, da sahen sie ebenso elend aus wie zuvor.

Dienstag

Sobald Hjalmar im Bett war, berührte Ole Luköie mit seiner kleinen Zauberspritze alle Möbel in der Stube, und gleich fingen sie an zu sprechen, und alle sprachen von sich selbst, außer dem Spucknapf, der stumm dastand und sich darüber ärgerte, dass sie so eitel sein konnten, nur immer von sich selbst zu reden, nur an sich selbst zu denken und gar keinen Gedanken für ihn zu haben, der doch so bescheiden in der Ecke stand und sich anspucken ließ.

Über der Kommode hing ein großes Gemälde in einem vergoldeten Rahmen; es war eine Landschaft, man sah hohe, alte Bäume, Blumen im Gras und ein großes Wasser mit einem Fluss, der um den Wald herumfloss, an vielen Schlössern vorbei, weit hinaus ins wilde Meer.

Ole Luköie rührte mit seiner Zauberspritze an das Gemälde und da fingen die Vögel darinnen zu singen an, die Zweige der Bäume bewegten sich und die Wolken kamen ordentlich in Fahrt; man konnte ihre Schatten über die Landschaft hingleiten sehen.

Nun hob Ole Luköie den kleinen Hjalmar zu dem Rahmen hinauf, und Hjalmar steckte seine Beine in das Gemälde hinein, gerade in das hohe Gras, und da stand er; die Sonne schien zwischen den Zweigen der Bäume hindurch auf ihn herab. Er lief ans Wasser, setzte sich in ein kleines Boot, das da lag. Es war rot und weiß angestrichen, die Segel schimmerten wie Silber, und sechs Schwäne, alle mit Goldkronen unten um den Hals und einem strahlend blauen Stern auf dem Kopf, zogen das Boot an den grünen Wäldern vorüber, wo die Bäume von Räubern und Hexen erzählten und die Blumen von den lieblichen, kleinen Elfen und was die Schmetterlinge ihnen berichtet hatten.

Die schönsten Fische mit Schuppen wie Silber und Gold schwammen hinter dem Boot her; manchmal taten sie einen Sprung, dass es im Wasser »platsch« machte, und Vögel, rote und blaue, kleine und große, flogen in zwei langen Reihen hinterdrein. Die Mücken tanzten und der Maikäfer sagte »bum, bum«; sie alle wollten Hjalmar begleiten und jedes von ihnen hatte eine Geschichte zu erzählen.

Das war eine Segelfahrt! Bald waren die Wälder ganz dicht und dunkel, bald waren sie wie der schönste Garten mit Sonnenschein und Blumen und darinnen lagen große Schlösser aus Glas und Marmor; auf den Balkonen standen Prinzessinnen, und alle waren sie kleine Mädchen, die Hjalmar gut kannte, er hatte früher mit ihnen gespielt. Sie streckten die Hand aus und jede von ihnen hielt ein niedliches Zuckerschweinchen, und Hjalmar fasste jedes Mal, wenn er an einem vorbeisegelte, nach dem einen Ende eines Zuckerschweinchens, und die Prinzessin hielt gut fest, so bekam jeder sein Stück, sie das kleinste, Hjalmar das allergrößte! Bei jedem Schloss standen kleine Prinzen Schildwache, sie hatten die Goldsäbel geschultert und ließen es Rosinen und Zinnsoldaten regnen; das waren richtige Prinzen!

Bald segelte Hjalmar durch Wälder, bald wie durch große Säle oder mitten durch eine Stadt; er kam auch durch die, in der sein Kindermädchen wohnte, das ihn getragen hatte, als er ein ganz kleiner Junge war, und das ihn so lieb gehabt hatte. Und sie nickte und winkte und sang den hübschen Vers, den sie selbst gedichtet und Hjalmar gesandt hatte:

»Ich denke an dich so manche Stund,
Mein Hjalmar, an dem ich gehangen!
Ich hab ja geküsst deinen kleinen Mund,
Deine Stirn und die roten Wangen.
Ich hörte dich sprechen das erste Wort,
Doch musst ich Lebewohl dir sagen.
Es segne der Herr dich an jedem Ort,
Du Engel, den einst ich getragen!«

Und alle Vögel sangen mit, die Blumen tanzten auf den Stängeln, und die alten Bäume nickten, als ob Ole Luköie auch ihnen Geschichten erzähle.

Mittwoch

Nein, wie strömte der Regen draußen herab! Hjalmar hörte es im Schlaf, und als Ole Luköie ein Fenster öffnete, stand das Wasser gerade bis oben ans Fensterbrett; es war ein ganzer See da draußen und dicht am Hause lag das prächtigste Schiff.

»Willst du mitsegeln, kleiner Hjalmar?«, fragte Ole Luköie. »Dann kannst du heute Nacht in die fremden Länder kommen und morgen wieder hier sein!«

Und dann stand Hjalmar auf einmal in seinen Sonntagskleidern mitten auf dem prächtigen Schiff und sogleich wurde das Wetter schön und sie segelten durch die Straßen, kreuzten um die Kirche und nun war alles ein großer, wilder See. Sie segelten so lange, bis kein Land mehr zu erblicken war, und sie sahen einen Schwarm Störche, die kamen auch von daheim und wollten nach den warmen Ländern. Die Störche flogen einer hinter dem andern und sie waren schon so weit geflogen, so weit. Einer von ihnen war so müde, dass seine Flügel ihn fast nicht mehr tragen konnten. Er war der Allerletzte in der Reihe und bald blieb er ein großes Stück zurück; zuletzt sank er mit ausgebreiteten Flügeln tiefer und tiefer, er machte noch ein paar Schläge mit den Schwingen, doch es half nicht; nun berührte er mit den Füßen das Tauwerk des Schiffes, nun glitt er an dem Segel herab und bums! – da stand er auf dem Deck.

Der Schiffsjunge nahm ihn und setzte ihn ins Hühnerhaus zu den Hühnern, Enten und Truthähnen; der arme Storch stand ganz verzagt mitten unter ihnen.

»Das ist aber einer!«, sagten alle Hühner.

Und der Truthahn blies sich auf, so dick er nur konnte, und fragte, wer er sei; und die Enten gingen rückwärts und pufften einander: »Rapp dich, rapp dich!«

Und der Storch erzählte von dem warmen Afrika, von den Pyramiden und vom Strauß, der wie ein wildes Pferd über die Wüste dahinstürmte, aber die Enten verstanden nicht, was er sagte, und so pufften sie einander: »Wollen wir uns darauf einigen, dass er dumm ist?«

»Ja, und ob er dumm ist«, sagte der Truthahn und dann plusterte er sich auf. Da schwieg der Storch ganz still und dachte an sein Afrika.

»Ihr habt ja schöne dünne Beine!«, sagte der Truthahn. »Was kostet die Elle?«

»Skrat, skrat, skrat!«, grinsten alle Enten, aber der Storch tat, als ob er es überhaupt nicht höre.

»Ihr könnt ruhig mitlachen«, sagte der Truthahn zu ihm, »denn das war sehr witzig gesagt! Oder war es vielleicht zu ungebildet für ihn? Ach, ach, vielseitig ist er nicht gerade! Aber lasst uns dabei bleiben, für uns selbst interessant zu sein.« Und dann kicherten die Hühner und die Enten schnatterten: »Gik, gak, gik, gak!« Es war schrecklich, wie lustig sie das selbst fanden.

Aber Hjalmar ging zum Hühnerhaus, öffnete die Tür, rief den Storch und der hüpfte zu ihm auf das Deck hinaus. Nun hatte er sich ausgeruht, und es war, als nicke er Hjalmar zu, um ihm zu danken. Darauf breitete er seine Flügel aus und flog nach den warmen Ländern, aber die Hühner kicherten, die Enten schnatterten und der Truthahn bekam einen ganz puterroten Kopf.

»Morgen werden wir Suppe von euch kochen«, sagte Hjalmar und dann erwachte er und lag in seinem kleinen Bett. Das war wirklich eine seltsame Reise, die Ole Luköie ihn diese Nacht hatte machen lassen.

Donnerstag

»Weißt du was?«, sagte Ole Luköie. »Hab jetzt keine Angst! Hier sollst du eine kleine Maus sehen!« Und dann hielt er ihm seine Hand mit dem leichten, niedlichen Tier entgegen. »Sie ist gekommen, um dich zur Hochzeit einzuladen. Hier sind zwei kleine Mäuse, die heute Nacht in den Ehestand treten wollen. Sie wohnen drunten unter der Speisekammer deiner Mutter, es soll eine entzückende Wohnung sein!«

»Aber wie soll ich durch das kleine Mauseloch im Boden kommen?«, fragte Hjalmar.

»Überlass das mir«, sagte Ole Luköie. »Ich werde dich schon klein kriegen!« Und dann berührte er Hjalmar mit seiner Zauberspritze und er wurde gleich kleiner und kleiner, zuletzt war er kaum so groß wie ein Finger. »Jetzt kannst du dir die Kleider des Zinnsoldaten borgen, ich denke, sie könnten passen; es sieht so flott aus, eine Uniform zu tragen, wenn man in Gesellschaft ist.«

»Allerdings«, sagte Hjalmar und dann war er im Handumdrehen wie der niedlichste Zinnsoldat gekleidet.

»Wollen Sie nicht so gut sein, sich in den Fingerhut Ihrer Mutter zu setzen«, sagte das Mäuschen, »dann werde ich die Ehre haben, Sie zu ziehen!«

»Gott, soll sich das Fräulein selbst damit abmühen!«, sagte Hjalmar und dann fuhren sie zur Mäusehochzeit.

Zuerst kamen sie unter dem Fußboden in einen langen Gang, der nicht höher war, als dass sie dort gerade mit einem Fingerhut fahren konnten, und der ganze Gang war mit faulem Holz festlich beleuchtet.

»Riecht es hier nicht herrlich?«, sagte die Maus, die ihn zog. »Der ganze Gang ist mit Speckschwarte eingeschmiert worden, es kann nicht herrlicher sein!«

Nun kamen sie in den Brautsaal; hier standen rechts alle die kleinen Mäusedamen, und sie flüsterten und tuschelten, als ob sie sich übereinander lustig machten; links standen alle Mäuseherren und strichen sich mit den Pfoten über den Schnurrbart; aber mitten im Saal sah man das Brautpaar. Braut und Bräutigam standen in einer ausgehöhlten Käserinde und küssten sich ganz innig vor aller Augen, denn sie waren ja verlobt und nun sollten sie gleich Hochzeit halten.

Es kamen immer mehr und mehr Gäste; eine Maus war nahe daran, die andere totzutreten, und das Brautpaar hatte sich mitten in die Tür gestellt, so dass man weder hinaus- noch hineinkonnte. Die ganze Stube war gleich dem Gang mit Speckschwarte geschmiert, das war die ganze Bewirtung; aber als Nachtisch wurde eine Erbse vorgezeigt, in die ein kleines Mäuschen aus der Familie den Namen des Brautpaars hineingebissen hatte, das heißt den ersten Buchstaben. Das war etwas ganz Außerordentliches.

Alle Mäuse sagten, dass es eine schöne Hochzeit und dass die Unterhaltung gut gewesen sei.

Und dann fuhr Hjalmar wieder heim; er war freilich in vornehmer Gesellschaft gewesen, aber er hatte sich auch ordentlich zusammenkrümmen, sich klein machen und in Zinnsoldatenuniform erscheinen müssen.

Freitag

»Es ist unglaublich, wie viele ältere Leute es gibt, die mich gerne haben möchten«, sagte Ole Luköie. »Es sind besonders jene, die etwas Böses getan haben. ›Guter, lieber Ole Luköie‹, sagen sie zu mir, ›wir können kein Auge zutun, und so liegen wir die ganze Nacht und sehen alle unsere bösen Taten, die wie abscheuliche, kleine Trolle auf unserem Bettrand sitzen und uns mit heißem Wasser bespritzen. Wenn du doch bloß kämst und sie fortjagen würdest, damit wir einen guten Schlaf finden könnten!‹ Und dann seufzen sie so tief: ›Wir würden ja gern dafür bezahlen! Gute Nacht, Ole Luköie, das Geld liegt im Fenster!‹ Aber ich tue es nicht für Geld«, sagte Ole Luköie.

»Was werden wir denn heute Nacht unternehmen?«, fragte Hjalmar.

»Ja, ich weiß nicht, ob du Lust hast, heute Nacht wieder auf eine Hochzeit zu gehen, es ist eine andere Art als die von gestern. Die große Puppe deiner Schwester, jene, die wie ein Mann aussieht und Hermann genannt wird, soll die Puppe Berta heiraten; außerdem hat die Puppe Geburtstag und deshalb werden viele Geschenke kommen.«

»Ja, das kenne ich schon!«, sagte Hjalmar. »Immer wenn die Puppen neue Kleider brauchen, dann lässt meine Schwester sie Geburtstag haben oder Hochzeit halten! Das ist sicher schon hundertmal geschehen!«

»Ja, aber heute Nacht ist die Hochzeit hundertundeins, und wenn hunderteins vorbei ist, dann ist alles vorbei! Deshalb wird diese auch so unvergleichlich. Sieh nur mal!«

Und Hjalmar sah hinüber zum Tisch; da stand das kleine Papphaus mit Licht in den Fenstern und davor präsentierten alle Zinnsoldaten das Gewehr. Das Brautpaar saß auf dem Boden und lehnte sich gegen das Tischbein, ganz gedankenvoll, und dazu mochte es ja Grund haben. Aber Ole Luköie, angetan mit dem schwarzen Rock der Großmutter, traute sie. Als die Trauung vorbei war, stimmten alle Möbel in der Stube folgenden schönen Gesang an, der vom Bleistift geschrieben war; er ging nach der Melodie des Zapfenstreiches:

>»Unser Lied soll kommen wie der Wind
>Zum Brautpaar in die Stub geschwind
>Sie prangen beide steif gesinnt,
>Weil sie aus Handschuhleder sind!
>Hurra, hurra, für taub und blind,
>Das singen wir laut in Wetter und Wind!«

Und nun bekamen sie Geschenke, aber sie hatten sich alle essbaren Dinge verbeten, denn sie hatten an ihrer Liebe genug. »Sollen wir nun aufs Land gehen oder ins Ausland reisen?«, fragte der Bräutigam, und dann wurden die Schwalbe, die viel gereist war, und die alte Hofhenne, die fünfmal Küchlein ausgebrütet hatte, zurate gezogen. Und die Schwalbe erzählte von den wunderbaren, warmen Ländern, wo groß und schwer die Trauben hingen, wo die Luft mild war und die Berge Farben hatten, wie man sie hier gar nicht kennt. »Aber unsern Grünkohl haben sie doch nicht!«, sagte die Henne. »Ich war einen Sommer lang mit allen meinen Küchlein auf dem Land; da war eine Kiesgrube, in die wir gehen konnten, um zu scharren, und dann hatten wir Zutritt zu einem Garten mit Grünkohl! Oh, wie grün der war! Ich kann mir nichts Schöneres denken!«

»Aber ein Kohlstrunk sieht genauso aus wie der andere«, sagte die Schwalbe, »und dann ist hier oft so schlechtes Wetter!«

»Ach, daran ist man gewöhnt«, sagte die Henne. »Aber hier ist es kalt, es friert!«

»Das tut dem Kohl gut!«, sagte die Henne. »Außerdem kann es bei uns auch warm sein! Hatten wir nicht vor vier Jahren einen Sommer, der fünf

Wochen anhielt? Hier war es so heiß, man konnte kaum Luft bekommen! Und dann haben wir nicht alle die giftigen Tiere, die sie draußen haben. Und wir sind von Räubern verschont. Wer nicht findet, dass unser Land das schönste ist, der ist ein Schuft! Er verdiente wahrlich nicht, hier zu sein!« Und dann weinte die Henne.

»Ich bin auch gereist! Ich bin in einem Kübel über zwölf Meilen weit gefahren! Es ist durchaus kein Vergnügen zu reisen!«

»Ja, die Henne ist eine vernünftige Frau«, sagte die Puppe Berta. »Ich möchte auch nicht ins Gebirge reisen, denn da geht es nur hinauf und dann geht es hinunter! Nein, wir wollen hinaus zur Kiesgrube ziehen und im Kohlgarten spazieren gehen!« Und dabei blieb es.

Sonnabend

»Erzählst du mir jetzt Geschichten?«, fragte der kleine Hjalmar, sobald Ole Luköie ihn ins Bett gebracht hatte.

»Heute Abend haben wir dazu keine Zeit«, sagte Ole Luköie und spannte seinen schönsten Schirm über ihm auf. »Schau dir nun diese Chinesen an!« Und der ganze Schirm sah aus wie eine große, chinesische Schale mit blauen Bäumen und spitzen Brücken mit kleinen Chinesen darauf, die dastanden und mit dem Kopf nickten. »Wir sollen bis morgen die ganze Welt schön geputzt haben«, sagte Ole Luköie. »Es ist ja schließlich ein heiliger Tag, es ist Sonntag. Ich muss zum Kirchturm und nachsehen, ob die kleinen Kirchenwichtel die Glocken polieren, damit sie hübsch tönen können; ich muss aufs Feld hinaus und sehen, ob der Wind den Staub von Gras und Blättern bläst; und was die größte Arbeit ist: Ich muss alle Sterne herunterholen, um sie zu polieren! Ich sammle sie in meine Schürze; aber erst muss jeder nummeriert werden, und die Löcher, wo sie dort oben sitzen, müssen nummeriert werden, damit alle wieder an ihren rechten Platz kommen, sonst würden sie nicht fest sitzen, und wir bekommen zu viele Sternschnuppen, indem einer nach dem andern herunterpurzelt!«

»Hören Sie, wissen Sie was, Herr Luköie«, sagte ein altes Porträt, das an der Wand hing, wo Hjalmar schlief, »ich bin Hjalmars Urgroßvater; haben Sie Dank, dass Sie dem Jungen Geschichten erzählen, aber Sie dürfen seine Begriffe nicht

Ole Luköie

verwirren. Die Sterne können nicht heruntergenommen und poliert werden! Die Sterne sind Weltkörper wie unsere Erde und das ist gerade das Gute an ihnen!«

»Hab Dank, du alter Urgroßvater«, sagte Ole Luköie, »hab Dank! Du bist ja das Haupt der Familie, du bist das ›Ur-Haupt‹! Aber ich bin älter als du! Ich bin ein alter Heide; die Römer und die Griechen nennen mich den Traumgott. Ich habe in den vornehmsten Häusern verkehrt und verkehre noch immer dort. Ich verstehe sowohl mit den Kleinen als mit den Großen umzugehen. Nun kannst du erzählen!« – Und dann ging Ole Luköie und nahm den Schirm mit.

»Heutzutage darf man wohl nicht einmal mehr seine Meinung sagen«, sagte das alte Porträt. Und dann erwachte Hjalmar.

Sonntag

»Guten Abend«, sagte Ole Luköie und Hjalmar nickte, sprang dann aber hin und kehrte das Porträt des Urgroßvaters gegen die Wand, damit es sich nicht einmischen sollte, so wie gestern.

»Nun sollst du mir Geschichten erzählen! Von ›den fünf Erbsen, die in einer Schote wohnten‹ und von ›dem Hahnenbein, das dem Hühnerbein den Hof machte‹ und von ›der Stopfnadel, die so vornehm war, dass sie sich einbildete, eine Nähnadel zu sein‹.«

»Man kann auch des Guten zu viel bekommen«, sagte Ole Luköie. »Ich möchte dir am liebsten etwas zeigen, das weißt du doch! Ich möchte dir meinen Bruder zeigen, er heißt auch Ole Luköie, aber er kommt nie mehr als einmal zu jemand, und wenn er kommt, nimmt er ihn mit auf sein Pferd und erzählt ihm Geschichten. Er kennt nur zwei: eine, die so unvergleichlich schön ist, dass niemand in der Welt sie sich denken kann, und eine, die so grässlich und schaurig ist – ja, es ist nicht zu beschreiben!« Und dann hob Ole Luköie den kleinen Hjalmar auf das Fensterbrett hinauf und sagte: »Da kannst du meinen Bruder sehen, den anderen Ole Luköie! Sie nennen ihn auch den Tod! Siehst du, er sieht gar nicht so schlimm aus wie in den Bilderbüchern, wo er lauter Gebein und Knochen ist. Nein, er hat Silberstickerei auf seinem Rock; es ist die schönste Husarenuniform! Sein Mantel aus schwarzem Samt weht hinten über dem Pferd. Sieh nur, wie er im Galopp reitet!«

Und Hjalmar sah, wie dieses Sandmännchen davonritt und sowohl junge als alte Leute zu sich auf sein Pferd hob; einige setzte er vor sich und andere setzte er hinter sich, aber immer fragte er erst: »Wie steht es mit dem Zeugnisheft?« – »Gut!«, sagten sie alle. »Lasst mich selbst sehen«, sagte er und dann mussten sie ihm das Heft zeigen, und alle diejenigen, welche »Sehr gut« und »Ausgezeichnet« hatten, kamen vorn aufs Pferd und bekamen die schöne Geschichte zu hören; aber diejenigen, welche »Ausreichend« und »Mäßig« hatten, mussten hinten aufsitzen und bekamen die grässliche Geschichte. Sie zitterten und weinten, sie wollten vom Pferd springen, aber sie konnten es nicht, denn sie waren sogleich an ihm festgewachsen.

»Aber der Tod ist ja der schönste Ole Luköie«, sagte Hjalmar. »Vor ihm ist mir nicht angst!«

»Das soll dir auch nicht sein«, sagte Ole Luköie. »Sieh nur zu, dass du ein gutes Zeugnisheft hast!«

»Ja, das ist lehrreich«, murmelte das Porträt des Urgroßvaters. »Es hilft doch, wenn man seine Meinung sagt!« Und dann war er vergnügt.

Seht, das ist die Geschichte von Ole Luköie! Nun kann er selbst dir heute Abend mehr erzählen.

Ole Luköie

Ole Luköie

Die Teekanne

Es war einmal eine stolze Teekanne, stolz auf ihr Porzellan, stolz auf ihre lange Tülle, stolz auf ihren breiten Henkel; sie hatte vorn etwas und hinten etwas, die Tülle vorn, den Henkel hinten, und davon redete sie gern. Aber sie redete nicht von ihrem Deckel; der war zerbrochen, der war gekittet worden, der hatte einen Mangel, und von seinen Mängeln spricht man nicht gern, das tun schon die anderen.

Tassen, Sahnetopf und Zuckerdose, das ganze Teegeschirr würde sicher die Gebrechlichkeit des Deckels eher im Gedächtnis behalten als den guten Henkel und die ausgezeichnete Tülle; das wusste die Teekanne.

»Ich kenne sie«, sprach sie bei sich selbst, »ich kenne auch sehr wohl meine Mängel und ich bekenne mich dazu, darin liegt meine Demut, meine Bescheidenheit; Mängel haben wir alle, aber man hat doch auch seine Begabung. Die Tassen bekamen einen Henkel, die Zuckerdose einen Deckel, ich bekam eben beides und vorn noch etwas dazu, das sie niemals bekommen: Ich bekam eine Tülle, die macht mich zur Königin auf dem Teetisch. Der Zuckerdose und dem Sahnetopf ist es vergönnt, die Dienerinnen des Wohlgeschmacks zu sein, aber ich bin die Geberin, die Gebieterin, ich spende der durstenden Menschheit Segen; in meinem Innersten werden die chinesischen Blätter in dem kochenden, geschmacklosen Wasser verarbeitet.«

All dies sagte die Teekanne in ihrer unbekümmerten, jugendlichen Art. Sie stand auf dem gedeckten Tisch, sie wurde von der feinsten Hand hochgehoben; aber die feinste Hand war ungeschickt; die Teekanne fiel, die Tülle brach ab, der Henkel brach ab; von dem Deckel zu reden lohnt sich nicht, von ihm ist schon genug geredet worden. Die Teekanne lag ohnmächtig auf dem Fußboden, das kochende Wasser lief heraus.

Es war ein schwerer Schlag für sie, und das Schlimmste war, dass alle lachten, über sie lachten und nicht über die ungeschickte Hand.

»Von dieser Erinnerung werde ich wohl nie wieder loskommen!«, sagte die Teekanne, wenn sie sich später selbst ihren Lebenslauf erzählte. »Ich wurde Invalide genannt, in eine Ecke gestellt und tags darauf an eine Frau verschenkt, die um etwas Bratenfett bettelte; ich geriet in Armut, stand ohne Zweck da, sowohl innen wie außen; aber als ich so dastand, begann mein besseres Leben; man ist etwas und wird doch etwas ganz anderes. Es wurde Erde in mich hineingetan; das ist für eine Teekanne so, als würde sie begraben, aber in die Erde wurde eine Blumenzwiebel gelegt; wer sie hineinlegte, wer sie mir gab, das weiß ich nicht. Aber geschenkt wurde sie mir, ein Ersatz für die chinesischen Blätter und das kochende

Die Teekanne

Wasser, ein Ersatz für den abgebrochenen Henkel und die Tülle. Und die Zwiebel lag in der Erde, die Zwiebel lag in mir, sie wurde mein Herz, mein lebendiges Herz; ein solches hatte ich zuvor noch nie besessen. Nun war Leben in mir, es war Kraft in mir, viel Kraft; der Puls schlug, die Zwiebel keimte, sie war nahe daran, von Gedanken und Gefühlen gesprengt zu werden; diese brachen in einer Blume hervor; ich sah sie, ich trug sie, ich vergaß mich selbst über ihrer Schönheit; gesegnet ist es, sich selber über anderen zu vergessen! Sie sagte mir keinen Dank; sie dachte nicht an mich – sie wurde bewundert und gepriesen. Ich war so froh darüber, wie sehr hätte sie es erst sein müssen! Eines Tages hörte ich, wie man sagte, sie verdiene einen besseren Topf. Man schlug mich mitten entzwei; das tat entsetzlich weh; aber die Blume kam in einen besseren Topf und ich wurde auf den Hof hinausgeworfen, liege da als ein alter Scherben – aber ich habe die Erinnerung, die kann mir niemand nehmen!«

Die Teekanne

Der unartige Knabe

Es war einmal ein alter Dichter, so ein recht guter, alter Dichter. Eines Abends, als er zu Hause saß, gab es draußen furchtbar schlechtes Wetter; es regnete in Strömen, aber der alte Dichter saß warm und gut an seinem Ofen, wo das Feuer brannte und die Äpfel brutzelten.

»Die Ärmsten, die in diesem Wetter draußen sind, behalten ja keinen trockenen Faden am Leib!«, sagte er, denn er war wirklich ein guter Dichter.

»Oh, mach mir auf! Mich friert und ich bin so nass!«, rief draußen ein kleines Kind. Es weinte und klopfte an die Tür, während der Regen herabströmte und der Wind an allen Fenstern rüttelte.

»Du armes Kerlchen!«, sagte der alte Dichter, ging hin und öffnete die Tür. Da stand ein kleiner Knabe; er war ganz nackt und das Wasser troff aus seinem langen, blonden Haar. Er zitterte vor Kälte; wäre er nicht hereingelassen worden, so hätte er sicher in dem bösen Wetter sterben müssen.

»Du armes Kerlchen!«, sagte der alte Dichter und nahm ihn bei der Hand. »Komm du zu mir, dann werde ich dich schon wärmen! Wein und Äpfel sollst du haben, denn du bist ein schöner Knabe!«

Das war er auch. Seine Augen sahen aus wie zwei klare Sterne, und obwohl das Wasser aus seinem blonden Haar herabfloss, ringelte es sich doch so hübsch. Er sah aus wie ein kleiner Engel, aber er war ganz blass vor Kälte und zitterte an allen Gliedern. In der Hand hatte er einen prächtigen Flitzbogen; aber den hatte der Regen völlig verdorben, alle Farben an den schönen Pfeilen liefen vor Nässe ineinander.

Der alte Dichter setzte sich an den Ofen, nahm den kleinen Knaben auf seinen Schoß, drückte das Wasser aus seinem Haar, wärmte ihm die Hände in den seinen und kochte süßen Wein für ihn.

Da erholte er sich, bekam rote Wangen, sprang auf den Fußboden und tanzte um den alten Dichter herum.

»Du bist ein lustiger Knabe!«, sagte der Alte. »Wie heißt du?«

»Ich heiße Amor«, sagte er, »kennst du mich nicht? Dort liegt mein Flitzbogen! Mit dem schieße ich, das darfst du mir glauben! Sieh nur, jetzt wird das Wetter draußen gut; der Mond scheint!«

Der unartige Knabe

»Aber dein Flitzbogen ist verdorben!«, sagte der alte Dichter.

»Das wäre schlimm«, sagte der kleine Knabe, nahm ihn auf und betrachtete ihn. »Oh, er ist schon trocken, hat gar keinen Schaden gelitten. Die Sehne sitzt ganz straff! Jetzt werde ich ihn ausprobieren!«

Dann spannte er ihn, legte einen Pfeil auf, zielte und schoss ihn dem guten, alten Dichter gerade ins Herz hinein. »Siehst du nun, dass mein Flitzbogen nicht verdorben war?«, sagte er, lachte ganz laut und lief seiner Wege. Der unartige Knabe! Einfach auf den alten Dichter zu schießen, der ihn in die warme Stube hereingelassen, so gut zu ihm gewesen war und ihm den schönen Wein und den besten Apfel gegeben hatte.

Der gute Dichter lag auf dem Boden und weinte, er war wirklich mitten ins Herz getroffen, und dann sagte er: »Pfui, was dieser Amor für ein unartiger Knabe ist! Das werde ich allen guten Kindern erzählen, damit sie sich in Acht nehmen können und nie mit ihm spielen, denn er tut ihnen was zuleide!«

Alle die guten Kinder, Mädchen und Knaben, denen er es erzählte, nahmen sich darauf vor dem schlimmen Amor in Acht; aber er führte sie dennoch an, denn er ist so durchtrieben! Wenn die Studenten aus den Vorlesungen kommen, so läuft er mit einem Buch unterm Arm und in einem schwarzen Rock neben ihnen her. Sie können ihn gar nicht erkennen, und dann hängen sie sich bei ihm ein und glauben, er sei auch ein Student, doch dann sticht er ihnen den Pfeil in die Brust. Wenn die Mädchen vom Pfarrer kommen und wenn sie konfirmiert werden, dann ist er auch hinter ihnen her. Ja, er ist den Leuten dauernd auf den Fersen! Er sitzt im Theater im großen Kronleuchter und brennt lichterloh, so dass die Leute glauben, es sei eine Lampe, aber später merken sie etwas anderes. Er läuft im Königlichen Garten und auf dem Wall umher! Einmal hat er deinen Vater und deine Mutter gerade ins Herz geschossen! Frage sie nur, dann wirst du hören, was sie sagen. Ja, er ist ein schlimmer Knabe, dieser Amor, mit ihm darfst du nie etwas zu schaffen haben. Hinter allen Leuten ist er her! Stell dir vor, er schoss sogar einen Pfeil auf die alte Großmutter ab; aber das ist lange her, es ist nun überstanden, aber sie vergisst es doch nie. Pfui, der schlimme Amor! Aber jetzt kennst du ihn und weißt, was für ein unartiger Knabe er ist!

121 *Der unartige Knabe*

Des Kaisers neue Kleider

Vor vielen Jahren lebte ein Kaiser, der schöne neue Kleider so ungeheuer gern hatte, dass er all sein Geld ausgab, um recht geputzt zu sein. Er machte sich nichts aus seinen Soldaten, machte sich nichts aus dem Theater und auch nichts daraus, in den Wald hinauszufahren, es sei denn, um seine neuen Kleider zu zeigen. Er hatte ein Kleid für jede Stunde des Tages, und ebenso, wie man von einem König sagt, er sei in der Ratsversammlung, sagte man hier immer: »Der Kaiser ist im Kleiderschrank!«

In der großen Stadt, wo er wohnte, ging es sehr vergnüglich zu. Jeden Tag kamen viele Fremde und eines Tages kamen zwei Betrüger; sie gaben sich für Weber aus und sagten, sie verstünden das schönste Zeug zu weben, das man sich denken könne. Nicht nur die Farben und das Muster seien etwas ungewöhnlich Schönes, sondern die Kleider, die aus dem Zeug genäht würden, hätten die seltsame Eigenschaft, dass sie für jeden Menschen unsichtbar blieben, der nicht für sein Amt tauge oder auch unerlaubt dumm sei.

Das wären ja prächtige Kleider, dachte der Kaiser. Wenn ich die anhätte, könnte ich dahinter kommen, welche Männer in meinem Reich nicht für das Amt taugen, das sie innehaben. Ich kann die Klugen von den Dummen unterscheiden, ja, das Zeug muss gleich für mich gewebt werden! – Und er gab den beiden Betrügern viel Geld im Voraus, damit sie mit ihrer Arbeit beginnen sollten.

Sie stellten auch zwei Webstühle auf, taten, als ob sie arbeiteten, aber sie hatten nicht das Geringste auf dem Webstuhl. Ohne weiteres verlangten sie die feinste Seide und das prächtigste Gold; das steckten sie in ihre eigene Tasche und arbeiteten an den leeren Stühlen, und das bis tief in die Nacht hinein.

Nun möchte ich doch gern wissen, wie weit sie mit dem Zeug sind, dachte der Kaiser, aber ihm war ordentlich wunderlich ums Herz bei dem Gedanken, dass ein jeder, der dumm sei oder sich gar nicht für sein Amt eigne, es nicht sehen könne. Nun glaubte er zwar, dass er für sich selbst nichts zu fürchten brauche; aber er wollte doch erst jemanden hinschicken, um zu sehen, wie es damit stünde. Alle Menschen in der ganzen Stadt wussten, welch sonderbare Kraft das Zeug besaß, und alle waren begierig zu sehen, wie schlecht oder dumm der Nachbar sei.

Ich will meinen alten, ehrlichen Minister zu den Webern schicken, dachte der Kaiser, er kann am besten sehen, wie sich das Zeug ausnimmt; denn er hat Verstand und niemand versieht sein Amt besser als er!

Nun ging der alte, gutmütige Minister in den Saal hinein, wo die beiden Betrüger saßen und an den leeren Webstühlen arbeiteten. – Gott bewahr uns, dachte der alte Minister und riss die Augen auf, ich kann ja gar nichts sehen! – Aber das sagte er nicht.

Beide Betrüger baten ihn, so gut zu sein und näher zu treten, und fragten, ob es nicht ein schönes Muster und herrliche Farben seien. Dann zeigten sie auf den leeren Webstuhl, und der arme alte Minister riss die Augen noch immer auf, aber er konnte nichts sehen, denn es war nichts da. – Herrgott, dachte er, sollte ich dumm sein? Das hätte ich nie geglaubt und das darf kein Mensch wissen! Sollte ich für mein Amt nicht taugen? Nein, es geht nicht an, dass ich erzähle, ich könne das Zeug nicht sehen!

»Nun, Sie sagen nichts dazu?«, fragte der eine, der webte.

»Oh, es ist reizend, ganz allerliebst!«, sagte der alte Minister und sah durch seine Brille. »Dieses Muster und diese Farben! – Ja, ich werde dem Kaiser sagen, dass es mir außerordentlich gefällt!«

»Nun, das freut uns!«, sagten beide Weber und nun nannten sie die Farben mit Namen und erklärten das seltsame Muster. Der alte Minister hörte gut zu, damit er dasselbe sagen konnte, wenn er heimkäme zum Kaiser; und das tat er.

Nun verlangten die Betrüger mehr Geld, mehr Seide und Gold, das müssten sie zum Weben haben. Sie steckten alles in ihre eigenen Taschen, auf den Webstuhl kam nicht eine Faser; aber sie fuhren fort, wie bisher an dem leeren Webstuhl zu arbeiten.

Der Kaiser schickte bald wieder einen andern gutmütigen Beamten hin, um zu sehen, wie es mit den Webern ginge und ob das Zeug bald fertig sei. Es erging ihm genauso wie dem Minister, er schaute und schaute, aber weil außer den leeren Webstühlen nichts da war, so konnte er nichts sehen.

»Ja, ist es nicht ein schönes Stück Zeug!«, sagten beide Betrüger und zeigten und erklärten das herrliche Muster, das gar nicht da war.

Dumm bin ich nicht, dachte der Mann, es ist also mein gutes Amt, für das ich nicht tauge. Das ist sonderbar genug, aber man darf es sich nicht anmerken lassen!

Und dann lobte er das Zeug, das er nicht sah, und versicherte ihnen seine Freude über die schönen Farben und das herrliche Muster.

»Ja, es ist ganz allerliebst!«, sagte er zum Kaiser.

Alle Menschen in der Stadt sprachen von dem prächtigen Zeug. Nun wollte der Kaiser es selbst sehen, während es noch auf dem Webstuhl war.

Mit einer großen Schar von auserlesenen Männern, unter denen auch die beiden alten, gutmütigen Beamten waren, die bereits früher dort gewesen, ging er zu den beiden listigen Betrügern hin, die nun aus allen Kräften webten, aber ohne Faser oder Faden.

»Ja, ist es nicht magnifique!«, sagten die beiden gutmütigen Beamten. »Wollen Eure Majestät sehen – welches Muster, welche Farben!« Und sie zeigten auf den leeren Webstuhl, denn sie glaubten, die andern könnten das Zeug sicher sehen.

Was ist das, dachte der Kaiser, ich sehe nichts! Das ist ja entsetzlich! Bin ich dumm? Tauge ich nicht dazu, Kaiser zu sein? Das wär das Schrecklichste, was mir geschehen könnte! »Oh, es ist sehr schön!«, sagte der Kaiser. »Es hat meinen allerhöchsten Beifall!« Und er nickte zufrieden und betrachtete den leeren Webstuhl; er wollte nicht sagen, dass er nichts sehen konnte. Das ganze Gefolge, das er mit sich hatte, schaute und schaute; aber sie vermochten nicht mehr zu gewahren als alle die andern, doch sie sagten ebenso wie der Kaiser: »Oh, es ist sehr schön!« Und sie rieten ihm, Kleider aus diesem neuen prächtigen Zeug das erste Mal bei der großen Prozession, die bevorstand, zu tragen. »Es ist magnifique! Reizend, excellent!«, ging es von Mund zu Mund und sie waren allesamt so innig zufrieden damit. Der Kaiser verlieh jedem der Betrüger einen Ritterorden fürs Knopfloch und den Titel eines Weberjunkers.

Die ganze Nacht vor dem Morgen, an dem die Prozession sein sollte, blieben die Betrüger auf und hatten mehr als sechzehn Lichter angezündet. Die Leute konnten sehen, dass sie Eile hatten, mit des Kaisers neuen Kleidern fertig zu wer-

Des Kaisers neue Kleider

den. Sie taten, als nähmen sie das Zeug vom Webstuhl, sie schnitten mit großen Scheren in der Luft, sie nähten mit Nähnadeln ohne Faden und sagten zuletzt: »Seht, nun sind die Kleider fertig!«

Der Kaiser kam mit seinen vornehmsten Kavalieren selbst dorthin, und beide Betrüger hoben den einen Arm in die Höhe, als ob sie etwas hielten, und sagten: »Seht, hier sind die Beinkleider! Hier ist der Rock! Hier der Mantel!« Und so fuhren sie fort. »Es ist so leicht wie Spinngewebe! Man sollte glauben, man hätte nichts auf dem Leibe, aber das ist just der Vorzug dabei!«

»Ja!«, sagten alle Kavaliere, aber sie konnten nichts sehen, denn es war nichts da.

»Wollen Eure Kaiserliche Majestät allergnädigst geruhen, die Kleider abzulegen«, sagten die Betrüger, »dann werden wir Euch die neuen hier vor dem großen Spiegel anziehen!«

Der Kaiser legte alle seine Kleider ab, und die Betrüger gebärdeten sich so, als gäben sie ihm jedes Stück von den neuen, die hätten genäht werden sollen, und sie fassten ihn um die Taille und schienen etwas festzubinden, das war die Schleppe, und der Kaiser wendete und drehte sich vor dem Spiegel.

»Gott, wie kleidsam sie sind! Wie gut sie sitzen!«, sagten sie alle zusammen. »Welches Muster! Welche Farben! Das ist eine kostbare Tracht!«

Die Kammerherren, die die Schleppe tragen sollten, tasteten mit den Händen über den Fußboden hin, als ob sie die Schleppe aufhöben; sie gingen und hielten etwas in der Luft, sie wagten nicht, sich anmerken zu lassen, dass sie nichts sehen konnten.

Und dann ging der Kaiser in der Prozession unter dem prächtigen Thronhimmel und alle Menschen auf der Straße und an den Fenstern sagten: »Gott, wie

Des Kaisers neue Kleider

unvergleichlich des Kaisers neue Kleider sind! Welch schöne Schleppe er an seinem Rock hat! Wie himmlisch es sitzt!« Keiner wollte sich anmerken lassen, dass er nichts sah, denn sonst hätte er ja für sein Amt nicht getaugt oder wäre sehr dumm gewesen. Noch keines von des Kaisers Kleidern hatte solchen Beifall gefunden.

»Aber er hat ja nichts an!«, sagte ein kleines Kind.

»Herrgott, hört des Unschuldigen Stimme!«, sagte der Vater; und der eine flüsterte es dem anderen zu, was das Kind gesagt hatte.

»Er hat ja nichts an, sagt da ein kleines Kind, er hat nichts an!«

»Er hat ja nichts an!«, rief zuletzt das ganze Volk. Und das kroch in den Kaiser, denn ihm schien, sie hätten Recht; aber er dachte: Jetzt muss ich während der Prozession durchhalten. Und dann hielt er sich noch stolzer, und die Kammerherren gingen und trugen die Schleppe, die gar nicht da war.

Des Kaisers neue Kleider

Der Wassertropfen

Du kennst doch bestimmt ein Vergrößerungsglas, so ein rundes Brillenglas, das alles hundertmal größer macht, als es ist? Wenn man das nimmt und vor das Auge hält und einen Wassertropfen draußen vom Teich betrachtet, dann sieht man tausende von seltsamen Tieren, die man sonst nie im Wasser sehen kann, aber sie sind da und das stimmt wirklich. Es sieht beinahe so aus wie ein ganzer Teller voller Krabben, die durcheinander springen, und die sind so bissig, die reißen sich gegenseitig Arme und Beine, Enden und Kanten ab und dennoch sind sie fröhlich und vergnügt, eben auf ihre Weise.

Nun war da einmal ein alter Mann, den alle Leute Kribbel-Krabbel nannten, denn so hieß er. Er wollte immer das Beste aus allen Dingen machen, und wenn ihm das absolut nicht gelingen wollte, dann machte er es eben mit Zauberei.

Nun sitzt er eines Tages da und hält sich das Vergrößerungsglas vors Auge und betrachtet einen Wassertropfen, der aus einer Pfütze im Straßengraben stammt. Nein, wie das da kribbelte und krabbelte! Alle die tausend winzigen Tierchen hopsten und sprangen, zerrten aneinander und fraßen sich gegenseitig.

»Ja, aber das ist ja abscheulich!«, sagte der alte Kribbel-Krabbel. »Kann man die nicht dazu bringen, in Ruhe und Frieden zu leben, so dass sich jeder um seine eigenen Anliegen kümmert!« Und er dachte und dachte nach, aber es fiel ihm nichts ein und da musste er zaubern. »Ich muss ihnen Farbe geben, damit sie deutlicher werden!«, sagte er, und dann fügte er dem Wassertropfen so etwas wie einen kleinen Tropfen Rotwein hinzu, aber das war Hexenblut von der allerfeinsten Sorte für zwei Schilling, und da wurden all die sonderbaren Tiere am ganzen Körper rosenrot, das sah aus wie eine ganze Stadt voll nackter Wilder.

»Was hast du denn da?«, fragte ein anderer alter Troll, der keinen Namen hatte, und das war gerade das Feine an ihm.

»Tja, wenn du errätst, was das ist«, sagte Kribbel-Krabbel, »dann schenke ich's dir; aber das ist nicht leicht, wenn man es nicht weiß!«

Und der Troll, der keinen Namen hatte, guckte durch das Vergrößerungsglas. Das sah wirklich aus wie eine ganze Stadt, in der alle Menschen ohne Kleider herumliefen! Das war scheußlich, aber das Scheußlichste war zu sehen, wie einer den anderen puffte und schubste, wie sie sich zwickten und zwackten, einander bissen und gegenseitig hervorzerrten. Was unten war, sollte nach oben, und was oben war, nach unten! »Seht nur! Seht! Sein Bein ist länger als meins! Knips!, weg damit! Da ist einer, der hat eine kleine Beule hinterm Ohr, eine kleine, unschuldige Beule, aber die tut ihm weh, und da soll sie ihm noch mehr wehtun!« Und sie hackten auf ihn ein und zerrten an ihm und sie fraßen ihn auf, der kleinen Beule wegen. Da saß einer, so still wie eine kleine Jungfrau, und wünschte sich nichts als Frieden und seine Ruhe, aber trotzdem musste die Jungfrau heraus und sie zogen an ihr und sie zerrten an ihr und sie fraßen sie auf!

»Das ist ja höchst vergnüglich!«, sagte der Troll.

»Ja, aber was meinst du denn, was das ist?«, fragte Kribbel-Krabbel. »Kannst du es erraten?«

»Das ist doch leicht zu sehen!«, sagte der andere. »Das ist natürlich Kopenhagen oder eine andere große Stadt, die sind sich ja alle gleich! Eine große Stadt ist es!«

»Das ist eine Pfütze aus dem Straßengraben«, sagte Kribbel-Krabbel.

Die wilden Schwäne

Weit fort von hier, dort, wohin die Schwalben fliegen, wenn wir Winter haben, wohnte ein König, der hatte elf Söhne und eine Tochter, Elisa.

Die elf Brüder, Prinzen waren sie, gingen mit dem Stern auf der Brust und dem Säbel an der Seite in die Schule; sie schrieben auf Goldtafeln mit Diamantgriffeln und lernten ebenso gut auswendig, wie sie lasen; man konnte gleich hören, dass sie Prinzen waren.

Die Schwester Elisa saß auf einem kleinen Schemel aus Spiegelglas und hielt ein Bilderbuch in der Hand, das ein halbes Königreich gekostet hatte.

Oh, die Kinder hatten es gut! Doch so sollte es nicht immer bleiben.

Ihr Vater, der König über das ganze Land war, heiratete eine böse Königin, die den armen Kindern gar nicht wohlgesinnt war; schon am ersten Tag konnten sie es deutlich merken. Im Schloss wurde ein großes Fest abgehalten und da spielten die Kinder »Es kommt Besuch«; aber statt dass sie wie sonst so viel Kuchen und gebratene Äpfel bekamen, wie sie essen konnten, gab die Königin ihnen nur Sand in einer Teetasse und sagte, sie könnten einfach so tun, als ob das etwas wäre.

In der Woche darauf gab sie die kleine Schwester Elisa hinaus aufs Land zu Bauersleuten, und es dauerte nicht lange, bis sie dem König so viel über die armen Prinzen eingeredet hatte, dass er sich gar nichts mehr aus ihnen machte.

»Fliegt hinaus in die Welt und sorgt für euch selbst!«, sagte die böse Königin. »Fliegt als große Vögel ohne Stimme!« Aber sie konnte es doch nicht so schlimm machen, wie sie gern wollte; sie wurden elf schöne, wilde Schwäne. Mit einem seltsamen Schrei flogen sie zu den Schlossfenstern hinaus, über den Park und den Wald dahin.

Es war noch ganz früh am Morgen, als sie dort vorbeikamen, wo die Schwester Elisa in des Bauern Stube lag und schlief; hier schwebten sie über dem Dach, drehten ihre langen Hälse und schlugen mit den Flügeln; aber niemand hörte oder sah es. Sie mussten wieder fort, hoch hinauf zu den Wolken, in die

130

weite Welt hinaus; da flogen sie in einen großen dunklen Wald, der sich bis an den Strand erstreckte.

Die arme kleine Elisa stand in der Stube des Bauern und spielte mit einem grünen Blatt, anderes Spielzeug hatte sie nicht; und sie stach ein Loch in das Blatt, guckte hindurch zur Sonne hinauf, und da war es, als sähe sie die klaren Augen ihrer Brüder; und jedes Mal, wenn die warmen Sonnenstrahlen auf ihre Wangen schienen, dachte sie an all die Küsse der Brüder.

Ein Tag verging wie der andere. Wehte der Wind durch die großen Rosenhecken vor dem Haus, so flüsterte er den Rosen zu: »Wer kann schöner sein als ihr?« Aber die Rosen schüttelten den Kopf und sagten: »Elisa ist schöner!« Und saß die alte Frau am Sonntag vor der Tür und las in ihrem Gesangbuch, so wendete der Wind die Seiten und sagte zum Buch: »Wer kann frömmer sein als du?« – »Elisa ist frömmer!«, sagte das Gesangbuch, und es war die reine Wahrheit, was die Rosen und das Gesangbuch sagten.

Als sie fünfzehn Jahre alt war, sollte sie nach Hause, und als die Königin sah, wie schön Elisa war, wurde sie ihr gram und von Hass erfüllt. Sie hätte sie gern in einen wilden Schwan verwandelt, so wie die Brüder, aber das wagte sie nicht gleich zu tun, da ja der König seine Tochter sehen wollte.

Am frühen Morgen ging die Königin in das Bad, das aus Marmor erbaut und mit weichen Polstern und den herrlichsten Teppichen geschmückt war, nahm drei Kröten, küsste sie und sagte zu der einen: »Setz dich auf Elisas Kopf, wenn sie ins Bad kommt, auf dass sie träge werde wie du!« – »Setz dich auf ihre Stirn«, sagte sie zu der zweiten, »auf dass sie hässlich werde wie du, damit ihr Vater sie nicht wiedererkennt!« – »Ruh an ihrem Herzen«, flüsterte sie der dritten zu, »lass sie einen bösen Sinn bekommen, auf dass sie dadurch Pein erleide!« Dann setzte sie die Kröten in das klare Wasser, das sofort eine grünliche Farbe annahm, rief Elisa, entkleidete sie und ließ sie in das Wasser hinabsteigen, und indem sie untertauchte, setzte sich die eine Kröte in ihre Haare, die zweite auf ihre Stirn und die dritte auf die Brust; aber Elisa schien es gar nicht zu merken. Sobald sie sich aufrichtete, schwammen drei Mohnblumen auf dem Wasser. Wären die Tiere nicht giftig gewesen und von der Hexe geküsst worden, so wären sie in rote Rosen verwandelt worden, aber Blumen wurden sie trotzdem dadurch, dass sie auf ihrem Kopf und an ihrem Herzen geruht hatten; sie war zu fromm und unschuldig, als dass ein Zauber Macht über sie haben konnte.

Als die böse Königin das sah, rieb sie Elisa mit Walnusssaft ein, so dass sie ganz schwarzbraun wurde, bestrich das schöne Gesicht mit einer stinkenden Salbe und ließ das herrliche Haar sich verfilzen; es war unmöglich, die schöne Elisa wiederzuerkennen.

Ihr Vater erschrak deshalb sehr, als er sie sah, und sagte, das sei nicht seine Tochter. Auch sonst wollte sich niemand zu ihr bekennen außer dem Kettenhund und den Schwalben; aber das waren arme Tiere und die hatten nichts zu sagen.

Da weinte die arme Elisa und dachte an ihre elf Brüder, die alle fort waren. Traurig schlich sie sich aus dem Schloss, ging den ganzen Tag über Feld und Moor bis in den großen Wald hinein. Sie wusste gar nicht, wo sie hinwollte, aber sie fühlte sich so traurig und sehnte sich nach ihren Brüdern; sie waren gewiss auch gleich ihr in die Welt hinausgejagt worden, die wollte sie suchen und finden.

Nur kurze Zeit war sie im Wald gewesen, bevor die Nacht hereinbrach; sie war ganz von Weg und Steg abgekommen. Da legte sie sich auf das weiche Moos nieder, sprach ihr Abendgebet und lehnte ihren Kopf gegen einen Baumstumpf. Es war still, die Luft war so mild und ringsumher im Gras und auf dem Moos schimmerten wie grünes Feuer hunderte von Johanniswürmchen; als sie mit der Hand einen der Zweige sachte berührte, fielen die leuchtenden Insekten wie Sternschnuppen zu ihr nieder.

Die wilden Schwäne

Die ganze Nacht träumte sie von ihren Brüdern; sie spielten wieder als Kinder, schrieben mit Diamantgriffeln auf Goldtafeln und betrachteten das schöne Bilderbuch, das das halbe Königreich gekostet hatte. Aber auf die Tafel schrieben sie nicht wie früher nur Nullen und Striche, nein, die kühnsten Taten, die sie ausgeführt, alles, was sie erlebt und gesehen hatten, und im Bilderbuch war alles lebendig, die Vögel sangen und die Menschen traten aus dem Buch heraus und sprachen zu Elisa und ihren Brüdern; aber wenn sie das Blatt wendete, sprangen sie gleich wieder hinein, damit in den Bildern kein Durcheinander entstehe.

Als sie erwachte, stand die Sonne schon hoch. Sie konnte sie freilich nicht sehen, die hohen Bäume breiteten ihre Zweige dicht und fest aus, aber die Strahlen spielten dort draußen wie wehender Goldflor; das Grün duftete und die Vögel setzten sich fast auf ihre Schultern.

Sie hörte das Wasser plätschern, es waren viele große Quellen, die alle in einen Teich mündeten, wo es den schönsten Sandboden gab. Allerdings wuchsen hier dichte Büsche ringsherum; aber an einer Stelle hatten die Hirsche eine große Öffnung gemacht und hier ging Elisa zum Wasser hin. Es war ganz klar, und hätte der Wind nicht die Zweige und Büsche so berührt, dass sie sich bewegten, hätte sie glauben müssen, sie seien unten auf dem Grund abgemalt, so deutlich spiegelte sich dort jedes Blatt, sowohl das, durch welches die Sonne schien, wie jenes, das ganz im Schatten lag.

Sobald sie ihr eigenes Gesicht sah, erschrak sie sehr, so braun und abscheulich war es; aber als sie ihre kleine Hand nass machte und Augen und Stirne rieb, schimmerte die weiße Haut wieder durch. Da legte sie alle Kleider ab und ging in das frische Wasser hinaus; ein schöneres Königskind, als sie es war, gab es nicht auf dieser Welt.

Als sie wieder angekleidet war und ihr langes Haar geflochten hatte, ging sie zu der sprudelnden Quelle, trank aus der hohlen Hand und wanderte weiter in den Wald hinein, ohne selbst zu wissen, wohin. Sie dachte an ihre Brüder, dachte an den guten Gott, der sie gewiss nicht verlassen würde. Er ließ die wilden Waldäpfel wachsen, um den Hungrigen zu sättigen; er zeigte ihr einen solchen Baum, dessen Zweige sich unter der Last der Früchte bogen. Hier hielt sie ihre Mittagsmahlzeit, setzte Stützen unter die Zweige und ging dann in den dunkelsten Teil des Waldes hinein. Dort war es so still, dass sie ihre eigenen Fußtritte hörte, jedes kleine, welke Blatt, das sich unter ihrem Fuß bog; nicht ein Vogel war zu sehen, kein Sonnenstrahl vermochte durch die großen, dichten Baumzweige zu dringen, die hohen Stämme standen so nah beieinander, dass es ihr, wenn sie geradeaus sah, vorkam, als ob ein dichtes Balkengitter hinter dem andern sie umschlösse. Oh, hier war eine Einsamkeit, die sie früher nie gekannt hatte!

Die Nacht wurde so dunkel; nicht ein einziges Johanniswürmchen schimmerte aus dem Moos. Traurig legte sie sich hin, um zu schlafen. Da schien es ihr, als ob sich Baumzweige über ihr zur Seite bögen und der Herrgott mit milden Augen auf sie niederblickte und kleine Engel über seinem Kopf und unter seinen Armen hervorguckten.

Als sie am Morgen erwachte, wusste sie nicht, ob sie geträumt hatte oder ob es wirklich so gewesen war.

Sie ging ein paar Schritte; da begegnete ihr eine alte Frau mit einem Korb voll Beeren. Die Alte gab ihr einige davon.

Elisa fragte, ob sie nicht elf Prinzen habe durch den Wald reiten sehen?

»Nein«, sagte die Alte, »aber ich sah gestern elf Schwäne mit Goldkronen auf dem Kopf hier ganz in der Nähe den Fluss hinabschwimmen.«

Und sie führte Elisa ein Stück weiter zu einem Abhang. An dessen Fuß schlängelte sich ein Gewässer dahin; die Bäume an seinen Ufern streckten ihre langen, blätterreichen Zweige einander entgegen, und wo sie ihrem natürlichen Wuchs nach nicht zusammengelangen konnten, da hatten sie die Wurzeln von der Erde losgerissen und lehnten sich über das Wasser hinaus, mit den Zweigen ineinander verflochten.

Elisa sagte der Alten Lebewohl und ging am Fluss entlang, bis dieser in die große, offene See hinausfloss.

Das ganze herrliche Meer lag vor dem jungen Mädchen, aber nicht ein Segler zeigte sich dort draußen, nicht ein Boot war zu sehen. Wie sollte sie denn nur weiterkommen? Sie betrachtete die unzähligen kleinen Steine am Ufer, das Wasser hatte sie alle rund geschliffen, Glas, Eisen, Steine, alles, was angeschwemmt lag, hatte seine Form durch das Wasser bekommen, das doch viel weicher war als ihre feine Hand. »Das fährt unermüdlich fort zu rollen, und so ebnet sich das Harte; ich will ebenso unermüdlich sein! Dank für eure Lehre, ihr klaren, rollenden Wellen! Einmal, das sagt mir mein Herz, werdet ihr mich zu meinen lieben Brüdern tragen!«

Die wilden Schwäne

Auf dem angeschwemmten Tang lagen elf weiße Schwanenfedern; die sammelte sie in einem Strauß. Wassertropfen lagen darauf – ob es Tau oder Tränen waren, konnte niemand sehen. Einsam war es am Strand, doch sie fühlte es nicht; denn das Meer bot ewige Abwechslung, ja in einigen wenigen Stunden mehr, als die Binnenseen in einem ganzen Jahr aufweisen konnten. Kam eine große schwarze Wolke, dann war es, als wollte die See sagen: »Ich kann auch finster aussehen«, und dann blies der Wind und die Wellen kehrten das Weiße nach außen; aber schimmerten die Wolken rot und schlief der Wind, dann war das Meer wie ein Rosenblatt. Bald wurde es grün, bald weiß, aber wie still es auch ruhte, war es am Ufer dennoch in sachter Bewegung; das Wasser hob sich leicht wie die Brust eines schlafenden Kindes.

Als die Sonne unterging, sah Elisa elf wilde Schwäne mit Goldkronen auf dem Kopf auf das Land zufliegen, sie schwebten einer hinter dem andern und sahen aus wie ein langes weißes Band. Da stieg Elisa den Abhang hinauf und versteckte sich hinter einem Busch; die Schwäne ließen sich in ihrer Nähe nieder und schlugen mit ihren großen weißen Schwingen.

Nachdem die Sonne im Meer versunken war, fiel plötzlich das Schwanengefieder und elf schöne Prinzen standen da – Elisas Brüder. Sie stieß einen lauten Schrei aus, denn obwohl sie sich sehr verändert hatten, wusste sie, dass es ihre Brüder waren, fühlte, dass sie es sein mussten. Und sie sprang in ihre Arme, rief sie beim Namen; und die Prinzen wurden so glückselig, als sie ihre kleine Schwester sahen und erkannten, die nun so groß und schön geworden war. Sie lachten und sie weinten, und bald hatten sie sich gegenseitig erzählt, wie schlecht ihre Stiefmutter zu ihnen allen gewesen war.

»Wir Brüder«, sagte der Älteste, »fliegen als wilde Schwäne, solange die Sonne am Himmel steht; wenn sie untergegangen ist, erhalten wir unsere menschliche Gestalt, darum müssen wir immer darauf achten, bei Sonnenuntergang eine Ruhestätte für die Füße zu haben, denn flögen wir dann noch in den Wolken, so müssten wir als Menschen in die Tiefe hinabstürzen. Hier wohnen wir nicht, es liegt ein ebenso schönes Land wie dieses jenseits der See, aber der Weg dorthin ist weit; wir müssen über das große Meer, und es findet sich keine Insel auf unserm Weg, wo wir übernachten könnten, nur eine einsame kleine Klippe ragt dort draußen in der Mitte auf. Sie ist nicht größer, als dass wir Seite an Seite auf ihr ausruhen können; ist die See stark bewegt, dann spritzt das Wasser hoch über uns hinweg; aber doch danken wir Gott für sie. Dort übernachten wir in unserer Menschengestalt; ohne sie könnten wir niemals unser liebes Vaterland besuchen, denn wir brauchen zwei der längsten Tage des Jahres zu unserem Flug. Nur einmal im Jahr ist es uns vergönnt, unsere Heimat zu besuchen. Elf Tage dürfen wir hier bleiben, über diesen großen Wald hinfliegen, von wo wir das Schloss erblicken können, in dem wir geboren wurden und wo unser Vater wohnt, den hohen Turm der Kirche sehen, wo Mutter begraben liegt. Hier ist es, als seien Bäume und Büsche mit uns verwandt; hier laufen die wilden Pferde über die Ebenen, wie wir es in unserer Kindheit sahen; hier singt der Köhler die alten Lieder, nach denen wir als Kinder tanzten; hier ist unser Vaterland, hier zieht es uns hin und hier haben wir dich, du liebe kleine Schwester, gefunden. Zwei Tage noch dürfen wir hier bleiben, dann müssen wir fort übers Meer nach einem schönen Land, das aber nicht unser Vaterland ist. Wie können wir dich mitnehmen? Wir haben weder Schiff noch Boot!«

»Wie kann ich euch erlösen?«, fragte die Schwester.

Und sie sprachen miteinander fast die ganze Nacht, es wurde nur einige Stunden geschlummert.

Elisa erwachte vom Geräusch der Schwanenflügel, die über ihr rauschten. Die Brüder waren wieder verwandelt und sie flogen in großen Kreisen und zuletzt weit fort; aber einer von ihnen, der jüngste, blieb zurück und der Schwan legte seinen Kopf in ihren Schoß und sie streichelte seine weißen Flügel; den ganzen Tag waren sie zusammen. Gegen Abend kamen die andern zurück, und als die Sonne untergegangen war, standen sie in ihrer natürlichen Gestalt da. »Morgen fliegen wir von hier fort und dürfen nicht zurückkommen, bevor ein ganzes Jahr vergangen ist; aber dich können wir hier nicht so verlassen! Hast du Mut mitzukommen? Mein Arm ist stark genug, um dich durch den Wald zu tragen; sollten wir da nicht alle zusammen genügend starke Flügel haben, um mit dir über das Meer zu fliegen?«

»Ja, nehmt mich mit!«, sagte Elisa.

Die ganze Nacht brachten sie damit zu, aus geschmeidigen Weidenrinden und dem zähen Schilf ein Netz zu flechten, und es wurde groß und stark; auf das legte sich Elisa, und als die Sonne dann hervorkam und die Brüder in wilde

Die wilden Schwäne

Schwäne verwandelt wurden, ergriffen sie das Netz mit ihren Schnäbeln und flogen mit ihrer lieben Schwester, die noch schlief, hoch gegen die Wolken hinauf. Die Sonnenstrahlen fielen ihr gerade auf das Gesicht, deshalb flog einer der Schwäne über ihrem Kopf, damit seine breiten Flügel Schatten geben konnten.

Sie waren weit vom Land entfernt, als Elisa erwachte; sie meinte noch zu träumen, so seltsam kam es ihr vor, hoch durch die Luft über das Meer getragen zu werden. An ihrer Seite lag ein Zweig mit schönen reifen Beeren und ein Bündel wohlschmeckender Wurzeln; die hatte der jüngste der Brüder gesammelt und ihr hingelegt und sie lächelte ihm dankbar zu; denn sie erkannte, dass er es war, der gerade über ihrem Kopfe flog und sie mit den Flügeln beschattete.

Sie waren so hoch am Himmel, dass das erste Schiff, das sie unter sich sahen, eine weiße Möwe zu sein schien, die auf dem Wasser lag. Eine große Wolke stand hinter ihnen, es war ein ganzer Berg, und darauf sah Elisa ihren eigenen Schatten und den der elf Schwäne, so riesengroß flogen sie dahin. Es war ein Bild, prächtiger, als sie je eines gesehen hatte; aber als die Sonne höher stieg und die Wolke weiter hinter ihnen zurückblieb, verschwand das schwebende Schattenbild.

Den ganzen Tag flogen sie wie ein sausender Pfeil durch die Luft dahin, und doch war es langsamer als sonst, da sie nun die Schwester zu tragen hatten. Es zog ein böses Wetter auf, der Abend näherte sich; angstvoll sah Elisa die Sonne sinken und noch war die einsame Klippe im Meer nicht zu erblicken. Es kam ihr vor, als machten die Schwäne stärkere Flügelschläge. Ach, sie war schuld daran, dass sie nicht schnell genug vorwärts kamen; wenn die Sonne untergegangen war, würden sie zu Menschen werden, ins Meer stürzen und ertrinken. Da betete sie aus tiefstem Herzen zum lieben Gott, aber noch erblickte sie keine Klippe. Die schwarze Wolke kam näher, die starken Windstöße kündeten einen Sturm an, die Wolken bildeten eine einzige große, drohende Woge, die fast wie Blei vorwärts schoss, Blitz auf Blitz erhellte den Himmel.

Nun war die Sonne gerade am Rande des Meeres. Elisas Herz bebte; da schossen die Schwäne hinab, so hastig, dass sie zu fallen glaubte, aber nun schwebten sie wieder. Die Sonne war halb unter dem Wasser. Da erst erblickte sie unter sich die kleine Klippe, sie sah nicht größer aus als ein Seehund, der den Kopf aus dem Wasser streckt. Die Sonne sank so schnell; jetzt war sie nur noch wie ein

Die wilden Schwäne

Stern. Da berührte ihr Fuß den festen Boden, die Sonne erlosch gleich dem letzten Funken im brennenden Papier. Arm in Arm sah sie die Brüder um sich stehen; aber es war auch nur eben Platz für die Brüder und sie. Die See schlug gegen die Klippe und ging wie ein Regenschauer über sie hin; der Himmel leuchtete in einem ständig flammenden Feuer und Schlag auf Schlag rollte der Donner; aber Schwester und Brüder hielten sich an den Händen und sangen ein frommes Lied, das ihnen Trost und Mut gab.

Als der Morgen graute, war die Luft rein und still; sobald die Sonne stieg, flogen die Schwäne mit Elisa fort von der Insel. Das Meer wogte noch stark; und als sie in der Luft schwebten, sah es aus, als ob der weiße Schaum auf der schwarzgrünen See Millionen Schwäne seien, die sich auf dem Wasser treiben ließen.

Die Sonne stieg höher, und Elisa erblickte vor sich, halb in der Luft schwimmend, ein Gebirgsland mit schimmernden Eismassen auf den Felsen und mitten darauf erstreckte sich ein wohl meilenlanges Schloss mit einem kühnen Säulengang über dem andern; darunter wiegten sich Palmenwälder und Prachtblumen so groß wie Mühlräder.

Sie fragte, ob dies das Land sei, wohin sie wollten, aber die Schwäne schüttelten die Köpfe; denn was sie dort sah, war der Fata Morgana schönes, allzeit wechselndes Wolkenschloss; dorthinein wagten sie keinen Menschen zu bringen.

Elisa starrte es an; da stürzten Berge, Wälder und Schloss zusammen und es standen zwanzig stolze Kirchen da, alle einander gleich, mit hohen Türmen und spitzen Fenstern. Sie meinte die Orgel zu hören, aber es war das Meer, das sie hörte. Nun war sie den Kirchen ganz nah, da wurden diese zu einer ganzen Flotte, die unter ihr dahinsegelte; sie sah hinab, und es war nur Meernebel, der über das Wasser hinjagte. Ja, eine ewige Abwechslung hatte sie vor Augen, bis sie das wirkliche Land sah, in das sie wollten; dort erhoben sich die schönen blauen Berge mit Zedernwäldern, Städten und Schlössern.

Lange bevor die Sonne unterging, saß sie auf dem Felsen vor einer großen Höhle, die mit feinen grünen Schlingpflanzen bewachsen war; es sah aus, als wären es gestickte Teppiche.

»Nun werden wir sehen, was du diese Nacht hier träumst!«, sagte der jüngste Bruder und zeigte ihr ihre Schlafkammer.

»Könnte ich doch träumen, wie ich euch erlösen soll!«, sagte sie; und dieser

Gedanke beschäftigte sie so lebhaft, sie betete so innig zu Gott um seine Hilfe, ja selbst im Schlaf verharrte sie in ihrem Gebet. Da kam es ihr vor, dass sie hoch oben in den Lüften flog, zu Fata Morganas Wolkenschloss, und die Fee kam ihr entgegen, so schön und glänzend, und doch glich sie ganz der alten Frau, die ihr im Wald Beeren gegeben und ihr von den Schwänen mit den Goldkronen erzählt hatte.

»Deine Brüder können erlöst werden!«, sagte sie. »Aber hast du Mut und Ausdauer? Wohl ist das Meer weicher als deine feinen Hände und doch formt es die harten Steine um; aber es fühlt nicht den Schmerz, den deine Finger fühlen werden; es hat kein Herz, leidet nicht die Angst und Qual, die du aushalten musst. Siehst du diese Brennnessel, die ich in meiner Hand halte? Von dieser Art wachsen viele rings um die Höhle, in der du schläfst. Nur diese hier und die, welche auf den Gräbern des Friedhofs hervorsprießen, sind brauchbar, merke dir das; die musst du pflücken, obgleich sie deine Haut zu Blasen verbrennen werden. Brich die Nesseln mit deinen Füßen, dann bekommst du Flachs. Aus diesem musst du elf Panzerhemden mit langen Ärmeln flechten und binden; wirf diese über die elf wilden Schwäne, dann ist der Zauber gelöst. Aber bedenke wohl: Von dem Augenblick an, da du diese Arbeit beginnst, bis sie vollendet ist, ob auch Jahre inzwischen vergehen mögen, darfst du nicht sprechen; das erste Wort, das du sagst, fährt wie ein tötender Dolch in deiner Brüder Herz. An deiner Zunge hängt ihr Leben. Merke dir das alles wohl!«

Und sie berührte im selben Augenblick ihre Hand mit der Nessel; sie war wie ein brennendes Feuer, Elisa erwachte dabei. Es war heller Tag, und dicht neben der Stelle, wo sie geschlafen hatte, lag eine Nessel wie jene, die sie im Traum gesehen. Da fiel sie auf die Knie, dankte dem lieben Gott und verließ die Höhle, um ihre Arbeit zu beginnen.

Mit den feinen Händen griff sie in die hässlichen Nesseln, sie brannten wie Feuer, es bildeten sich große Blasen auf ihren Händen und Armen; aber gern wollte sie das erleiden, konnte sie die lieben Brüder dadurch erlösen. Sie brach jede Nessel mit ihren nackten Füßen und wand den grünen Flachs.

Als die Sonne untergegangen war, kamen die Brüder, und sie erschraken darüber, sie so stumm zu finden; sie glaubten, das sei ein neuer Zauber der bösen Stiefmutter. Aber als sie Elisas Hände sahen, begriffen sie, was sie ihrer Brüder wegen tat, und der jüngste weinte, und wo seine Tränen fielen, da fühlte sie keinen Schmerz, da verschwanden die brennenden Blasen.

Die Nacht verbrachte sie mit ihrer Arbeit, denn sie hatte keine Ruhe, bevor sie ihre lieben Brüder erlöst hatte. Den ganzen folgenden Tag, während die Schwäne fort waren, saß sie in ihrer Einsamkeit, aber nie war die Zeit so schnell verflogen. Ein Panzerhemd war schon fertig, nun begann sie das nächste.

Da erklang das Jagdhorn zwischen den Bergen; sie erschrak sehr. Der Ton kam näher, sie hörte Hundegebell. Voller Angst suchte sie die Höhle auf, band die Nesseln, die sie gesammelt und gehechelt hatte, in ein Bündel und setzte sich darauf. Im gleichen Augenblick kam ein großer Hund aus dem Gestrüpp hervorgesprungen und gleich darauf wieder einer und noch einer; sie bellten laut, liefen zurück und kamen wieder hervor. Es dauerte nicht lange, da standen die Jäger draußen vor der Höhle und der schönste unter ihnen war der König des Landes. Er trat zu Elisa hin; nie hatte er ein schöneres Mädchen gesehen.

»Wie bist du hierher gekommen, du herrliches Kind!«, sagte er. Elisa schüttelte den Kopf, sie wagte ja nicht zu sprechen, denn es galt Erlösung und Leben ihrer Brüder; sie versteckte die Hände unter der Schürze, damit der König nicht sehen sollte, was sie erdulden musste.

»Folge mir!«, sagte er. »Hier darfst du nicht bleiben! Bist du so gut, wie du schön bist, so will ich dich in Samt und Seide kleiden, dir die Goldkrone aufs Haupt setzen und du sollst wohnen und leben in meinem reichsten Schloss!« Und dann hob er sie auf sein Pferd. Sie weinte und rang die Hände, aber der König sagte: »Ich will nur dein Glück! Einmal wirst du mir dafür dankbar sein!« Und dann jagte er davon durch die Berge und hielt sie vorn auf dem Pferd und die Jäger jagten hinterdrein.

Als die Sonne unterging, lag die prächtige Königsstadt mit Kirchen und Kuppeln vor ihnen, und der König führte Elisa ins Schloss hinein, wo große Springbrunnen in hohen Marmorsälen plätscherten, wo Wände und Decken voller Gemälde prangten; aber sie hatte keine Augen dafür, sie weinte und trauerte. Willenlos ließ sie sich von den Frauen königliche Kleider anlegen, Perlen ins Haar flechten und feine Handschuhe über die verbrannten Finger ziehen.

Wie sie nun in all ihrer Pracht dastand, war sie so blendend schön, dass sich der Hof noch tiefer vor ihr verneigte, und der König erkor sie zu seiner Braut,

Die wilden Schwäne

143 　　　　　　　　　　　　　　　　　　　　　　　　　　　　　*Die wilden Schwäne*

obwohl der Erzbischof den Kopf schüttelte und flüsterte, das schöne Waldmädchen sei gewiss eine Hexe, sie blende die Augen und betöre des Königs Herz.

Aber der König hörte nicht darauf, ließ die Musik erklingen, die köstlichsten Gerichte auftragen, die lieblichsten Mädchen sie umtanzen und sie wurde durch duftende Gärten in prächtige Säle geführt; aber nicht ein Lächeln trat auf ihre Lippen oder in ihre Augen, die Trauer wohnte dort als ewiges Gut und Erbe. Nun öffnete der König eine kleine Kammer dicht daneben, wo Elisa schlafen sollte; sie war mit köstlichen grünen Teppichen geschmückt und glich ganz der Höhle, in der sie gewesen war; auf dem Fußboden lag das Bündel Flachs, das sie aus den Nesseln gesponnen hatte, und unter der Decke hing das fertig gestrickte Panzerhemd; all das hatte einer der Jäger an sich genommen.

»Hier kannst du dich in dein ehemaliges Heim zurückträumen!«, sagte der König. »Hier ist die Arbeit, mit der du beschäftigt warst; nun, inmitten all deiner Pracht, wird es dich erheitern, an jene Zeit zurückzudenken.«

Als Elisa das sah, was ihr so sehr am Herzen lag, umspielte ein Lächeln ihren Mund und das Blut kehrte zurück in ihre Wangen; sie dachte an die Erlösung ihrer Brüder, küsste dem König die Hand und er drückte sie an sein Herz und ließ alle Kirchenglocken das Hochzeitsfest verkünden. Das schöne, stumme Mädchen aus dem Wald wurde die Königin des Landes.

Da flüsterte der Erzbischof böse Worte in des Königs Ohr, aber sie drangen nicht bis in sein Herz hinein. Die Hochzeit sollte stattfinden; der Erzbischof selbst musste ihr die Krone aufs Haupt setzen, und er drückte ihr in böser Absicht den engen Reifen fest auf die Stirn nieder, so dass es wehtat; doch es lag ein schwererer Reifen um ihr Herz: die Trauer um ihre Brüder. Sie fühlte nicht die körperliche Pein. Ihr Mund war stumm, ein einziges Wort würde ja ihre Brüder das Leben kosten; aber in ihren Augen lag eine tiefe Liebe zu dem guten, schönen König, der alles tat, um sie zu erfreuen. Von ganzem Herzen gewann sie ihn Tag für Tag lieber. Oh, dass sie es doch wagen dürfte, sich ihm anzuvertrauen, ihm ihre Leiden zu erzählen! Aber stumm musste sie sein, stumm musste sie ihr Werk vollenden. Deshalb schlich sie sich in der Nacht von seiner Seite, ging hinein in die kleine Kammer, die wie die Höhle geschmückt war, und strickte ein Panzerhemd nach dem andern fertig; aber als sie das siebente begann, hatte sie keinen Flachs mehr.

Die wilden Schwäne

Sie wusste wohl, auf dem Friedhof wuchsen die Nesseln, die sie brauchte, aber sie selbst musste sie pflücken; wie sollte sie dorthin gelangen?

Oh, was ist der Schmerz in den Fingern gegen die Qual, die mein Herz leidet, dachte sie, ich muss es wagen! Der Herr wird die Hand nicht von mir zurückziehen! Mit einer Herzensangst, als sei es eine böse Tat, die sie vorhabe, schlich sie sich in der mondklaren Nacht in den Garten hinunter, ging durch die langen Alleen, hinaus auf die einsamen Straßen zum Friedhof hin. Dort sah sie auf einem der breitesten Grabsteine einen Kreis Lamien sitzen, hässliche Hexen, die ihre Lumpen auszogen, als ob sie sich baden wollten, und dann wühlten sie mit den langen, mageren Fingern die frischen Gräber auf, zogen die Leichen heraus und aßen das Fleisch. Elisa musste dicht an ihnen vorbei und sie hefteten ihre bösen Blicke auf sie; aber sie sprach ihr Gebet, sammelte die brennenden Nesseln und trug sie heim ins Schloss.

Nur ein einziger Mensch hatte sie gesehen, der Erzbischof; er wachte, wenn die andern schliefen. Nun hatte er doch Recht bekommen in dem, was er meinte: Es war mit der Königin nicht so, wie es sein sollte; sie war eine Hexe, deshalb hatte sie den König und das ganze Volk betören können.

Im Beichtstuhl sagte er dem König, was er gesehen hatte und was er fürchtete. Und als die harten Worte von seiner Zunge kamen, schüttelten die geschnitzten Heiligenbilder die Köpfe, als ob sie sagen wollten: Es ist nicht so, Elisa ist unschuldig! – Aber der Erzbischof legte es anders aus, meinte, dass sie gegen die Königin zeugten und die Köpfe über ihre Sünde schüttelten.

Da rollten zwei schwere Tränen über des Königs Wangen herab, er ging heim mit Zweifel in seinem Herzen; und in der Nacht tat er, als ob er schlafe, aber es kam kein ruhiger Schlaf in seine Augen: Er merkte, wie Elisa aufstand, und jede Nacht wiederholte sie das, und jede Nacht folgte er ihr leise und sah, dass sie in ihre Kammer verschwand.

Tag für Tag wurde seine Miene finsterer. Elisa sah es, begriff aber nicht, weshalb; doch es beängstigte sie und was litt sie nicht in ihrem Herzen um ihrer Brüder willen! Auf den königlichen Samt und Purpur rannen ihre salzigen Tränen und sie lagen da wie glänzende Diamanten, und alle, die die reiche Pracht sahen, wünschten sich, Königin zu sein. Bald war sie indessen mit ihrer Arbeit zu Ende, nur ein Panzerhemd fehlte noch; aber Flachs hatte sie auch nicht mehr und keine einzige Nessel. Einmal, nur dieses letzte Mal noch, musste sie deshalb auf den Friedhof und einige Hände voll davon pflücken. Sie dachte mit Angst an die einsame Wanderung und an die schrecklichen Lamien; aber ihr Wille war fest wie ihr Gottvertrauen.

Elisa ging, aber der König und der Erzbischof folgten ihr, sie sahen sie bei der Gitterpforte im Friedhof verschwinden, und als sie sich näherten, saßen auf den Grabsteinen die Lamien, wie Elisa sie gesehen hatte, und der König wandte sich ab; denn unter ihnen dachte er sich sie, deren Kopf noch diesen Abend an seiner Brust geruht hatte.

»Das Volk muss über sie richten!«, sagte er und das Volk richtete: »Sie soll in den lodernden Flammen verbrennen!«

Von den prächtigen Königssälen wurde sie in ein dunkles, feuchtes Loch geführt, wo der Wind durch die vergitterten Fenster hineinpfiff. Statt Samt und Seide gaben sie ihr das Bündel Nesseln, das sie gesammelt hatte. Darauf mochte sie ihren Kopf legen; die harten, brennenden Panzerhemden, die sie gestrickt hatte, sollten Decke und Teppich sein. Aber nichts Lieberes konnten sie ihr schenken; sie nahm ihre Arbeit wieder auf und betete zu ihrem Gott. Draußen sangen die Gassenjungen Spottweisen über sie; keine Seele tröstete sie mit einem liebevollen Wort.

Da rauschte es gegen Abend dicht am Gitter, ein Schwanenflügel! Es war der jüngste der Brüder, er hatte die Schwester gefunden. Und sie schluchzte laut auf vor Freude, obgleich sie wusste, dass die kommende Nacht vielleicht die letzte war, die sie zu leben hatte; aber jetzt war ja die Arbeit auch fast vollendet und ihre Brüder waren hier.

Der Erzbischof kam, um die letzte Stunde bei ihr zu sein, das hatte er dem König versprochen. Aber sie schüttelte den Kopf, bat ihn mit Kopf und Mienen, er möge gehen; in dieser Nacht musste sie ja ihre Arbeit beenden, sonst war alles umsonst, alles – Schmerz, Tränen und die schlaflosen Nächte. Der Erzbischof verließ sie mit bösen Worten, aber die arme Elisa wusste, dass sie unschuldig war, und fuhr mit ihrer Arbeit fort.

Die kleinen Mäuse liefen über den Boden, sie schleppten die Nesseln zu ihren Füßen hin, um doch ein wenig zu helfen, und die Drossel setzte sich an das Gitter des Fensters und sang die ganze Nacht, so vergnügt sie konnte, damit Elisa nicht den Mut verlor.

Die wilden Schwäne

Der Tag brach eben an, erst in einer Stunde würde die Sonne aufgehen, da standen die elf Brüder an der Pforte des Schlosses und verlangten, vor den König geführt zu werden.

Aber das könne nicht geschehen, wurde geantwortet, es sei ja noch Nacht, der König schlafe und dürfe nicht geweckt werden. Sie baten, sie drohten; die Wache kam, ja selbst der König trat heraus und fragte, was das zu bedeuten habe.

Da ging gerade die Sonne auf, und es waren keine Brüder mehr zu sehen, aber über dem Schloss flogen elf wilde Schwäne.

Aus dem Stadttor strömte das ganze Volk, sie wollten sehen, wie die Hexe verbrannt wurde. Ein armseliges Pferd zog den Karren, auf welchem sie saß; man hatte ihr einen Kittel aus grobem Sackleinen angezogen, ihr herrliches langes Haar hing aufgelöst um den schönen Kopf, ihre Wangen waren totenbleich, ihre Lippen bewegten sich leise, während die Finger den grünen Flachs flochten. Selbst auf dem Weg zu ihrem Tod ließ sie von der begonnenen Arbeit nicht ab, die zehn Panzerhemden lagen zu ihren Füßen, an dem elften strickte sie; der Pöbel verhöhnte sie.

»Seht die Hexe, wie sie murmelt! Nicht das Gesangbuch hat sie in der Hand, nein, mit ihrem abscheulichen Zauberzeug sitzt sie da! Entreißt es ihr und zerfetzt es in tausend Stücke!«

Und sie drangen alle auf sie ein und wollten es zerreißen; da kamen elf weiße Schwäne geflogen, sie setzten sich rings um sie auf den Karren und schlugen mit ihren großen Flügeln. Da wich der Haufen entsetzt zur Seite.

»Das ist ein Zeichen des Himmels! Sie ist sicher unschuldig!«, flüsterten viele, aber sie wagten nicht, es laut zu sagen.

Nun ergriff der Henker sie bei der Hand. Da warf sie hastig die elf Hemden über die Schwäne und es standen elf schöne Prinzen da, aber der jüngste hatte einen Schwanenflügel anstelle des einen Armes, denn es fehlte ein Ärmel in seinem Panzerhemd, mit dem war sie nicht mehr fertig geworden.

»Jetzt darf ich sprechen!«, sagte sie. »Ich bin unschuldig!«

Und das Volk, das sah, was geschehen war, verneigte sich vor ihr wie vor einer Heiligen; sie aber sank leblos in die Arme ihrer Brüder, so hatten Spannung, Angst und Schmerz auf sie gewirkt.

»Ja, unschuldig ist sie!«, sagte der älteste Bruder, und nun erzählte er alles, was sich zugetragen hatte. Und während er erzählte, verbreitete sich ein Duft wie von Millionen Rosen, denn jedes Stück Holz im Scheiterhaufen hatte Wurzeln geschlagen und Zweige getrieben; es stand eine duftende Hecke da, hoch und groß, mit roten Rosen. Zuoberst prangte eine Blume, weiß und leuchtend, sie strahlte wie ein Stern; die brach der König und steckte sie an Elisas Brust. Da erwachte sie mit Frieden und Glückseligkeit in ihrem Herzen.

Und alle Kirchenglocken läuteten von selbst und die Vögel kamen in großen Scharen; es wurde ein Hochzeitszug zum Schloss, wie ihn noch kein König gesehen hatte.

Die wilden Schwäne

Der fliegende Koffer

Es war einmal ein Kaufmann, der war so reich, dass er die ganze Straße und beinahe auch noch eine kleine Gasse mit Silbergeld pflastern konnte. Aber das tat er nicht, er wusste sein Geld anders anzulegen. Gab er einen Schilling aus, bekam er einen Taler wieder; so ein guter Kaufmann war er – und dann starb er.

Der Sohn bekam nun all dies Geld und er lebte lustig, ging jede Nacht auf Maskerade, machte Papierdrachen aus Reichstalerscheinen und ließ Goldstücke statt flacher Steine über die Wasserfläche hüpfen. Auf diese Weise konnte das Geld wohl zu Ende gehen und das tat es auch. Zuletzt besaß er nicht mehr als vier Schillinge und hatte keine andern Kleider als ein Paar Pantoffeln und einen alten Schlafrock. Jetzt machten sich seine Freunde nichts mehr aus ihm, da sie ja nicht mehr miteinander auf die Straße gehen konnten. Aber einer von ihnen, der gut war, schickte ihm einen alten Koffer und sagte: »Pack ein!« Ja, das war freilich sehr schön, aber er hatte nichts einzupacken, und so setzte er sich selbst in den Koffer.

Das war ein sonderbarer Koffer! Sobald man auf das Schloss drückte, konnte der Koffer fliegen. Das tat er und, wupp, flog er mit dem Kaufmannssohn durch den Schornstein, hoch hinauf über die Wolken, weiter und weiter fort. Es knackte im Boden, und der Kaufmannssohn hatte große Angst davor, der Koffer könne in Stücke gehen, denn dann hätte er einen ordentlichen Purzelbaum geschlagen! Gott bewahr uns! Und so kam er in das Land der Türken. Den Koffer versteckte er im Wald unter den welken Blättern und ging dann in die Stadt hinein. Das konnte er auch recht gut tun, denn bei den Türken gingen ja alle so wie er in Schlafrock und Pantoffeln. Da begegnete er einer Amme mit einem kleinen Kind. »Sag mal, du Türkenamme«, sprach er sie an, »was ist das für ein großes Schloss hier ganz in der Nähe der Stadt? Die Fenster sitzen so hoch!«

»Da wohnt die Tochter des Königs!«, sagte sie. »Es ist ihr prophezeit worden, dass sie sehr unglücklich über einen Geliebten werden wird, und darum darf

Der fliegende Koffer

niemand zu ihr kommen, außer wenn der König und die Königin dabei sind.«

»Danke!«, sagte der Kaufmannssohn. Und darauf ging er hinaus in den Wald, setzte sich in seinen Koffer, flog hinauf auf das Dach und kroch durch das Fenster zur Prinzessin hinein.

Sie lag auf dem Sofa und schlief; sie war so schön, dass der Kaufmannssohn sie küssen musste; sie erwachte und war ganz erschrocken. Aber er sagte, er sei der Türkengott, der durch die Luft zu ihr herabgekommen sei, und das gefiel ihr gut. Dann saßen sie nebeneinander und er erzählte Geschichten von ihren Augen: Das wären die schönsten dunklen Seen und die Gedanken schwämmen darin gleich Meerjungfrauen. Und er erzählte von ihrer Stirn: Die wäre ein Schneeberg mit den prächtigsten Sälen und Bildern. Und er erzählte vom Storch, der die süßen kleinen Kinder bringt.

Ja, das waren ein paar schöne Geschichten! Dann freite er um die Prinzessin und sie sagte sogleich Ja.

»Aber Ihr müsst am Sonnabend herkommen«, sagte sie, »da sind der König und die Königin bei mir zum Tee. Sie werden sehr stolz darauf sein, dass ich den Türkengott bekomme. Aber seht zu, dass Ihr ein recht schönes Märchen wisst, denn das haben meine Eltern ganz besonders gern; meine Mutter will es moralisch und vornehm haben und mein Vater lustig, so dass man lachen kann.«

»Ich bringe kein anderes Brautgeschenk als ein Märchen«, sagte er und dann schieden sie. Aber die Prinzessin gab ihm einen Säbel, der mit Goldstücken besetzt war, und die konnte er besonders gut brauchen.

Nun flog er fort, kaufte sich einen neuen Schlafrock und saß dann draußen im Wald und dichtete an einem Märchen. Es sollte bis zum Sonnabend fertig sein und das ist gar nicht so leicht. Dann war er fertig und es war Sonnabend.

Der König, die Königin und der ganze Hof warteten bei der Prinzessin mit dem Teewasser. Er wurde so reizend empfangen.

»Wollt Ihr uns ein Märchen erzählen?«, sagte die Königin. »Eines, das tiefsinnig und belehrend ist!«

»Aber über das man doch lachen kann!«, sagte der König.

»Jawohl!«, sagte er und erzählte. Da muss man nun gut zuhören.

»Es war einmal ein Bund Schwefelhölzer, die waren so außerordentlich stolz, weil sie von hoher Herkunft waren. Ihr Stammbaum, das heißt die große Fichte, von der jedes ein kleines Stäbchen war, sollte ein großer, alter Baum im Wald gewesen sein. Die Schwefelhölzer lagen nun auf einem Brett zwischen einem Feuerzeug und einem alten Eisentopf und denen erzählten sie von ihrer Jugend. ›Ja, als wir auf dem grünen Zweig waren‹, sagten sie, ›da waren wir wahrlich auf dem grünen Zweig. Jeden Morgen und Abend Diamanttee, das war der Tau. Den ganzen Tag hatten wir Sonnenschein, wenn die Sonne schien, und alle kleinen Vögel mussten uns Geschichten erzählen. Wir konnten sehr wohl merken, dass wir auch reich waren, denn die Laubbäume, die waren nur im Sommer bekleidet, aber unsere Familie konnte sich im Sommer und im Winter grüne Kleider leisten. Aber dann kamen die Holzfäller, das war die große Revolution, und unsere Familie wurde zersplittert. Der Stammherr bekam eine Stelle als Großmast auf einem prächtigen Schiff, das die Welt umsegeln konnte, wenn es wollte. Die andern Äste kamen nach andern Orten, und wir haben nun die Aufgabe, der niedrigen Menge das Licht anzuzünden; deshalb sind wir vornehmen Leute hierher in die Küche gekommen.‹

›Ja, mit mir verhält es sich nun ganz anders!‹, sagte der eiserne Topf; neben dem die Schwefelhölzer lagen. ›Von Anfang an, seit ich in die Welt hinauskam, bin ich viele Male gescheuert und gekocht worden! Ich sorge für das Solide und bin im Grunde genommen der Erste hier im Haus. Meine einzige Freude ist, so nach Tisch rein und nett an meinem Platz zu liegen und mit den Kameraden eine vernünftige Unterhaltung zu führen. Aber wenn ich vom Wassereimer absehe, der hin und wieder einmal in den Hof hinunterkommt, so leben wir immer in unseren vier Wänden. Unser einziger Neuigkeitsbote ist der Marktkorb, aber der redet so unruhig über die Regierung und das Volk. Ja, neulich war da ein alter Topf, der vor Schreck darüber herabfiel und sich in Stücke schlug! Er ist freisinnig, müssen Sie wissen!‹

›Jetzt schwatzt du zu viel!‹, sagte das Feuerzeug, und der Stahl schlug gegen den Feuerstein, dass er sprühte. ›Wollen wir uns einen lustigen Abend machen?‹

›Ja, lasst uns davon sprechen, wer der Vornehmste ist!‹, sagten die Schwefelhölzer.

›Nein, ich schätze es nicht, von mir selbst zu sprechen!‹, sagte der irdene Topf. ›Lasst uns eine Abendunterhaltung veranstalten! Ich will anfangen. Ich werde etwas erzählen, was jeder erlebt hat; in das kann man sich so angenehm hineinversetzen und es ist so vergnüglich. An der Ostsee bei den dänischen Buchen …‹

›Das ist ein hübscher Anfang!‹, sagten alle Teller. ›Das wird bestimmt eine Geschichte, die uns gefällt!‹

›Ja, dort verbrachte ich meine Jugend bei einer ruhigen Familie; die Möbel wurden poliert, der Fußboden gewischt und alle vierzehn Tage wurden reine Gardinen aufgehängt!‹

›Wie interessant Sie erzählen!‹, sagte der Staubbesen. ›Man hört gleich, dass es ein Frauenzimmer ist, das erzählt; es geht so etwas Reinliches durch die ganze Geschichte!‹

›Ja, das fühlt man!‹, sagte der Wassereimer, und dann machte er vor Freude einen kleinen Hopser, so dass es auf den Fußboden platschte.

Und der Topf erzählte weiter und das Ende war ebenso gut wie der Anfang.

Alle Teller klapperten vor Freude, und der Staubbesen nahm grüne Petersilie aus dem Sandloch und bekränzte den Topf, denn er wusste, dass dies die andern ärgern würde. Bekränze ich heute ihn, dachte er, so bekränzt er morgen mich.

Der fliegende Koffer

›Nun will ich tanzen!‹, sagte die Feuerzange und tanzte. Ja, Gott bewahr uns, wie sie das eine Bein in die Höhe strecken konnte! Der alte Stuhlüberzug drüben in der Ecke platzte, als er es sah. ›Werde ich jetzt bekränzt?‹, fragte die Feuerzange und das wurde sie. Es ist doch nur Pöbel, dachten die Schwefelhölzer.

Nun sollte die Teemaschine singen; aber sie sagte, sie sei erkältet. Sie könne nicht, außer wenn sie koche, aber das war nur aus Vornehmheit. Sie wollte nicht, außer wenn sie drinnen bei der Herrschaft auf dem Tisch stand.

Drüben am Fenster saß eine alte Schreibfeder, mit der das Mädchen immer schrieb. Es war nichts Merkwürdiges an ihr, außer dass sie allzu tief ins Tintenfass getaucht war, aber darauf war sie nun stolz.

›Wenn die Teemaschine nicht singen will‹, sagte die Feder, ›dann kann sie es bleiben lassen! Draußen hängt in einem Bauer eine Nachtigall, die kann singen. Sie hat zwar nichts gelernt, aber darüber wollen wir heute Abend nicht schlecht sprechen!‹

›Ich finde es höchst unpassend‹, sagte der Teekessel, der Küchensänger und ein Halbbruder der Teemaschine war, ›dass so ein fremder Vogel angehört werden soll! Ist das patriotisch? Ich will den Marktkorb darüber urteilen lassen!‹

›Ich ärgere mich nur!‹, sagte der Marktkorb. ›Ich ärgere mich so gründlich, wie man es sich bloß denken kann! Ist das eine passende Art, einen Abend zu verbringen? Wäre es nicht richtiger, das Haus in Ordnung zu bringen? Ein jeder sollte dann an seinen Platz kommen und ich würde das ganze Spiel leiten. Das würde etwas anderes werden!‹

›Ja, lasst uns Krach machen!‹, sagten sie alle zusammen. Im selben Augenblick ging die Tür auf. Es war das Dienstmädchen, und da standen sie still, niemand sagte einen Mucks. Aber es gab nicht einen Topf, der nicht gewusst hätte, was er tun konnte und wie vornehm er war. Ja, wenn ich gewollt hätte, dachte jeder, dann wäre es wahrlich ein lustiger Abend geworden!

Das Dienstmädchen nahm die Schwefelhölzer und machte mit ihnen Feuer an. Gott bewahr uns, wie sie sprühten und in Flammen gerieten!

Nun kann doch jeder sehen, dachten sie, dass wir die Ersten sind! Welchen Glanz wir haben, welches Licht! – Und dann waren sie verbrannt.«

»Das war ein schönes Märchen!«, sagte die Königin. »Ich fühlte mich so ganz in der Küche bei den Schwefelhölzern; ja, nun sollst du unsere Tochter haben!«

Der fliegende Koffer

»Ja, gewiss«, sagte der König, »am Montag sollst du unsere Tochter haben!« Denn nun sagten sie du zu ihm, da er ja zur Familie gehören sollte.

Die Hochzeit war somit bestimmt und am Abend vorher wurde die ganze Stadt festlich erleuchtet. Zwiebäcke und Brezeln flogen unter das Volk. Die Gassenbuben standen auf den Zehen, riefen Hurra und pfiffen durch die Finger; es war außerordentlich prachtvoll. Ja, ich werde wohl auch etwas zum Besten geben müssen, dachte der Kaufmannssohn, und dann kaufte er Raketen, Knallerbsen und all das Feuerwerk, was man sich nur denken kann, legte es in seinen Koffer und flog damit in die Luft.

Rutsch, wie das zischte und wie das puffte!

Alle Türken hüpften dabei in die Höhe, dass ihnen die Pantoffeln um die Ohren flogen; so eine Lufterscheinung hatten sie zuvor noch nie gesehen. Nun verstanden sie besser, dass es der Türkengott selbst war, der die Prinzessin haben sollte.

Sobald der Kaufmannssohn mit seinem Koffer wieder in den Wald hinunterkam, dachte er: Ich will doch in die Stadt gehen, um zu hören, wie es sich ausgenommen hat! Und es war ja ganz natürlich, dass er dazu Lust hatte.

Nein, wie doch die Leute erzählten! Ein jeder, den er danach fragte, hatte das Feuerwerk auf seine Weise gesehen; aber schön war es für sie alle gewesen.

»Ich sah den Türkengott selbst«, sagte der eine, »er hatte Augen wie glänzende Sterne und einen Bart wie schäumendes Wasser!«

»Er flog in einem Feuermantel daher«, sagte ein anderer, »die schönsten Engelskinder guckten aus den Falten hervor!«

Ja, das waren herrliche Dinge, die er da hörte. Und am folgenden Tag sollte er Hochzeit halten.

Nun ging er in den Wald zurück, um sich in seinen Koffer zu setzen.
Aber wo war er?

Der Koffer war verbrannt! Ein Funken des Feuerwerks war zurückgeblieben, der Koffer hatte Feuer gefangen und nun lag er in Asche. Der Kaufmannssohn konnte nicht mehr fliegen, nicht mehr zu seiner Braut gelangen.

Sie stand den ganzen Tag auf dem Dach und wartete; sie wartet noch immer! Er aber durchwandert die Welt und erzählt Märchen, doch sie sind nicht mehr so lustig wie das von den Schwefelhölzern.

Der fliegende Koffer

Tölpel-Hans

Draußen auf dem Land lag ein alter Hof, und dort wohnte ein alter Gutsherr, der zwei Söhne hatte, die so gewitzt waren, dass die Hälfte genügt hätte. Sie wollten um des Königs Tochter freien, und das durften sie, denn die Prinzessin hatte kundtun lassen, dass sie den zum Mann nehmen wolle, der am besten für sich reden könne.

Die beiden bereiteten sich nun acht Tage lang vor, mehr Zeit hatten sie nicht; aber es genügte auch, denn sie besaßen Vorkenntnisse und die sind nützlich. Der eine konnte das lateinische Lexikon auswendig und drei Jahrgänge der Stadtzeitung, und das sowohl von vorn als von hinten. Der andere hatte sich mit allen Innungsgesetzen bekannt gemacht und wusste, was jeder Zunftmeister wissen muss. So konnte er mitreden über den Staat, meinte er, außerdem verstand er sich darauf, Hosenträger zu besticken, denn er war fein und hatte geschickte Finger.

»Ich bekomme die Königstochter!«, sagten sie alle beide und dann gab ihr Vater einem jeden ein schönes Pferd; der, der das Lexikon und die Zeitung auswendig konnte, bekam ein kohlschwarzes, und der, der so zunftmeisterklug war und sticken konnte, bekam ein milchweißes. Und darauf schmierten sie sich die Mundwinkel mit Lebertran ein, damit sie geschmeidiger würden. Alles Gesinde war unten im Hof, um sie zu Pferde steigen zu sehen; in dem Augenblick kam der dritte Bruder, denn es waren drei; aber es gab niemand, der ihn als Bruder mitrechnete, denn er war nicht so gelehrt wie die zwei und ihn nannten sie nur Tölpel-Hans. »Wo wollt ihr hin, dass ihr im Staatszeug steckt?«, fragte er.

»Zu Hofe, um uns die Königstochter zu erschwatzen! Hast du nicht gehört, was im ganzen Land ausgetrommelt wird?« Und dann erzählten sie es ihm.

»Potztausend, da muss ich wohl mit!«, sagte Tölpel-Hans und die Brüder lachten ihn aus und ritten von dannen. »Vater, gib mir ein Pferd!«, rief Tölpel-Hans. »Ich bekomme solche Lust zu heiraten. Nimmt sie mich, so nimmt sie mich, und nimmt sie mich nicht, so nehme ich sie dennoch!«

»Das ist Geschwätz!«, sagte der Vater. »Dir gebe ich kein Pferd. Du kannst ja nicht reden! Nein, deine Brüder, das sind Staatskerle!«

»Soll ich kein Pferd bekommen«, sagte Tölpel-Hans, »dann nehme ich den Ziegenbock, der gehört mir und der kann mich gut tragen!«

Und dann setzte er sich rittlings auf den Ziegenbock, drückte ihm seine Fersen in die Seiten und sauste davon über die Landstraße hin. Hui! Wie das ging!

»Hier komme ich!«, sagte Tölpel-Hans, und dann sang er, dass es nur so schallte.

Aber die Brüder ritten ganz still voraus; sie sprachen kein Wort, sie mussten über alle die guten Einfälle nachdenken, mit denen sie kommen wollten, denn das sollte fein ausgeklügelt sein.

»Hallo!«, rief Tölpel-Hans. »Hier komme ich, seht, was ich auf der Landstraße fand!« Und dann zeigte er ihnen eine tote Krähe, die er gefunden hatte.

»Tölpel!«, sagten sie. »Was willst du mit der?«

»Die will ich der Königstochter schenken!«

»Ja, tu das nur«, sagten sie, lachten und ritten weiter.

»Hallo! Hier komme ich, seht, was ich jetzt gefunden habe, das findet man nicht jeden Tag auf der Landstraße!«

Und die Brüder wandten sich wieder um, denn sie wollten sehen, was es war. »Tölpel!«, sagten sie. »Das ist ja ein alter Holzschuh, von dem das Oberteil abgegangen ist! Soll die Königstochter den auch haben?«

»Das soll sie«, sagte Tölpel-Hans und die Brüder lachten und sie ritten und kamen weit voraus.

»Hallo! Hier bin ich!«, rief Tölpel-Hans. »Nein, nun wird es ärger und ärger! Hallo! Es ist unvergleichlich!«

»Was hast du jetzt gefunden?«, fragten die Brüder.

»Oh«, sagte Tölpel-Hans, »das ist gar nicht zu sagen! Wie sie sich freuen wird, die Königstochter!«

»Uh!«, sagten die Brüder. »Das ist ja Schlamm, der direkt aus dem Graben geworfen wurde!«

»Ja, das ist es«, sagte Tölpel-Hans. »Und zwar von der feinsten Sorte, man kann ihn nicht festhalten.« Und dann füllte er seine Tasche.

Aber die Brüder ritten, was das Zeug hielt, und so kamen sie eine ganze Stunde voraus und hielten am Stadttor. Dort bekamen die Freier Nummern, wenn sie eintrafen, und wurden in Reihen geordnet, sechs in jedem Glied und so dicht zusammengedrängt, dass sie die Arme nicht rühren konnten, und das war nun ganz gut so, denn sonst hätten sie einander die Rücken aufgeschlitzt, nur weil der eine vor dem andern stand.

Alle übrigen Einwohner des Landes standen rings um das Schloss bis zu den Fenstern hinauf, um die Königstochter die Freier empfangen zu sehen, und sobald einer von ihnen in die Stube hineinkam, versagte seine Redegabe jämmerlich.

»Taugt nichts!«, sagte die Königstochter. »Weg!«

Nun kam derjenige von den Brüdern, der das Lexikon auswendig konnte; aber das hatte er ganz vergessen, während er in der Reihe stand. Und der Boden knarrte, und die Decke war aus Spiegelglas, so dass er sich selbst auf dem Kopf stehen sah, und an jedem Fenster standen drei Schreiber und ein Zunftmeister, die alles aufschrieben, was gesagt wurde, damit es gleich in die Zeitung kommen und für zwei Schillinge an der Ecke verkauft werden konnte. Es war fürchterlich, und dann hatten sie im Ofen derart eingeheizt, dass das Rohr ganz rot war.

»Das ist eine tüchtige Wärme hier drinnen«, sagte der Freier.

»Das ist, weil mein Vater heute junge Hähnchen brät!«, sagte die Königstochter.

Bäh! Da stand er! Die Rede hatte er nicht erwartet; nicht ein Wort wusste er zu sagen; denn etwas Lustiges hatte er sagen wollen. Bäh!

»Taugt nichts«, sagte die Königstochter. »Weg!« Und dann musste er fort. Jetzt kam der zweite Bruder.

»Hier ist eine entsetzliche Hitze«, sagte er.

»Ja, wir braten heute junge Hähnchen!«, sagte die Königstochter.

»Wie be – wie?«, sagte er und alle Schreiber schrieben: Wie be – wie?

»Taugt nichts!«, sagte die Königstochter. »Weg!«

Nun kam Tölpel-Hans, er ritt auf dem Ziegenbock gerade in die Stube herein. »Das ist ja eine glühende Hitze!«, sagte er.

»Das ist, weil ich junge Hähnchen brate!«, sagte die Königstochter.

»Das ist ja ausgezeichnet!«, sagte Tölpel-Hans. »Dann kann ich wohl eine Krähe gebraten bekommen?«

»Das können Sie sehr gut!«, sagte die Königstochter. »Nur haben Sie etwas, um sie darin zu braten? Denn ich habe weder Topf noch Pfanne.«

»Gewiss!«, sagte Tölpel-Hans. »Hier ist ein Kochgeschirr mit Zinnrand!« Und dann zog er den alten Holzschuh hervor und legte die Krähe mitten hinein.

»Das ist ja eine ganze Mahlzeit!«, sagte die Königstochter. »Wo nehmen wir bloß die Tunke her?«

»Die habe ich in der Tasche!«, sagte Tölpel-Hans. »Ich habe so viel, dass ich davon wegschütten kann!« Und dann goss er etwas Schlamm aus der Tasche heraus.

»Das gefällt mir!«, sagte die Königstochter. »Du kannst doch antworten und du kannst reden und dich will ich zum Mann haben! Aber weißt du, dass jedes Wort, das wir sagen oder gesagt haben, aufgeschrieben wird und morgen in die Zeitung kommt? An jedem Fenster siehst du drei Schreiber und einen alten Zunftmeister stehen, und der Zunftmeister ist der Schlimmste, denn er kann nichts kapieren!« Und das sagte sie nur, um ihm Angst zu machen. Und alle Schreiber wieherten und spritzten einen Tintenklecks auf den Boden.

»Das ist sicher die Herrschaft!«, sagte Tölpel-Hans. »Da muss ich dem Zunftmeister das Beste geben!« Und dann kehrte er seine Taschen nach außen und warf ihm den Schlamm gerade ins Gesicht.

»Das war fein gemacht!«, sagte die Königstochter. »Das hätte ich nicht tun können; aber ich werde es schon lernen!«

Und so wurde Tölpel-Hans König, bekam eine Frau und eine Krone und saß auf dem Thron, und das haben wir direkt aus der Zeitung des Zunftmeisters – und auf die kann man sich nicht verlassen.

Das Sparschwein

Es gab so viel Spielzeug im Kinderzimmer; zuoberst auf dem Schrank stand die Sparbüchse; sie war aus Ton und hatte die Gestalt eines Schweines. Sie hatte natürlich eine Spalte im Rücken, und die Spalte war mit einem Messer vergrößert worden, damit auch Silbertaler hineingesteckt werden konnten, und zwei waren schon drin, außerdem viele andere Schillinge. Das Sparschwein war so voll gepfropft, dass es nicht mehr rasseln konnte, und das ist das Höchste, wozu ein Sparschwein es bringen kann. Da stand es nun zuoberst auf dem Schrank und blickte auf alles in der Stube herab. Es wusste wohl, dass es mit dem, was es im Bauch hatte, das Ganze hätte kaufen können, und das ist ein gutes Bewusstsein. Daran dachten auch die anderen, wenn sie es auch nicht sagten; es gab ja anderes zu reden. Die Kommodenschublade stand halb offen und dort zeigte sich eine große Puppe. Etwas alt war sie und am Hals gekittet; sie schaute hinaus und sagte: »Wollen wir jetzt ›Mensch sein‹ spielen? Das ist immerhin etwas!« Und dann entstand große Unruhe, selbst die Bilder an den Wänden kehrten sich um; sie wussten, dass sie auch eine Kehrseite hatten, aber es geschah nicht, um zu widersprechen. Es war mitten in der Nacht, der Mond schien zum Fenster herein und spendierte freie Beleuchtung. Nun sollte das Spiel beginnen, und alles war eingeladen, selbst der Kinderwagen, der doch zu dem gröberen Spielzeug gehörte. »Jeder ist gut in seiner Art«, sagte er, »es kann nicht jeder von Adel sein! Manche müssen auch Nutzen bringen, wie man sagt!« Das Sparschwein war der Einzige, der die Einladung schriftlich bekam; es stand zu hoch, als dass sie glauben durften, es würde die Einladung mündlich hören, und es gab auch keine Antwort, ob es kommen wolle, denn es kam nicht; sollte es dabei sein, dann musste es das Spiel von zu Hause aus genießen, danach konnten sie sich richten und das taten sie.

Das kleine Puppentheater wurde gleich so aufgestellt, dass das Sparschwein gerade hineinsehen konnte; sie wollten mit Komödie beginnen und danach sollte es Tee und Verstandesübung geben und damit fingen sie gleich an. Das Schaukelpferd sprach von Training und Vollblut, der Kinderwagen von Eisenbahnen und Dampfkraft – das war ja alles etwas, das in ihr Fach schlug und wovon sie zu reden verstanden. Die Stubenuhr sprach von Politik – tik – tik! Sie wusste, was die Glocke geschlagen hatte; aber man sagte, sie ginge nicht richtig. Der Rohrstock stand da und war stolz auf seine Spitze und seinen Silberknauf, er war ja oben und unten beschlagen; auf dem Sofa lagen zwei gestickte Kissen, sie waren entzückend und dumm – und dann konnte die Komödie beginnen. Alle saßen da und schauten zu, und es wurde darum gebeten, man möge klatschen, knallen und lärmen, je nachdem, wie einem zumute war. Aber die Reitpeitsche sagte, sie knalle nie für die Alten, sondern nur für die Unverlobten. »Ich knalle für alles!«, sagte die Knallerbse.

»Irgendwo muss man ja bleiben!«, meinte der Spucknapf.

Das waren nun so die Gedanken eines jeden beim Betrachten der Komödie. Das Stück taugte nichts, aber es wurde gut gespielt; alle Teilnehmer kehrten die bemalte Seite dem Publikum zu, sie waren nur von einer Seite her zu sehen, nicht von der Kehrseite; und alle spielten sie ausgezeichnet, fast über die Rampe hinaus, der Faden war zu lang an ihnen, aber so taten sie sich umso mehr hervor.

Die gekittete Puppe wurde so ergriffen, dass sich die Klammer löste, und das Sparschwein wurde auf seine Weise so ergriffen, dass es beschloss, etwas für einen von ihnen zu tun, ihn in seinem Testament einzusetzen als denjenigen, der mit ihm in der Gruft liegen sollte, wenn die Zeit kam.

Es war ein wahrer Genuss, so dass man das Teewasser aufgab und bei der Verstandesübung blieb, das nannte man »Mensch sein« spielen, und darin lag nichts Böses, denn sie spielten nur – und jeder dachte an sich und daran, was das Sparschwein wohl denke, und das Sparschwein dachte am weitesten, es dachte ja an Testament und Begräbnis. Und wann es wohl dazu kam? – Immer, ehe man es erwartet. Knack!, da fiel es vom Schrank – lag auf dem Boden in Scherben und Stücken, während die Schillinge tanzten und sprangen; die kleinsten drehten sich im Kreise, die großen rollten, insbesondere der eine Silbertaler, der wollte ordentlich in die Welt hinaus. Und das kam er und das kamen sie alle miteinander; und die Scherben des Sparschweins kamen in den Mülleimer. Aber auf dem Schrank selbst stand am nächsten Tag ein neues Sparschwein aus Ton, es war noch kein einziger Schilling darin, deshalb konnte es auch nicht rasseln, darin glich es dem anderen, das war immerhin ein Anfang – und mit dem wollen wir enden.

Das Sparschwein

Das Sparschwein

Die Springer

Der Floh, die Heuschrecke und der Springbock* wollten einmal sehen, wer von ihnen am höchsten springen konnte. Deshalb luden sie die ganze Welt und jeden, der sonst kommen wollte, ein, die Pracht mit anzusehen. Es waren drei tüchtige Springer, die in der Stube zusammenkamen.

»Ich gebe meine Tochter dem, der am höchsten springt«, sagte der König, »denn es wäre so armselig, wenn diese Leute umsonst springen sollten!«

Der Floh trat zuerst vor, er hatte so nette Manieren und grüßte nach allen Seiten, denn er hatte Fräuleinblut in sich und war gewöhnt, nur mit Menschen umzugehen, und das macht eben viel aus.

Dann kam die Heuschrecke. Sie war freilich bedeutend schwerer, aber sie hatte doch ein recht gutes Benehmen an sich und war in grüner Uniform und die war angeboren. Außerdem sagte sie, dass sie eine sehr alte Familie im Lande Ägypten habe und sie werde hierzulande hoch geschätzt; sie sei gerade vom Feld genommen und in ein Kartenhaus gesetzt worden, das drei Stockwerke hatte, alle aus Bilderkarten, die die bunte Seite nach innen kehrten; es seien da Türen und Fenster ausgeschnitten, und zwar im Leibe der Herzdame. »Ich singe so«, sagte sie, »dass sechzehn eingeborene Heimchen, die von klein auf gezirpt und doch kein Kartenhaus erhalten hatten, sich, als sie mich hörten, noch dünner ärgerten, als sie schon waren!«

Alle beide, der Floh und die Heuschrecke, verkündeten somit nachdrücklich, wer sie waren und dass sie wohl glaubten, eine Prinzessin heiraten zu können.

Der Springbock sagte nichts, aber man behauptete von ihm, dass er umso mehr denke; und als der Hofhund ihn beschnüffelte, stand er dafür ein, dass der Springbock aus guter Familie sei.

Der alte Ratsherr, der drei Orden für das Stillschweigen erhalten hatte, ver-

---

* Ein Kinderspielzeug von früher, aus einem Gänsebrustknochen gefertigt, nach Art der hölzernen Springfrösche.

sicherte, er wisse, dass der Springbock die Gabe des Wahrsagens besitze; man könne an seinem Rücken sehen, ob man einen milden oder einen strengen Winter bekomme, und das kann man nicht einmal am Rücken desjenigen sehen, der den Kalender schreibt.

»Ja, ich sage lieber gar nichts«, sagte der alte König, »aber ich gehe nur immer so und denke mir mein Teil!«

Nun kam es darauf an, den Sprung zu tun. Der Floh sprang so hoch, dass niemand es sehen konnte, und dann behaupteten sie, dass er gar nicht gesprungen sei, und das war nun gemein. Die Heuschrecke sprang nur halb so hoch, aber sie sprang dem König gerade ins Gesicht, und da sagte der, das sei ekelhaft.

Der Springbock stand lange still und besann sich, man glaubte schließlich, dass er gar nicht springen könne. »Wenn ihm nur nicht schlecht geworden ist!«, sagte der Hofhund und dann beschnüffelte er ihn wieder. Rutsch!, sprang er mit einem kleinen, schiefen Sprung hin in den Schoß der Prinzessin, die niedrig auf einem goldenen Schemel saß.

Da sagte der König: »Der höchste Sprung ist der, zu meiner Tochter hinaufzuspringen, denn das ist das Feine daran; aber es gehört ein guter Kopf dazu, sich so etwas einfallen zu lassen, und der Springbock hat gezeigt, dass er Kopf besitzt!«

Und so bekam er die Prinzessin.

»Ich sprang doch am höchsten«, sagte der Floh. »Aber es mag einerlei sein. Lasst sie nur den Gänseknochen mit Stäbchen und Pech haben! Ich bin doch am höchsten gesprungen; aber in dieser Welt gehört ein Körper dazu, damit sie einen sehen können!«

Und dann ging der Floh in fremde Kriegsdienste, wo er, wie man sagt, erschlagen wurde.

Die Heuschrecke setzte sich draußen in den Graben und dachte darüber nach, wie es eigentlich in der Welt zugehe, und sie sagte auch: »Körper gehört dazu! Körper gehört dazu!« Und dann sang sie ihr eigenes trübseliges Liedchen. Und diesem haben wir die Geschichte entnommen, die doch wohl eine Lüge sein könnte, auch wenn sie gedruckt ist.

Die Springer

Der standhafte Zinnsoldat

Es waren einmal fünfundzwanzig Zinnsoldaten, die waren alle Brüder, denn sie waren von einem alten Zinnlöffel geboren worden. Das Gewehr hielten sie im Arm, das Gesicht richteten sie geradeaus; rot und blau, richtig schön war ihre Uniform. Das Allererste, was sie in dieser Welt hörten, als der Deckel von der Schachtel, in der sie lagen, genommen wurde, war das Wort: »Zinnsoldaten!« Das rief ein kleiner Junge und klatschte in die Hände. Er hatte sie geschenkt bekommen, weil es sein Geburtstag war, und nun stellte er sie auf den Tisch.

Ein Soldat glich leibhaftig dem andern, nur ein einziger war ein wenig verschieden; er hatte nur ein Bein, denn er war zuletzt gegossen worden und da war nicht mehr Zinn genug; doch stand er auf seinem einen Bein ebenso fest wie die andern auf ihren zweien, und gerade er war es, der etwas Besonderes wurde.

Auf dem Tisch, wo sie aufgestellt wurden, stand viel anderes Spielzeug; was einem aber am meisten in die Augen fiel, das war ein schönes Schloss aus Papier. Durch die kleinen Fenster konnte man gerade in die Säle hineinsehen. Draußen standen die kleinen Bäume rings um einen kleinen Spiegel, der einen See vorstellen sollte. Schwäne aus Wachs schwammen darauf und spiegelten sich. Es war alles reizend; aber das Reizendste war doch eine kleine Jungfrau, die mitten in der offenen Schlosstür stand. Sie war auch aus Papier geschnitten; aber sie trug einen Rock aus feinstem Stoff und ein kleines, schmales blaues Band über der Schulter, gerade wie ein Gewand; mitten darin saß eine glänzende Brosche, so groß wie ihr ganzes Gesicht. Die kleine Jungfrau streckte ihre beiden Arme aus, denn sie war eine Tänzerin, und dann hob sie ihr eines Bein so hoch in die Luft, dass der Zinnsoldat es gar nicht finden konnte und glaubte, sie habe nur ein Bein, genau wie er.

Das wäre eine Frau für mich, dachte er; aber sie ist sehr vornehm, sie wohnt in einem Schloss, ich habe nur eine Schachtel, und in der sind wir unser fünfundzwanzig, das ist kein Ort für sie! Doch ich muss sehen, ihre Bekanntschaft zu machen! Und dann legte er sich, so lang er war, hinter eine Schnupftabaksdose, die

169

auf dem Tisch stand; von dort aus konnte er die kleine, feine Dame am besten sehen. Sie fuhr fort, auf einem Bein zu stehen, ohne das Gleichgewicht zu verlieren.

Als es Abend wurde, kamen alle andern Zinnsoldaten in ihre Schachtel und die Leute im Haus gingen zu Bett. Nun fing das Spielzeug an zu spielen, sowohl »Auf Besuch kommen« als auch »Krieg führen« und »Ball geben«. Die Zinnsoldaten rasselten in der Schachtel, denn sie wollten mitmachen, aber sie konnten den Deckel nicht hochdrücken. Der Nussknacker schlug Purzelbäume und der Griffel trieb auf der Tafel Unsinn; es war ein solcher Spektakel, dass der Kanarienvogel erwachte und anfing mitzusprechen, und zwar in Versen. Die Einzigen, die sich nicht von der Stelle rührten, waren der Zinnsoldat und die kleine Tänzerin; sie hielt sich ganz gerade auf der Zehenspitze und hatte beide Arme ausgestreckt; er war ebenso standhaft auf seinem einen Bein und er konnte seine Augen nicht einen Augenblick von ihr abwenden.

Jetzt schlug es zwölf Uhr, und klatsch, da sprang der Deckel von der Schnupftabaksdose; aber es war kein Tabak darin, sondern ein kleiner schwarzer Kobold, das war so ein Kunststück.

Der standhafte Zinnsoldat

»Zinnsoldat«, sagte der Kobold, »willst du wohl deine Augen im Zaum halten!«

Aber der Zinnsoldat tat, als ob er nichts hörte.

»Na, warte nur bis morgen!«, sagte der Kobold.

Als es nun Morgen wurde und die Kinder aufstanden, wurde der Zinnsoldat ins Fenster gestellt, und ob es nun der Kobold oder der Zugwind war – auf einmal flog das Fenster auf und der Soldat fiel Hals über Kopf aus dem dritten Stock.

Es war eine schreckliche Fahrt; er streckte das Bein gerade in die Luft und blieb auf der Mütze stehen, mit dem Bajonett unten zwischen den Pflastersteinen.

Das Dienstmädchen und der kleine Knabe liefen sofort hinunter, um zu suchen; aber obwohl sie fast auf ihn getreten wären, konnten sie ihn doch nicht sehen. Hätte der Zinnsoldat gerufen: »Hier bin ich!«, so würden sie ihn wohl gefunden haben, aber er fand es nicht schicklich, laut zu schreien, weil er in Uniform war.

Nun begann es zu regnen, die Tropfen fielen dicht an dicht, es wurde ein richtiger Platzregen. Als er vorüber war, kamen zwei Gassenbuben daher.

»Guck mal«, sagte der eine, »da liegt ein Zinnsoldat! Der soll jetzt Kahn fahren!«

Und dann machten sie ein Schiffchen aus einer Zeitung, setzten den Zinnsoldaten mitten hinein und nun fuhr er den Rinnstein hinunter; die Buben liefen nebenher und klatschten in die Hände. Bewahr uns wohl! Wie die Wellen in dem Rinnstein gingen und welch eine Strömung da war! Es hatte aber auch gegossen. Das Papierschiffchen wippte auf und nieder, und manchmal drehte es sich im Kreise, so dass der Zinnsoldat im Innern erbebte. Aber er blieb standhaft, verzog keine Miene, sah geradeaus und hielt das Gewehr im Arm.

Auf einmal trieb das Boot unter ein langes Rinnsteinbrett; es wurde ebenso dunkel, als ob er in seiner Schachtel gewesen wäre.

Wo komme ich jetzt wohl hin, dachte er. Ja, ja, daran ist der Kobold schuld! Ach, säße doch die kleine Jungfrau hier im Boot, dann dürfte es meinetwegen gerne noch einmal so dunkel sein!

Im gleichen Augenblick kam eine große Wasserratte, die unter dem Rinnstein wohnte.

»Hast du einen Pass?«, fragte die Ratte. »Her mit dem Pass!«

Der standhafte Zinnsoldat

Aber der Zinnsoldat schwieg still und hielt sein Gewehr noch fester. Das Schiffchen glitt dahin und die Ratte kam hinterher. Hu! Wie sie die Zähne fletschte und den Hölzchen und dem Stroh zurief: »Haltet ihn! Haltet ihn! Er hat keinen Zoll bezahlt! Er hat den Pass nicht vorgezeigt!«

Aber die Strömung wurde immer stärker, der Zinnsoldat konnte vor sich, wo das Brett aufhörte, schon das helle Tageslicht erblicken; aber er hörte auch einen brausenden Ton, der auch einen tapferen Mann wohl erschrecken konnte. Denkt euch nur: Der Rinnstein mündete, wo das Brett aufhörte, direkt in einen großen Kanal; das würde für ihn genauso gefährlich sein wie für uns, einen großen Wasserfall hinunterzufahren.

Jetzt war er schon so nahe davor, dass er nicht mehr anhalten konnte. Das Schiffchen fuhr hinaus, der arme Zinnsoldat hielt sich, so steif er konnte; niemand sollte ihm nachsagen können, dass er mit den Augen zwinkerte. Das Schiffchen wirbelte drei-, viermal im Kreise herum und war bis an den Rand mit Wasser gefüllt, es musste sinken.

Der Zinnsoldat stand bis an den Hals im Wasser und das Schiffchen sank tiefer und tiefer; immer mehr löste sich das Papier auf; nun ging das Wasser über

den Kopf des Soldaten hinweg – da dachte er an die kleine, liebliche Tänzerin, die er nie mehr wiedersehen sollte, und es klang in seinen Ohren:

»Fahre, fahre, Kriegersmann!
Den Tod musst du erleiden!«

Jetzt ging das Papier entzwei und der Zinnsoldat stürzte hindurch – wurde aber im gleichen Augenblick von einem großen Fisch verschluckt.

Nein, wie dunkel es doch da drinnen war! Noch schlimmer als unter dem

Rinnsteinbrett, und dann war es so eng. Aber der Zinnsoldat war standhaft und lag, so lang er war, mit dem Gewehr im Arm.

Der Fisch sauste umher, er machte die allerschrecklichsten Bewegungen. Endlich wurde es ganz still, es fuhr wie ein Lichtstrahl durch ihn hindurch, das Licht schien ganz klar und jemand rief laut: »Der Zinnsoldat!« Der Fisch war gefangen, auf den Markt gebracht und verkauft worden und nun in die Küche hinaufgekommen, wo das Mädchen ihn mit einem großen Messer aufschnitt. Sie nahm den Soldaten mit ihren beiden Fingern mitten um den Leib und trug ihn in die Stube, wo sie alle einen so merkwürdigen Mann sehen wollten, der im Magen eines Fisches herumgereist war; aber der Zinnsoldat war gar nicht stolz. Sie stellten ihn auf den Tisch, und dort – nein, wie geht es doch manchmal wunderlich zu in der Welt! Der Zinnsoldat stand in derselben Stube, in der er früher gewesen war; er sah dieselben Kinder und das Spielzeug stand auf dem Tisch: das schöne Schloss mit der lieblichen kleinen Tänzerin. Sie hielt sich noch immer auf dem einen Bein und hatte das andere hoch in der Luft, sie war auch standhaft. Das rührte den Zinnsoldaten, fast hätte er Zinn geweint, aber das gehörte sich nicht.

Er sah sie an und sie sah ihn an, aber sie sagten nichts.

In diesem Augenblick nahm einer der kleinen Jungen den Zinnsoldaten und warf ihn in den Ofen hinein und er gab keinen Grund dafür an; es war bestimmt der Kobold in der Dose, der schuld daran war.

Der Zinnsoldat stand hell beleuchtet und fühlte eine Hitze, die furchtbar war; ob das aber vom wirklichen Feuer oder von der Liebe kam, das wusste er nicht. Die Farben waren ganz von ihm abgegangen, ob es auf der Reise oder aus Kummer geschehen war, konnte niemand sagen. Er sah nach der kleinen Jungfrau und sie sah nach ihm, und er fühlte, dass er schmolz, aber noch stand er standhaft mit dem Gewehr im Arm. Da ging eine Tür auf, der Wind erfasste die Tänzerin und sie flog wie eine Sylphide gerade in den Ofen hinein zum Zinnsoldaten, loderte in einer Flamme auf und war fort. Da schmolz der Zinnsoldat zu einem Klecks, und als das Mädchen am nächsten Tage die Asche herausnahm, fand sie ihn als ein kleines Zinnherz; von der Tänzerin hingegen war nur die Brosche da und die war kohlschwarz gebrannt.

Der standhafte Zinnsoldat

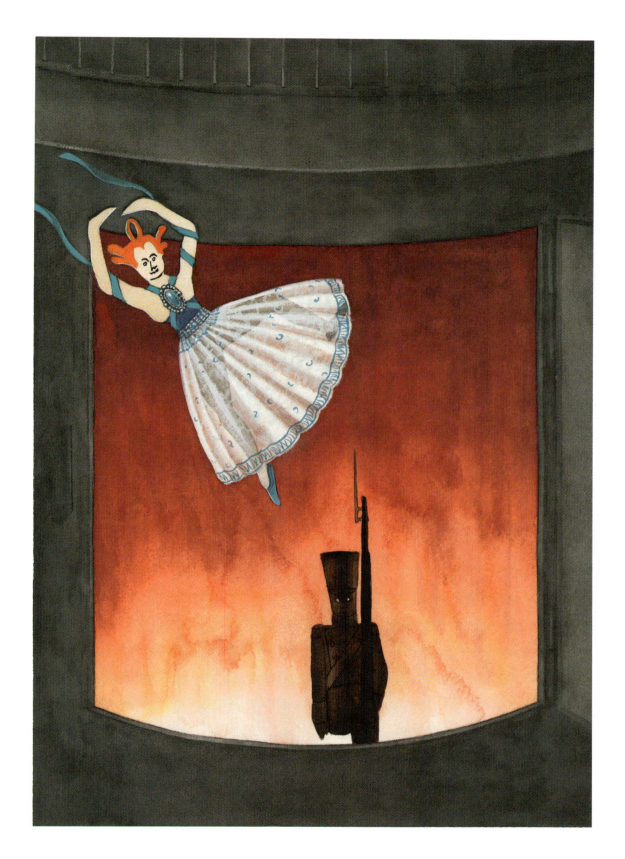

Der standhafte Zinnsoldat

Die Schnecke und der Rosenstock

Rings um den Garten zog sich eine Hecke von Haselnussbüschen und draußen waren Feld und Wiese mit Kühen und Schafen, aber mitten in dem Garten stand ein blühender Rosenstock. Unter ihm saß eine Schnecke, die vieles in sich hatte, sie hatte sich selbst.

»Warte nur, bis meine Zeit kommt!«, sagte sie. »Ich werde noch mehr ausrichten als Rosen ansetzen, Nüsse tragen oder Milch geben wie die Kühe und Schafe!«

»Ich erwarte sehr viel von Ihnen!«, sagte der Rosenstock. »Darf ich fragen, wann das sein wird?«

»Ich lasse mir Zeit!«, sagte die Schnecke. »Sie haben es immer so eilig. Das macht die Erwartung auch nicht spannender!«

Im nächsten Jahr lag die Schnecke ungefähr an derselben Stelle im Sonnenschein unter dem Rosenstock, der wieder Knospen trieb und Rosen entfaltete, immer frische, immer neue. Und die Schnecke kroch halb aus ihrem Haus hervor, streckte die Fühlhörner aus und zog sie wieder ein.

»Alles sieht aus wie im vergangenen Jahr! Nirgendwo ist ein Fortschritt. Der Rosenstock bleibt bei den Rosen, weiter kommt er nicht!«

Der Sommer verging, der Herbst verging; der Rosenstock trug die ganze Zeit Blüten und Knospen, bis der Schnee fiel und das Wetter rau und nass wurde. Da beugte sich der Rosenstock zur Erde nieder, die Schnecke kroch in die Erde hinein.

Nun begann ein neues Jahr und die Rosen kamen hervor und die Schnecke auch. »Jetzt sind Sie ein alter Rosenstock!«, sagte die Schnecke. »Sie müssen bald daran denken einzugehen. Sie haben der Welt alles gegeben, was Sie in sich gehabt haben. Ob es der Mühe wert war, das ist eine Frage, über die nachzudenken ich keine Zeit habe. Es ist aber ganz offensichtlich, dass Sie nicht das Geringste für Ihre innere Entwicklung getan haben, sonst wäre bestimmt etwas anderes aus

Ihnen hervorgegangen. Können Sie das verantworten? Sie werden jetzt bald nur noch ein Holzstock sein! Können Sie verstehen, was ich sage?«

»Sie erschrecken mich!«, sagte der Rosenstock. »Darüber habe ich niemals nachgedacht!«

»Nein, Sie haben sich wohl überhaupt nicht viel damit abgegeben zu denken! Haben Sie sich selbst jemals Rechenschaft darüber abgelegt, weshalb Sie geblüht haben und wie das mit dem Blühen so zuging? Warum so und nicht anders?«

»Nein!«, sagte der Rosenstock. »Ich blühte vor Freude, denn ich konnte nicht anders. Die Sonne schien so warm, die Luft war so erfrischend, ich trank den klaren Tau und den heftigen Regen. Ich atmete, ich lebte! Aus der Erde stieg eine Kraft in mich hinauf und auch von oben her kam eine Kraft, ich empfand ein Glück, immer wieder neu, immer groß, und deshalb musste ich blühen; das war mein Leben, ich konnte nicht anders!«

»Sie haben ein sehr gemächliches Leben geführt!«, sagte die Schnecke.

»Gewiss! Mir wurde alles gegeben«, sagte der Rosenstock, »aber Ihnen wurde noch mehr gegeben! Sie sind eine dieser denkenden, tiefsinnigen Naturen, einer jener Hochbegabten, welche die Welt in Erstaunen setzen werden.«

»Das habe ich durchaus nicht im Sinne!«, sagte die Schnecke. »Die Welt geht mich nichts an! Was habe ich mit der Welt zu schaffen? Ich habe genug mit mir selbst zu tun und genug in mir selbst!«

»Aber müssen wir nicht alle hier auf Erden unser Bestes den anderen geben, ihnen bieten, was wir vermögen? – Ja, ich habe nur Rosen gegeben! – Aber Sie, die so reich beschenkt wurden, was haben Sie der Welt gegeben? Was geben Sie ihr?«

»Was ich ihr gegeben habe? Was ich ihr geben werde? – Ich spucke sie an! Sie taugt nichts! Sie geht mich nichts an. Setzen Sie nur Rosen an, Sie können es doch nicht weiter bringen! Mag der Haselbusch Nüsse tragen, mögen Kühe und Schafe Milch geben; es hat jeder sein Publikum, ich habe das meine in mir selbst! Ich gehe in mich selbst hinein und dort bleibe ich. Die Welt geht mich nichts an!«

Und dann ging die Schnecke in ihr Haus hinein und kittete es zu.

»Wie traurig das ist!«, sagte der Rosenstock. »Ich kann mit dem besten Willen nicht in mich hineinkriechen, ich muss mich immer nach außen entfalten, muss Rosen treiben. Die Blätter fallen ab, sie wehen im Winde davon! Doch ich sah, wie eine Rose in das Gesangbuch der Hausfrau gelegt wurde, eine meiner Rosen bekam ihren Platz am Busen eines schönen jungen Mädchens und eine wurde von einem Kindermund in glückseliger Freude geküsst. Das tat mir so wohl, es war ein wahrer Segen. Das ist meine Erinnerung, mein Leben!«

Und der Rosenstock blühte in Unschuld und die Schnecke lag träge in ihrem Haus. Die Welt ging sie nichts an.

Und Jahre vergingen.

Die Schnecke war Erde in der Erde, der Rosenstock war Erde in der Erde; auch die Erinnerungsrose in dem Gesangbuch war verwelkt – aber im Garten blühten neue Rosenstöcke, im Garten wuchsen neue Schnecken; sie krochen in ihre Häuser hinein und spuckten aus – die Welt ging sie nichts an.

Wollen wir die Geschichte noch einmal von vorn lesen? – Sie wird doch nicht anders.

Die Schnecke und der Rosenstock

Die Hirtin und der Schornsteinfeger

Hast du schon mal einen richtigen alten Holzschrank gesehen, ganz schwarz vor Alter und mit geschnitzten Schnörkeln und Laubwerk? Just so einer stand in einer Wohnstube. Er war noch von der Urgroßmutter geerbt und mit geschnitzten Rosen und Tulpen von oben bis unten bedeckt. Es waren die wunderlichsten Schnörkel und zwischen ihnen steckten kleine Hirsche den Kopf mit vielzackigem Geweih hervor. Aber mitten auf dem Schrank stand ein ganzer geschnitzter Mann; er war allerdings lächerlich anzusehen und er grinste noch dazu, denn lachen konnte man es nicht nennen. Er hatte Ziegenbockbeine, kleine Hörner an der Stirn und einen langen Bart.

Die Kinder in der Stube nannten ihn immer den Ziegenbockbein-Oberunduntergeneralkriegskommandeurwachtmeister, denn dieser Name ist schwer auszusprechen, und es gibt nicht viele, die diesen Titel bekommen; aber ihn ausschnitzen zu lassen, das war auch etwas. Doch nun war er eben da!

Immer sah er nach dem Tisch unter dem Spiegel hinüber, denn dort stand eine anmutige kleine Hirtin aus Porzellan; ihre Schuhe waren vergoldet, das Kleid mit einer roten Rose lieblich hochgerafft; und dann hatte sie einen goldenen Hut und einen Hirtenstab; sie war wunderschön!

Dicht neben ihr stand ein kleiner Schornsteinfeger, schwarz wie Kohle, im Übrigen aber auch aus Porzellan; er war ebenso rein und hübsch wie jeder andere; dass er Schornsteinfeger war, stellte er ja nur vor; der Porzellanarbeiter hätte ebenso gut einen Prinzen aus ihm machen können, denn das war einerlei.

Da stand er so nett mit seiner Leiter und mit einem Gesicht so weiß und rot wie ein Mädchen, und das war eigentlich ein Fehler, denn ein wenig schwarz hätte es ruhig sein können.

Er stand ganz nahe bei der Hirtin; sie waren beide hingestellt, wo sie standen, und da sie nun hingestellt waren, so hatten sie sich verlobt; sie passten ja zueinander, sie waren junge Leute. Sie waren aus demselben Porzellan und beide gleich zerbrechlich.

Dicht neben ihnen stand noch eine Figur, die dreimal so groß war wie sie selber. Es war ein alter Chinese, der nicken konnte; er war auch aus Porzellan und sagte, er sei der Großvater der kleinen Hirtin, aber das konnte er sicher nicht beweisen.

Er behauptete, Gewalt über sie zu haben, und deshalb hatte er dem Ziegenbockbein-Oberunduntergeneralkriegskommandeurwachtmeister zugenickt, als er um die kleine Hirtin freite.

»Da bekommst du einen Mann«, sagte der alte Chinese, »einen Mann, der, wie ich fast glaube, aus Mahagoniholz ist. Der kann dich zur Ziegenbockbein-Oberunduntergeneralkriegskommandeurwachtmeisterin machen, er hat den ganzen Schrank voll Silberzeug, abgesehen von dem, was er in den geheimen Fächern hat.«

»Ich will nicht in den dunklen Schrank hinein!«, sagte die kleine Hirtin. »Ich habe mir sagen lassen, dass er dort drinnen elf Porzellanfrauen hat.«

»Dann kannst du die zwölfte sein«, sagte der Chinese. »Heute Nacht, sobald es in dem alten Schrank knackt, sollt ihr Hochzeit halten, so wahr ich ein Chinese bin!«

Und dann nickte er mit dem Kopf und schlief ein. Aber die kleine Hirtin weinte und sah ihren Herzallerliebsten, den Porzellan-Schornsteinfeger, an. »Ich möchte dich gern bitten«, sagte sie, »mit mir in die weite Welt hinauszugehen, denn hier können wir nicht bleiben!«

»Ich will alles, was du willst!«, sagte der kleine Schornsteinfeger. »Lass uns gleich gehen, ich denke wohl, dass ich dich mit meinem Beruf ernähren kann!«

»Wären wir bloß schon glücklich vom Tisch herunter!«, sagte sie. »Ich werde nicht froh, bevor wir draußen in der weiten Welt sind.«

Und er tröstete sie und zeigte ihr, wo sie ihren kleinen Fuß auf den geschnitzten Kanten und dem vergoldeten Laubwerk des Tischbeines hinsetzen sollte; seine Leiter nahm er auch zu Hilfe. Und dann waren sie unten auf dem Fußboden; aber als sie zu dem alten Schrank hinsahen, herrschte dort große Aufregung. Alle die geschnitzten Hirsche streckten ihre Köpfe weiter hervor, erhoben ihre Geweihe und drehten die Hälse. Der Ziegenbockbein-Oberunduntergeneralkriegskommandeurwachtmeister sprang hoch in die Luft und rief zum alten Chinesen hinüber: »Nun laufen sie, nun laufen sie!«

Da erschraken sie ein wenig und sprangen geschwind in die Schublade des Fenstertritts. Hier lagen drei, vier Kartenspiele, die nicht vollständig waren, und ein kleines Puppentheater, das aufgestellt war, so gut es sich machen ließ. Dort wurde Komödie gespielt, und alle Damen, Karo und Herz sowie auch Kreuz und Pik, saßen in der ersten Reihe und fächelten mit ihren Tulpen, und hinter ihnen standen alle Buben und zeigten, dass sie Kopf hatten, und zwar oben und unten, so wie Spielkarten es haben. Die Komödie handelte von zweien, die sich nicht bekommen durften, und die Hirtin weinte darüber, denn es war gerade wie ihre eigene Geschichte.

»Das kann ich nicht aushalten«, sagte sie. »Ich muss hinaus aus der Schublade!« Aber als sie auf den Fußboden kamen und zum Tisch hinaufsahen, da war der alte Chinese aufgewacht und wackelte mit dem ganzen Körper, unten war er ja ein Klumpen.

»Jetzt kommt der alte Chinese!«, schrie die kleine Hirtin, und dann fiel sie auf ihre Porzellanknie nieder, so betrübt war sie.

»Ich habe eine Idee«, sagte der Schornsteinfeger. »Sollen wir in die große Potpourri-Vase kriechen, die in der Ecke steht? Dort könnten wir auf Rosen und Lavendel liegen und ihm Salz in die Augen werfen, wenn er kommt.«

»Das nützt auch nichts«, sagte sie, »außerdem weiß ich, dass der alte Chinese und die Potpourri-Vase verlobt gewesen sind, und es bleibt immer ein wenig Wohlwollen zurück, wenn man so in Beziehung zueinander gestanden hat; nein, es bleibt nichts anderes übrig, als in die weite Welt hinauszugehen!«

»Hast du wirklich Mut, mit mir in die weite Welt hinauszugehen?«, fragte der Schornsteinfeger. »Hast du bedacht, wie groß sie ist und dass wir nie mehr hierher zurückkommen können?«

»Das habe ich«, sagte sie.

Und der Schornsteinfeger sah sie ganz fest an und sagte: »Mein Weg führt durch den Schornstein! Hast du wirklich Mut, mit mir durch den Ofen zu kriechen, durch den eisernen Kasten und durch das Rohr? Dann kommen wir hinaus in den Schornstein und dort weiß ich mich zu bewegen! Wir steigen so hoch, dass sie uns nicht erreichen können, und ganz oben ist ein Loch, das in die weite Welt hinausführt!«

Und er geleitete sie zur Ofentür hin.

»Da sieht es schwarz aus«, sagte sie, aber sie ging doch mit ihm, zuerst durch den eisernen Kasten und dann durch das Rohr, wo stockfinstere Nacht war.

»Jetzt sind wir im Schornstein«, sagte er. »Und sieh nur, sieh! Dort oben glänzt der schönste Stern!«

Und es war ein wirklicher Stern am Himmel, der gerade auf sie herabschien, als wollte er ihnen den Weg zeigen. Und sie kletterten und sie krochen, es war ein scheußlicher Weg, so hoch, so hoch. Aber er hob sie und half ihr, er hielt sie und zeigte ihr die besten Stellen, wo sie ihre kleinen Porzellanfüße hinsetzen sollte, und schließlich gelangten sie bis an den Schornsteinrand und auf den setzten sie sich; denn sie waren schrecklich müde und das konnten sie auch sein. Über ihnen war der Himmel mit all seinen Sternen und tief unter ihnen waren alle Dächer der Stadt.

Sie sahen so weit umher, so weit hinaus in die weite Welt.

Die arme Hirtin hatte es sich nie so vorgestellt, sie lehnte ihren kleinen Kopf an ihren Schornsteinfeger, und dann weinte sie, so dass das Gold von ihrem Gürtel absprang.

»Das ist allzu viel«, sagte sie. »Das kann ich nicht aushalten. Die Welt ist viel zu groß! Wäre ich doch bloß wieder auf dem kleinen Tisch unter dem Spiegel!

Die Hirtin und der Schornsteinfeger

Ich werde nie froh, bevor ich nicht wieder dort bin! Nun bin ich dir in die weite Welt hinaus gefolgt, nun kannst du mich wohl wieder heimbegleiten, wenn du mich ein bisschen lieb hast!«

Und der Schornsteinfeger redete vernünftig auf sie ein, er sprach vom alten Chinesen und von dem Ziegenbockbein-Oberunduntergeneralkriegskommandeurwachtmeister; aber sie schluchzte so jämmerlich und küsste ihren kleinen Schornsteinfeger, so dass er nicht anders konnte als sich ihr fügen, obgleich es falsch war.

Und dann kletterten sie mit großer Mühe den Schornstein wieder hinab und sie krochen durch das Rohr und den eisernen Kasten, das war gar nicht so angenehm.

Und zuletzt standen sie in dem dunklen Ofen; dort horchten sie hinter der Tür, um zu erfahren, wie es in der Stube stand. Es war ganz still; sie guckten hinaus – ach, da lag der alte Chinese mitten auf dem Boden. Er war vom Tisch gefallen, als er ihnen nachwollte, und lag in drei Stücke zerschlagen; der ganze Rücken war in einem Stück abgegangen und der Kopf war in eine Ecke gerollt; der Ziegenbockbein-Oberunduntergeneralkommandeurwachtmeister stand, wo er immer gestanden hatte, und dachte nach.

»Das ist grässlich!«, sagte die kleine Hirtin. »Der alte Großvater ist zerbrochen und wir sind schuld daran! Das kann ich niemals überleben!« Und dann rang sie ihre winzig kleinen Hände.

»Er kann noch gekittet werden«, sagte der Schornsteinfeger. »Er kann sehr gut gekittet werden. Sei nur nicht so aufgeregt! Wenn sie ihn im Rücken kitten und ihm eine gute Klammer in den Nacken geben, dann wird er wieder so gut wie neu sein und uns viele Unannehmlichkeiten sagen.«

»Glaubst du?«, sagte sie, und dann krochen sie wieder auf den Tisch hinauf, wo sie früher gestanden hatten.

»Sieh, so weit sind wir gekommen!«, sagte der Schornsteinfeger. »Da hätten wir uns all die Mühe ersparen können!«

»Hätten wir nur erst den alten Großvater gekittet!«, sagte die Hirtin. »Kann das so teuer sein?«

Und gekittet wurde er; die Familie ließ ihn im Rücken leimen. Er bekam eine gute Klammer in den Hals, und da war er so gut wie neu, aber nicken konnte er nicht mehr.

»Sie sind wohl hochmütig geworden, seit Sie in Stücke gesprungen sind!«, sagte der Ziegenbockbein-Oberunduntergeneralkriegskommandeurwachtmeister. »Ich meine eigentlich nicht, dass das etwas ist, worauf man stolz sein sollte! Darf ich sie haben oder darf ich sie nicht haben?«

Und der Schornsteinfeger und die kleine Hirtin sahen den alten Chinesen so rührend an; sie fürchteten, er würde nicken; aber er konnte nicht, und es war ihm unangenehm, einem Fremden zu erzählen, dass er beständig eine Klammer im Nacken habe. Und so blieben die Porzellanleute beisammen und segneten Großvaters Klammer und hatten sich lieb, bis sie zerbrachen.

Die Stopfnadel

Es war einmal eine Stopfnadel, die hielt sich für so fein, dass sie sich einbildete, sie sei eine Nähnadel.

»Achtet nun auch darauf, was ihr haltet!«, sagte die Stopfnadel zu den Fingern, die sie hervornahmen. »Verliert mich nicht! Falle ich auf den Boden, bin ich imstande, nie wiedergefunden zu werden, so fein bin ich!«

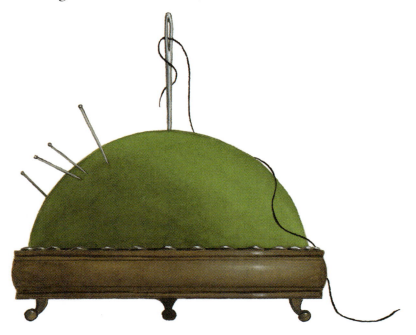

»Es geht gerade so an«, sagten die Finger und fassten sie um den Leib.

»Seht ihr, ich komme mit Gefolge!«, sagte die Stopfnadel und zog einen langen Faden nach sich, der aber noch keinen Knoten hatte.

Die Finger steuerten die Nadel gerade auf den Pantoffel der Köchin los, wo das Oberleder geplatzt war, und nun sollte es zusammengenäht werden.

»Das ist gemeine Arbeit!«, sagte die Stopfnadel. »Ich komme niemals durch, ich breche! Ich breche!« – Und dann brach sie. »Habe ich es nicht gesagt?«, meinte die Stopfnadel. »Ich bin zu fein!«

»Jetzt taugt sie zu nichts«, sagten die Finger, aber sie mussten sie doch festhalten; die Köchin tröpfelte Siegellack auf die Nadel und steckte sie vorne in ihr Tuch.

»Seht, nun bin ich eine Busennadel!«, sagte die Stopfnadel. »Ich wusste schon, dass ich zu Ehren käme; wenn man etwas ist, wird man immer etwas!« Und dann lachte sie in sich hinein, denn man kann es einer Stopfnadel nie äußerlich ansehen, dass sie lacht. Da saß sie nun so stolz, als führe sie in einer Kutsche, und sah nach allen Seiten.

»Darf ich die Ehre haben zu fragen, ob Sie aus Gold sind?«, fragte sie die Stecknadel, die ihre Nachbarin war. »Sie sehen so hübsch aus und haben Ihren eigenen Kopf, aber klein ist er! Sie müssen zusehen, dass er sich auswächst, denn nicht alle können am Ende mit Lack versehen werden!« Und mit diesen Worten richtete sich die Stopfnadel so stolz in die Höhe, dass sie aus dem Tuch und in den Ausguss fiel, gerade als die Köchin beim Spülen war.

»Jetzt gehen wir auf Reisen!«, sagte die Stopfnadel. »Wenn ich nur nicht verloren gehe!«

Aber das ging sie.

»Ich bin zu fein für diese Welt«, sagte sie, als sie im Rinnstein saß. »Ich habe mein gutes Selbstbewusstsein, das ist immerhin ein kleines Vergnügen!« Und dann hielt die Stopfnadel sich rank und verlor ihre gute Laune nicht.

Und es segelte allerlei über sie hin, Stäbchen, Strohhalme, Fetzen von Zeitungen. »Seht, wie sie segeln!«, sagte die Stopfnadel. »Sie wissen nicht, was unter ihnen steckt! Ich stecke! Ich sitze hier. Seht, da geht zum Beispiel ein Stäbchen, es denkt an nichts anderes in der Welt außer an ›Stäbchen‹, und das ist es selbst; da schwimmt ein Strohhalm, seht, wie er schwankt, seht, wie er sich dreht. Denke nicht so viel an dich selbst, du könntest dich sonst an den Pflastersteinen stoßen! – Da schwimmt eine Zeitung! Vergessen ist, was in ihr steht, und doch breitet sie sich aus! – Ich sitze geduldig und still! Ich weiß, was ich bin, und das bleibe ich!«

Eines Tages war da etwas, das glänzte so schön dicht neben ihr, und da glaubte die Stopfnadel, es sei ein Diamant; aber es war eine Flaschenscherbe, und da sie glänzte, so sprach die Stopfnadel sie an und gab sich als Busennadel zu erkennen. »Sie sind wohl ein Diamant?« – »Ja, so etwas Ähnliches!« Und so glaubte die eine von der andern, dass sie richtig kostbar wäre, und dann sprachen sie darüber, wie hochmütig die Welt sei.

»Ja, ich habe bei einer Jungfrau in einer Schachtel gewohnt«, sagte die Stopfnadel, »und diese Jungfrau war Köchin; sie hatte an jeder Hand fünf Finger, aber etwas derart Eingebildetes wie diese fünf Finger habe ich nie erlebt, und dabei waren sie dafür da, um mich zu halten, mich aus der Schachtel zu nehmen und wieder in die Schachtel zu legen.«

»Waren sie denn vornehm?«, fragte die Flaschenscherbe.

»Vornehm!«, sagte die Stopfnadel. »Nein, aber hochmütig! Sie waren fünf Brüder, alle geborene Finger; sie hielten sich aufrecht nebeneinander, obwohl sie von verschiedener Länge waren. Der Äußerste von ihnen, Däumling, war kurz und dick, er ging außer Reih und Glied und dann hatte er nur ein Gelenk im Rücken, er konnte nur eine Verbeugung machen; aber er sagte, wenn er einem Menschen abgehackt würde, dann sei der ganze Mensch für den Kriegsdienst unbrauchbar. Schlecktopf kam in Süßes und Saures, zeigte auf Sonne und Mond, und er war es, der drückte, wenn sie schrieben. Langermann sah den andern über den Kopf; Goldbrand ging mit einem Goldring um den Bauch, und der kleine Peter Spielmann tat nichts und darauf war er stolz. Prahlerei war es und Prahlerei blieb es und da ging ich in den Rinnstein!«

»Und jetzt sitzen wir hier und glänzen!«, sagte die Glasscherbe. Im selben Augenblick schoss mehr Wasser in den Rinnstein, es strömte über alle Ufer und riss die Glasscherbe mit sich.

»Seht, nun wurde die befördert!«, sagte die Stopfnadel. »Ich bleibe sitzen, ich bin zu fein, aber das ist mein Stolz und der ist achtungswürdig!« Und dann saß sie aufrecht da und hatte so manche Gedanken. »Ich möchte fast glauben, dass mich ein Sonnenstrahl geboren hat, so fein bin ich. Scheint es mir nicht auch, dass die Sonne mich immer unter dem Wasser sucht? Ach, ich bin so fein, dass meine Mutter mich nicht finden kann; hätte ich mein altes Auge noch, das gebrochen ist, dann würde ich sicher weinen können! Doch ich täte es nicht – weinen, das ist nicht fein.«

Eines Tages wühlten ein paar Straßenjungen im Rinnstein, wo sie alte Nägel, Schillinge und dergleichen fanden. Es war eine Ferkelei, aber sie hatten nun mal ihr Vergnügen daran.

Die Stopfnadel

»Au!«, sagte der eine; er hatte sich an der Stopfnadel gestochen. »Das ist aber auch ein Kerl!«

»Ich bin kein Kerl, ich bin ein Fräulein!«, sagte die Stopfnadel, aber niemand hörte es. Der Lack war von ihr abgegangen und schwarz war sie geworden, aber Schwarz macht dünner, und da glaubte sie, dass sie noch feiner sei als früher.

»Da kommt eine Eierschale angesegelt!«, sagten die Knaben und dann steckten sie die Stopfnadel in der Schale fest.

»Weiße Wände und selber schwarz«, sagte die Stopfnadel, »das kleidet! Da kann man mich doch sehen! – Wenn ich nur nicht seekrank werde, denn dann breche ich!« Aber sie wurde nicht seekrank und sie brach nicht.

»Es ist gut gegen Seekrankheit, einen Stahlmagen zu haben und sich dann immer daran zu erinnern, dass man ein bisschen mehr ist als ein Mensch! Jetzt hat sich meine Seekrankheit gelegt! Je feiner man ist, desto mehr kann man aushalten!«

»Krax!«, sagte die Eierschale, es fuhr ein Lastwagen über sie hin.

»Huh, wie das drückt!«, sagte die Stopfnadel, »jetzt werde ich doch seekrank! Ich breche! Ich breche!« Aber sie brach nicht, obwohl ein Lastwagen über sie hinwegfuhr, sie lag der Länge nach da – und so kann sie liegen bleiben!

Die Stopfnadel

Die kleine Meerjungfrau

Weit draußen im Meer ist das Wasser so blau wie die Blätter der schönsten Kornblume und so klar wie das reinste Glas, aber es ist sehr tief, tiefer, als irgendeine Ankerkette reicht. Viele Kirchtürme müssten aufeinander gestellt werden, um vom Grund aus bis über das Wasser zu ragen. Dort unten wohnt das Meervolk.

Nun darf man aber nicht glauben, dass da nur der nackte weiße Sandgrund ist; nein, dort wachsen die sonderbarsten Bäume und Pflanzen, deren Stiele und Blätter so geschmeidig sind, dass sie sich bei der geringsten Bewegung des Wassers rühren, gerade so, als wenn sie lebten. Alle Fische, kleine und große, huschen zwischen den Zweigen umher, so wie hier oben die Vögel in der Luft. An der allertiefsten Stelle liegt das Schloss des Meerkönigs, die Mauern sind aus Korallen und die langen, spitzen Fenster aus dem allerklarsten Bernstein; aber das Dach ist aus Muschelschalen, die sich öffnen und schließen, je nachdem, wie das Wasser strömt.

Das sieht herrlich aus, denn in jeder liegen schimmernde Perlen, eine einzige davon würde die Krone einer Königin aufs Prächtigste zieren.

Der Meerkönig dort unten war seit vielen Jahren Witwer und seine alte Mutter führte ihm den Haushalt. Sie war eine kluge Frau, jedoch stolz auf ihren Adel; deshalb ging sie mit zwölf Austern am Schwanz, die andern Vornehmen durften nur sechs tragen.

Sonst verdiente sie großes Lob, besonders weil sie die kleinen Meerprinzessinnen, ihre Enkelinnen, sehr lieb hatte. Sie waren sechs schöne Kinder, aber die jüngste war die schönste von allen; ihre Haut war so klar und zart wie ein Rosenblatt, ihre Augen so blau wie der tiefste See; aber ebenso wie alle die andern hatte sie keine Füße, der Körper endete in einem Fischschwanz.

Den ganzen langen Tag konnten sie unten im Schloss in den großen Sälen spielen, wo lebende Blumen aus den Wänden herauswuchsen. Die großen Bernsteinfenster wurden geöffnet, und dann schwammen die Fische zu ihnen herein, ebenso wie bei uns die Schwalben hereinfliegen, wenn wir aufmachen; aber die Fische schwammen gerade zu den kleinen Prinzessinnen hin, fraßen ihnen aus der Hand und ließen sich streicheln.

Draußen vor dem Schloss war ein großer Garten mit feuerroten und dunkelblauen Bäumen, die Früchte strahlten wie Gold und die Blumen wie brennendes Feuer, indem sie fortwährend Stängel und Blätter bewegten. Der Boden war der feinste Sand, aber blau wie Schwefelflammen. Über allem dort unten lag ein seltsam blauer Schimmer; man mochte eher glauben, dass man hoch oben in der Luft stehe und nur Himmel über und unter sich sehe, als dass man auf dem Grunde des Meeres sei. Bei Windstille konnte man die Sonne erblicken, sie schien eine Purpurblume zu sein, aus deren Kelch das ganze Licht entströmte.

Jede von den kleinen Prinzessinnen hatte ihren kleinen Fleck im Garten, wo sie graben und pflanzen durfte, wie es ihr gefiel. Die eine gab ihrem Blumenfleck die Gestalt eines Walfisches, einer andern gefiel es besser, dass der ihre einer kleinen Meerjungfrau glich; aber die jüngste machte ihren ganz rund wie die Sonne und hatte nur Blumen, die rot wie diese leuchteten.

Sie war ein seltsames Kind, still und nachdenklich, und während die anderen Schwestern ihre Gärten mit den sonderbarsten Dingen schmückten, die sie von gestrandeten Schiffen erhalten hatten, wollte sie außer den rosenroten Blumen, die der Sonne dort hoch oben glichen, nur eine schöne Marmorstatue haben. Das war ein hübscher Knabe, aus weißem, klarem Stein gehauen und bei der Strandung eines Schiffes hinunter auf den Meeresgrund geraten. Sie pflanzte neben der Statue eine rosenrote Trauerweide, die wuchs herrlich und ließ ihre frischen Zweige darüber hängen, gegen den blauen Sandgrund hinunter, auf dem der Schatten sich violett zeigte und ebenso wie die Zweige in Bewegung war. Es sah aus, als ob Wipfel und Wurzeln spielten und einander küssten.

Nichts bereitete ihr größere Freude, als von der Menschenwelt dort oben zu hören; die alte Großmutter musste alles erzählen, was sie von Schiffen und Städten, Menschen und Tieren wusste, besonders erschien es ihr merkwürdig schön, dass oben auf der Erde die Blumen dufteten, das taten sie auf dem Grunde des Meeres nicht, und dass die Wälder grün waren und dass die Fische, die man dort oben zwischen den Zweigen sah, so laut und wunderbar singen konnten, dass es

Die kleine Meerjungfrau 192

eine Lust war; es waren die kleinen Vögel, welche die Großmutter Fische nannte, denn sonst hätten die Prinzessinnen sie nicht verstanden, da sie noch keinen Vogel gesehen hatten.

»Wenn ihr euer fünfzehntes Jahr vollendet«, sagte die Großmutter, »dann sollt ihr die Erlaubnis bekommen, aus dem Meer emporzutauchen, im Mondschein auf den Klippen zu sitzen und die großen Schiffe zu sehen, die vorbeisegeln; Wälder und Städte werdet ihr sehen!« In dem kommenden Jahr ward die eine der Schwestern fünfzehn Jahre alt, aber die andern – ja, die eine war immer ein Jahr jünger als die nächste, die jüngste von ihnen hatte also noch ganze fünf Jahre vor sich, bis sie vom Meeresgrund heraufsteigen und sehen durfte, wie es bei uns aussieht. Aber die eine versprach der andern zu erzählen, was sie am ersten Tage gesehen und am schönsten gefunden hätte; denn ihre Großmutter erzählte ihnen nicht genug, es gab so vieles, worüber sie Auskunft haben wollten.

Keine war so sehnsuchtsvoll wie die Jüngste, ausgerechnet sie, die am längsten zu warten hatte und die so still und versonnen war.

Manche Nacht stand sie am offenen Fenster und sah hinauf durch das dunkelblaue Wasser, in dem die Fische mit ihren Flossen und Schwänzen plätscherten. Mond und Sterne konnte sie sehen, freilich schienen sie ganz blass, aber sie sahen durch das Wasser viel größer aus als für unsere Augen.

Glitt dann gleichsam eine schwarze Wolke unter ihnen dahin, da wusste sie, dass es entweder ein Walfisch war, der über ihr schwamm, oder auch ein Schiff mit vielen Menschen; die dachten sicher nicht daran, dass eine schöne kleine Meerjungfrau hier unten stand und ihre weißen Hände gegen den Kiel emporstreckte.

Endlich war die älteste Prinzessin fünfzehn Jahre alt und durfte an die Meeresoberfläche hinaufsteigen.

Als sie zurückkam, hatte sie hunderterlei Dinge zu erzählen, aber das Schönste, sagte sie, sei, im Mondschein auf einer Sandbank in der ruhigen See zu liegen und nahe der Küste die große Stadt zu sehen, wo die Lichter gleich hundert Sternen blinkten, die Musik und den Lärm und das Geräusch von Wagen und Menschen zu hören, die vielen Kirchtürme zu sehen und zu hören, wie die Glocken läuteten.

Oh, wie horchte die jüngste Schwester auf! Gerade weil sie nicht dort hinauf durfte, sehnte sie sich am meisten nach all dem. Wenn sie fortan am Abend

Die kleine Meerjungfrau

beim offenen Fenster stand und durch das dunkelblaue Wasser hinaufsah, dachte sie an die große Stadt mit all dem Lärm und Geräusch, und da schien es ihr, als könne sie die Kirchenglocken bis zu sich herunter läuten hören.

Im Jahr darauf durfte die zweite Schwester durch das Wasser hinaufsteigen und schwimmen, wohin sie wollte. Sie tauchte auf, just als die Sonne unterging, und dieser Anblick, fand sie, war das Schönste. Der ganze Himmel habe ausgesehen wie Gold, sagte sie, und die Wolken, ja, deren Schönheit vermochte sie nicht genug zu beschreiben! Rot und violett waren sie über ihr dahingesegelt, aber weit schneller noch, als sie flog, einem langen weißen Schleier gleich, eine Schar von wilden Schwänen über das Wasser hin, auf dem die Sonne lag; sie schwamm darauf zu, doch die Sonne versank und der Rosenschimmer erlosch auf der Meeresfläche und an den Wolken.

Im Jahr danach kam die dritte Schwester hinauf, sie war die kühnste von allen; deshalb schwamm sie einen breiten Fluss hinauf, der in das Meer mündete. Sie sah schöne grüne Hügel mit Weinranken, Schlösser und Bauernhöfe lugten zwischen prächtigen Wäldern hervor; sie hörte, wie alle Vögel sangen, und die Sonne schien so warm, dass sie oft ins Wasser tauchen musste, um ihr brennendes Gesicht zu kühlen. In einer kleinen Bucht traf sie eine ganze Schar kleiner Menschenkinder; völlig nackt liefen sie umher und plätscherten im Wasser, sie wollte mit ihnen spielen, aber sie liefen erschrocken davon, und es kam ein kleines schwarzes Tier, das war ein Hund – sie hatte noch nie einen Hund gesehen –, der bellte sie so schrecklich an, dass sie Angst bekam und in die offene See zurückschwamm; doch nie konnte sie die prächtigen Wälder vergessen, die grünen Hügel und die reizenden Kinder, die im Wasser schwimmen konnten, obgleich sie keinen Fischschwanz hatten.

Die vierte Schwester war nicht so kühn; sie blieb draußen mitten auf dem wilden Meer und erzählte, gerade dort sei das Schönste! Man sah nach allen Seiten viele Meilen weit und der Himmel stand wie eine große gläserne Glocke darüber. Schiffe hatte sie gesehen, aber weit entfernt, sie sahen aus wie Strandmöwen; die lustigen Delphine hatten Purzelbäume geschlagen und die großen Walfische Wasser aus ihren Nasenlöchern in die Luft geblasen, so dass es ringsumher ausgesehen hatte wie hundert Springbrunnen.

Nun kam die Reihe an die fünfte Schwester. Ihr Geburtstag war gerade im

Die kleine Meerjungfrau

Winter, und daher sah sie, was die andern das erste Mal nicht gesehen hatten. Die See nahm sich ganz grün aus, und um sie her schwammen große Eisberge; ein jeder sehe aus wie eine Perle, sagte sie, und sei doch weit größer als die Kirchtürme, die die Menschen bauten. Sie zeigten sich in den wunderlichsten Gestalten und glitzerten wie Diamanten. Sie hatte sich auf einen der größten gesetzt, und alle Segler kreuzten erschrocken um die Stelle herum, wo sie saß und den Wind mit ihrem langen Haar spielen ließ. Aber gegen Abend hatte sich der Himmel mit Wolken überzogen, es blitzte und donnerte, während die schwarze See die großen Eisblöcke hoch emporhob und sie bei den grellen Blitzen aufleuchten ließ. Auf allen Schiffen raffte man die Segel, es war eine Angst und ein Grauen, doch sie saß ruhig auf ihrem schwimmenden Eisberg und sah den blauen Blitzstrahl im Zickzack in die schimmernde See niederfahren.

Das erste Mal, wenn eine der Schwestern an die Oberfläche hinaufkam, war eine jede entzückt über das Neue und Schöne, das sie sah; aber da sie nun als erwachsene Mädchen hinaufsteigen durften, wann sie wollten, wurde es ihnen gleichgültig, sie sehnten sich wieder nach ihrem Daheim, und nach Verlauf eines Monats sagten sie, dass es unten bei ihnen doch am allerschönsten sei, und da sei man so gemütlich zu Hause.

In mancher Abendstunde fassten die fünf Schwestern einander an den Händen und stiegen in einer Reihe an die Oberfläche hinauf; schöne Stimmen hatten sie, schöner als irgendein Mensch, und wenn dann ein Sturm heraufzog und sie annehmen konnten, dass Schiffe scheitern würden, schwammen sie vor den Schiffen her und sangen so herrlich davon, wie schön es auf dem Meeresgrund sei, und baten die Seeleute, sich nicht davor zu fürchten, da hinunterzukommen. Aber die Seeleute konnten die Worte nicht verstehen und glaubten, es sei der Sturm, und sie bekamen auch die Schönheit dort unten nicht zu sehen, denn wenn das Schiff sank, ertranken die Menschen und kamen nur als Tote zu des Meerkönigs Schloss.

Wenn die Schwestern so des Abends Arm in Arm durch das Meer hinaufstiegen, da blieb die kleine Schwester ganz allein zurück und sah ihnen nach, und es war, als müsste sie weinen; aber die Meerjungfrau hat keine Tränen und so leidet sie viel mehr.

»Ach, wäre ich doch fünfzehn Jahre alt!«, sagte sie. »Ich weiß, dass ich die

Welt dort oben und die Menschen, die auf ihr bauen und wohnen, recht lieb bekommen werde.«

Endlich kam der Tag, da sie fünfzehn wurde.

»Sieh, nun bist auch du erwachsen«, sagte ihre Großmutter, die alte Königswitwe. »Komm nun, lass mich dich schmücken gleich deinen andern Schwestern!«

Und sie setzte ihr einen Kranz von weißen Lilien auf das Haar, aber jedes Blatt in der Blume war die Hälfte einer Perle; und die Alte ließ acht große Austern sich am Schwanz der Prinzessin festklemmen, um ihren hohen Rang anzuzeigen.

»Das tut so weh!«, sagte die kleine Meerjungfrau.

»Ja, für Schönheit muss man leiden!«, sagte die Alte.

Oh, sie hätte die ganze Pracht so gern von sich abgeschüttelt und den schweren Kranz abgelegt! Ihre roten Blumen im Garten kleideten sie viel besser; aber sie wagte es doch nicht zu ändern. »Leb wohl!«, sagte sie und stieg so leicht und klar wie eine Luftblase durch das Wasser.

Die Sonne war gerade untergegangen, als sie den Kopf über das Wasser erhob; aber alle Wolken leuchteten noch wie Rosen und Gold und mitten in der blassroten Luft strahlte der Abendstern so hell und schön, die Luft war mild und frisch und das Wasser ganz ruhig.

Da lag ein großes Schiff mit drei Masten, nur ein einziges Segel war gehisst; denn es rührte sich kein Wind und ringsumher im Tauwerk und auf den Rahen saßen Matrosen. Es ertönten Musik und Gesang, und wie der Abend dunkler ward, wurden hunderte von bunten Lampen angezündet; es sah aus, als wehten die Flaggen aller Nationen in der Luft. Die kleine Meerjungfrau schwamm dicht an das Kajütenfenster heran, und jedes Mal, wenn das Wasser sie in die Höhe hob, konnte sie durch die spiegelklaren Fensterscheiben hineinsehen, wo so viele festlich geschmückte Menschen standen; aber der Schönste war doch der junge Prinz mit den großen schwarzen Augen. Er war sicher nicht viel über sechzehn Jahre alt, es war sein Geburtstag und darum herrschte all diese Pracht.

Die Matrosen tanzten auf dem Deck, und als der junge Prinz zu ihnen hinaustrat, stiegen über hundert Raketen in die Luft auf, sie leuchteten wie der helle Tag, so dass die kleine Meerjungfrau sehr erschrak und unter das Wasser tauchte.

Die kleine Meerjungfrau

Aber sie streckte den Kopf bald wieder hervor, und da war es, als ob alle Sterne des Himmels zu ihr herunterfielen. Nie hatte sie solche Feuerkünste gesehen. Große Sonnen surrten im Kreise, prächtige Feuerfische schwangen sich in die blaue Luft und das alles strahlte die klare, stille See wider. Auf dem Schiff selbst war es so hell, dass man jedes kleine Tau sehen konnte, und erst recht die Menschen. Oh, wie schön der junge Prinz doch war! Und er drückte den Leuten die Hände, lachte und lächelte, während die Musik in der herrlichen Nacht erklang.

Es wurde spät, aber die kleine Meerjungfrau konnte ihre Augen nicht von dem Schiff und von dem schönen Prinzen abwenden. Die bunten Laternen wurden ausgelöscht, die Raketen stiegen nicht mehr in die Luft, es ertönten auch keine Kanonenschüsse mehr, aber tief unten im Meer summte und brummte es; sie saß unterdessen auf dem Wasser und schaukelte auf und nieder, so dass sie in die Kajüte hineinsehen konnte. Doch das Schiff glitt schneller dahin, ein Segel nach dem andern breitete sich aus, jetzt gingen die Wellen stärker, große Wolken zogen auf, es blitzte in weiter Ferne. Oh, es würde ein schreckliches Unwetter werden! Deshalb zogen die Matrosen die Segel ein. Das große Schiff schaukelte in fliegender Eile auf der wilden See, das Wasser türmte sich gleich großen schwarzen Bergen auf, die sich über die Masten werfen wollten; aber das Schiff tauchte wie ein Schwan zwischen den hohen Wellen hinab und ließ sich wieder auf die getürmten Wasser hinaufheben. Das schien der kleinen Meerjungfrau eine lustige Fahrt zu sein; aber das fanden die Seeleute nicht, das Schiff knackste und krachte, die dicken Planken bogen sich unter den gewaltigen Stößen, die die See dem Schiff versetzte, der Mast brach mittendurch, als wäre er ein Rohr, und das Schiff legte sich auf die Seite, während das Wasser in den Rumpf eindrang. Jetzt sah die kleine Meerjungfrau, dass sie in Gefahr waren; sie musste sich selbst vor Balken und Splittern in Acht nehmen, die auf dem Wasser trieben. Einen Augenblick war es so stockfinster, dass sie nichts mehr sehen konnte; aber wenn es dann blitzte, wurde es wieder so hell, dass sie alle auf dem Schiff erkannte. Jeder half sich, so gut er konnte. Sie suchte besonders nach dem jungen Prinzen, und sie sah ihn, als das Schiff zerbarst, in die tiefe See versinken. Im ersten Augenblick wurde sie ganz vergnügt, denn nun kam er zu ihr herunter; doch dann fiel ihr ein, dass die Menschen im Wasser nicht leben konnten und dass er nicht anders als tot zu ihres

Vaters Schloss hinunterkommen konnte. Nein, sterben, das durfte er nicht! Darum schwamm sie zwischen Balken und Planken, die auf der See trieben, zu ihm hin und vergaß ganz, dass die Wrackstücke sie hätten zermalmen können. Sie tauchte tief unter das Wasser und stieg zwischen den Wellen wieder empor und gelangte dann schließlich zu dem jungen Prinzen hin, der in der stürmischen See kaum noch zu schwimmen vermochte, seine Arme und Beine begannen zu ermatten, die schönen Augen schlossen sich; er hätte sterben müssen, wäre die kleine Meerjungfrau nicht hinzugekommen. Sie hielt seinen Kopf über Wasser und ließ sich mit ihm von den Wellen treiben, wohin die wollten.

In der Morgenfrühe war das Unwetter vorüber; von dem Schiff war kein Span zu sehen; die Sonne stieg so rot und leuchtend aus dem Wasser auf; es war, als ob des Prinzen Wangen dadurch Leben erhielten, aber die Augen blieben geschlossen. Die Meerjungfrau küsste seine hohe, schöne Stirn und strich sein nasses Haar zurück. Sie fand, er sehe der Marmorstatue unten in ihrem kleinen Garten ähnlich, sie küsste ihn wieder und wünschte nur, dass er noch lebte.

Jetzt sah sie vor sich das feste Land, hohe, blaue Berge, auf deren Gipfeln der weiße Schnee glänzte, als wären es Schwäne, die dort lägen. Unten an der Küste waren schöne grüne Wälder, und davor stand eine Kirche oder ein Kloster, das wusste sie nicht recht; aber ein Gebäude war es. Zitronen- und Orangenhaine wuchsen dort im Garten und vor dem Tor standen hohe Palmen. Die See bildete hier eine kleine Bucht; es war windstill, aber sehr tief, bis an die Klippe heran, wo der weiße feine Sand angespült war. Hierhin schwamm sie mit dem schönen Prinzen, legte ihn in den Sand, sorgte aber besonders dafür, dass der Kopf hoch im warmen Sonnenschein lag.

Jetzt läuteten in dem großen weißen Gebäude die Glocken und es kamen viele junge Mädchen durch den Garten. Da schwamm die kleine Meerjungfrau weiter hinaus hinter einige hohe Steine, die aus dem Wasser aufragten, legte Meeresschaum auf ihr Haar und ihre Brust, so dass niemand ihr kleines Gesicht sehen konnte, und da passte sie auf, wer zu dem armen Prinzen käme.

Es dauerte nicht lange, da kam ein junges Mädchen dorthin. Sie schien sehr zu erschrecken, aber nur einen Augenblick, dann holte sie andere herbei, und die Meerjungfrau sah, dass der Prinz zum Leben erwachte und ihnen allen ringsumher zulächelte; aber zu ihr hinaus lächelte er nicht, er wusste ja auch nicht, dass

Die kleine Meerjungfrau

Die kleine Meerjungfrau

sie ihn gerettet hatte. Sie war sehr traurig, und als er in das große Gebäude hineingeführt wurde, tauchte sie sorgenvoll in das Wasser hinab und kehrte heim in ihres Vaters Schloss.

Schon immer war sie still und nachdenklich gewesen, aber nun wurde sie es noch viel mehr. Die Schwestern fragten sie, was sie das erste Mal dort oben gesehen habe, aber sie erzählte nichts.

Manchen Abend und Morgen stieg sie dort empor, wo sie den Prinzen verlassen hatte. Sie sah, wie die Früchte des Gartens reiften und gepflückt wurden, sie sah, wie der Schnee auf den hohen Bergen schmolz; doch den Prinzen sah sie nicht und deshalb kehrte sie immer noch trauriger heim. Hier war es ihr einziger Trost, in dem kleinen Garten zu sitzen und ihre Arme um die schöne Marmorstatue zu schlingen, die dem Prinzen glich; aber ihre Blumen pflegte sie nicht, die wuchsen wie in einer Wildnis über die Wege hinaus und flochten ihre langen Stängel und Blätter in die Zweige der Bäume hinein, so dass es ganz dunkel war.

Zuletzt konnte sie es nicht länger aushalten, sie erzählte es einer ihrer Schwestern, und so erfuhren es gleich alle die andern, aber auch niemand weiter als die und ein paar andere Meerjungfrauen, die es nicht weitersagten außer ihren nächsten Freundinnen. Eine von diesen wusste, wer der Prinz war, sie hatte die Pracht auf dem Schiff ebenfalls gesehen, wusste, woher er stammte und wo sein Königreich lag.

»Komm, kleine Schwester«, sagten die andern Prinzessinnen, und sie legten einander die Arme um die Schultern und stiegen in einer langen Reihe ebendort aus dem Meer empor, wo sie wussten, dass des Prinzen Schloss lag.

Dieses war aus einem hellgelben glänzenden Material erbaut, mit großen Marmortreppen, von denen eine bis ans Meer hinunterführte. Prächtig vergoldete Kuppeln erhoben sich über dem Dach, und zwischen den Säulen, die rings um das ganze Gebäude liefen, standen Marmorbilder, die aussahen, als lebten sie. Durch das klare Glas in den hohen Fenstern sah man in die prächtigsten Säle hinein, wo köstliche Seidengardinen und Teppiche aufgehängt und alle Wände mit großen Gemälden geschmückt waren, die anzuschauen ein wahres Vergnügen war. Mitten in dem größten Saal plätscherte ein großer Springbrunnen, die Strahlen stiegen bis an die Glaskuppel in der Decke empor, durch die die Sonne

Die kleine Meerjungfrau

auf das Wasser schien und auf die schönen Pflanzen, die in dem großen Bassin wuchsen.

Nun wusste sie, wo er wohnte, und dorthin kam sie manchen Abend und manche Nacht auf dem Wasser. Sie schwamm viel näher an das Land heran, als irgendeine von den andern es gewagt hatte, ja, sie schwamm ganz in den schmalen Kanal hinein bis unter den prächtigen Marmorbalkon, der einen langen Schatten über das Wasser hin warf.

Hier saß sie und sah den jungen Prinzen an, der glaubte, er sei ganz allein in dem klaren Mondschein.

Sie sah ihn manchen Abend mit Musik in seinem prächtigen Boot segeln, an dem die Flaggen wehten; sie guckte zwischen dem grünen Schilf hervor, und wenn der Wind in ihren langen silberweißen Schleier griff und jemand es sah, dachte er, es sei ein Schwan, der die Flügel hob. Sie hörte in mancher Nacht, wenn die Fischer mit Lichtern auf der See lagen, dass sie so viel Gutes von dem jungen Prinzen erzählten, und es freute sie, dass sie sein Leben gerettet hatte, als er halb tot auf den Wellen umhertrieb, und sie dachte daran, wie fest sein Kopf auf ihrer Brust geruht hatte und wie innig sie ihn da geküsst hatte; er wusste gar nichts davon, konnte nicht einmal von ihr träumen.

Mehr und mehr kam sie dazu, die Menschen zu lieben, mehr und mehr wünschte sie, zu ihnen hinaufsteigen zu können; deren Welt, schien ihr, sei viel größer als die ihre, sie konnten ja auf Schiffen über das Meer hinfliegen, auf die hohen Berge hoch hinaus über die Wolken steigen, und die Länder, die sie besaßen, erstreckten sich mit Wäldern und Feldern weiter, als die Blicke der Meerjungfrau reichten. Es gab so vieles, was sie wissen wollte, aber die Schwestern konnten nicht auf alles eine Antwort geben; deshalb fragte sie die alte Großmutter, und die kannte die höheren Welten gut, die sie sehr richtig die Länder über dem Meer nannte.

»Wenn die Menschen nicht ertrinken«, fragte die kleine Meerjungfrau, »können sie dann immer leben, sterben sie nicht, wie wir hier unten im Meer?«

»Doch!«, sagte die Alte. »Sie müssen auch sterben und ihre Lebenszeit ist sogar noch kürzer als die unsere. Wir können dreihundert Jahre alt werden; aber wenn wir dann aufhören, hier zu sein, werden wir nur zu Schaum auf dem Wasser, haben nicht einmal ein Grab hier unten unter unseren Lieben. Wir haben keine unsterbliche Seele, wir erhalten nie wieder Leben, wir sind wie das grüne Schilf: Ist es einmal abgeschnitten, kann es nicht wieder grünen! Die Menschen hingegen haben eine Seele, die immer lebt, lebt, nachdem der Körper zu Erde geworden ist; sie steigt hinauf durch die klare Luft, hinauf zu all den schimmernden Sternen! So wie wir aus dem Meer auftauchen und die Länder der Menschen sehen, so tauchen sie zu unbekannten, schönen Orten auf, die wir nie zu sehen bekommen.«

»Warum haben wir keine unsterbliche Seele?«, sagte die kleine Meerjungfrau betrübt. »Ich würde alle meine hunderte von Jahren, die ich zu leben habe, dafür geben, um einen Tag Mensch zu sein und später teilzuhaben an der himmlischen Welt!«

»Daran darfst du nicht denken«, sagte die Alte. »Wir sind viel glücklicher und haben es besser als die Menschen dort oben!«

»Ich soll also sterben und als Schaum auf der See treiben, soll nicht die Musik der Wellen hören, die schönen Blumen und die rote Sonne nicht sehen! Kann ich denn gar nichts tun, um eine ewige Seele zu gewinnen?«

»Nein!«, sagte die Alte. »Nur wenn ein Mensch dich so lieb bekäme, dass du ihm mehr wärest als Vater und Mutter, wenn er mit all seinem Denken und Lieben an dir hinge und seine rechte Hand vom Priester in die deine legen ließe mit dem Gelöbnis der Treue hier und in alle Ewigkeit, da flösse seine Seele in deinen Körper über und du erhieltest auch Anteil am Glück der Menschen. Er gäbe dir seine Seele und behielte doch seine eigene. Aber das kann nie geschehen! Was gerade hier im Meer schön ist, dein Fischschwanz, das finden sie dort oben auf der Erde hässlich, sie wissen es eben nicht besser, dort muss man zwei plumpe Stützen haben, die sie Beine nennen, um schön zu sein!«

Da seufzte die kleine Meerjungfrau und sah traurig auf ihren Fischschwanz.

»Lass uns vergnügt sein«, sagte die Alte, »hüpfen und springen wollen wir die dreihundert Jahre, die wir zu leben haben, das ist wahrlich ein gutes Stück Zeit, danach kann man sich umso vergnügter in seinem Grabe ausruhen. Heute Abend werden wir Hofball haben!«

Es war wirklich eine Pracht, wie man sie nie auf Erden sieht. Wände und Decke in dem großen Tanzsaal waren aus dickem, aber klarem Glas. Mehrere hundert riesige Muschelschalen, rosenrote und grasgrüne, standen in Reihen auf jeder Seite mit einem blau brennenden Feuer, das den ganzen Saal erhellte und durch die Wände hinausschien, so dass die See da draußen weithin erhellt war; man konnte alle die unzähligen Fische sehen, große und kleine, die gegen die Glasmauer hinschwammen, an einigen schimmerten die Schuppen purpurrot, an andern schienen sie wie Silber und Gold. Mitten durch den Saal floss ein breiter Strom und auf ihm tanzten Meermänner und Meerfrauen zu ihrem eigenen schönen Gesang. So schöne Stimmen haben die Menschen auf der Erde nicht. Die kleine Meerjungfrau sang am schönsten von allen, und sie klatschten ihr mit den Händen zu, und einen Augenblick lang fühlte sie Freude in ihrem Herzen; denn sie wusste, dass sie die herrlichste Stimme von allen auf der Erde und im Meer hatte. Aber bald musste sie doch wieder an die Welt da oben über sich denken; sie konnte den schönen Prinzen und die Trauer darüber, keine unsterbliche Seele zu besitzen wie er, nicht vergessen. Deshalb schlich sie sich aus ihres Vaters Schloss, und während drinnen alles Gesang und Lustigkeit war, saß sie betrübt in ihrem kleinen Garten. Da hörte sie Waldhörner durch das Wasser herabklingen und sie dachte: Jetzt segelt er wohl dort oben, er, den ich mehr liebe als Vater und Mutter, er, an dem mein Sinnen hängt und in dessen Hand ich meines Lebens Glück legen möchte! Alles will ich wagen, um ihn und eine unsterbliche Seele zu gewinnen! Während meine Schwestern dort drinnen in meines Vaters Schloss tanzen, will ich zur Meerhexe gehen, vor der ich immer solche Angst gehabt habe; aber sie kann vielleicht raten und helfen!

Nun ging die kleine Meerjungfrau aus ihrem Garten hinaus, hin zu den brausenden Strudeln, hinter denen die Hexe wohnte. Diesen Weg war sie noch nie gegangen, hier wuchsen keine Blumen, kein Seegras, nur der nackte graue Sandboden erstreckte sich bis an die Strudel, die wie brausende Mühlräder herumwirbelten und alles, was sie erfassten, mit sich in die Tiefe rissen. Mitten zwischen diesen zermalmenden Wirbeln musste sie gehen, um in das Gebiet der Meerhexe zu kommen, und hier war eine lange Strecke kein anderer Weg als über warm brodelnden Schlamm, das nannte die Hexe ihr Torfmoor. Dahinter lag ihr Haus mitten in einem seltsamen Wald. Alle Bäume und Büsche waren Polypen, halb Tier und halb Pflanze, sie sahen aus wie hundertköpfige Schlangen, die aus der Erde herauswuchsen; alle Zweige waren lange schleimige Arme mit Fingern wie geschmeidige Würmer, und sie bewegten sich, Glied für Glied, von der Wurzel bis zur äußersten Spitze. Alles, was sie im Meer erfassen konnten, umschlangen sie fest und ließen es nie wieder los. Die kleine Meerjungfrau blieb ganz erschrocken da draußen stehen, ihr Herz klopfte vor Angst, fast wäre sie umgekehrt; aber dann dachte sie an den Prinzen und an des Menschen Seele und da bekam sie Mut. Ihr langes flatterndes Haar band sie sich fest um den Kopf, damit die Polypen sie nicht daran ergreifen konnten, die Hände legte sie über ihrer Brust zusammen und flog dann dahin, wie der Fisch durch das Wasser fliegen kann, hinein zwischen die hässlichen Polypen, die ihre geschmeidigen Arme und Finger nach ihr ausstreckten. Sie sah, wie jeder von ihnen etwas gepackt hielt, hunderte von kleinen Armen umklammerten es wie starke Eisenbande. Menschen, die auf der See umgekommen und in die Tiefe gesunken waren, hingen als weiße Gerippe in den Armen der Polypen. Schiffsruder und Kisten hielten sie fest, Skelette von Landtieren und eine kleine Meerjungfrau, die sie gefangen und erwürgt hatten, das war ihr fast das Schrecklichste.

Jetzt kam sie an einen großen schleimigen Platz im Wald, wo große, fette Wasserschlangen sich wälzten und ihren abscheulichen weißgelben Bauch zeigten. Mitten auf dem Platz war ein Haus aus den Knochen gestrandeter Menschen errichtet; da saß die Meerhexe und ließ eine Kröte aus ihrem Munde fressen, so wie die Menschen einem kleinen Kanarienvogel Zucker zu essen geben. Die hässlichen, fetten Wasserschlangen nannte sie ihre kleinen Küken und ließ sie sich auf ihrer großen schwammigen Brust wälzen.

»Ich weiß wohl, was du willst!«, sagte die Meerhexe. »Es ist dumm von dir! Gleichwohl sollst du deinen Willen haben, denn er wird dich ins Unglück bringen, meine schöne Prinzessin. Du willst gern deinen Fischschwanz los sein und stattdessen zwei Stummel haben, um auf ihnen zu gehen wie die Menschen, damit der junge Prinz sich in dich verliebt und damit du ihn und eine unsterbliche Seele bekommen kannst!« Dabei lachte die Hexe so laut und widerlich, dass die Kröte und die Schlangen auf die Erde fielen und sich dort wälzten. »Du kommst gerade zur rechten Zeit«, sagte die Hexe, »morgen, wenn die Sonne aufgeht, könnte ich dir nicht helfen, bevor wieder ein Jahr vergangen wäre. Ich werde dir einen Trunk bereiten, mit dem musst du, ehe die Sonne aufgeht, an Land schwimmen, dich dort an das Ufer setzen und ihn trinken, dann spaltet sich dein Schwanz und schrumpft ein zu dem, was die Menschen reizende Beine nennen;

Die kleine Meerjungfrau

Die kleine Meerjungfrau

aber es tut weh, es ist, als ob ein scharfes Schwert dich durchdränge. Alle, die dich sehen, werden sagen, du seiest das schönste Menschenkind, das sie gesehen hätten! Du behältst deinen schwebenden Gang, keine Tänzerin kann schweben wie du; aber jeder Schritt, den du tust, wird sein, als ob du auf ein scharfes Messer trätest, so dass dein Blut fließen müsste. Willst du dies alles erleiden, dann werde ich dir helfen!«

»Ja!«, sagte die kleine Meerjungfrau mit bebender Stimme und dachte an den Prinzen und daran, eine unsterbliche Seele zu gewinnen.

»Bedenke aber«, sagte die Hexe, »wenn du erst einmal menschliche Gestalt angenommen hast, dann kannst du nie wieder eine Meerjungfrau werden! Du kannst nie wieder durch das Wasser hinabsteigen zu deinen Schwestern und zu deines Vaters Schloss, und gewinnst du des Prinzen Liebe nicht, so dass er um deinetwillen Vater und Mutter vergisst, mit seinem ganzen Denken an dir hängt und den Priester eure Hände ineinander legen lässt, so dass ihr Mann und Frau werdet, dann bekommst du keine unsterbliche Seele! Am ersten Morgen, nachdem er eine andere geheiratet hat, da muss dein Herz brechen und du wirst Schaum auf dem Wasser.«

»Ich will es!«, sagte die kleine Meerjungfrau und war blass wie eine Tote.

»Aber mich musst du auch bezahlen!«, sagte die Hexe. »Und es ist nicht wenig, was ich verlange. Du hast die herrlichste Stimme von allen hier unten auf dem Meeresgrund, mit der glaubst du ihn wohl bezaubern zu können; aber diese Stimme musst du mir geben. Das Beste, was du besitzest, will ich für meinen köstlichen Trank haben! Mein eigenes Blut muss ich dir ja darin geben, damit der Trank scharf werde wie ein zweischneidiges Schwert!«

»Aber wenn du mir meine Stimme nimmst«, sagte die kleine Meerjungfrau, »was bleibt mir dann noch?«

»Deine schöne Gestalt«, sagte die Hexe, »dein schwebender Gang und deine sprechenden Augen; damit kannst du wohl ein Menschenherz betören. Na, hast du den Mut verloren? Strecke deine kleine Zunge heraus, dann schneide ich sie dir als Bezahlung ab und du sollst den kräftigen Trank erhalten!«

»Es sei!«, sagte die kleine Meerjungfrau, und die Hexe setzte ihren Kessel auf, um den Zaubertrank zu kochen. »Reinlichkeit ist eine gute Sache!«, sagte sie und scheuerte den Kessel mit den Schlangen, die sie zu einem Knoten band; dann

Die kleine Meerjungfrau

ritzte sie sich selbst in die Brust und ließ ihr schwarzes Blut hineintropfen. Der Dampf bildete die sonderbarsten Gestalten, so dass einem angst und bange werden musste. Jeden Augenblick tat die Hexe neue Dinge in den Kessel, und als es recht kochte, klang es, wie wenn ein Krokodil weinte. Schließlich war der Trank fertig; er sah aus wie das klarste Wasser.

»Da hast du ihn!«, sagte die Hexe und schnitt der kleinen Meerjungfrau die Zunge ab; nun war sie stumm, konnte weder singen noch sprechen.

»Sollten die Polypen nach dir greifen, wenn du durch meinen Wald zurückgehst«, sagte die Hexe, »dann bespritze sie nur mit einem einzigen Tropfen dieses Trankes und ihre Arme und Finger zerspringen in tausend Stücke!« Aber das brauchte die kleine Meerjungfrau nicht zu tun, die Polypen zogen sich erschrocken vor ihr zurück, als sie den schimmernden Trank sahen, der in ihrer Hand leuchtete, als sei er ein funkelnder Stern. So kam sie bald durch den Wald, das Moor und die brausenden Strudel.

Sie konnte ihres Vaters Schloss sehen, die Feuer in dem großen Tanzsaal waren erloschen, sie schliefen wohl alle dort drinnen; aber sie wagte doch nicht, sie aufzusuchen, nun, da sie stumm war und für immer von ihnen fortgehen wollte. Es war, als sollte ihr Herz vor Trauer zerbrechen. Sie schlich sich in den Garten, nahm von jedem Blumenbeet ihrer Schwestern eine Blume, warf tausend Kusshände nach dem Schloss hinüber und stieg durch die dunkelblaue See hinauf.

Die Sonne war noch nicht aufgegangen, als sie des Prinzen Schloss sah und die prächtige Marmortreppe hinanstieg. Der Mond schien herrlich klar. Die kleine Meerjungfrau trank den brennend scharfen Trank, und es war, als gehe ein zweischneidiges Schwert durch ihren feinen Körper; sie wurde dabei ohnmächtig und lag wie tot da.

Als die Sonne über die See schien, wachte sie auf und fühlte einen stechenden Schmerz; aber dicht vor ihr stand der schöne junge Prinz, er heftete seine kohlschwarzen Augen auf sie, so dass sie die ihren niederschlug und sah, dass ihr Fischschwanz verschwunden war und dass sie die reizendsten feinen weißen Beine hatte, die ein kleines Mädchen nur haben kann. Doch sie war ganz nackt, deshalb hüllte sie sich in ihr reiches, langes Haar. Der Prinz fragte, wer sie sei und wie sie hierher gekommen wäre, und sie schaute ihn mit ihren dunkelblauen Au-

Die kleine Meerjungfrau

gen milde und doch traurig an; sprechen konnte sie ja nicht. Da nahm er sie bei der Hand und führte sie in das Schloss. Bei jedem Schritt, den sie tat, war ihr, wie die Hexe vorausgesagt hatte, als trete sie auf spitze Nadeln und scharfe Messer; aber sie ertrug es gern. An des Prinzen Hand stieg sie so leicht wie eine Schaumblase empor und er und alle andern wunderten sich über ihren lieblichen, schwebenden Gang.

Köstliche Kleider aus Seide und Musselin wurden ihr angetan, im Schloss war sie die Schönste von allen; aber sie war stumm, konnte weder singen noch sprechen. Schöne Sklavinnen, in Seide und Gold gekleidet, erschienen und sangen vor dem Prinzen und seinen königlichen Eltern; eine von ihnen sang schöner als alle andern und der Prinz klatschte in die Hände und lächelte ihr zu. Da wurde die kleine Meerjungfrau betrübt; sie wusste, dass sie selbst weit schöner gesungen hatte.

Sie dachte: Oh, er sollte nur wissen, dass ich, um bei ihm zu sein, meine Stimme für alle Ewigkeit hingegeben habe!

Nun tanzten die Sklavinnen in anmutigen, schwebenden Tänzen zu der herrlichsten Musik. Da hob die kleine Meerjungfrau ihre schönen weißen Arme, richtete sich auf den Zehenspitzen auf und schwebte dahin, wie noch niemand getanzt hatte.

Bei jeder Bewegung wurde ihre Schönheit sichtbarer und ihre Augen sprachen eindringlicher zum Herzen als der Gesang der Sklavinnen.

Alle waren davon entzückt, besonders der Prinz, der sie sein kleines Findelkind nannte, und sie tanzte mehr und mehr, obwohl es jedes Mal, wenn ihr Fuß die Erde berührte, war, als ob sie auf scharfe Messer trete. Der Prinz sagte, dass sie immer bei ihm sein solle, und sie durfte draußen vor seiner Tür auf einem Samtkissen schlafen.

Er ließ ihr eine Männertracht nähen, damit sie ihn zu Pferd begleiten konnte. Sie ritten durch die duftenden Wälder, wo die grünen Zweige ihre Schultern liebkosten und die kleinen Vögel hinter den frischen Blättern sangen. Sie kletterte mit dem Prinzen auf die hohen Berge hinauf, und obgleich ihre zarten Füße bluteten, so dass die andern es sehen konnten, lachte sie dennoch darüber und folgte ihm, bis sie die Wolken unter sich dahinsegeln sahen wie einen Schwarm Vögel, der in fremde Länder zog.

Daheim in des Prinzen Schloss, wenn des Nachts die andern schliefen, ging sie auf die breite Marmortreppe hinaus, und es kühlte ihre brennenden Füße, im kalten Seewasser zu stehen, und dann dachte sie an die dort unten in der Tiefe.

Eines Nachts kamen die Schwestern Arm in Arm, sie sangen so kummervoll, indem sie über das Wasser schwammen, und sie winkte ihnen zu, und sie erkannten die Schwester und erzählten, wie traurig sie sie alle gemacht habe.

Von da an besuchten sie sie jede Nacht, und eines Nachts sah sie weit draußen die alte Großmutter, die seit vielen Jahren nicht mehr über dem Meer gewesen war, und den Meerkönig mit seiner Krone auf dem Kopf; sie streckten ihr die Hände entgegen, wagten sich aber nicht so nahe an Land wie die Schwestern.

Tag für Tag gewann der Prinz sie lieber, er hatte sie gern, wie man ein gutes, liebes Kind gern haben kann; aber sie zu seiner Königin zu machen fiel ihm gar nicht ein, und seine Frau musste sie werden, sonst bekam sie keine unsterbliche Seele, sondern würde an seinem Hochzeitsmorgen zu Schaum auf dem Meere werden.

»Liebst du mich nicht von ihnen allen am meisten?«, schienen die Augen der kleinen Meerjungfrau zu fragen, wenn er sie in seine Arme nahm und ihre schöne Stirn küsste.

»Doch, du bist mir am liebsten«, sagte der Prinz, »denn du hast das beste Herz von allen, du bist mir am meisten ergeben, und du gleichst einem jungen Mädchen, das ich einmal sah, aber wahrscheinlich nie mehr wiederfinde.

Ich war auf einem Schiffe, das strandete; die Wellen trieben mich an Land bei einem heiligen Tempel, wo mehrere junge Mädchen Dienst taten; die jüngste dort fand mich am Strand und rettete mein Leben, ich sah sie nur zweimal; sie war die Einzige, die ich in dieser Welt lieben könnte, aber du gleichst ihr, fast verdrängst du ihr Bild in meiner Seele. Sie gehört dem heiligen Tempel an und deshalb hat das gute Glück dich mir gesandt! Nie wollen wir uns trennen!«

Ach, er weiß nicht, dass ich ihm das Leben gerettet habe, dachte die kleine Meerjungfrau, ich trug ihn über das Meer zum Walde hin, wo der Tempel steht, ich saß hinter dem Schaum und gab Acht, ob Menschen kamen. Ich sah das schöne Mädchen, das er mehr liebt als mich! Und die Meerjungfrau seufzte tief, weinen konnte sie nicht. – Das Mädchen gehört dem heiligen Tempel an, hat er gesagt, sie kommt nie in die Welt hinaus, sie begegnen sich nicht mehr, ich bin bei

Die kleine Meerjungfrau 212

ihm, sehe ihn jeden Tag, ich will ihn pflegen, ihn lieben, ihm mein Leben opfern!

Aber nun soll der Prinz heiraten und die schöne Tochter des Nachbarkönigs bekommen, erzählte man, deshalb rüstet er ein so prächtiges Schiff aus. Der Prinz reist, um des Nachbarkönigs Länder zu besehen, heißt es wohl, aber in Wirklichkeit tut er es, um die Tochter des Nachbarkönigs zu sehen, ein großes Gefolge soll er mitnehmen; aber die kleine Meerjungfrau schüttelte den Kopf und lachte, sie kannte die Gedanken des Prinzen viel besser als die andern. »Ich muss reisen!«, hatte er zu ihr gesagt. »Ich muss die schöne Prinzessin sehen, meine Eltern verlangen es; aber mich dazu zwingen, sie als meine Braut heimzuführen, das werden sie nicht. Ich kann sie nicht lieben! Sie gleicht nicht dem schönen Mädchen im Tempel, dem du gleichst. Sollte ich einmal eine Braut wählen, so würdest eher du es sein, mein stummes Findelkind mit den sprechenden Augen!«

Und er küsste ihren roten Mund, spielte mit ihrem langen Haar und legte seinen Kopf an ihr Herz, so dass es von Menschenglück und einer unsterblichen Seele träumte.

»Du fürchtest dich doch nicht vor dem Meer, mein stummes Kind?«, sagte er, als sie auf dem prächtigen Schiff standen, das ihn zu des Nachbarkönigs Ländern führen sollte. Und er erzählte ihr von Sturm und Windesstille, von seltsamen Fischen in der Tiefe und was der Taucher dort unten gesehen hatte, und sie lächelte bei seiner Erzählung, sie wusste ja besser als irgendjemand sonst Bescheid über den Meeresgrund.

In der mondhellen Nacht, wenn sie alle schliefen bis auf den Steuermann, der am Ruder stand, saß sie an der Reling des Schiffes und starrte hinab durch das klare Wasser, und sie meinte, ihres Vaters Schloss zu sehen; zuoberst darüber stand die alte Großmutter mit der Silberkrone auf dem Kopf und starrte durch die reißenden Ströme zu des Schiffes Kiel empor. Da kamen ihre Schwestern durch das Wasser herauf, sie sahen sie kummervoll an und rangen ihre weißen Hände; sie winkte ihnen zu, lächelte und wollte erzählen, dass es ihr gut gehe und sie glücklich sei; doch der Schiffsjunge näherte sich ihr, und die Schwestern tauchten hinab, so dass er in dem Glauben blieb, das Weiße, das er gesehen hatte, sei Schaum auf dem Meer gewesen.

Am nächsten Morgen segelte das Schiff in den Hafen von des Nachbar-

Die kleine Meerjungfrau

königs prächtiger Stadt. Alle Kirchenglocken läuteten und von den hohen Türmen wurde mit Posaunen geblasen, während die Soldaten mit wehenden Fahnen und blitzenden Bajonetten dastanden. Jeder Tag brachte ein Fest. Ball und Gesellschaft folgten einander; aber die Prinzessin war noch nicht da. – Sie werde weit von hier in einem heiligen Tempel erzogen, sagten sie, dort lerne sie alle königlichen Tugenden. Endlich traf sie ein.

Die kleine Meerjungfrau war begierig danach, ihre Schönheit zu sehen, und sie musste sie anerkennen: Eine lieblichere Gestalt hatte sie nie gesehen. Die Haut war so fein und zart und hinter den langen dunklen Wimpern lächelten ein Paar schwarzblaue treue Augen.

»Du bist es!«, sagte der Prinz. »Du, die mich gerettet hat, als ich wie ein Leichnam an der Küste lag!« Und er schloss seine errötende Braut in die Arme. »Oh, ich bin allzu glücklich!«, sagte er zu der kleinen Meerjungfrau. »Das Beste, das, was ich nie zu hoffen wagte, ist mir gewährt worden. Du wirst dich an meinem Glück freuen, denn du hast mich am liebsten von ihnen allen!« Und die kleine Meerjungfrau küsste seine Hand, und es war ihr, als fühle sie ihr Herz bereits brechen. Sein Hochzeitsmorgen würde für sie ja den Tod bedeuten und sie in Schaum auf dem Meer verwandeln.

Alle Kirchenglocken läuteten, die Herolde ritten in den Straßen umher und verkündeten die Verlobung. Auf allen Altären brannte duftendes Öl in köstlichen Silberlampen. Die Priester schwenkten Weihrauchgefäße, und Braut und Bräutigam reichten einander die Hand und erhielten den Segen des Bischofs. Die kleine Meerjungfrau stand in Seide und Gold gekleidet und hielt die Schleppe der Braut; aber ihre Ohren hörten die festliche Musik nicht; sie dachte an die Todesnacht, an all das, was sie in dieser Welt verloren hatte.

Noch am selben Abend gingen Braut und Bräutigam an Bord des Schiffes, die Kanonen dröhnten, alle Flaggen wehten und mitten auf dem Schiff war ein königliches Zelt aus Gold und Purpur und mit den weichsten Polstern errichtet; dort sollte das Brautpaar in der stillen, kühlen Nacht schlafen.

Die Segel schwollen im Winde und das Schiff glitt leicht und ohne große Bewegung über die klare See dahin.

Als es dunkelte, wurden bunte Lampen angezündet und die Seeleute tanzten auf Deck lustige Tänze. Die kleine Meerjungfrau musste an das erste Mal denken,

Die kleine Meerjungfrau

als sie aus dem Meer auftauchte und die gleiche Pracht und Freude sah, und sie wirbelte mit den andern im Tanze und alle jubelten ihr voller Bewunderung zu; nie hatte sie so herrlich getanzt. Es schnitt wie scharfe Messer in den zarten Füßen, doch sie spürte es nicht; es schnitt ihr schmerzlich ins Herz. Sie wusste, dass es der letzte Abend war, an dem sie ihn sah, für den sie ihre Familie und ihr Heim verlassen, ihre schöne Stimme hergegeben und täglich unendliche Qualen erlitten hatte, ohne dass er es auch nur ahnte. Es war die letzte Nacht, dass sie die gleiche Luft einatmete wie er und das tiefe Meer und den sternenklaren Himmel sah; eine ewige Nacht ohne Gedanken und Traum erwartete sie, die keine Seele hatte, keine gewinnen konnte. Und alles war Freude und Lustigkeit auf dem Schiff bis weit über Mitternacht hinaus; sie lachte und tanzte mit dem Todesgedanken in ihrem Herzen.

Der Prinz küsste seine schöne Braut und sie spielte mit seinem schwarzen Haar und Arm in Arm gingen sie zur Ruhe in das prächtige Zelt.

Es wurde ruhig und still auf dem Schiff, nur der Steuermann stand am Ruder. Die kleine Meerjungfrau legte ihre weißen Arme auf die Reling und sah gen Osten nach der Morgenröte; der erste Sonnenstrahl, wusste sie, würde sie töten.

Da sah sie ihre Schwestern aus dem Meer aufsteigen, sie waren bleich wie sie selbst; ihr langes schönes Haar flatterte nicht mehr im Wind, es war abgeschnitten.

»Wir haben es der Hexe gegeben, damit sie dir Hilfe bringen soll, so dass du in dieser Nacht nicht zu sterben brauchst. Sie hat uns ein Messer gegeben, hier ist es! Siehst du, wie scharf die Schneide ist? Ehe die Sonne aufgeht, musst du es in des Prinzen Herz stoßen, und wenn dann sein warmes Blut auf deine Füße spritzt, so wachsen sie zu einem Fischschwanz zusammen, und du wirst wieder eine Meerjungfrau, kannst zu uns ins Wasser hinabsteigen und deine dreihundert Jahre leben, bevor du zu totem, salzigem Meerschaum wirst. Beeil dich! Er oder du, einer muss sterben, ehe die Sonne aufgeht! Unsere alte Großmutter trauert, so dass ihr das weiße Haar ausgefallen ist, wie unseres unter der Schere der Hexe fiel. Töte den Prinzen und komm zurück! Beeil dich! Siehst du den roten Streifen am Himmel? In wenigen Minuten geht die Sonne auf und dann musst du sterben!«

Und sie stießen einen seltsam tiefen Seufzer aus und versanken in den Wellen.

215   *Die kleine Meerjungfrau*

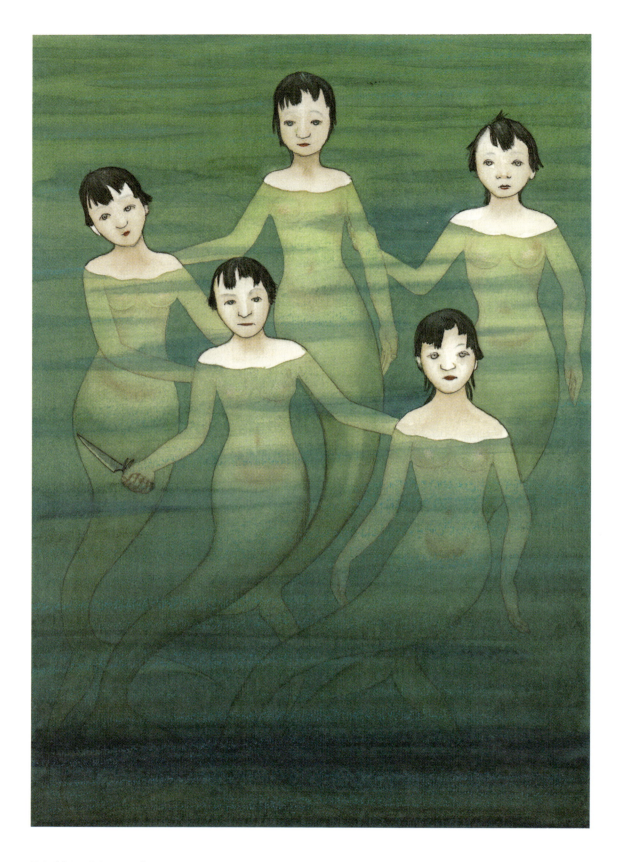

Die kleine Meerjungfrau

Die kleine Meerjungfrau zog den Purpurteppich vor dem Zelt zur Seite und sah die schöne Braut mit ihrem Kopf an der Brust des Prinzen schlafen, und sie beugte sich nieder, küsste ihn auf seine schöne Stirn, sah zum Himmel auf, wo die Morgenröte immer heller leuchtete, sah auf das scharfe Messer und heftete ihre Augen abermals auf den Prinzen, der im Traum seine Braut beim Namen nannte – nur sie war in seinen Gedanken –, und das Messer zitterte in der Hand der Meerjungfrau. – Aber da warf sie es weit hinaus in die Wellen, sie schimmerten rot, wo es niederfiel, es sah aus, als quollen Blutstropfen aus dem Wasser auf. Ein letztes Mal schaute sie mit halb gebrochenem Blick auf den Prinzen, dann stürzte sie sich vom Schiff ins Meer hinab und fühlte, wie ihr Körper sich in Schaum auflöste.

Nun stieg die Sonne aus dem Meere auf. Die Strahlen fielen so mild und warm auf den todeskalten Meeresschaum und die kleine Meerjungfrau spürte nichts vom Tode, sie sah die klare Sonne und hoch über ihr schwebten hunderte von durchsichtigen schönen Wesen. Sie konnte durch sie hindurch des Schiffes weiße Segel und des Himmels rote Wolken sehen; ihre Stimmen waren Melodien, aber so geistig, dass kein menschliches Ohr sie zu hören und auch kein irdisches Auge sie zu sehen vermochte, flügellos schwebten sie, von ihrer eigenen Leichtigkeit getragen, durch die Luft. Die kleine Meerjungfrau sah, dass sie einen Körper hatte wie diese Geschöpfe, er hob sich mehr und mehr aus dem Schaum empor.

»Zu wem komme ich?«, sagte sie, und ihre Stimme klang wie die der andern Wesen, wie ein Hauch, so dass keine irdische Musik sie wiedergeben kann. »Zu den Töchtern der Luft!«, antworteten die andern. »Die Meerjungfrau hat keine unsterbliche Seele, kann sie nie bekommen, es sei denn, sie gewänne die Liebe eines Menschen! Von einer fremden Macht hängt ihr ewiges Dasein ab. Die Töchter der Luft haben auch keine ewige Seele, aber sie können sich durch gute Handlungen selbst eine schaffen. Wir fliegen nach den warmen Ländern, wo die schwüle Pestluft die Menschen tötet; dort fächeln wir Kühlung. Wir verbreiten den Duft der Blumen durch die Luft und senden Erquickung und Heilkraft. Wenn wir dreihundert Jahre lang danach gestrebt haben, alles Gute zu tun, das in unseren Kräften steht, dann bekommen wir eine unsterbliche Seele und nehmen teil am ewigen Glück der Menschen. Du arme kleine Meerjungfrau hast mit deinem eigenen Herzen nach dem Gleichen gestrebt wie wir, du hast gelitten und geduldet, dich erhoben zur Welt der Luftgeister, nun kannst du dir selbst durch gute Taten nach dreihundert Jahren eine unsterbliche Seele erringen.«

Und die kleine Meerjungfrau hob ihre hellen Arme hinauf zu Gottes Sonne und zum ersten Mal fühlte sie Tränen.

Auf dem Schiff war wieder Lärm und Leben, sie sah den Prinzen mit seiner schönen Braut nach ihr suchen, wehmütig starrten sie auf den brodelnden Schaum, als ob sie wüssten, dass sie sich in die Wellen gestürzt hatte. Unsichtbar küsste sie die Stirn der Braut, lächelte dem Prinzen zu und stieg mit den andern Kindern der Luft zu der rosenroten Wolke hinauf, die durch die Luft segelte.

»In dreihundert Jahren schweben wir so hinein in Gottes Reich!«

»Auch früher können wir dorthin gelangen«, flüsterte eine. »Unsichtbar schweben wir in die Häuser der Menschen, wo Kinder sind, und für jeden Tag, an dem wir ein gutes Kind finden, das seinen Eltern Freude macht und ihre Liebe verdient, verkürzt Gott unsere Prüfungszeit. Das Kind weiß nicht, wann wir durch die Stube fliegen, und wenn wir dann aus Freude über es lächeln, so wird ein Jahr von den dreihundert genommen; aber sehen wir ein unartiges und böses Kind, dann müssen wir Tränen der Trauer weinen, und jede Träne fügt unserer Prüfungszeit einen Tag hinzu!«

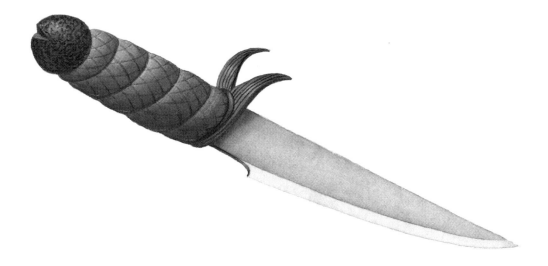

Der Schweinehirt

Es war einmal ein armer Prinz; er hatte ein Königreich, das ganz klein war; aber es war immerhin groß genug, um darauf zu heiraten, und heiraten, das wollte er.

Nun war es freilich etwas keck von ihm, dass er zur Tochter des Kaisers zu sagen wagte: »Willst du mich haben?« Aber das durfte er wagen, denn sein Name war weit und breit berühmt; es gab hunderte von Prinzessinnen, die sich obendrein bedankt haben würden, aber seht zu, ob sie es tat.

Nun hört einmal zu:

Auf dem Grabe vom Vater des Prinzen wuchs ein Rosenbaum, oh, so ein schöner Rosenbaum! Er blühte nur jedes fünfte Jahr und trug dann nur eine einzige Blüte, aber das war eine Rose, die so süß duftete, dass man alle seine Sorgen und Kümmernisse vergaß, wenn man nur an ihr roch. Und dann hatte er eine Nachtigall, die singen konnte, als ob alle schönen Melodien in ihrer Kehle säßen. Diese Rose und diese Nachtigall sollte die Prinzessin haben; deshalb kamen beide in große Silberhüllen und wurden ihr dann zugesandt.

Der Kaiser ließ sie vor sich her in den großen Saal tragen, wo die Prinzessin war und mit ihren Hofdamen »Es kommt Besuch« spielte; weiter taten sie nichts. Und als die Prinzessin die großen Hüllen mit den Geschenken darin sah, klatschte sie vor Freude in die Hände.

»Wenn es doch eine kleine Miezekatze wäre!«, sagte sie. Aber dann kam die schöne Rose zum Vorschein.

»Nein, wie ist sie niedlich gemacht!«, sagten alle Hofdamen.

»Sie ist mehr als niedlich«, sagte der Kaiser, »sie ist hübsch!«

Aber die Prinzessin befühlte sie, und da war sie nahe daran zu weinen.

»Pfui, Papa!«, sagte sie. »Sie ist nicht künstlich, es ist eine richtige Rose!«

»Pfui!«, sagten alle Hofleute. »Eine richtige Rose!«

»Lasst uns erst sehen, was in der anderen Hülle ist, bevor wir böse werden«, meinte der Kaiser und dann kam die Nachtigall hervor; sie sang nun so schön, dass man nicht gleich etwas Böses über sie sagen konnte.

»Superbe! Charmant!«, sagten die Hofdamen, denn sie sprachen allesamt Französisch, die eine ärger als die andere.

»Wie der Vogel mich an der hochseligen Kaiserin Spieldose erinnert«, sagte ein alter Kavalier. »Ach ja! Es ist ganz derselbe Ton, derselbe Vortrag!«

»Ja«, sagte der Kaiser und dann weinte er wie ein kleines Kind.

»Ich will einfach nicht glauben, dass er lebendig ist«, sagte die Prinzessin.

»Doch, es ist ein lebendiger Vogel!«, sagten die, die ihn gebracht hatten.

»Ja, dann lasst den Vogel fliegen«, sagte die Prinzessin, und sie wollte auf keinen Fall erlauben, dass der Prinz käme.

Der Schweinehirt

Aber der ließ sich nicht einschüchtern; er machte sich das Gesicht braun und schwarz, drückte die Mütze tief in die Stirn und klopfte an. »Guten Tag, Kaiser!«, sagte er. »Könnte ich hier auf dem Schloss nicht eine Arbeit bekommen?«

»Ja, hier gibt es so viele, die sich bewerben«, sagte der Kaiser. »Aber lass mich sehen! Ich brauche einen, der die Schweine hüten kann.«

Und so wurde der Prinz als kaiserlicher Schweinehirt angestellt. Er bekam eine schlechte kleine Kammer unten beim Schweinestall und hier musste er bleiben. Aber den ganzen Tag über saß er da und arbeitete; und als es Abend war, hatte er einen allerliebsten kleinen Topf gemacht; rundherum waren Schellen, und sobald der Topf kochte, läuteten sie so schön und spielten die alte Melodie:

> »Ach, du lieber Augustin,
>
> Alles ist hin, hin, hin!«

Aber das Allerkünstlichste war doch, dass man nur die Finger in den Dampf des Topfes zu halten brauchte, und gleich konnte man riechen, welche Speisen auf jedem Herd gekocht wurden, den es in der Stadt gab; seht, das war wahrlich etwas anderes als eine Rose.

Nun kam die Prinzessin mit all ihren Hofdamen daherspaziert, und als sie die Melodie hörte, blieb sie stehen und sah so vergnügt aus, denn sie konnte auch »Ach, du lieber Augustin« spielen; es war die einzige Melodie, die sie konnte; aber sie spielte sie mit einem Finger. »Das ist ja das Lied, das ich auch kann«, sagte sie. »Dann muss es ein gebildeter Schweinehirt sein! Höre, geh hin und frage ihn, was das Instrument kostet!«

Und so musste eine der Hofdamen hineingehen; aber sie zog Holzschuhe an. »Was willst du für den Topf haben?«, fragte die Hofdame.

»Ich will zehn Küsse von der Prinzessin haben!«, sagte der Schweinehirt.

»Gott bewahr uns!«, sagte die Hofdame.

»Ja, für weniger gebe ich ihn nicht her«, sagte der Schweinehirt.

»Nun, was sagt er?«, fragte die Prinzessin.

»Das kann ich wirklich nicht sagen«, meinte die Hofdame. »Es ist so gräulich.«

»Dann flüstere es mir ins Ohr.« Und da flüsterte sie.

»Er ist ungezogen«, sagte die Prinzessin und ging gleich weiter. Aber als sie ein kleines Stück gegangen war, da klangen die Schellen so schön:

»Ach, du lieber Augustin,
Alles ist hin, hin, hin!«

»Hör zu«, sagte die Prinzessin, »frage ihn, ob er zehn Küsse von meinen Hofdamen haben will!«

»Danke, nein!«, sagte der Schweinehirt. »Zehn Küsse von der Prinzessin oder ich behalte meinen Topf!«

»Was ist das doch für eine dumme Sache«, sagte die Prinzessin. »Aber dann müsst ihr euch vor mich stellen, damit es niemand sieht!«

Und die Hofdamen stellten sich vor ihr auf und breiteten ihre Röcke aus und dann bekam der Schweinehirt die zehn Küsse und sie bekam den Topf.

Na, das wurde ein Vergnügen! Den ganzen Abend und den ganzen Tag musste der Topf kochen; es gab nicht einen Herd in der ganzen Stadt, von dem sie nicht wussten, was auf ihm gekocht wurde, sowohl beim Kammerherrn wie beim Schuhmacher. Die Hofdamen tanzten und klatschten in die Hände.

»Wir wissen, wer Obstsuppe und Pfannkuchen bekommt! Wir wissen, wer Grütze und Frikadellen bekommt! Wie interessant das ist!«

»Höchst interessant!«, sagte die Oberhofmeisterin.

»Ja, aber haltet reinen Mund, denn ich bin des Kaisers Tochter!«

»Gott bewahr uns!«, sagten sie alle.

Der Schweinehirt – das heißt der Prinz, aber sie wussten es ja nicht anders, als dass er ein wirklicher Schweinehirt war – ließ den Tag nicht vergehen, ohne etwas zu tun, und diesmal machte er eine Knarre; wenn er sie im Kreise schwingen ließ, erklangen alle die Walzer, Hopser und Polkas, die man seit Erschaffung der Welt kannte.

»Aber das ist wirklich superbe!«, sagte die Prinzessin, als sie vorbeiging. »Eine schönere Musik habe ich nie gehört! Höre, geh hinein und frage ihn, was dies Instrument kostet. Aber ich küsse ihn nicht mehr!«

»Er will hundert Küsse von der Prinzessin haben!«, sagte die Hofdame, die bei ihm gewesen war und gefragt hatte.

Der Schweinehirt

»Ich glaube, er ist verrückt!«, sagte die Prinzessin und dann ging sie. Aber als sie ein kleines Stück gegangen war, blieb sie stehen. »Man muss die Kunst ermutigen«, sagte sie. »Ich bin des Kaisers Tochter! Sag ihm, er soll zehn Küsse bekommen wie gestern, den Rest kann er sich bei meinen Hofdamen nehmen!«

»Ja, aber wir möchten so ungern!«, sagten die Hofdamen.

»Das ist Geschwätz!«, sagte die Prinzessin. »Wenn ich ihn küssen kann, könnt ihr es wohl auch! Bedenkt, ich gebe euch Kost und Lohn!« Und dann musste die Hofdame wieder zu ihm hingehen.

»Hundert Küsse von der Prinzessin!«, sagte er. »Oder jeder behält das Seine.«

Der Schweinehirt

»Stellt euch davor!«, sagte sie und die Hofdamen stellten sich vor sie hin und dann küsste er.

»Was mag das dort unten beim Schweinestall bloß für ein Auflauf sein!«, sagte der Kaiser, der auf den Balkon hinausgetreten war; er rieb seine Augen und setzte die Brille auf. »Das sind ja die Hofdamen, die da versammelt sind! Ich muss wohl zu ihnen hinuntergehen!« Und dann zog er seine Pantoffeln hinten in die Höhe, denn es waren Schuhe, die er heruntergetreten hatte.

Potztausend, wie er sich sputete.

Sobald er in den Hof kam, ging er ganz leise, und die Hofdamen hatten so viel damit zu tun, die Küsse zu zählen, damit es auch ehrlich zuging und der Schweinehirt nicht zu viele bekam, aber auch nicht zu wenige; sie bemerkten den Kaiser gar nicht. Er hob sich auf die Zehenspitzen.

»Was ist das!«, sagte er, als er sah, dass sie sich küssten; und dann schlug er ihnen mit seinem Pantoffel auf den Kopf, gerade als der Schweinehirt den sechsundachtzigsten Kuss bekam. »Hinaus!«, sagte der Kaiser, denn er war böse, und sowohl die Prinzessin als auch der Schweinehirt wurden aus seinem Kaiserreich verstoßen.

Da stand sie nun und weinte; der Schweinehirt schimpfte und der Regen strömte herab.

»Ach, ich elendes Geschöpf!«, sagte die Prinzessin. »Hätte ich doch den schönen Prinzen genommen! Ach, wie unglücklich bin ich!«

Und der Schweinehirt ging hinter einen Baum, wischte die schwarze und braune Farbe von seinem Gesicht, warf die hässlichen Kleider ab und trat nun in seinem Prinzengewand hervor, so schön, dass die Prinzessin sich verneigen musste.

»Ich habe dich verachten gelernt, du!«, sagte er. »Du wolltest keinen ehrlichen Prinzen haben! Du verstandest dich nicht auf die Rose und die Nachtigall, aber den Schweinehirten konntest du für eine Spielerei küssen! Das hast du nun davon!«

Und dann ging er in sein Königreich hinein, schloss die Tür zu und schob den Riegel vor. Da mochte sie draußen stehen und nach Herzenslust singen:

»Ach, du lieber Augustin,
Alles ist hin, hin, hin!«

Der Schweinehirt

Mutter Holunder

Es war einmal ein kleiner Junge, der erkältet war. Er war draußen gewesen und hatte nasse Füße bekommen. Niemand konnte begreifen, wo er sie sich geholt hatte, denn es war ganz trockenes Wetter. Nun zog seine Mutter ihn aus, brachte ihn zu Bett und ließ die Teemaschine hereinbringen, um ihm eine gute Tasse Holundertee zu machen, denn der wärmt! In diesem Augenblick kam der alte, lustige Mann zur Tür herein, der ganz oben im Haus wohnte und so allein lebte; denn er hatte weder Frau noch Kinder, liebte aber alle Kinder sehr und wusste so viele Märchen und Geschichten zu erzählen, dass es eine Lust war.

»Jetzt trinkst du deinen Tee«, sagte die Mutter, »vielleicht bekommst du dann ein Märchen zu hören.«

»Wenn ich bloß ein neues wüsste«, sagte der alte Mann und nickte freundlich. »Aber wo hat sich der Kleine die nassen Füße geholt?«, fragte er.

»Ja, wo hat er die wohl her?«, sagte die Mutter. »Das kann niemand begreifen.«

»Bekomme ich ein Märchen?«, fragte der Junge.

»Kannst du mir etwa sagen, denn das muss ich zuvor wissen, wie tief der Rinnstein drüben in der kleinen Straße ist, wo du in die Schule gehst?«

»Das Wasser reicht mir gerade bis an die Mitte meiner Stiefelschäfte«, sagte der Knabe, »aber dann muss ich in das tiefe Loch gehen!«

»Siehst du, von dort haben wir die nassen Füße her«, sagte der Alte. »Nun sollte ich freilich ein Märchen erzählen, aber ich weiß keins mehr!«

»Sie können sich gleich eins ausdenken«, sagte der kleine Knabe. »Mutter sagt, dass alles, was Sie sehen, ein Märchen werden kann, und aus allem, was Sie berühren, können Sie eine Geschichte machen.«

»Aber diese Märchen und Geschichten taugen nichts. Nein, die richtigen, die kommen von selbst, sie klopfen an meine Stirn und sagen: ›Hier bin ich!‹«

»Klopft es nicht bald?«, fragte der kleine Junge und die Mutter lachte, tat Holundertee in die Teekanne und goss kochendes Wasser darüber.

»Erzähl! Erzähl!«

»Ja, wenn die Märchen nur von selbst kommen wollten, aber so eins kommt nur, wenn es gerade Lust hat – halt!«, sagte er auf einmal. »Da haben wir es! Gib Acht, jetzt ist eins in der Teekanne!«

Und der kleine Junge schaute zur Teekanne hin: Der Deckel hob sich mehr und mehr und die Holunderblüten kamen frisch und weiß hervor. Sie trieben große, lange Zweige, selbst aus der Tülle kamen sie, breiteten sich nach allen Seiten aus und wurden immer größer. Es war der schönste Holunderbusch, ein ganzer Baum. Er ragte in das Bett hinein und schob die Gardinen zur Seite; nein, wie das blühte und duftete! Und mitten im Baum saß eine alte, freundliche Frau in einem wunderlichen Kleid; es war ganz grün, wie die Blätter des Holunderbaumes, und mit großen, weißen Holunderblüten besetzt. Man konnte nicht gleich sehen, ob es ein Kleid war oder lebendes Grün und Blüten.

»Wie heißt diese Frau?«, fragte der kleine Junge.

»Die Römer und Griechen«, sagte der alte Mann, »die nannten sie eine Dryade, aber das verstehen wir nicht; draußen in Nyboder haben sie einen besseren Namen für sie, dort wird sie ›Mutter Holunder‹ genannt, und sie ist es nun, auf die du Acht geben musst. Hör nur zu und sieh dir den schönen Holunderbaum an! Gerade so ein großer, blühender Baum steht draußen in Nyboder! Er wuchs dort in der Ecke eines kleinen, ärmlichen Hofes. Unter diesem Baum saßen eines Nachmittags zwei alte Leute im schönsten Sonnenschein; es war ein alter, alter Seemann und seine alte, alte Frau. Sie waren Urgroßeltern und sollten bald ihre goldene Hochzeit feiern, aber sie konnten sich nicht recht an das Datum erinnern. Und Mutter Holunder saß im Baum und sah so vergnügt aus, wie du sie hier siehst. ›Ich weiß wohl, wann die goldene Hochzeit ist‹, sagte sie, doch das hörten die beiden nicht, sie sprachen von den alten Zeiten.

›Entsinnst du dich‹, sagte der alte Seemann, ›damals, als wir noch ganz kleine Kinder waren und herumliefen und spielten? Es war just in dem Hof, wo wir jetzt sitzen, und wir steckten Zweige in die Erde und machten einen Garten!‹

›Ja‹, sagte die alte Frau, ›daran erinnere ich mich gut! Und wir begossen die Zweige und einer davon war ein Holunderzweig; er schlug Wurzeln, trieb grüne Schösslinge und ist nun der große Baum geworden, unter dem wir alten Leute sitzen.‹

›So ist es‹, sagte er, ›und dort drüben in der Ecke stand ein Wasserkübel; da schwamm mein Boot. Ich hatte es selbst geschnitzt; wie das segeln konnte! Aber ich bin wahrlich noch ganz anders gesegelt!‹

›Ja, aber erst gingen wir in die Schule und lernten etwas!‹, sagte sie. ›Und dann wurden wir konfirmiert; wir weinten alle beide; aber am Nachmittag gingen wir Hand in Hand auf den ›Runden Turm‹ und sahen in die Welt hinaus über Kopenhagen und das Wasser hin. Dann gingen wir nach Frederiksberg, wo der König und die Königin in ihren prächtigen Booten auf den Kanälen umherfuhren.‹

›Aber ich bin freilich noch ganz anders umhergesegelt, und das viele Jahre lang, weit fort auf den großen Reisen.‹

›Ja, ich weinte oft um dich‹, sagte sie. ›Ich glaubte, du seiest tot und müsstest dort unten in dem tiefen Wasser liegen! So manche Nacht stand ich auf und sah nach, ob die Wetterfahne sich drehte. Ja, sie drehte sich wohl, aber du kamst nicht! Ich entsinne mich so deutlich, wie es eines Tages in Strömen regnete. Der Müllabholer kam vor das Haus, in dem ich diente; ich ging mit dem Mülleimer hinunter und blieb in der Tür stehen; was war das für ein scheußliches Wetter! Und wie ich so dastand, war der Postbote neben mir und gab mir einen Brief; der war von dir. Ja, wo der überall herumgereist war! Ich stürzte mich sofort darauf und las; ich lachte und weinte, ich war so froh! Da stand, dass du in den warmen Ländern seiest, wo die Kaffeebohnen wachsen! Was muss das für ein gesegnetes

Land sein! Du erzähltest so viel, und ich sah das alles vor mir, während der Regen herabströmte und ich mit dem Mülleimer dastand. Da kam plötzlich einer und fasste mich um den Leib!‹

›Aber du gabst ihm eine tüchtige Ohrfeige, dass es nur so klatschte.‹

›Ich wusste ja nicht, dass du es warst! Du warst ebenso schnell gekommen wie dein Brief; und du warst so hübsch – das bist du ja noch immer –, du hattest ein großes gelbes Seidentaschentuch einstecken und einen blanken Hut auf; du warst so fein. Gott, was war das doch für ein Wetter, und wie die Straße aussah!‹

›Dann heirateten wir‹, sagte er. ›Weißt du noch? Und dann, als wir den ersten Jungen bekamen und dann Marie und Niels und Peter und Hans Christian!‹

›Ja, und wie sie alle herangewachsen und ordentliche Menschen geworden sind, die jeder gern hat!‹

›Und ihre Kinder haben wieder Kinder bekommen!‹, sagte der alte Matrose. ›Das sind Urenkel mit Mark in den Knochen! – Wir haben doch, meine ich, zu dieser Jahreszeit Hochzeit gehalten!‹

›Ja, just heute ist der goldene Hochzeitstag!‹, sagte Mutter Holunder und steckte den Kopf gerade zwischen die beiden Alten, und sie glaubten, es sei die Nachbarin, die ihnen zunickte. Sie sahen sich an und fassten sich bei den Händen. Bald darauf kamen die Kinder und Enkelkinder; sie wussten wohl, dass es der goldene Hochzeitstag war, sie hatten schon am Morgen gratuliert; aber das hatten die Alten vergessen, während sie sich gut an all das erinnerten, was vor vielen Jahren geschehen war. Und der Holunderbaum duftete so stark, und die Sonne, die gerade unterging, schien den beiden Alten ins Gesicht; sie sahen so rotwangig aus, und das kleinste der Enkelkinder tanzte um sie herum und rief ganz glückselig, dass es diesen Abend ein richtiges Fest geben werde, sie sollten warme Kartoffeln haben. Und Mutter Holunder nickte im Baum und rief Hurra mit all den andern.«

»Aber das war ja gar kein Märchen!«, sagte der kleine Junge, der es erzählt bekam.

»Ja, das stimmt schon«, sagte der Erzähler, »aber lass uns Mutter Holunder fragen.«

»Das war noch kein Märchen«, sagte Mutter Holunder, »aber jetzt kommt es! Gerade aus dem Wirklichen erwächst das erstaunlichste Märchen; sonst hätte

ja mein schöner Holunderbusch nicht aus der Teekanne hervorsprießen können.«
Und dann nahm sie den kleinen Jungen aus dem Bett, legte ihn an ihre Brust,
und die blütenübersäten Holunderzweige schlugen um sie zusammen, sie saßen
wie in der dichtesten Gartenlaube und die flog mit ihnen durch die Luft; es war
unvergleichlich schön. Mutter Holunder war auf einmal ein kleines, liebliches
Mädchen geworden; aber ihr Kleid war noch immer vom gleichen dünnen, weiß
geblümten Stoff, den Mutter Holunder getragen hatte. An der Brust hatte sie eine
wirkliche Holunderblüte und in ihrem blonden, lockigen Haar einen ganzen
Kranz von Holunderblüten. Ihre Augen waren so groß, so blau, oh, sie war so beglückend anzuschauen! Sie und der Junge küssten einander und dann waren sie
im gleichen Alter und fühlten gleiche Freuden.

Sie gingen Hand in Hand aus der Laube und standen nun in dem schönen
Blumengarten des Hauses. Bei dem frischen Rasenplatz war des Vaters Stock an
einen Pflock angebunden; für die Kleinen war der Stock lebendig; sobald sie sich
rittlings über ihn setzten, verwandelte sich der blanke Knauf zu einem prächtigen,
wiehernden Pferdekopf, die lange, schwarze Mähne flatterte, vier schlanke, kräfti-
ge Beine schossen hervor; das Tier war stark und feurig; im Galopp ging es um
den Rasenplatz herum: Hussa! – »Jetzt reiten wir viele Meilen weit fort«, sagte
der Junge. »Wir reiten zu dem Herrenhof, wo wir im vorigen Jahre waren.« Und
sie ritten und ritten um den Rasenplatz herum; und immer rief das kleine Mädchen, das, wie wir wissen, niemand anders als Mutter Holunder war: »Jetzt sind
wir auf dem Land! Siehst du das Bauernhaus mit dem großen Backofen, der wie
ein riesengroßes Ei erscheint, in der Mauer nach dem Wege zu? Der Holunderbaum neigt seine Zweige über ihn, und der Hahn stolziert einher und scharrt vor
den Hühnern; schau, wie er sich brüstet! – Nun sind wir bei der Kirche. Sie liegt
hoch oben auf dem Hügel zwischen den großen Eichen, von denen die eine halb
abgestorben ist! – Jetzt sind wir bei der Schmiede, wo das Feuer brennt und die
halb nackten Männer mit den Hämmern schlagen, dass die Funken nur so um-
hersprühen. Fort, fort nach dem prächtigen Herrenhof!« Und alles, was das kleine
Mädchen, das hinten auf dem Stock saß, sagte, flog auch vorüber; der Knabe sah
es und doch kamen sie nur um den Rasenplatz herum. Dann spielten sie im Sei-
tengang und ritzten einen kleinen Garten in die Erde. Und sie nahm die Holunderblüte aus ihrem Haar, pflanzte sie, und sie wuchs, genauso wie es bei den alten

Leuten in Nyboder geschehen war, damals, als sie klein waren, und wie es früher
bereits erzählt wurde.

Sie gingen Hand in Hand, wie es die alten Leute als Kinder getan hatten,
aber nicht auf den »Runden Turm« hinauf oder in den Frederiksberg-Park, nein,
das kleine Mädchen fasste den Jungen um den Leib und dann flogen sie weit umher in ganz Dänemark. Und es war Frühling und es wurde Sommer und es war
Herbst und es wurde Winter und in den Augen und dem Herzen des Knaben spiegelten sich Tausende von Bildern und immer sang ihm das kleine Mädchen vor:
»Das wirst du nie vergessen!« Und auf dem ganzen Flug duftete der Holunderbaum so süß und so lieblich; er spürte zwar die Rosen und die frischen Buchen,
aber der Holunderbaum duftete noch wunderbarer, denn seine Blüten hingen am
Herzen des kleinen Mädchens und daran lehnte er im Fluge oft seinen Kopf.

»Hier ist es herrlich im Frühling!«, sagte das kleine Mädchen, und sie standen in dem frisch ausschlagenden Buchenwald, wo der grüne Waldmeister zu ihren Füßen duftete, und die blassroten Anemonen sahen im Grünen so hübsch aus.
»Oh, wäre es doch immer Frühling in dem duftenden dänischen Buchenwald!«

»Hier ist es herrlich im Sommer!«, sagte sie, und sie fuhren an alten Burgen
aus der Ritterzeit vorbei, wo die roten Mauern und gezackten Giebel sich in den
Kanälen spiegelten, wo die Schwäne schwammen und in die alten, kühlen Alleen
hinaufguckten. Auf den Feldern wogte das Korn, als wäre es ein See, in den Gräben standen rote und gelbe Blumen, an den Hecken wuchsen wilder Hopfen und
blühende Winden; und am Abend stieg der Mond herauf, rund und groß, die
Heuschober auf den Wiesen dufteten so süß. »Das vergisst man nie!«

»Hier ist es herrlich im Herbst!«, sagte das kleine Mädchen und die Luft
wurde doppelt so hoch und blau; der Wald bekam die schönsten Farben von Rot,
Gelb und Grün. Die Jagdhunde schossen dahin, ganze Scharen Vogelwild flogen
schreiend über die Hünengräber hin, wo Brombeerranken um die alten Steine
hingen; das Meer war schwarzblau mit weißen Seglern und auf der Tenne saßen
alte Frauen; Mädchen und Kinder zupften Hopfen in einen großen Bottich; die
Jungen sangen Lieder, aber die Alten erzählten Märchen von Zwergen und Ko-
bolden. »Besser könnte es gar nicht sein!«

»Hier ist es herrlich im Winter!«, sagte das kleine Mädchen; und alle Bäume
standen im Raureif; sie sahen aus wie weiße Korallen. Der Schnee knirschte unter

den Füßen, als ob man neue Stiefel anhätte, und vom Himmel fiel eine Stern-schnuppe nach der andern. In der Stube wurde der Weihnachtsbaum angezündet, da waren Geschenke und gute Laune. Auf dem Lande erklang die Fiedel in des Bauern Stube, Krapfen wurden verteilt; selbst das ärmste Kind sagte: »Es ist doch herrlich im Winter!«

Ja, es war herrlich! Und das kleine Mädchen zeigte dem Knaben alles, und immer duftete der Holunderbaum, und immer wehte die rote Flagge mit dem weißen Kreuz, jene Flagge, unter der der alte Seemann in Nyboder gesegelt war! – Und der Knabe wurde ein Jüngling und er sollte in die weite Welt hinaus, weit fort nach den warmen Ländern, wo der Kaffee wächst. Aber beim Abschied nahm das kleine Mädchen eine Holunderblüte von ihrer Brust und gab sie ihm zum Andenken. Und sie wurde in das Gesangbuch gelegt, und immer, wenn er im fremden Land das Buch aufschlug, war es gerade an der Stelle, wo die Erinne-rungsblume lag, und je mehr er sie ansah, desto frischer wurde sie. Er spürte gleichsam den Duft der dänischen Wälder, und deutlich sah er zwischen den Blü-tenblättern das kleine Mädchen mit ihren klaren, blauen Augen hervorgucken und sie flüsterte dann: »Hier ist es herrlich im Frühling, im Sommer, im Herbst und im Winter!« Und hunderte von Bildern glitten durch seine Gedanken.

So vergingen viele Jahre und er war nun ein alter Mann und saß mit seiner alten Frau unter einem blühenden Baum; sie hielten einander bei der Hand, eben-so wie Urgroßvater und Urgroßmutter es draußen in Nyboder getan, und sie spra-chen ebenso wie diese von den alten Zeiten und von der goldenen Hochzeit.

Das kleine Mädchen mit den blauen Augen und mit den Holunderblüten im Haar saß oben im Baum, nickte ihnen beiden zu und sagte: »Heute ist der gol-dene Hochzeitstag!« Und dann nahm sie zwei Blüten aus ihrem Kranz, küsste sie, und sie leuchteten erst wie Silber, dann wie Gold, und als sie sie auf die Köpfe der alten Leute legte, wurde jede Blüte zu einer Goldkrone; da saßen sie alle bei-de wie ein König und eine Königin unter dem duftenden Baum, der ganz und gar wie ein Holunderbaum aussah.

Und er erzählte seiner alten Frau die Geschichte von Mutter Holunder, so wie sie ihm erzählt wurde, als er ein kleiner Knabe war; und sie fanden beide, dass sie so vieles enthielt, was ihrer eigenen Geschichte glich, und das, was glich, gefiel ihnen am besten.

»Ja, so ist es!«, sagte das kleine Mädchen im Baum. »Einige nennen mich Mutter Holunder, andere nennen mich Dryade, aber eigentlich heiße ich Erinnerung. Ich bin es, die in dem Baum sitzt, der wächst und wächst, ich kann mich erinnern, ich kann erzählen! Lass mich sehen, ob du deine Blüte noch hast!«

Und der alte Mann schlug sein Gesangbuch auf. Da lag die Holunderblüte, so frisch, als wäre sie erst kürzlich hineingelegt worden, und die Erinnerung nickte und die beiden Alten mit den Goldkronen saßen in der roten Abendsonne; sie schlossen die Augen, und – und – ja, da war das Märchen aus!

Der kleine Knabe lag in seinem Bett, er wusste nicht, ob er geträumt hatte oder ob er es hatte erzählen hören; die Teekanne stand auf dem Tisch, aber es wuchs kein Holunderbaum aus ihr heraus, und der alte Mann, der erzählt hatte, war gerade dabei, zur Tür hinauszugehen, und das tat er.

»Wie herrlich das war!«, sagte der kleine Knabe. »Mutter, ich bin in den warmen Ländern gewesen!«

»Ja, das glaube ich wohl!«, sagte die Mutter. »Wenn man zwei volle Tassen Holundertee im Leibe hat, dann kommt man wohl in die warmen Länder!« Und sie deckte ihn gut zu, damit er sich nicht noch mehr erkälte. »Du hast sicher geschlafen, während ich dasaß und mit ihm stritt, ob es eine Geschichte oder ein Märchen war.«

»Und wo ist Mutter Holunder?«, fragte der Junge.

»Sie ist in der Teekanne«, sagte die Mutter, »und dort kann sie bleiben!«

Mutter Holunder

Das alte Haus

Dort drüben in der Straße stand ein altes, altes Haus. Es war fast dreihundert Jahre alt; das konnte man an dem Balken lesen, in dem die Jahreszahl samt Tulpen und Hopfenranken geschnitzt war; ganze Verse standen da, geschrieben wie in alten Zeiten, und über jedem Fenster war ein Gesicht in den Balken geschnitzt, das Grimassen schnitt. Das eine Stockwerk ragte ein gutes Stück über das andere hinaus und dicht unter dem Dach war eine bleierne Rinne mit einem Drachenkopf; das Regenwasser sollte aus dem Rachen herauslaufen, es lief aber aus dem Bauch, denn die Rinne hatte ein Loch.

Alle anderen Häuser in der Straße waren neu und ansehnlich, mit großen Scheiben und glatten Wänden. Man konnte wohl sehen, dass sie nichts mit dem alten Haus zu tun haben wollten; sie dachten sicher: »Wie lange soll dieser Kasten noch zum Ärgernis der Leute in der Straße stehen? Der Erker steht so weit vor, dass niemand aus unseren Fenstern sehen kann, was auf dieser Seite passiert! Die Treppe ist so breit wie ein Schloss und so hoch, als führe sie auf einen Kirchturm. Das eiserne Geländer sieht ja aus wie die Tür zu einer alten Grabstätte und dann hat es auch noch Messingknöpfe. Es ist scheußlich!«

Gerade gegenüber in der Straße standen auch neue und ansehnliche Häuser und die dachten wie die andern; aber an einem Fenster saß ein kleiner Junge mit frischen, roten Wangen, mit hellen, strahlenden Augen, und dem gefiel eben das alte Haus am besten, bei Sonnenschein genauso wie bei Mondenschein. Und sah er hinüber zur Mauer, an der der Kalk abgeblättert war, dann konnte er dort die wunderlichsten Bilder entdecken, genau so, wie die Straße früher ausgesehen hatte, mit Freitreppen, Erkern und spitzen Giebeln; er konnte Soldaten mit Hellebarden sehen und Dachrinnen, die wie Drachen und Lindwürmer verliefen. – Das war so richtig ein Haus zum Anschauen!

Und da drüben wohnte ein alter Mann, der in Kniehosen aus Plüsch ging, eine Jacke mit großen Messingknöpfen trug und eine Perücke, der man ansah,

dass es eine wirkliche Perücke war. Jeden Morgen kam ein alter Diener zu ihm, der bei ihm sauber machte und Einkäufe besorgte; ansonsten wohnte der Alte in den Pluderhosen ganz allein in dem alten Haus; zuweilen trat er ans Fenster und sah hinaus und der kleine Junge nickte ihm zu und der alte Mann nickte zurück und so wurden sie miteinander bekannt, und so wurden sie Freunde, obgleich sie niemals miteinander gesprochen hatten, aber das war ja auch einerlei.

Der kleine Junge hörte seine Eltern sagen: »Der alte Mann da drüben hat es gut, aber er ist so schrecklich einsam!«

Am nächsten Sonntag wickelte der kleine Junge etwas in ein Stück Papier, ging damit vor die Haustür, und als der Diener, der für den alten Mann Besorgungen machte, vorbeikam, sagte er zu ihm: »Hör mal! Willst du dem alten Mann da drüben das von mir bringen? Ich habe zwei Zinnsoldaten; das ist der eine; er soll ihn haben, denn ich weiß, dass er so schrecklich einsam ist.«

Und der alte Diener sah ganz vergnügt aus, nickte und trug den Zinnsoldaten hinüber in das alte Haus. Kurz darauf wurde herübergeschickt, ob der kleine Junge nicht Lust habe, selbst einen Besuch zu machen; und das erlaubten ihm seine Eltern und so kam er hinüber in das alte Haus.

Und die Messingknöpfe auf dem Treppengeländer glänzten noch stärker als sonst, man hätte glauben können, sie seien zu Ehren des Besuches poliert worden, und es war, als ob die geschnitzten Trompeter – denn in die Tür waren Trompeter geschnitzt, die in Tulpen standen – aus Leibeskräften bliesen. Ihre Backen sahen viel dicker aus als vorher. Ja, sie bliesen: »Tatterata! Der kleine Junge kommt! Tatterata!« – Und dann ging die Tür auf. Der ganze Hausflur war mit alten Porträts voll gehängt, mit Rittern in Harnischen und Damen in seidenen Kleidern; und die Harnische rasselten und die seidenen Kleider raschelten. – Und dann kam eine Treppe, die führte ein ganzes Stück hinauf und ein kleines Stück hinunter – und dann war man auf einem Balkon, der freilich sehr gebrechlich war, mit großen Löchern und langen Spalten; aber aus allen wuchsen Gras und Blätter hervor, denn der ganze Balkon, der Hof und die Mauer waren mit so viel Grün überwuchert, dass es aussah wie ein Garten, aber es war nur ein Balkon. Hier standen alte Blumentöpfe, die Gesichter und Eselsohren hatten; die Blumen wuchsen ganz, wie sie wollten. In dem einen Topf flossen Nelken über alle Ränder, das heißt viel Grün, Schössling auf Schössling, und die sagten ganz deutlich: »Die Luft hat mich gestreichelt, die Sonne hat mich geküsst und mir für den Sonntag eine kleine Blume versprochen, eine kleine Blume für den Sonntag!«

Und dann kamen sie in eine Kammer, wo die Wände mit Tapeten aus Schweinsleder überzogen waren, auf die man Goldblumen eingepresst hatte.

»Vergoldung vergeht,

Aber Schweinsleder besteht!«,

sagten die Wände.

Und da standen Stühle mit hohen Rückenlehnen, mit Schnitzwerk und mit Armen an beiden Seiten! »Setz dich! Setz dich!«, sagten sie. »Uh, wie es in mir knackt! Jetzt bekomme ich wohl die Gicht wie der alte Schrank! Gicht im Rücken! Uh!«

Und dann kam der kleine Junge in die Stube, wo der Erker war und wo der alte Mann saß.

»Hab Dank für den Zinnsoldaten, mein kleiner Freund!«, sagte der alte Mann. »Und Dank dafür, dass du zu mir herübergekommen bist!«

»Dank! Dank!« oder »Knack! Knack!«, sagte es in allen Möbeln, sie waren so zahlreich, dass sie sich fast im Wege standen, wenn sie den kleinen Jungen sehen wollten.

Und mitten an der Wand hing ein Gemälde von einer schönen Dame, so jung, so froh, aber ganz wie in vergangenen Zeiten gekleidet, mit Puder im Haar und mit Kleidern, die steif standen; sie sagte weder »Dank« noch »Knack«, sah aber mit ihren sanften Augen auf den kleinen Jungen herab, der auch gleich den alten Mann fragte: »Wo hast du die bekommen?«

»Drüben beim Trödler«, sagte der alte Mann. »Dort hängen so viele Bilder; niemand kennt sie oder möchte sie haben, denn die Personen sind alle begraben; aber damals habe ich diese Dame gekannt und nun ist sie seit einem halben Jahrhundert tot und fort.«

Und unter dem Bilde hing hinter Glas ein Strauß verwelkter Blumen; die waren wohl auch ein halbes Jahrhundert, so alt sahen sie aus. Und der Perpendikel der großen Uhr ging hin und her und der Zeiger drehte sich, und alles in der Stube wurde noch älter, aber das bemerkte niemand.

»Sie sagen zu Hause«, sagte der kleine Junge, »dass du so schrecklich einsam bist!«

»Oh«, sagte er, »die alten Gedanken kommen mit allem, was sie mit sich führen können, und besuchen mich; und jetzt kommst sogar du! – Es geht mir sehr gut!«

Und dann nahm er ein Buch mit Bildern aus dem Regal; darin waren lange

Das alte Haus

Aufzüge, die absonderlichsten Kutschen, wie man sie heutzutage nicht mehr sieht, Soldaten wie Kreuzbuben und Bürger mit wehenden Fahnen. Die Schneider hatten eine mit einer Schere, die von zwei Löwen gehalten wurde, und die Schuhmacher eine ohne Stiefel, aber mit einem Adler, der zwei Köpfe hatte; denn bei den Schuhmachern muss alles so sein, dass sie sagen können: »Das ist ein Paar!«

Ja, das war ein Bilderbuch!

Der alte Mann ging in die andere Stube, um Eingemachtes, Äpfel und Nüsse zu holen. – Es war wirklich wunderbar drüben in dem alten Haus.

»Ich kann es nicht aushalten!«, sagte der Zinnsoldat, der auf der Kommode stand. »Hier ist es so einsam und so traurig! Nein, wenn man einmal im Familienleben gewesen ist, dann kann man sich an das hier nicht gewöhnen! Ich kann es nicht aushalten! Der ganze Tag ist so lang und der Abend ist noch länger! Hier ist es gar nicht so wie drüben bei dir, wo dein Vater und deine Mutter sich so vergnügt unterhielten und wo du und all ihr süßen Kinder einen herrlichen Spektakel machtet. Nein, wie einsam es bei dem alten Mann ist! Glaubst du etwa, er bekommt Küsse? Glaubst du, er bekäme freundliche Blicke oder einen Weihnachtsbaum? Er bekommt überhaupt nichts, außer einem Grab! – Ich kann es nicht aushalten!«

»Du darfst es nicht so schwer nehmen!«, sagte der kleine Junge. »Ich finde es hier so wunderbar, und all die alten Gedanken mit dem, was sie mit sich führen können, kommen ja hier auf Besuch!«

»Ja, aber die sehe ich nicht und die kenne ich nicht!«, sagte der Zinnsoldat. »Ich kann es nicht aushalten!«

»Das musst du!«, sagte der kleine Junge.

Und der alte Mann kam mit dem vergnügtesten Gesicht, dem schönsten Eingemachten, mit Äpfeln und Nüssen und da dachte der Junge nicht mehr an den Zinnsoldaten.

Glücklich und vergnügt kam der kleine Junge nach Hause; und es vergingen Tage und es vergingen Wochen; und es wurde zum alten Hause hinüber- und vom alten Hause herübergeschickt und schließlich ging der kleine Junge wieder hinüber.

Und die geschnitzten Trompeter bliesen: »Tatterata! Da ist der kleine Junge!

Das alte Haus

Tatterata!« Die Schwerter und Rüstungen auf den Ritterbildern rasselten und die seidenen Kleider raschelten, das Schweinsleder redete und die alten Stühle hatten Gicht im Rücken: »Au!« Es war genauso wie beim ersten Mal, denn da drüben war der eine Tag und die eine Stunde ebenso wie die andere.

»Ich kann es nicht aushalten!«, sagte der Zinnsoldat, »ich habe Zinn geweint! Hier ist es gar so traurig! Lass mich lieber in den Krieg ziehen und Arme und Beine verlieren! Das ist wenigstens eine Abwechslung. – Ich kann es nicht aushalten! – Jetzt weiß ich, was es heißt, Besuch von seinen alten Gedanken zu bekommen, mit allem, was die mit sich führen können! Ich habe Besuch von den meinigen gehabt, und du kannst mir glauben, das ist auf die Dauer kein Vergnügen, ich war zuletzt nahe daran, von der Kommode herunterzuspringen. Ich sah euch alle da drüben im Hause so deutlich, als ob ihr wirklich hier wäret; es war wieder jener Sonntagmorgen, weißt du noch? Ihr Kinder standet alle vor dem Tisch und sangt euren Choral, den ihr jeden Morgen singt; ihr standet andächtig mit gefalteten Händen da und Vater und Mutter waren ebenso feierlich gestimmt und da ging die Tür auf und die kleine Schwester Maria wurde hereingesetzt, sie war noch keine zwei Jahre alt und tanzte immer, wenn sie Musik oder Gesang hörte, welcher Art es auch sein mochte – sie sollte es zwar nicht, aber sie fing gleich an zu tanzen, konnte aber nicht in den Takt kommen, denn die Töne waren so lang, und so stand sie erst auf dem einen Bein und neigte den Kopf ganz vornüber, aber das wollte ihr nicht genügen. Ihr standet alle miteinander sehr ernsthaft da, obgleich euch das sicher schwer fiel, aber ich lachte im Stillen, und deshalb fiel ich vom Tisch herunter und bekam eine Beule, mit der ich noch immer herumlaufe, denn es war nicht recht von mir zu lachen. Aber das Ganze und alles, was ich sonst erlebt habe, geht mir nun so durch den Kopf, und das sind wohl die alten Gedanken mit allem, was sie mit sich führen können! Sage mir, ob ihr an den Sonntagen noch immer singt? Erzähle mir etwas von der kleinen Maria! Und wie geht es meinem Kameraden, dem anderen Zinnsoldaten? Ja, der kann sich wahrlich glücklich schätzen! – Ich kann es nicht aushalten!«

»Du bist verschenkt worden!«, sagte der kleine Junge. »Du musst bleiben! Kannst du das nicht einsehen?« Und der alte Mann kam mit einem Kasten, in dem es so manches zu sehen gab, Schminkdöschen und Balsambüchsen, alte Karten, so groß und so vergoldet, wie man es heute nie mehr sieht. Und es wurden mächtige Kästen geöffnet und das Klavier wurde aufgeklappt, das hatte innen auf dem Deckel eine Landschaft, und es war ganz heiser, als der alte Mann darauf spielte; und dazu summte er ein Lied.

»Ja, das konnte sie singen!«, sagte er, und dabei nickte er dem Porträt zu, das er bei dem Trödler gekauft hatte, und seine Augen leuchteten so hell.

»Ich will in den Krieg! Ich will in den Krieg!«, rief der Zinnsoldat, so laut er konnte, und stürzte sich auf den Fußboden hinunter.

Ja, wo ist er denn geblieben? Der alte Mann suchte, der kleine Junge suchte, aber fort war er und fort blieb er. »Ich werde ihn schon finden!«, sagte der alte Mann, aber er fand ihn nie; der Fußboden war viel zu offen und durchlöchert. Der Zinnsoldat war durch eine Spalte gefallen und dort lag er nun im offenen Grabe.

Und der Tag verging und der kleine Junge kam nach Hause und die Woche verging und es vergingen mehrere Wochen. Die Fenster waren ganz zugefroren, der kleine Junge musste die Scheiben anhauchen, um ein Guckloch hinüber zum alten Haus zu bekommen, und dort war der Schnee in alle Schnörkel und Inschriften geweht, er verdeckte die ganze Treppe, als ob niemand zu Hause sei, und es war auch niemand zu Hause, der alte Mann war tot!

Am Abend hielt drüben ein Wagen vor der Tür und in den schob man seinen Sarg hinein, er sollte draußen auf dem Lande begraben werden. So fuhr er nun davon, aber niemand gab ihm das Geleit, alle seine Freunde waren ja tot. Und der kleine Junge warf dem Sarg, als er vorüberfuhr, kleine Kusshändchen nach.

Einige Tage später wurde eine Auktion in dem alten Hause abgehalten, und der kleine Junge sah von seinem Fenster aus, wie man alles forttrug: die alten Ritter und die alten Damen, die Blumentöpfe mit den langen Ohren, die alten Stühle und die alten Schränke. Manches kam hierhin, anderes dorthin; das Porträt von ihr, das beim Trödler gefunden worden war, kam wieder zum Trödler und da blieb es für immer hängen, denn niemand kannte die Dame mehr und niemand scherte sich um das alte Bild.

Im Frühjahr riss man dann das ganze Haus ab, denn es sei ein baufälliger Kasten, sagten die Leute. Man konnte von der Straße direkt in die Stube zu dem schweinsledernen Wandüberzug hineinsehen, der zerfetzt und abgerissen wurde;

und das Grün um den Balkon hing ganz verwildert an den fallenden Balken. –
Und dann wurde aufgeräumt.

»Das half!«, sagten die Nachbarhäuser.

Nun wurde dort ein herrliches Haus mit großen Fenstern und weißen, glatten Mauern gebaut, aber davor, wo eigentlich das alte Haus gestanden hatte, legte man einen kleinen Garten an, und an der Mauer des Nachbarn rankte sich wilder Wein empor; vor den Garten kam ein großes eisernes Gitter mit einem eisernen Tor, das sah stattlich aus. Die Leute blieben stehen und guckten hindurch. Und die Sperlinge hingen zu dutzenden in den Weinranken und schwatzten durcheinander, so laut sie konnten, aber nicht von dem alten Hause, denn daran konnten sie sich nicht erinnern. Es waren so viele Jahre vergangen, dass der kleine Junge zu einem erwachsenen Manne, ja zu einem tüchtigen Manne, herangewachsen war, an dem seine Eltern Freude hatten. Er hatte gerade geheiratet und war mit seiner jungen Frau in das Haus mit dem Garten eingezogen; und hier stand er neben ihr, während sie eine Feldblume pflanzte, die sie so lieblich fand. Sie pflanzte sie mit ihrer kleinen Hand und drückte die Erde mit den Fingern fest. – »Au! Was war das?« – Sie hatte sich gestochen. Es ragte etwas Spitzes aus der weichen Erde hervor.

Das war, ja, stellt euch vor – das war der Zinnsoldat, der oben bei dem alten Mann verloren gegangen war, der sich zwischen Bauholz und Schutt herumgetrieben und nun seit vielen Jahren in der Erde gelegen hatte.

Die junge Frau trocknete den Soldaten erst mit einem grünen Blatt und dann mit ihrem feinen Taschentuch ab, das duftete wunderbar! Und dem Zinnsoldaten war es, als erwache er aus einem tiefen Schlaf.

»Lass mich mal sehen!«, sagte der junge Mann, lachte und schüttelte dann den Kopf. »Ja, der kann es wohl kaum sein, aber er erinnert mich an eine Geschichte mit einem Zinnsoldaten, den ich als kleiner Junge hatte!«

Und dann erzählte er seiner Frau von dem alten Haus und dem alten Mann und von dem Zinnsoldaten, den er hinübergeschickt hatte, weil der alte Mann so schrecklich einsam war, und er erzählte es genau so, wie es wirklich gewesen war, so dass der jungen Frau wegen des alten Hauses und des alten Mannes die Tränen in die Augen traten.

»Es kann doch sein, dass dies derselbe Zinnsoldat ist«, sagte sie, »ich werde ihn aufbewahren und immer an all das denken, was du mir erzählt hast. Aber das Grab des alten Mannes musst du mir zeigen!«

»Ich weiß gar nicht, wo es ist«, sagte er, »und niemand weiß es. Alle seine Freunde waren tot, keiner hat es gepflegt und ich war ja noch ein kleiner Junge!«

»Ach, wie schrecklich einsam er gewesen sein muss!«, sagte sie.

»Schrecklich einsam!«, sagte der Zinnsoldat. »Aber es ist wunderbar, nicht vergessen zu werden!«

»Wunderbar!«, rief jemand ganz in der Nähe, aber niemand außer dem Zinnsoldaten sah, dass es ein Fetzen der schweinsledernen Tapete gewesen war; er hatte keine Vergoldung mehr, er sah aus wie nasse Erde, aber eine Meinung hatte er trotzdem und die sagte er:

»Vergoldung vergeht,
Aber Schweinsleder besteht!«

Doch daran glaubte der Zinnsoldat nicht.

Das alte Haus

Die Kröte

Der Brunnen war tief, deshalb war das Seil lang; die Winde drehte sich schwer, wenn man den Eimer mit Wasser über den Brunnenrand heraufziehen musste. Die Sonne konnte nie ganz in den Brunnen hinunterscheinen und sich im Wasser spiegeln, wie klar es auch sein mochte; aber so weit, wie sie scheinen konnte, wuchs Grünes zwischen den Steinen.

Dort unten wohnte eine Familie aus dem Geschlecht der Kröten, sie war eingewandert und eigentlich durch die alte Krötenmutter, die noch lebte, Hals über Kopf dort hinuntergekommen; die grünen Frösche, die schon viel früher hier Wohnung bezogen hatten und im Wasser umherschwammen, erkannten die Verwandtschaft an und nannten sie die »Brunnengäste«. Diese hatten offensichtlich vor, dort zu bleiben; sie lebten hier sehr angenehm auf dem Trockenen, wie sie die nassen Steine nannten.

Die Froschmutter war einmal verreist, war im Wassereimer gewesen, als er nach oben ging, aber da wurde es ihr zu hell, sie bekam Augenschmerzen, glücklicherweise fiel sie aus dem Eimer heraus; sie fiel mit einem entsetzlichen Plumps ins Wasser und musste darauf drei Tage lang mit Rückenschmerzen daniederliegen. Viel wusste sie von der Welt dort oben freilich nicht zu erzählen, aber so viel wusste sie, und das wussten alle, dass der Brunnen nicht die ganze Welt war. Krötenmutter hätte zwar dieses und jenes erzählen können, aber sie antwortete nie, wenn man sie fragte, und deshalb fragte man nicht.

»Dick, fett und hässlich ist sie«, sagten die jungen grünen Frösche. »Ihre Jungen werden sicherlich ebenso hässlich.«

»Mag sein«, sagte die Krötenmutter, »aber eins von ihnen hat einen Edelstein im Kopfe oder ich habe ihn.«

Und die grünen Frösche hörten es und sie glotzten, und weil ihnen das nicht gefiel, so schnitten sie Grimassen und verzogen sich in die Tiefe. Die jungen Kröten aber streckten vor lauter Stolz die Hinterbeine; jede von ihnen glaubte,

243

Die Kröte 244

den Edelstein zu haben; und dann hielten sie den Kopf ganz still, aber schließlich fragten sie, worauf sie denn so stolz seien und was so ein Edelstein eigentlich sei.

»Das ist etwas so Herrliches und Köstliches«, sagte Krötenmutter, »dass ich es gar nicht beschreiben kann! Es ist etwas, das man zu seinem eigenen Vergnügen herumträgt und worüber sich die andern bloß ärgern. Aber fragt nicht, ich antworte nicht!«

»Nun, ich habe den Edelstein nicht«, sagte die kleinste Kröte; sie war so hässlich wie überhaupt nur möglich. »Warum sollte ich eine solche Herrlichkeit besitzen? Und wenn sie andere ärgert, kann sie mich ja nicht erfreuen! Nein, ich wünsche mir nur, dass ich einmal bis an den Brunnenrand hinaufkommen und hinausgucken kann; dort muss es wunderschön sein!«

»Bleib du lieber, wo du bist!«, sagte die Alte, »das kennst du, und du weißt, was du daran hast! Hüte dich vor dem Eimer, der zerdrückt dich! Und kommst du erst einmal gut hinein, dann kannst du herausfallen; nicht alle fallen so glücklich wie ich und kommen mit heilen Gliedmaßen und heilen Eiern davon.«

»Quak!«, sagte die Kleine, und das hörte sich an, als wenn wir Menschen »Ach« sagen.

Sie hatte solche Lust, bis zum Brunnenrand hinaufzukommen und hinauszusehen; sie verspürte solche Sehnsucht nach dem Grünen dort oben; und als am nächsten Morgen zufällig der Eimer, mit Wasser gefüllt, hinaufgezogen wurde und einen Augenblick vor dem Stein stehen blieb, auf dem die Kröte saß, fuhr das kleine Tier zusammen, es sprang in den gefüllten Eimer, sank dort bis auf den Grund, bis der Eimer hochgezogen und ausgegossen wurde.

»Pfui, so ein Pech!«, sagte der Knecht, der sie entdeckte. »Das ist wahrlich das Hässlichste, was ich je gesehen habe!« Und dabei trat er mit seinem Holzschuh nach der Kröte, die beinahe totgequetscht worden wäre, wenn sie nicht zwischen die hohen Brennnesseln entkommen wäre.

Hier sah sie Stiel an Stiel, sie blickte auch hinauf; die Sonne schien auf die Blätter, sie waren ganz durchsichtig; der kleinen Kröte war zumute wie uns Menschen, wenn wir plötzlich in einen großen Wald kommen, wo die Sonne durch Zweige und Blätter hindurchscheint.

»Hier ist es viel schöner als unten im Brunnen! Hier möchte man sein ganzes Leben verbringen!«, sagte die kleine Kröte.

245   *Die Kröte*

Sie lag dort eine Stunde, sie lag dort zwei Stunden. »Was wohl da draußen sein mag? Bin ich so weit gekommen, dann will ich sehen, auch noch weiter zu kommen!« Und sie kroch, so schnell sie kriechen konnte, und kam auf die Landstraße hinaus, wo die Sonne sie beschien und wo der Staub sie einpuderte, als sie quer über die Straße marschierte.

»Hier ist man richtig auf dem Trockenen!«, sagte die Kröte. »Ich kriege fast des Guten zu viel, es kribbelt richtig in mir!«

Jetzt erreichte sie den Graben; hier wuchsen Vergissmeinnicht und Spiräen, ganz in der Nähe war eine Hecke aus Holunder und Weißdorn; hier schlangen sich Winden mit weißen Blüten, eine wahre Farbenpracht! Auch ein Schmetterling flatterte umher; die Kröte glaubte, das sei eine Blume, die sich losgerissen hatte, um sich besser in der Welt umsehen zu können; das war auch ganz natürlich.

»Könnte man doch auch so schnell vorwärts kommen wie die«, sagte die Kröte. »Quak! Ach! Welche Herrlichkeit!«

Sie blieb acht Tage und Nächte hier am Graben und es fehlte ihr nicht an Nahrung. Am neunten Tag dachte sie: »Weiter, vorwärts!« – Aber konnte es wohl etwas Schöneres geben? Vielleicht eine kleine Kröte oder ein paar grüne Frösche. Es hatte sich in der letzten Nacht im Wind so angehört, als seien »Vettern« in der Nähe.

»Es ist herrlich, zu leben! Aus dem Brunnen herauszukommen, in Brennnesseln zu liegen, den staubigen Weg entlangzukriechen und sich im feuchten Graben auszuruhen! Aber weiter, vorwärts! Sieh zu, dass du Frösche oder eine kleine Kröte findest, darauf ist nicht so leicht verzichten, die Natur ist einem nicht genug!« Und dann wanderte sie weiter.

Sie kam auf dem Feld zu einem großen, mit Schilf bestandenen Teich; dort schlüpfte sie hinein.

»Hier ist es Ihnen sicher zu nass?«, sagten die Frösche. »Aber Sie sind herzlich willkommen! Sind Sie ein Er oder eine Sie? Aber das ist einerlei, Sie sind uns in jedem Falle willkommen!«

Und dann wurde sie am Abend zum Konzert, zum Familienkonzert, eingeladen: große Begeisterung und dünne Stimmen; das kennen wir. Bewirtung gab es nicht, nur freie Getränke, den ganzen Teich, wenn man wollte.

Die Kröte

»Nun reise ich weiter!«, sagte die kleine Kröte; sie fühlte immer einen Drang zu etwas Besserem.

Sie sah die Sterne blinken, so groß, so klar, sie sah den Neumond leuchten, sie sah die Sonne aufgehen, immer höher.

»Ich bin wohl noch immer im Brunnen, in einem größeren Brunnen, ich muss höher hinauf! Ich verspüre eine große Unruhe und Sehnsucht!« Und als der Mond voll und rund wurde, dachte das arme Tier: »Ob das etwa der Eimer ist, der heruntergelassen wird und in den ich hineinspringen muss, um höher hinaufzugelangen? Oder ist die Sonne der große Eimer? Wie groß er ist, wie strahlend, in ihm haben wir alle Platz, ich muss nur die rechte Gelegenheit abwarten! Oh, wie hell es ist in meinem Kopf! Ich glaube, der Edelstein kann gar nicht heller leuchten! Aber ich besitze ihn nicht und darüber weine ich auch nicht, nein, ich will höher hinauf in Glanz und Freude! Ich habe eine Gewissheit und auch eine Angst − es ist ein schwerer Schritt, aber man muss ihn tun! Vorwärts! Immer die Landstraße entlang!«

Und sie tat den Schritt, wie ihn so ein Kriechtier eben tun kann, und da kam sie auf eine Straße, an der Menschen wohnten; dort gab es Blumengärten und Kohlgärten. Sie ruhte bei einem Kohlgarten aus.

»Wie viele verschiedene Geschöpfe es doch gibt, die ich nie gekannt habe! Und wie groß und gesegnet die Welt ist! Aber man muss sich auch umsehen in ihr und nicht auf der Stelle sitzen bleiben.« Und dann hüpfte sie in den Kohlgarten hinein. »Wie grün es hier ist und wie schön!«

»Das weiß ich wohl!«, sagte die Kohlraupe auf dem Blatt. »Mein Blatt ist das größte hier! Es verdeckt die halbe Welt, aber ich kann sie entbehren!«

»Gluck! Gluck!«, sagte es, da kamen Hühner; sie trippelten im Kohlgarten herum. Das erste Huhn war weitsichtig; es gewahrte die Raupe auf dem krausen Blatt und hackte nach ihr, so dass sie auf die Erde fiel, wo sie sich wand und krümmte. Das Huhn sah erst mit dem einen Auge nach ihr, dann mit dem anderen, denn es wusste nicht recht, was bei diesem Sich-Winden herauskommen würde.

»Sie tut es nicht gutwillig«, dachte das Huhn und hob den Kopf, um auf sie einzuhacken. Das entsetzte die Kröte so sehr, dass sie gerade auf das Huhn zukroch.

247 *Die Kröte*

»So, so, die hat Hilfstruppen!«, sagte das Huhn. »Ein komisches Gekrieche!« Und dann kehrte das Huhn um. »Ich mache mir nichts aus dem kleinen grünen Happen, der kitzelt nur im Halse!« Die andern Hühner waren derselben Meinung und deshalb gingen sie davon.

»Ich habe mich von ihnen losgewunden!«, sagte die Raupe. »Es ist gut, wenn man Geistesgegenwart besitzt; aber das Schwerste steht noch bevor: wieder auf mein Kohlblatt hinaufzukommen. Wo ist es?«

Und die kleine Kröte kroch herbei und äußerte ihre Teilnahme. Sie freute sich, dass sie mit ihrer Hässlichkeit die Hühner erschreckt hatte.

»Was meinen Sie damit?«, fragte die Kohlraupe. »Ich habe mich ja selbst von ihnen weggewunden. Sie sind ein sehr unangenehmer Anblick! Gestatten Sie, dass ich mich auf mein Eigentum zurückziehe? Nun rieche ich Kohl! Jetzt bin ich bei meinem Blatt! Es gibt doch nichts Schöneres als das Eigentum. Aber ich muss höher hinauf!«

»Ja, höher hinauf«, sagte die kleine Kröte, »höher hinauf! Sie fühlt wie ich! Aber sie ist heute schlechter Laune, das kommt von dem Schrecken. Wir wollen alle höher hinauf!« Und sie sah so hoch hinauf, wie sie nur konnte.

Der Storch saß in seinem Nest auf dem Dach des Bauernhauses; er klapperte und Storchenmutter klapperte auch.

»Wie hoch die wohnen!«, dachte die Kröte. »Wer zu ihnen hinaufkönnte!«

In dem Bauernhaus wohnten zwei junge Studenten; der eine war Poet, der andere Naturforscher; der eine sang und schrieb voll Freude über alles, was Gott geschaffen hatte und wie es sich in seinem Herzen widerspiegelte; er sang es hinaus, kurz, klar und reich in klangvollen Versen. Der andere ging die Dinge selbst an, ja, schnitt sie auf, wenn es sein musste. Er betrachtete die Schöpfung Gottes als ein großes Rechenexempel, subtrahierte, multiplizierte, wollte alles in- und auswendig kennen und mit Verstand darüber reden, und es war wirklicher Verstand, er sprach voller Freude und Klugheit davon. Sie waren gute, fröhliche Menschen, die beiden.

»Da sitzt ja ein gutes Exemplar von einer Kröte!«, sagte der Naturforscher. »Die muss ich in Spiritus haben!«

»Du hast ja schon zwei andere!«, sagte der Poet. »Lass sie in Ruhe sitzen und das Leben genießen!«

Die Kröte

»Aber sie ist so wunderbar hässlich«, sagte der andere.

»Ja, wenn wir den Edelstein in ihrem Kopfe finden könnten«, sagte der Poet, »dann wäre ich auch dafür, sie aufzuschneiden.«

»Edelstein!«, sagte der andere. »Was du von Naturgeschichte verstehst!«

»Aber ist nicht gerade etwas Schönes an dem Volksglauben, dass die Kröte, das allerhässlichste Tier, oft den köstlichsten Edelstein in ihrem Kopfe birgt? Ist es mit den Menschen nicht ebenso? Welchen Edelstein trug Äsop in sich und gar Sokrates?«

Mehr hörte die Kröte nicht und sie verstand nicht die Hälfte davon. Die beiden Freunde gingen, und sie blieb davor verschont, in Spiritus zu kommen.

»Sie redeten auch von dem Edelstein!«, sagte die Kröte. »Wie gut, dass ich ihn nicht habe! Sonst hätte ich Unannehmlichkeiten bekommen.«

Da klapperte es vom Dach des Hauses; Storchenvater hielt der Familie einen Vortrag und diese schielte auf die beiden jungen Leute im Kohlgarten hinunter.

»Der Mensch ist die eingebildetste Kreatur!«, sagte der Storch. »Hört bloß, wie sie plappern, und dabei verstehen sie sich nicht einmal ordentlich darauf. Sie brüsten sich mit ihrer Beredsamkeit, ihrer Sprache! Das ist eine sonderbare Sprache: Nur eine Tagesreise und alles wird unverständlich, der eine versteht den anderen nicht mehr. Unsere Sprache können wir auf der ganzen Erde sprechen, in Dänemark geradeso gut wie in Ägypten. Fliegen können die Menschen auch nicht! Sie eilen dahin mit einer Erfindung, die sie ›Eisenbahn‹ nennen, aber sie brechen sich dabei auch oft den Hals. Mir läuft es kalt über den Schnabel, wenn ich daran denke! Die Welt kann ohne Menschen bestehen. Wir können sie entbehren! Wenn wir nur Frösche und Regenwürmer behalten dürfen!«

»Das war ja eine gewaltige Rede!«, dachte die kleine Kröte. »Was ist das für ein großer Mann und wie sitzt er hoch! Noch nie habe ich jemand so hoch sitzen sehen! Und wie er schwimmen kann!«, rief sie, als der Storch mit ausgebreiteten Flügeln durch die Luft segelte.

Und Storchenmutter redete im Nest, erzählte vom Lande Ägypten, vom Wasser des Nils und dem unvergleichlichen Schlamm, den es in fremden Landen gab; es hörte sich für die kleine Kröte ganz neu und wunderbar an.

»Ich muss nach Ägypten!«, sagte sie. »Wenn mich nur der Storch oder eins seiner Jungen mitnehmen wollte! Ich würde es ihm an seinem Hochzeitstag wieder vergelten. Ja, ich komme nach Ägypten, denn das Glück steht mir bei! All die Sehnsucht und Lust, die ich empfinde, ist wahrlich besser, als einen Edelstein im Kopf zu haben!«

Und dabei besaß gerade sie den Edelstein: die ewige Sehnsucht und Lust, aufwärts, immer aufwärts! Er leuchtete in ihr, er leuchtete in Freude, er strahlte in Lust.

Da kam jählings der Storch; er hatte die Kröte im Gras gesehen, hieb zu und fasste das kleine Tier nicht eben behutsam an. Der Schnabel drückte, der Wind sauste, es war nicht angenehm, aber aufwärts ging es, aufwärts nach Ägypten, das wusste sie; und deshalb glänzten die Augen, es war, als flöge ein Funke aus ihnen heraus: »Quak! Ach!«

Der Körper war tot, die Kröte lebte nicht mehr. Aber der Funke aus ihren Augen, wo blieb er?

Der Sonnenstrahl nahm ihn, der Sonnenstrahl trug den Edelstein aus dem Kopf der Kröte. Wohin?

Frage nicht den Naturforscher, frage lieber den Poeten; er erzählt es dir als

ein Märchen; und die Kohlraupe kommt darin vor und die Storchenfamilie kommt darin vor. Denk dir nur! Die Kohlraupe verwandelt sich und wird ein wunderschöner Schmetterling! Die Storchenfamilie fliegt über Berge und Meere fort in das ferne Afrika und doch findet sie den kürzesten Weg nach Hause zurück, zum dänischen Lande, zum selben Ort, zum selben Dach! Ja, das ist gewiss fast allzu märchenhaft und doch ist es wahr! Du kannst getrost den Naturforscher fragen, selbst er muss es zugeben; und du selber weißt es auch, denn du hast es gesehen.

»Aber der Edelstein im Kopf der Kröte?«

Suche ihn in der Sonne! Sieh ihn, wenn du kannst!

Der Glanz ist dort zu stark. Wir haben noch nicht die Augen, um in all die Herrlichkeit hineinzusehen, die Gott geschaffen hat, aber wir bekommen sie wohl einmal, und das wird das schönste Märchen, denn darin kommen wir selber vor.

Die Kröte

Die Brautleute

Der Kreisel und das Bällchen lagen, zusammen mit anderem Spielzeug, in der Schublade und da sagte der Kreisel zum Bällchen: »Wollen wir nicht Brautleute sein, nachdem wir doch zusammen in einer Schublade liegen?« Aber das Bällchen, das aus Saffian genäht war und sich geradeso viel einbildete wie ein feines Fräulein, wollte auf so etwas nicht antworten.

Am nächsten Tag kam der kleine Junge, dem das Spielzeug gehörte. Er bemalte den Kreisel rot und gelb und schlug einen Messingnagel mitten in ihn hinein; das sah wirklich prächtig aus, wenn der Kreisel herumschnurrte.

»Schauen Sie mich an«, sagte er zum Bällchen. »Was sagen Sie nun? Wollen wir also nicht Brautleute sein? Wir passen so gut zueinander. Sie springen und ich tanze! Glücklicher als wir könnte niemand werden!«

»So, glauben Sie das?«, sagte das Bällchen. »Sie wissen offenbar nicht, dass mein Vater und meine Mutter Saffianpantoffeln gewesen sind und dass ich einen Korken im Leibe habe!«

»Ja, aber ich bin aus Mahagoniholz!«, sagte der Kreisel. »Und der Bürgermeister hat mich selbst gedrechselt, er hat seine eigene Drehbank und es war ihm ein großes Vergnügen!«

»Ja, kann ich mich darauf verlassen?«, sagte das Bällchen.

»Möge ich nie die Peitsche bekommen, wenn ich lüge!«, antwortete der Kreisel.

»Sie sprechen sehr gut für Ihre Sache«, sagte das Bällchen, »aber ich kann doch nicht, ich bin so gut wie halb verlobt mit einer Schwalbe. Jedes Mal, wenn ich in die Höhe springe, streckt sie den Kopf zum Nest heraus und sagt: ›Wollen Sie? Wollen Sie?‹ Und jetzt habe ich innerlich Ja gesagt und das ist so gut wie eine halbe Verlobung; aber ich verspreche Ihnen, dass ich Sie nie vergessen werde!«

»Ach, davon habe ich nicht viel«, sagte der Kreisel und dann sprachen sie nicht mehr zueinander.

Am nächsten Tag wurde das Bällchen hervorgeholt. Der Kreisel sah, wie es hoch in die Luft flog, gleich einem Vogel, man konnte es zuletzt gar nicht mehr erblicken. Jedes Mal kam es wieder zurück, machte aber immer einen hohen Sprung, wenn es die Erde berührte; und das war entweder aus Sehnsucht oder weil es einen Korken im Leibe hatte. Beim neunten Male blieb das Bällchen verschwunden und kam nicht mehr wieder; und der Knabe suchte und suchte, aber fort war es. »Ich weiß schon, wo es ist!«, seufzte der Kreisel. »Es ist im Schwalbennest und mit der Schwalbe verheiratet!«

Je mehr der Kreisel daran dachte, desto mehr wurde er von dem Bällchen eingenommen. Und eben weil er es nicht bekommen konnte, nahm seine Liebe zu; dass es einen andern genommen hatte, das war das Aparte dabei.

Und der Kreisel tanzte im Kreise und schnurrte, aber immer dachte er an das Bällchen, das in seinen Gedanken immer schöner und schöner wurde. So vergingen viele Jahre – und dann war es eine alte Liebe.

Und der Kreisel war nicht mehr jung. Aber dann wurde er eines Tages ganz und gar vergoldet; nie hatte er so schön ausgesehen. Er war jetzt ein Goldkreisel und sprang, dass es nur so schnurrte. Ja, das war etwas! Aber mit einem Mal

Die Brautleute

sprang er zu hoch und – fort war er! Man suchte und suchte, selbst unten im Keller, aber er war nirgends zu finden. Wo war er?

Er war ins Abfallfass gesprungen, wo allerhand durcheinander lag, Kohlstrünke, Kehricht und Schutt, der von der Dachrinne heruntergefallen war.

»Nun liege ich wahrhaftig gut, hier wird die Vergoldung bald von mir abgehen; und was ist das für Gesindel, unter das ich geraten bin!« Und dann schielte er nach einem langen Kohlstrunk, der allzu sehr abgezupft war, und nach einem sonderbaren runden Ding, das wie ein alter Apfel aussah; aber es war kein Apfel, es war ein altes Bällchen, das viele Jahre lang oben in der Dachrinne gelegen hatte und durch welches das Wasser hindurchgesickert war.

»Gottlob, dass doch einer von meinesgleichen kommt, mit dem man sprechen kann!«, sagte das Bällchen und betrachtete den vergoldeten Kreisel. »Ich bin eigentlich aus Saffian, von Jungfrauenhänden genäht, und habe einen Korken im Leibe, aber das kann mir wohl niemand ansehen! Ich hätte beinahe mit einer Schwalbe Hochzeit gehalten; aber dann fiel ich in die Dachrinne und dort habe ich fünf Jahre gelegen und bin aufgeweicht. Das ist eine lange Zeit für eine Jungfrau, das können Sie mir glauben!«

Aber der Kreisel sagte nichts, er dachte an seine alte Liebste, und je mehr er hörte, desto klarer wurde ihm, dass sie es war.

Da kam das Dienstmädchen und wollte das Abfallfass ausleeren.

»Heißa, da ist der Goldkreisel!«, sagte sie.

Und der Kreisel kam in der Stube wieder zu großer Achtung und zu Ehren; aber vom Bällchen hörte man nichts und der Kreisel sprach nie mehr von seiner alten Liebe; die vergeht, wenn die Liebste fünf Jahre in einer Wasserrinne gelegen hat und aufgeweicht ist, ja, man erkennt sie nicht einmal mehr, wenn man ihr im Abfallfass begegnet.

Die Brautleute

Der Schmetterling

Der Schmetterling wollte gern eine Braut haben; natürlich dachte er dabei an eine der kleinen, niedlichen Blumen. Er sah sie sich an; jede saß so still und besinnlich auf ihrem Stängel, wie eine Jungfrau sitzen soll, wenn sie nicht verlobt ist; aber da waren so viele, unter denen man wählen konnte, dass es eine rechte Mühe wurde, und das mochte der Schmetterling nicht, deshalb flog er zum Gänseblümchen. Die Franzosen nennen es »Margarethe«; sie wissen, dass es wahrsagen kann, und das tut es, wenn Verliebte Blatt für Blatt von ihm abzupfen und bei jedem die Frage stellen, ob der Liebste »Von Herzen? – Mit Schmerzen? – Über alle Maßen? – Ein klein wenig? – Ganz und gar nicht?« liebt oder Ähnliches. Jeder fragt in seiner Sprache. Der Schmetterling kam auch, um zu fragen; er zupfte ihm aber die Blätter nicht ab, sondern küsste ein jedes, in der Meinung, dass man mit Güte am weitesten kommt.

»Süße Margarethe Gänseblümchen!«, sagte er. »Sie sind die klügste Frau von allen Blumen, Sie können wahrsagen! Sagen Sie mir bitte, bekomme ich die oder die? Oder welche bekomme ich? Wenn ich das weiß, kann ich gleich zu ihr hinfliegen und um sie anhalten.«

Aber Margarethe antwortete gar nicht. Sie ärgerte sich, dass er sie »Frau« nannte; denn sie war ja Jungfrau und dann ist man keine Frau. Er fragte zum zweiten Mal und er fragte zum dritten Mal, und als er kein einziges Wort von ihr zu hören bekam, mochte er nicht mehr fragen, sondern flog einfach weiter auf die Brautwerbung.

Es war zeitig im Frühjahr; Schneeglöckchen und Krokus blühten in Hülle und Fülle. »Sie sind ganz hübsch«, sagte der Schmetterling, »niedliche kleine Konfirmandinnen, aber doch noch zu sehr Backfisch!« Er sah, wie alle jungen Männer, lieber nach älteren Mädchen. Darauf flog er zu den Anemonen; die waren ihm ein wenig zu herb; die Veilchen ein wenig zu schwärmerisch; die Tulpen zu prangend; die Narzissen zu bürgerlich; die Lindenblüten zu klein und sie hatten eine zu große Verwandtschaft; die Apfelblüten waren ja freilich wie Rosen anzuschauen, aber sie blühten heute und fielen morgen ab, je nachdem, wie der Wind blies, das würde eine zu kurze Ehe sein, meinte er. Die Erbsenblüte gefiel ihm am besten, sie war rot und weiß, sie war zart und fein und gehörte zu den häuslichen Mädchen, die gut aussehen und doch für die Küche taugen. Er wollte gerade um sie freien, aber da sah er plötzlich neben ihr eine Schote hängen mit einer welken Blüte an der Spitze.

»Wer ist das?«, fragte er.

»Das ist meine Schwester«, sagte die Erbsenblüte.

»Na, so werden Sie also später aussehen!« Das erschreckte den Schmetterling und er flog davon.

Das Geißblatt hing blühend über den Zaun: Da waren viele Fräulein mit langen Gesichtern und gelber Haut. Die Art gefiel ihm nicht. Ja, aber was gefiel ihm dann? Fragt ihn selbst!

Der Frühling verging, der Sommer verging und dann war es Herbst; er war noch immer nicht weitergekommen.

Die Blumen zogen ihre schönsten Gewänder an, aber was konnte das helfen, der frische, duftende Jugendsinn fehlte ihnen. Gerade Duft braucht das alternde Herz und Duft ist bei Georginen und Stockrosen nicht sonderlich zu finden. So ließ sich der Schmetterling zur Krauseminze herab.

»Sie hat zwar keine Blüte, aber sie ist ganz und gar Blüte, duftet von der Wurzel bis zur Spitze und hat Blumenduft in jedem Blatt. Die nehme ich!«

Und so freite er endlich.

Aber die Krauseminze stand steif und still da und schließlich sagte sie: »Freundschaft, ja! Aber auch nicht mehr! Ich bin alt und Sie sind alt; wir könnten sehr gut füreinander leben, aber uns verheiraten – nein! Machen wir uns doch nicht zum Narren in unserem hohen Alter!«

Und so bekam der Schmetterling überhaupt keine Frau. Er hatte zu lange gesucht und das soll man nicht! Der Schmetterling blieb ein Hagestolz, wie man es nennt.

Es war im Spätherbst, mit Regen und trübem Wetter. Der Wind blies kalt über den Rücken der alten Weiden, so dass es in ihnen knackte. Es tat nicht gut, draußen in Sommerkleidern umherzufliegen, da würde man die Liebe zu spüren

Der Schmetterling

bekommen, wie man sagt. Aber der Schmetterling flog auch nicht draußen herum, er war zufälligerweise unter ein Dach gekommen, wo Feuer im Ofen ist; ja, richtig sommerwarm war es; dort ließ sich leben. »Aber leben ist nicht genug!«, sagte er. »Sonnenschein, Freiheit und eine kleine Blume muss man haben!«

Und er flog gegen die Fensterscheibe, wurde gesehen, bewundert und auf einer Nadel in den Raritätskasten gesetzt; mehr konnte man nicht für ihn tun.

»Jetzt sitze ich auf einem Stängel wie die Blumen!«, sagte der Schmetterling. »Sehr angenehm ist das allerdings nicht! Es ist wohl, wie wenn man verheiratet ist – man sitzt fest!« Und damit tröstete er sich dann.

»Das ist ein schlechter Trost!«, sagten die Topfblumen im Zimmer.

»Aber Topfblumen kann man nicht so recht glauben«, meinte der Schmetterling, »sie kommen zuviel mit Menschen zusammen!«

Der Schatten

Der Schatten

In den heißen Ländern, dort kann die Sonne ordentlich brennen! Die Leute werden ganz mahagonibraun; ja, in den allerheißesten Ländern werden sie sogar zu Negern gebrannt. Aber er war nur bis in die heißen Länder gekommen, ein gelehrter Mann aus den kalten. Der glaubte nun, er könne dort genauso herumlaufen wie zu Hause, aber das wurde ihm bald abgewöhnt. Er und alle vernünftigen Leute mussten im Hause bleiben. Fensterläden und Türen blieben den ganzen Tag geschlossen; es sah aus, als ob das ganze Haus schliefe und niemand daheim wäre. Die schmale Straße mit den hohen Häusern, wo er wohnte, war aber auch so gebaut, dass die Sonne von morgens bis abends auf ihr liegen musste; es war wirklich nicht auszuhalten! Der gelehrte Mann aus den kalten Ländern war ein junger und kluger Mann. Er kam sich vor wie in einem glühenden Ofen; das erschöpfte ihn, er wurde ganz mager, selbst sein Schatten schrumpfte ein und wurde viel kleiner als daheim. Die Sonne strengte auch ihn an. Sie lebten erst am Abend auf, wenn die Sonne weg war. Es war ein wirkliches Vergnügen, sich das anzusehen; sobald Licht in die Stube gebracht wurde, streckte sich der Schatten die ganze Wand hinauf, ja, selbst über die Decke hin, so lang machte er sich. Er musste sich strecken, um wieder zu Kräften zu kommen. Der Gelehrte ging auf den Balkon hinaus, um sich dort auszustrecken, und als die Sterne in der herrlich klaren Luft hervortraten, da war ihm zumute, als käme er wieder zu sich. Auf allen Balkons in der Straße – und in den warmen Ländern hat jedes Fenster einen Balkon – kamen Leute heraus, denn frische Luft muss man haben, selbst wenn man daran gewöhnt ist, mahagonibraun zu werden! Nun herrschte oben und unten reges Leben. Schuster und Schneider, alle Leute zogen auf die Straße, Tische und Stühle wurden herausgebracht und das Licht brannte, ja, mehr als tausend Lichter, und der eine sprach und der andere sang und die Leute lustwandelten, die Wagen fuhren, Esel trabten: »Klingelingeling!«, sie hatten Glöckchen um; Leichen wurden mit Gesang begraben, die Straßenjungen warfen mit Knallerbsen und

259

die Kirchenglocken läuteten; ja, es herrschte wirklich Leben unten auf der Straße.

Nur in dem einen Hause, das dem gegenüberlag, in welchem der fremde, gelehrte Mann wohnte, war es ganz still; und doch wohnte dort jemand, denn es standen Blumen auf dem Balkon, die blühten so üppig in der Sonnenhitze, und das hätten sie ja nicht gekonnt, wären sie nicht gegossen worden, und irgendjemand musste das doch tun; also mussten dort Leute wohnen. Auch da drüben wurde die Tür am Abend aufgemacht, aber drinnen war es dunkel, wenigstens im vordersten Zimmer, aus dem Inneren ertönte Musik. Der fremde gelehrte Mann fand sie ganz unvergleichlich, aber es konnte natürlich auch sein, dass er sich das bloß einbildete, denn er fand da draußen in den warmen Ländern alles unvergleichlich, wenn es nur die Sonne nicht gegeben hätte. Der Wirt des Fremden sagte, dass er nicht wisse, wer das gegenüberliegende Haus gemietet habe, man sehe ja keinen Menschen; und was die Musik beträfe, so fände er sie schrecklich langweilig. »Es ist, als säße da einer und übte ein Stück, das ihm nicht gelingen wollte, immer dasselbe Stück. ›Ich werd es schon schaffen!‹, sagt er sicher, aber er schafft es nicht, wie lange er auch spielen mag.«

Eines Nachts erwachte der Fremde, er schlief bei offener Balkontür, der Vorhang hob sich im Winde, und es kam ihm vor, als breite sich ein wunderbarer Glanz vom Balkon des gegenüberliegenden Hauses; die Blumen leuchteten wie Flammen in den herrlichsten Farben, und mitten unter den Blumen stand eine schlanke, liebliche Jungfrau, es war, als ob auch sie leuchtete. Es stach ihm richtig in die Augen, er hatte sie allerdings auch riesig weit aufgerissen und kam gerade aus dem Schlaf. Mit einem Sprung war er aus dem Bett, ganz leise schlich er sich hinter den Vorhang, aber die Jungfrau war weg, der Glanz war weg. Die Blumen leuchteten nicht mehr, standen aber sehr schön da wie immer.

Die Tür war angelehnt, und dort drinnen erklang Musik so weich und schön, dass man dabei wirklich in süße Gedanken versinken konnte.

Es war wie Zauberei, aber wer wohnte dort? Wo war der eigentliche Eingang? Im ganzen Erdgeschoss war ein Laden neben dem anderen und dort konnten die Leute ja nicht immer durchgehen.

Eines Abends saß der Fremde auf seinem Balkon, hinter ihm in der Stube brannte ein Licht, und so war es ja nur ganz natürlich, dass sein Schatten auf die Wand des gegenüberliegenden Hauses fiel; ja, dort saß er gerade zwischen den

Der Schatten

Blumen auf dem Balkon, und wenn der Fremde sich bewegte, dann bewegte sich der Schatten auch, denn das macht er immer.

»Ich glaube, mein Schatten ist das einzige Lebendige, was man dort drüben sieht!«, sagte der gelehrte Mann. »Sieh nur, wie hübsch er da zwischen den Blumen sitzt, die Tür ist bloß angelehnt. Jetzt sollte der Schatten so gescheit sein und hineingehen, sich umsehen, dann zurückkommen und mir erzählen, was er gesehen hat! Ja, du solltest dich nützlich machen!«, sagte er im Scherz. »Bitte, tritt nur ein! Nun? Gehst du?« Und dann nickte er dem Schatten zu und der Schatten nickte zurück. »Ja, dann geh nur, aber bleibe nicht ganz weg!« Und der Fremde erhob sich und sein Schatten drüben auf dem Balkon des gegenüberliegenden Hauses erhob sich auch; und der Fremde drehte sich um und der Schatten drehte sich auch um; ja, sofern jemand so richtig darauf Acht gegeben hätte, dann hätte er deutlich sehen können, wie der Schatten durch die halb geöffnete Balkontür gegenüber hineinging, gerade als der Fremde in seine Stube ging und den langen Vorhang hinter sich herabfallen ließ.

Am nächsten Morgen ging der gelehrte Mann aus, um Kaffee zu trinken und Zeitungen zu lesen. »Was ist das?«, sagte er, als er in den Sonnenschein hinauskam. »Ich habe ja keinen Schatten mehr! Dann ist er also wirklich gestern Abend fortgegangen und nicht zurückgekommen. Das ist eine fatale Geschichte!«

Und das ärgerte ihn; aber weniger deswegen, weil der Schatten fort war, sondern weil er ja wusste, dass es da eine Geschichte von einem Mann ohne Schatten gab, die alle Leute daheim in den kalten Ländern kannten; und kam nun der gelehrte Mann daher und erzählte die seine, dann würde man sagen, er hätte sie nur nachgeahmt, und das hatte er nicht nötig. Er wollte daher gar nicht davon sprechen und das war vernünftig gedacht.

Am Abend ging er wieder auf seinen Balkon hinaus, das Licht hatte er ganz richtig hinter sich gestellt, denn er wusste, dass der Schatten immer seinen Herrn zum Schirme haben wollte, aber er konnte ihn nicht hervorlocken. Er machte sich klein, er machte sich groß, aber da war kein Schatten, es kam niemand; er sagte: »Hm! Hm!«, aber das nützte nichts.

Das war ärgerlich. Aber in den warmen Ländern wächst nun alles so geschwind, und nach Verlauf von acht Tagen merkte er zu seinem großen Vergnügen, dass ihm von den Beinen aus ein neuer Schatten wuchs, wenn er in den

Sonnenschein trat; die Wurzel musste also stecken geblieben sein. Nach drei Wochen hatte er einen leidlichen Schatten, der auf der Heimreise in die nördlichen Länder immer mehr wuchs, bis er schließlich so lang und so groß war, dass die Hälfte genügt hätte.

So kam der gelehrte Mann nach Hause, und er schrieb Bücher darüber, was in der Welt wahr sei und was gut sei und was schön sei, und es vergingen Tage und es vergingen Jahre – es vergingen viele Jahre. Eines Abends sitzt er in seiner Stube, als es ganz behutsam an der Tür klopft. »Herein!«, sagt er, aber es kam niemand; da machte er auf, und vor ihm stand ein so außerordentlich magerer Mensch, dass ihm ganz wunderlich zumute wurde. Übrigens war der Mensch äußerst fein gekleidet, es musste ein vornehmer Mann sein.

»Mit wem habe ich die Ehre?«, fragte der Gelehrte.

»Ja, dachte ich mir's doch«, sagte der feine Mann, »dass Sie mich nicht wiedererkennen! Ich bin so sehr Körper geworden, dass ich ordentlich Fleisch und Kleider bekommen habe. Sie haben sich wohl nie vorgestellt, mich in so guter Verfassung wiederzusehen. Kennen Sie Ihren alten Schatten nicht mehr? Ja, Sie haben gewiss nicht geglaubt, dass ich jemals wiederkommen würde.

Mir ist es ganz außerordentlich gut ergangen, seit ich zuletzt bei Ihnen war, ich bin in jeglicher Hinsicht sehr vermögend geworden! Muss ich mich vom Dienst freikaufen, so kann ich das!«

Und dann klapperte er mit einem ganzen Bündel kostbarer Siegel, die an der Uhr hingen, und steckte die Hand durch die dicke, goldene Kette, die er um den Hals trug; nein, wie alle Finger von Diamantringen glitzerten! Und es war alles echt.

»Nein, ich kann es noch gar nicht fassen!«, sagte der gelehrte Mann. »Was ist das bloß alles?«

»Ja, etwas Alltägliches nicht!«, sagte der Schatten. »Aber Sie selbst gehören ja auch nicht zum Alltäglichen, und ich bin, das wissen Sie ja, von Kindesbeinen an in Ihren Fußstapfen gegangen. Sobald Sie fanden, ich sei reif genug, um allein in die Welt hinauszugehen, ging ich meine eigenen Wege; ich lebe in den allerbrillantesten Verhältnissen, aber mich überkam eine Art Sehnsucht, Sie einmal wiederzusehen, bevor Sie sterben, und sterben werden Sie ja! Ich wollte auch gern dieses Land wiedersehen, denn man liebt sein Vaterland doch immer sehr! –

Der Schatten 262

Ich weiß, Sie haben wieder einen neuen Schatten bekommen, habe ich dem oder Ihnen etwas zu bezahlen? Haben Sie nur die Güte, es zu sagen.«

»Nein, bist du es wirklich!«, sagte der gelehrte Mann. »Das ist doch höchst seltsam! Ich hätte nie geglaubt, dass man seinen eigenen Schatten jemals als Menschen wiedersehen könnte!«

»Sagen Sie mir, was ich zu zahlen habe!«, sagte der Schatten, »denn ich möchte ungern in jemandes Schuld stehen!«

»Wie kannst du so reden?«, sagte der gelehrte Mann. »Von welcher Schuld soll hier die Rede sein? Fühle dich vollkommen frei davon! Ich freue mich außerordentlich über dein Glück; setz dich, alter Freund, und erzähle mir doch ein wenig, wie das zugegangen ist und was du in den warmen Ländern, im Hause gegenüber, gesehen hast!«

»Ja, das will ich Ihnen erzählen«, sagte der Schatten und setzte sich, »aber dann müssen Sie mir auch versprechen, niemandem hier in der Stadt, wo immer Sie mich auch treffen mögen, zu erzählen, dass ich Ihr Schatten gewesen bin! Ich habe die Absicht, mich zu verloben; ich kann mehr als eine Familie ernähren!«

»Sei ganz unbesorgt«, sagte der gelehrte Mann, »ich werde niemandem erzählen, wer du wirklich bist; hier meine Hand darauf! Ich verspreche es: und ein Mann, ein Wort!«

»Ein Wort, ein Schatten!«, sagte der Schatten, denn so musste der ja sprechen.

Es war übrigens wirklich merkwürdig, wie sehr er Mensch geworden war. Er war ganz schwarz gekleidet und im allerfeinsten Tuch, mit Lackstiefeln und Hut, den man zusammendrücken konnte, so dass er nichts als Deckel und Krempe war, ganz zu schweigen von dem, was wir bereits wissen, da gab es Uhranhänger, eine goldene Halskette und Diamantringe; o ja, der Schatten war außerordentlich gut angezogen, und das war es gerade, was ihn so ganz zum Menschen machte.

»Nun will ich erzählen«, sagte der Schatten, und dann stellte er seine Füße mit den Lackstiefeln, so fest er nur konnte, auf den Ärmel von des gelehrten Mannes neuem Schatten, der wie ein Pudelhund zu dessen Füßen lag, und das geschah nun entweder aus Hochmut oder vielleicht auch, damit der neue Schatten daran hängen bleiben sollte. Und der liegende Schatten verhielt sich ganz still und ruhig, um so recht zuhören zu können. Er wollte nur zu gern wissen, wie man so einfach freikommen und sich zu seinem eigenen Herrn hinaufdienen konnte.

»Wissen Sie, wer im Haus gegenüber wohnte?«, sagte der Schatten. »Es war das Herrlichste von allem, es war die Poesie! Ich war drei Wochen dort, und das hat dieselbe Wirkung, als ob man dreitausend Jahre lebte und alles läse, was gedichtet und geschrieben worden ist. Das sage ich und es ist richtig. Ich habe alles gesehen und ich weiß alles!«

»Die Poesie!«, rief der gelehrte Mann. »Ja, ja – sie lebt oftmals als Einsiedlerin in den großen Städten! Die Poesie! Ja, ich habe sie nur einen einzigen, kurzen Augenblick gesehen, aber der Schlaf steckte mir in den Augen! Sie stand auf dem Balkon und leuchtete, wie das Nordlicht leuchtet! Erzähle, erzähle! Du warst auf dem Balkon, du gingst zur Tür hinein, und dann –!«

»Dann war ich im Vorgemach!«, sagte der Schatten. »Sie haben immer dagesessen und zum Vorgemach hinübergeschaut. Da war gar kein Licht, es herrschte eine Art Zwielicht, aber eine Tür nach der anderen in einer langen Reihe von Zimmern und Sälen stand offen; und dort war es hell, ich wäre fast vom Licht erschlagen worden, wäre ich ganz bis zu der Jungfrau hineingekommen; aber ich war besonnen, ich nahm mir Zeit und das muss man tun!«

»Und was hast du da gesehen?«, fragte der gelehrte Mann.

»Ich sah alles! Und das will ich Ihnen erzählen, aber – es ist wirklich kein Hochmut von mir – als freier Mann und mit den Kenntnissen, die ich besitze, ganz zu schweigen von meiner guten Stellung, meinen vortrefflichen Vermögensverhältnissen, so möchte ich doch gern, dass Sie mich mit ›Sie‹ anreden!«

»Bitte um Verzeihung!«, sagte der gelehrte Mann. »Das ist eine alte Gewohnheit, die fest verwurzelt ist! – Sie haben völlig Recht! Und ich werde daran denken! Aber nun erzählen Sie mir alles, was Sie sahen!«

»Alles!«, sagte der Schatten. »Denn ich sah alles und ich weiß alles!«

»Wie sah es in den innersten Gemächern aus?«, fragte der gelehrte Mann. »War es dort wie im frischen Wald? War es dort wie in einer heiligen Kirche? Waren die Säle wie der sternenklare Himmel, wenn man auf den hohen Bergen steht?«

»Alles war dort!«, sagte der Schatten. »Ich ging zwar nicht ganz hinein, ich

Der Schatten

blieb im vordersten Zimmer im Halbdunkel, aber dort stand ich außerordentlich gut, ich sah alles und ich weiß alles! Ich bin am Hofe der Poesie gewesen, im Vorgemach!«

»Aber was sahen Sie? Gingen durch die großen Säle alle Götter des Altertums? Kämpften dort die alten Helden? Spielten dort liebliche Kinder und erzählten ihre Träume?«

»Ich sage Ihnen, ich war dort, und Sie begreifen wohl, dass ich alles sah, was es zu sehen gab! Wären Sie da herübergekommen, dann wäre aus Ihnen kein Mensch geworden, aber aus mir wurde einer! Und gleichzeitig lernte ich meine innerste Natur kennen, die mir angeborene, die Verwandtschaft, die mich mit der Poesie verband.

Ja, damals, als ich bei Ihnen war, habe ich nicht darüber nachgedacht, aber immer, das wissen Sie, wenn die Sonne aufging und die Sonne sank, wurde ich so sonderbar groß; bei Mondschein war ich fast deutlicher zu sehen als Sie selber. Ich begriff damals meine innerste Natur nicht, im Vorgemach wurde sie mir erst bewusst! Ich wurde Mensch! – Gereift kam ich heraus, aber Sie waren nicht mehr in den warmen Ländern; als Mensch schämte ich mich, so herumzulaufen, wie ich es tat, ich brauchte dringend Stiefel, Kleider, diesen ganzen Menschenanstrich, der einen Menschen kenntlich macht. – Ich nahm meinen Weg, ja, Ihnen sage ich es; Sie bringen es ja nicht in einem Buch, ich nahm meinen Weg unter den Rock der Kuchenfrau, dort versteckte ich mich. Die Frau wusste nichts davon, was sie verbarg; erst abends ging ich aus; ich lief im Mondschein auf der Straße umher, ich reckte mich lang an der Mauer hoch, das kitzelt so herrlich auf dem Rücken! Ich lief hinauf und ich lief hinunter, schaute zu den höchsten Fenstern hinein, in den Saal und aufs Dach, ich guckte dort, wohin niemand gucken kann, und ich sah, was kein anderer sah, was niemand sehen sollte! Es ist eine niederträchtige Welt! Ich würde nicht Mensch sein wollen, wenn nicht allgemein angenommen würde, dass da etwas dran ist! Ich sah das Allerunglaublichste bei den Frauen, bei den Männern, bei den Eltern und bei den niedlichen, unvergleichlichen Kindern – ich sah«, sagte der Schatten, »was kein Mensch erfahren durfte, was sie aber alle gar zu gern erfahren möchten: Schlechtes bei den Nachbarn. – Hätte ich eine Zeitung verfasst, die wäre wirklich gelesen worden! Aber ich schrieb eben an den Betreffenden selbst, und es entstand ein Schrecken in allen

Der Schatten 266

Städten, in die ich kam. Sie hatten solche Angst vor mir und sie schätzten mich ganz außerordentlich! Die Professoren machten mich zum Professor, die Schneider schenkten mir neue Kleider, ich bin gut ausgestattet; der Münzmeister schlug Münzen für mich, und die Frauen sagten, ich wäre so schön! – Und so wurde ich der Mann, der ich bin! Und nun verabschiede ich mich; hier ist meine Karte, ich wohne auf der Sonnenseite und bin bei Regenwetter stets zu Hause!« Und dann ging der Schatten.

»Das war höchst sonderbar!«, sagte der gelehrte Mann.

Jahr und Tag vergingen, da kam der Schatten wieder.

»Wie geht es?«, fragte er.

»Ach«, sagte der gelehrte Mann, »ich schreibe über das Wahre, das Gute und das Schöne, aber niemand will es hören, ich bin ganz verzweifelt, denn ich nehme es mir so zu Herzen!«

»Das tue ich aber nicht«, sagte der Schatten, »ich werde dick und eben darauf kommt es an! Sie verstehen sich nicht auf die Welt. Sie werden krank davon. Sie müssen reisen! Ich will diesen Sommer eine Reise machen, wollen Sie mit? Ich hätte schon gern einen Reisegefährten! Wollen Sie mitfahren, als Schatten? Es soll mir ein großes Vergnügen sein, Sie mitzunehmen, ich bezahle die Reise!«

»Das geht zu weit!«, sagte der gelehrte Mann.

»Wie man es nimmt!«, sagte der Schatten. »Es wird Ihnen nur gut tun zu reisen! Wollen Sie mein Schatten sein? Dann haben Sie auf der Reise alles frei!«

»Das ist doch die Höhe!«, sagte der gelehrte Mann.

»Aber so ist die Welt nun einmal«, sagte der Schatten. »Und so wird sie auch bleiben!« Und dann ging der Schatten.

Dem gelehrten Mann ging es gar nicht gut, Kummer und Sorge verfolgten ihn, und was er von dem Wahren und dem Guten und dem Schönen sagte, das war für die meisten wie Perlen vor die Säue geworfen! Er war zuletzt ganz krank.

»Sie sehen wirklich aus wie ein Schatten!«, sagten die Leute zu ihm, und den gelehrten Mann überlief ein Schauer, denn er machte sich seine Gedanken darüber.

»Sie sollten in ein Bad fahren!«, sagte der Schatten, der ihn besuchen kam. »Es gibt keine andere Hilfe für Sie. Ich will Sie um unserer alten Bekanntschaft willen mitnehmen; ich bezahle die Reise und Sie machen die Beschreibung und muntern mich unterwegs ein bisschen auf. Ich möchte in ein Bad; mein Bart wächst nicht so recht, wie er sollte, das ist auch eine Krankheit, und einen Bart muss man doch haben. Seien Sie jetzt vernünftig und nehmen Sie mein Angebot an, wir reisen ja als Kameraden.«

Und dann reisten sie. Der Schatten war nun Herr und der Herr war nun Schatten. Sie fuhren miteinander, sie ritten und gingen miteinander, nebeneinanderher, vorneweg und hinterdrein, ganz wie die Sonne eben stand. Der Schatten verstand es stets, sich auf dem Platz des Herrn zu halten, und darüber dachte der gelehrte Mann nun nicht weiter nach. Er hatte ein sehr gutes Herz und war besonders mild und freundlich und da sagte er eines Tages zum Schatten: »Da wir nunmehr Reisekameraden geworden sind, wie es der Fall ist, und zugleich von Kindesbeinen an zusammen aufgewachsen sind, sollen wir da nicht Brüderschaft trinken? Das ist doch vertraulicher!«

»Finden Sie?«, sagte der Schatten, der ja nun der eigentliche Herr war. »Das ist sehr geradezu und wohlwollend gesagt, ich werde ebenso wohlwollend und geradezu sein. Sie, als gelehrter Mann, wissen sicher, wie sonderbar die Natur ist. Manche Menschen können es nicht vertragen, graues Papier anzufassen, dann wird ihnen schlecht; anderen geht es durch Mark und Bein, wenn man mit einem Nagel über eine Glasscheibe kratzt: Ich habe ein ähnliches Gefühl, wenn ich Sie ›du‹ zu mir sagen höre, ich fühle mich gleichsam zu Boden gedrückt aufgrund meiner ersten Stellung bei Ihnen. Sie sehen, das ist ein Gefühl, es ist kein Stolz; ich kann Sie nicht ›du‹ zu mir sagen lassen, aber ich will gern ›du‹ zu Ihnen sagen, dann ist die Hälfte getan!«

Und von nun an sagte der Schatten »du« zu seinem ehemaligen Herrn. »Das ist wirklich unerhört«, dachte der, »dass ich ›Sie‹ sagen muss, und er sagt ›du‹.« Aber nun musste er aushalten.

Dann kamen sie in ein Bad, wo viele Fremde waren und unter diesen eine schöne Königstochter, die an der Krankheit litt, dass sie allzu gut sah, und das war etwas beängstigend.

Sogleich merkte sie, dass der Neuankömmling ein ganz anderer Mensch war als alle die anderen.

»Er ist hier, damit sein Bart wächst, sagt man, aber ich sehe die wahre Ursache, er kann keinen Schatten werfen.«

Der Schatten

Neugierig war sie geworden; und so ließ sie sich bei der Promenade gleich auf ein Gespräch mit dem fremden Herrn ein. Als Königstochter brauchte sie nicht viele Umstände zu machen und deshalb sagte sie: »Ihre Krankheit besteht darin, dass Sie keinen Schatten werfen können.«

»Euer Königliche Hoheit müssen bedeutend auf dem Weg der Besserung sein«, sagte der Schatten. »Ich weiß, Ihr Übel ist es, dass Sie zu gut sehen, aber das hat sich gegeben, Sie sind geheilt. Ich habe eben gerade einen ganz ungewöhnlichen Schatten. Sehen Sie nicht die Person, die immer bei mir ist? Andere Menschen haben einen gewöhnlichen Schatten, aber ich schätze das Gewöhnliche nicht. Man gibt seinem Diener vornehmeres Tuch für die Livree, als man selber trägt, und so habe ich meinen Schatten zu einem Menschen herausputzen lassen! Ja, Sie sehen, ich habe ihm sogar einen Schatten geschenkt. Das ist sehr kostspielig, aber ich liebe es, etwas Besonderes zu haben!«

»Was!«, dachte die Prinzessin. »Sollte ich mich wirklich erholt haben? Dieses Bad ist das beste, was es gibt; das Wasser besitzt in unserer Zeit ganz wundersame Kräfte. Aber ich reise noch nicht fort, denn jetzt wird es lustig hier; der Fremde gefällt mir außerordentlich. Wenn bloß sein Bart nicht wächst, denn dann reist er ab!«

Am Abend im großen Ballsaal tanzten die Königstochter und der Schatten miteinander. Sie war leicht, aber er war noch leichter, solch einen Tänzer hatte sie noch nie gehabt. Sie erzählte ihm, aus welchem Land sie komme, und er kannte das Land; er war da gewesen, aber damals war sie nicht zu Hause; er hatte zu den Fenstern hineingeschaut, oben wie unten, er hatte das eine wie das andere gesehen, und so konnte er der Königstochter antworten und Andeutungen machen, so dass sie ganz erstaunt war. Er musste der gescheiteste Mann auf der ganzen Welt sein! Sie bekam eine solche Achtung vor dem, was er wusste, und als sie dann wieder tanzten, da verliebte sie sich in ihn, und das konnte der Schatten wohl merken, denn sie hätte fast durch ihn hindurchgesehen. Dann tanzten sie noch einmal, und sie war nahe daran, es ihm zu sagen, aber sie war besonnen, sie dachte an ihr Land und Reich und an die vielen Menschen, über die sie regieren sollte. »Ein weiser Mann ist er«, sagte sie zu sich selbst, »das ist gut, und wunderbar tanzen tut er, das ist auch gut; aber ob er wohl gründliche Kenntnisse hat? Das ist ebenso wichtig! Er muss examiniert werden.« Und dann fing sie an, ihn allmählich über einige der allerschwierigsten Dinge auszufragen, die sie selbst nicht hätte beantworten können; und der Schatten machte ein ganz sonderbares Gesicht. »Darauf können Sie mir keine Antwort geben!«, sagte die Königstochter.

»Ach, das habe ich schon als Kind gelernt«, sagte der Schatten, »ich glaube sogar, mein Schatten da drüben an der Tür kann darauf antworten.«

»Ihr Schatten?«, sagte die Königstochter. »Das wäre doch höchst merkwürdig!«

»Ja, ich sage nicht bestimmt, dass er es kann«, sagte der Schatten, »aber ich möchte es annehmen. Er ist mir schon so manches Jahr gefolgt und hat mir zugehört – ich möchte es annehmen! Aber Euer Königliche Hoheit gestatten, wenn ich Sie darauf aufmerksam mache, dass er stolz darauf ist, für einen Menschen gehalten zu werden, und wenn er in der rechten Stimmung sein soll, und das muss er sein, um gut antworten zu können, dann muss er genau wie ein Mensch behandelt werden.«

»Das gefällt mir!«, sagte die Königstochter.

Und dann ging sie zu dem gelehrten Mann an der Tür und sprach mit ihm über Sonne und Mond und über die Menschen, über ihr Äußeres wie über ihr Inneres, und er antwortete sehr klug und gut.

»Was muss das für ein Mann sein, der einen so weisen Schatten hat!«, dachte sie. »Es wäre ein wahrer Segen für mein Volk und mein Reich, wenn ich ihn zu meinem Gemahl erwählte – ich tue es!«

Und sie wurden bald einig, die Königstochter und der Schatten, aber niemand sollte etwas davon erfahren, bevor sie in ihr eigenes Reich heimgekehrt war.

»Niemand, nicht einmal mein Schatten!«, sagte der Schatten und dabei hatte er so seine eigenen Gedanken! Dann kamen sie in das Land, in dem die Königstochter regierte, wenn sie zu Hause war. »Höre, mein guter Freund!«, sagte der Schatten zu dem gelehrten Mann. »Nun bin ich so glücklich und mächtig geworden, wie man es nur werden kann, jetzt möchte ich auch für dich etwas Besonderes tun! Du wirst immer im Schlosse bei mir wohnen, zusammen mit mir im königlichen Wagen fahren und hunderttausend Reichstaler jährlich bekommen; aber dafür musst du dich von jedermann Schatten nennen lassen; du darfst nicht sagen, dass du jemals ein Mensch gewesen bist, und einmal im Jahr, wenn ich im Sonnenschein auf dem Balkon sitze und mich sehen lasse, musst du zu meinen

Der Schatten

Füßen liegen, wie es einem Schatten geziemt; denn ich will dir sagen, ich heirate die Königstochter! Heute Abend wird die Hochzeit gefeiert.«

»Nein, das ist wirklich zu toll!«, sagte der gelehrte Mann. »Das will ich nicht, das tue ich nicht! Das heißt, das ganze Land zu betrügen und die Königstochter dazu! Ich werde alles sagen: dass ich ein Mensch bin und dass du der Schatten bist, du hast nur Kleider anbekommen!«

»Das glaubt dir keiner!«, sagte der Schatten. »Sei jetzt vernünftig, sonst rufe ich die Wache!«

»Ich gehe schnurstracks zur Königstochter!«, sagte der gelehrte Mann. »Aber ich gehe zuerst«, sagte der Schatten, »und du kommst ins Gefängnis!« – Und das kam er, denn die Schildwachen gehorchten dem, von dem sie wussten, dass die Königstochter ihn haben wollte. »Du zitterst!«, sagte die Königstochter, als der Schatten zu ihr kam. »Ist etwas vorgefallen? Du darfst heute Abend nicht krank werden, da wollen wir Hochzeit halten.«

»Ich habe das Grausigste erlebt, das man erleben kann!«, sagte der Schatten. »Stell dir vor – ja, so ein armes Schattengehirn kann nicht viel ertragen – denk dir, mein Schatten ist verrückt geworden, er glaubt, er wäre der Mensch und ich – denk dir nur – ich wäre sein Schatten!«

»Das ist ja schrecklich!«, sagte die Prinzessin. »Er ist doch wohl eingesperrt?«

»Das ist er! Ich fürchte, er erholt sich nie.«

»Der arme Schatten!«, sagte die Prinzessin. »Er ist sehr unglücklich; es wäre geradezu eine Wohltat, ihn von dem bisschen Leben, das er hat, zu befreien, und wenn ich recht darüber nachdenke, so glaube ich, es wird notwendig sein, dass ihm in aller Stille der Garaus gemacht wird!«

»Das ist allerdings hart!«, sagte der Schatten. »Denn er war ein treuer Diener!« Und dann stieß er so etwas wie einen Seufzer aus.

»Sie sind ein edler Charakter!«, sagte die Königstochter.

Am Abend war die ganze Stadt festlich beleuchtet und die Kanonen donnerten: Bumm! Und die Soldaten präsentierten das Gewehr. Das war eine Hochzeit! Die Königstochter und der Schatten traten auf den Balkon hinaus, um sich sehen zu lassen und noch einmal ein Hurra entgegenzunehmen. Der gelehrte Mann hört nichts von alledem, denn ihn hatten sie umgebracht.

Das kleine Mädchen
mit den Schwefelhölzern

Es war so grässlich kalt; es schneite und es begann, dunkler Abend zu werden. Es war auch der letzte Abend des Jahres, Silvesterabend. In dieser Kälte und in dieser Dunkelheit ging auf der Straße ein kleines, armes Mädchen mit bloßem Kopf und nackten Füßen; ja, sie hatte zwar Pantoffeln angehabt, als sie von zu Hause wegging, aber was nützte das schon! Es waren sehr große Pantoffeln, ihre Mutter hatte sie zuletzt benutzt, so groß waren sie, und die verlor die Kleine, als sie über die Straße eilte, während zwei Wagen so erschreckend schnell vorbeifuhren. Der eine Pantoffel war nicht zu finden und mit dem andern lief ein Knabe davon; er sagte, den könne er als Wiege brauchen, wenn er selbst einmal Kinder bekomme.

Da ging nun das kleine Mädchen auf den nackten, kleinen Füßen, die vor Kälte rot und blau waren. In einer alten Schürze trug sie eine Menge Schwefelhölzer und ein Bund hielt sie in der Hand. Niemand hatte ihr den ganzen Tag hindurch etwas abgekauft; niemand hatte ihr einen kleinen Schilling gegeben. Hungrig und verfroren ging sie dahin und sah so eingeschüchtert aus, die arme Kleine! Die Schneeflocken fielen in ihr langes, blondes Haar, das sich so schön um den Nacken ringelte, aber an diese Pracht dachte sie wahrlich nicht. Aus allen Fenstern glänzten die Lichter und dann roch es auf der Straße so herrlich nach Gänsebraten; es war ja Silvesterabend, ja, daran dachte sie!

Drüben in einem Winkel zwischen zwei Häusern, von denen das eine etwas mehr vorsprang als das andere, dort setzte sie sich hin und kauerte sich zusammen. Die kleinen Beine hatte sie unter sich hochgezogen; aber es fror sie noch mehr, und nach Hause zu gehen, wagte sie nicht. Sie hatte ja keine Schwefelhölzer verkauft, nicht einen einzigen Schilling bekommen. Ihr Vater würde sie schlagen und kalt war es zu Hause, sie hatten nur eben das Dach über sich, und da pfiff der Wind herein, obwohl in die größten Spalten Stroh und Lumpen gestopft waren. Ihre kleinen Hände waren beinahe ganz abgestorben vor Kälte. Ach! Ein kleines Schwefelhölzchen könnte gut tun. Wenn sie es nur wagen würde, eines aus dem Bund zu ziehen, es gegen die Wand zu streichen und die Finger zu erwärmen! Sie zog eins heraus, ritsch! Wie es sprühte, wie es brannte! Es war eine warme, helle Flamme, wie ein kleines Licht, als sie es mit der Hand umschirmte. Es war ein seltsames Licht: Dem kleinen Mädchen war es, als säße es vor einem großen, eisernen Ofen mit blanken Messingkugeln und einem Messingrohr. Das Feuer brannte so herrlich, wärmte so gut; nein, was war das! Die Kleine streckte schon die Füße aus, um auch diese zu wärmen – da erlosch die Flamme. Der Ofen verschwand, sie saß mit einem kleinen Stück des abgebrannten Schwefelhölzchens in der Hand.

Ein neues wurde angestrichen, es brannte, es leuchtete, und wo der Schein auf die Mauer fiel, wurde diese durchsichtig wie ein Schleier; sie sah gerade in die Stube hinein, wo der Tisch gedeckt stand mit einem blendend weißen Tischtuch, mit feinem Porzellan, und herrlich dampfte die gebratene Gans, gefüllt mit Zwetschgen und Äpfeln; und was noch prächtiger war: Die Gans sprang von der Schüssel herunter, watschelte durch die Stube, mit Messer und Gabel im Rücken; gerade auf das arme Mädchen kam sie zu. Da erlosch das Schwefelholz und es war nur die dicke, kalte Mauer zu sehen.

Die Kleine zündete ein neues an. Da saß sie unter dem schönsten Weihnachtsbaum; er war noch größer und schöner geschmückt als der, den sie bei der letzten Weihnacht durch die Glastür bei dem Kaufmann gesehen hatte. An den grünen Zweigen brannten tausend Kerzen, und bunte Bilder, gleich denen, welche die Schaufenster schmückten, sahen auf sie herab. Die Kleine streckte beide Hände in die Höhe – da erlosch das Schwefelholz; die vielen Weihnachtslichter stiegen höher und höher, sie sah, jetzt waren sie zu den hellen Sternen geworden, einer von ihnen fiel und hinterließ einen langen Feuerstreifen am Himmel. »Jetzt stirbt jemand«, sagte die Kleine, denn die alte Großmutter, die Einzige, die gut zu ihr gewesen, aber nun tot war, hatte gesagt: Wenn ein Stern fällt, geht eine Seele hinauf zu Gott.

Sie strich wieder ein Schwefelhölzchen gegen die Mauer, es leuchtete ringsumher und in dem Glanz stand die alte Großmutter, so klar, so schimmernd, so mild und lieblich.

»Großmutter«, rief die Kleine, »oh, nimm mich mit! Ich weiß, du bist fort, wenn das Schwefelhölzchen ausgeht, fort, ebenso wie der warme Ofen, der herrliche Gänsebraten und der große, gesegnete Weihnachtsbaum!«

Und sie strich hastig den ganzen Rest von Schwefelhölzern an, die im Bund waren. Sie wollte Großmutter recht festhalten; und die Schwefelhölzer leuchteten mit einem solchen Glanz, dass es heller war als der lichte Tag. Großmutter war früher nie so schön, so groß gewesen; sie hob das kleine Mädchen auf ihren Arm, und sie flogen in Glanz und Freude so hoch, so hoch dahin; und dort war keine Kälte, kein Hunger, keine Angst, sie waren bei Gott.

Aber im Winkel beim Hause saß in der kalten Morgenstunde das kleine Mädchen mit roten Wangen, mit einem Lächeln um den Mund – tot, erfroren am letzten Abend des alten Jahres. Der Neujahrsmorgen ging über der kleinen Leiche auf, die mit den Schwefelhölzern dasaß, von denen ein Bund fast abgebrannt war.

Sie hatte sich wärmen wollen, sagte man. Niemand wusste, was sie Schönes gesehen hatte und in welchem Glanz sie mit der alten Großmutter eingegangen war zur Neujahrsfreude.

Das kleine Mädchen mit den Schwefelhölzern

275   Das kleine Mädchen mit den Schwefelhölzern

Der Mistkäfer

Das Pferd des Kaisers bekam goldene Hufeisen, ein goldenes Hufeisen unter jeden Fuß.

Warum bekam es goldene Hufeisen?

Es war das herrlichste Tier, hatte feine Beine, kluge Augen und eine Mähne, die ihm wie ein seidener Schleier über den Hals herabhing. Es hatte seinen Herrn in Pulverdampf und Kugelregen getragen, hatte die Kugeln singen und pfeifen hören. Es hatte um sich gebissen, um sich geschlagen, mitgekämpft, als die Feinde eindrangen, es war mit seinem Kaiser in einem Sprung über das Pferd des gestürzten Feindes gesetzt, hatte die rote Goldkrone seines Kaisers gerettet, das Leben seines Kaisers gerettet, das mehr wert war als das rote Gold, und darum bekam das Pferd des Kaisers goldene Hufeisen, ein goldenes Hufeisen unter jeden Fuß.

Und der Mistkäfer kroch hervor.

»Erst die Großen, dann die Kleinen«, sagte er, »doch ist es nicht die Größe, auf die es ankommt.«

Und dann streckte er seine dünnen Beine vor.

»Was willst du?«, fragte der Schmied.

»Goldene Hufeisen!«, antwortete der Mistkäfer.

»Du bist wohl nicht recht gescheit«, sagte der Schmied, »du willst auch goldene Hufeisen haben?«

»Goldene Hufeisen!«, sagte der Mistkäfer. »Bin ich nicht ebenso gut wie das große Biest, das Bedienung haben muss, gestriegelt und gepflegt wird und Essen und Trinken bekommt? Gehöre ich nicht auch zum Stall des Kaisers?«

»Weshalb ist es wohl das Pferd, das goldene Hufeisen bekommt?«, fragte der Schmied. »Begreifst du das nicht?«

»Begreifen? Ich begreife, dass es eine Geringschätzung meiner Person ist«, sagte der Mistkäfer. »Es ist eine Kränkung und deshalb gehe ich jetzt in die weite Welt hinaus.«

»Verschwinde!«, sagte der Schmied.

»Grober Kerl!«, sagte der Mistkäfer. Und dann ging er hinaus, flog eine kleine Strecke und war in einem lieblichen, kleinen Blumengarten, wo es nach Rosen und Lavendel duftete.

»Ist es hier nicht herrlich?«, sagte eines der kleinen Marienkäferchen, die mit schwarzen Pünktchen auf den roten, schildstarken Flügeln umherflogen. »Wie süß es hier riecht und wie schön es hier ist!«

»Ich bin Besseres gewöhnt«, sagte der Mistkäfer, »nennt ihr das schön? Hier ist ja nicht einmal ein Misthaufen.«

Und dann ging er weiter, in den Schatten einer großen Levkoje; es kroch eine Kohlraupe an ihr.

»Wie herrlich die Welt doch ist!«, sagte die Kohlraupe. »Die Sonne ist so warm! Alles ist so fröhlich! Und wenn ich einmal einschlafe und sterbe, wie sie es nennen, dann wache ich wieder auf und bin ein Schmetterling!«

»Bilde dir nichts ein!«, sagte der Mistkäfer. »Du und fliegen wie ein Schmetterling! Ich komm vom Stall des Kaisers; aber dort hat niemand, nicht einmal das Leibross des Kaisers, das doch meine abgelegten goldenen Hufeisen trägt, solche Einbildungen. Flügel bekommen! Fliegen! Ja, jetzt fliegen wir!« Und dann flog der Mistkäfer. »Ich will mich nicht ärgern, aber ich ärgere mich doch.«

Dann plumpste er auf einem großen Rasen nieder; hier lag er eine Weile, dann schlief er ein.

Bewahre, welch ein Platzregen strömte herab! Der Mistkäfer erwachte bei dem Geplätscher und wollte gleich in die Erde hinunter, konnte es aber nicht; er fiel um, er schwamm auf dem Bauch und auf dem Rücken. An Fliegen war nicht zu denken, er kam wahrscheinlich nie mehr lebendig von diesem Fleck; er lag, wo er lag, und blieb liegen.

Als der Regen etwas nachgelassen und der Mistkäfer sich das Wasser aus den Augen geblinzelt hatte, erblickte er etwas Weißes. Es war Leinwand auf der Bleiche.

Er gelangte dorthin und kroch in eine Falte der nassen Leinwand hinein. Dort lag er freilich nicht wie in dem warmen Haufen im Stall; aber hier gab es eben nichts Besseres und so blieb er einen ganzen Tag, eine ganze Nacht und auch das Regenwetter blieb. Am Morgen kam der Mistkäfer hervor; er war sehr verärgert über das Klima.

Auf der Leinwand saßen zwei Frösche; ihre klaren Augen strahlten vor lauter Vergnügen. »Das ist ein gesegnetes Wetter!«, sagte der eine. »Wie es erfrischt! Und das Leinenzeug hält das Wasser so herrlich beisammen! Es kribbelt mir in den Hinterbeinen, als wenn ich schwimmen sollte.«

»Ich möchte bloß wissen«, sagte der andere, »ob die Schwalbe, die so weit umherfliegt, auf ihren vielen Reisen im Ausland ein besseres Klima gefunden hat als das unsere, solch ein Regen und solch eine Nässe! Es ist gerade, als läge man in einem nassen Graben! Wenn man sich darüber nicht freut, dann liebt man sein Vaterland wahrlich nicht!«

»Ihr seid wohl nie in den Ställen des Kaisers gewesen?«, fragte der Mistkäfer. »Dort ist das Nasse sowohl warm als auch würzig! Daran bin ich gewöhnt, das ist mein Klima, aber das kann man nicht mit auf die Reise nehmen. Ist hier im Garten kein Mistbeet, wo Standespersonen wie ich einkehren und sich heimisch fühlen können?«

Aber die Frösche verstanden ihn nicht oder wollten ihn nicht verstehen.

»Ich frage nie zum zweiten Mal«, sagte der Mistkäfer, als er dreimal gefragt hatte, ohne Antwort zu erhalten.

Dann ging er ein Stück weiter. Da lag eine Topfscherbe; sie sollte nicht dort liegen, aber so, wie sie lag, bot sie Schutz. Hier wohnten mehrere Ohrwurmfamilien; die beanspruchen nicht viel Platz, sondern nur Geselligkeit. Die Weibchen

sind besonders mit Mutterliebe begabt, daher war auch das Junge eines jeden von ihnen das schönste und klügste.

»Unser Sohn hat sich verlobt«, sagte eine Mutter, »die süße Unschuld! Sein höchstes Ziel ist, einmal einem Pfarrer ins Ohr kriechen zu können. Er ist so rührend kindlich und die Verlobung bewahrt ihn vor Ausschweifungen; das ist so erfreulich für eine Mutter.«

»Unser Sohn«, sagte eine andere Mutter, »schlüpfte gerade aus dem Ei und schon war er unterwegs; es sprüht in ihm, er läuft sich die Hörner ab. Das ist eine ungeheure Freude für eine Mutter! Nicht wahr, Herr Mistkäfer?« Sie erkannten den Fremden an der Figur.

»Sie haben alle beide Recht«, sagte der Mistkäfer, und dann wurde er in die Stube gebeten, so weit er unter die Topfscherbe kommen konnte.

»Nun sollen Sie auch mein kleines Ohrwürmchen sehen«, sagten eine dritte und vierte von den Müttern. »Es sind die liebsten Kinder und so lustig! Sie sind niemals unartig, außer wenn sie Bauchweh haben, aber das bekommt man so leicht in ihrem Alter.«

Und dann sprach jede Mutter von ihren Jungen. Und die Jungen redeten mit und benutzten die kleine Gabel, die sie am Schwanz hatten, um den Mistkäfer an seinem Schnurrbart zu ziehen.

»Die kommen aber auch auf die verrücktesten Ideen, die kleinen Schelme!«, sagten die Mütter und dampften vor Mutterliebe. Aber das langweilte den Mistkäfer, und so fragte er, ob es noch weit bis zum Mistbeet sei.

»Es ist weit draußen in der Welt, auf der andern Seite des Grabens«, sagte der Ohrwurm, »so weit wird hoffentlich keines von meinen Kindern kommen, denn dann würde ich sterben.«

»Ich will doch versuchen, dorthin zu gelangen«, sagte der Mistkäfer und ging ohne Abschied; das ist am vornehmsten.

Am Graben traf er mehrere aus seiner Verwandtschaft, alles Mistkäfer.

»Hier wohnen wir«, sagten sie. »Wir haben es ganz gemütlich. Dürfen wir Sie nicht hinunter in das Fette einladen? Die Reise hat Sie sicher ermüdet.«

»Das hat sie«, sagte der Mistkäfer. »Ich habe im Regenwetter auf Leinwand gelegen und Reinlichkeit greift mich besonders an; ich habe auch Gicht im Flügelgelenk bekommen, weil ich unter einer Topfscherbe im Durchzug stand. Es ist eine wahre Erquickung, einmal zu seinen Landsleuten zu kommen.«

»Sie kommen vielleicht vom Mistbeet?«, fragte der Älteste.

»Höher hinauf!«, sagte der Mistkäfer. »Ich komme vom Stall des Kaisers, wo ich mit goldenen Hufeisen geboren wurde. Ich reise in einem geheimen Auftrag, worüber Sie mich nicht ausfragen dürfen; denn ich sage es nicht.«

Und dann stieg der Mistkäfer in den fetten Schlamm hinab; dort saßen drei junge Mistkäferfräulein, die kicherten, denn sie wussten nicht, was sie sagen sollten.

»Sie sind unverlobt«, sagte die Mutter und dann kicherten sie wieder; aber das war aus Verlegenheit.

»Schöner habe ich sie in den Ställen des Kaisers auch nicht gesehen«, sagte der reisende Mistkäfer.

»Verderben Sie mir meine Mädchen nicht und sprechen Sie nicht mit ihnen, wenn Sie keine ernsten Absichten haben; aber das haben Sie und ich gebe Ihnen meinen Segen.«

»Hurra!«, sagten alle die andern und so war der Mistkäfer verlobt. Erst Verlobung, dann Hochzeit; es bestand ja keine Veranlassung zu warten. – Der nächste Tag verlief recht gut, der zweite zog sich hin; aber am dritten sollte man doch an Nahrung für die Frau und vielleicht für die Kinder denken.

»Ich habe mich überraschen lassen«, sagte er, »so muss ich sie wohl wieder überraschen.«

Und das tat er. Weg war er; weg den ganzen Tag, weg die ganze Nacht – und die Frau saß als Witwe da. Die andern Mistkäfer sagten, es sei ein richtiger

Der Mistkäfer

Landstreicher, den sie in die Familie aufgenommen hätten; die Frau fiel ihnen nun zur Last.

»So kann sie wieder als Jungfrau dasitzen«, sagte die Mutter, »pfui, der widerliche Schuft, der sie verließ.«

Der war indessen auf der Fahrt, war auf einem Kohlblatt über den Graben gesegelt. Gegen Morgen kamen zwei Menschen, die sahen den Mistkäfer, nahmen ihn auf, drehten und wendeten ihn, und sie waren alle beide sehr gelehrt, besonders der Knabe.

»Allah sieht den schwarzen Mistkäfer in dem schwarzen Stein, in dem schwarzen Felsen! Steht es nicht so im Koran?«, fragte er und übersetzte den Namen des Mistkäfers ins Lateinische und berichtete über dessen Art und Natur. Der ältere Gelehrte war dagegen, dass sie den Käfer mit nach Hause nahmen. Sie hätten dort ebenso gute Exemplare, sagte er, und das war nicht höflich gesprochen, fand der Mistkäfer, deshalb flog er ihm aus der Hand, flog ein gutes Stück. Seine Flügel waren jetzt trocken geworden, und er erreichte das Treibhaus, wo er ganz bequem, da das eine Fenster geöffnet war, hineinschlüpfen und sich in den frischen Mist eingraben konnte.

»Hier ist es lecker!«, sagte er.

Bald schlief er ein und träumte, dass das Pferd des Kaisers gestürzt sei und dass Herr Mistkäfer dessen goldene Hufeisen und das Versprechen für noch zwei weitere erhalten habe. Das war angenehm, und als der Mistkäfer erwachte, kroch er hervor und sah sich um. Welche Pracht hier im Treibhaus! Große Fächerpalmen breiteten sich in der Höhe aus, die Sonne machte sie durchscheinend und darunter quoll eine Fülle von Grün hervor. Es leuchteten Blumen, rot wie Feuer, gelb wie Bernstein und weiß wie frisch gefallener Schnee.

»Das ist eine unvergleichliche Pflanzenpracht; wie wird die schmecken, wenn sie in Fäulnis übergeht!«, sagte der Mistkäfer. »Das ist eine gute Speisekammer; hier wohnen sicher auch welche von meiner Familie. Ich will doch auf die Suche gehen, ob ich jemand finde, mit dem ich verkehren kann. Stolz bin ich, das ist mein Stolz!«

Und dann ging er und dachte an seinen Traum von dem toten Pferd und den gewonnenen goldenen Hufeisen. Da ergriff plötzlich eine Hand den Mistkäfer, er wurde gedrückt, gedreht und gewendet.

Der kleine Sohn des Gärtners und sein Kamerad waren im Treibhaus; sie hatten den Mistkäfer gesehen und wollten ihr Vergnügen an ihm haben. In ein Weinblatt gelegt, kam er hinab in eine warme Hosentasche; er kribbelte und krabbelte, wurde dann von der Hand des Knaben gedrückt, der rasch davonging, nach dem großen See am Ende des Gartens. Hier wurde der Mistkäfer in einen alten, zerbrochenen Holzschuh gesetzt, von dem der obere Teil fehlte; ein Stäbchen wurde als Mast befestigt und an den wurde der Mistkäfer mit einem wollenen Faden gebunden. Jetzt war er Schiffer und sollte hinaussegeln.

Es war ein sehr großer See. Der Mistkäfer fand, es sei ein Weltmeer, und das erstaunte ihn derart, dass er auf den Rücken fiel und mit den Beinen zappelte.

Der Holzschuh segelte, das Wasser hatte Strömung. Aber geriet das Fahrzeug ein wenig weit hinaus, dann krempelte der eine von den Knaben gleich seine Hosen auf und watete hinaus und holte es. Aber als es wieder in Fahrt war, wurden die Knaben gerufen, ernsthaft gerufen und sie liefen fort und ließen den Holzschuh Holzschuh sein. Der trieb immer mehr vom Land ab, immer weiter hinaus, es war scheußlich für den Mistkäfer; fliegen konnte er nicht, weil er an den Mast festgebunden war.

Er bekam Besuch von einer Fliege.

»Was für ein herrliches Wetter wir haben«, sagte die Fliege. »Hier kann ich mich ausruhen! Hier kann ich mich sonnen! Sie haben es sehr behaglich!«

»Sie schwatzen, wie Sie es verstehen! Sehen Sie nicht, dass ich angebunden bin?«

»Ich bin nicht angebunden«, sagte die Fliege und dann flog sie davon.

»Jetzt kenne ich die Welt«, sagte der Mistkäfer, »es ist eine gemeine Welt! Ich bin der einzige Ehrenmann darin! Erst verweigert man mir goldene Hufeisen, dann muss ich auf nasser Leinwand liegen, im Durchzug stehen und schließlich schwatzen sie mir eine Frau auf. Tue ich dann einen entschlossenen Schritt in die Welt hinaus und schaue, wie es einem gehen sollte und wie es mir gehen sollte, kommt so ein Menschengör daher und setzt mich angebunden auf das wilde Meer. Und indessen geht das Pferd des Kaisers mit goldenen Hufeisen einher! Das ärgert mich am meisten; aber Teilnahme kann man in dieser Welt nicht erwarten!

Mein Lebenslauf ist sehr interessant; doch was nützt das schon, wenn ihn

Der Mistkäfer

282

Der Mistkäfer

niemand kennt! Die Welt verdient auch nicht, ihn zu kennen, sonst hätte sie mir goldene Hufeisen im Stall des Kaisers gegeben, als das Leibross die Beine hinstreckte und beschlagen wurde. Hätte ich goldene Hufeisen bekommen, so wäre ich eine Ehre für den Stall geworden; nun hat er mich verloren und die Welt hat mich verloren, alles ist aus!«

Aber es war noch nicht alles aus, es kam ein Boot mit einigen jungen Mädchen herangerudert.

»Da segelt ein Holzschuh!«, sagte das eine.

»Es ist ein kleines Tier darin festgebunden!«, sagte das andere.

Sie waren gerade neben dem Holzschuh, sie fischten ihn auf und das eine der Mädchen nahm eine kleine Schere, schnitt den Wollfaden durch, ohne den Mistkäfer zu verletzen, und als sie an Land kamen, setzte sie ihn ins Gras.

»Kriech, kriech! Flieg, flieg, wenn du kannst!«, sagte sie. »Freiheit ist ein herrlich Ding.«

Und der Mistkäfer flog gerade durch ein offenes Fenster in ein großes Gebäude, und dort sank er müde herab auf die feine, weiche lange Mähne des kaiserlichen Leibrosses, das im Stall stand, wo es selbst und der Mistkäfer zu Hause waren.

Er klammerte sich an der Mähne fest, saß eine Weile da und erholte sich.

»Hier sitze ich auf dem Leibross des Kaisers, sitze als Reiter! Was sage ich! Ja, nun wird es mir klar! Das ist eine gute Idee und sie ist richtig! Warum bekam das Pferd goldene Hufeisen? Das fragte der Schmied mich auch. Jetzt sehe ich es ein. Meinetwegen bekam das Pferd goldene Hufeisen!«

Und nun war der Mistkäfer guter Laune.

»Man kriegt auf Reisen einen hellen Kopf!«, sagte er.

Die Sonne schien zu ihm herein, schien sehr schön. »Die Welt ist gar nicht mal so übel«, sagte der Mistkäfer, »man muss sie nur zu nehmen wissen!« Die Welt war herrlich, denn das Leibross des Kaisers hatte goldene Hufeisen bekommen, weil der Mistkäfer sein Reiter sein sollte.

»Nun will ich zu den andern Käfern hinabsteigen und erzählen, wie viel man für mich getan hat; ich will von all den Annehmlichkeiten erzählen, die ich auf meiner Reise ins Ausland genossen habe, und ich will ihnen sagen, dass ich nur so lange daheim bleibe, bis das Pferd seine goldenen Hufeisen abgenutzt hat.«

Der Mistkäfer

285   *Der Mistkäfer*

Das Heinzelmännchen beim Speckhöker

Es war einmal ein richtiger Student, der wohnte in der Dachkammer und besaß nichts. Es war einmal ein richtiger Speckhöker, der wohnte im Erdgeschoss und besaß das ganze Haus, und an ihn hielt sich das Heinzelmännchen, denn hier bekam es jeden Weihnachtsabend eine Schüssel voll Brei mit einem großen Klumpen Butter darin; das konnte der Speckhöker geben; und das Heinzelmännchen blieb im Laden und das war sehr lehrreich.

Eines Abends kam der Student durch die Hintertür herein, um Kerzen und Käse zu kaufen; er hatte niemand, den er schicken konnte, und so ging er selbst. Er bekam, was er verlangte, bezahlte es und es wurde »Guten Abend« genickt vom Speckhöker und von der Madam; und das war eine Frau, die mehr konnte als nicken, sie war redegewandt. Der Student nickte zurück und blieb dann stehen, in die Lektüre von dem Blatt Papier vertieft, das um den Käse gewickelt war. Es war ein Blatt, aus einem alten Buch herausgerissen, das nicht hätte zerrissen werden dürfen, einem alten Buch voll von Poesie. »Da liegt mehr davon«, sagte der Speckhöker. »Ich gab einer alten Frau einige Kaffeebohnen dafür; wenn Sie mir acht Schillinge geben, sollen Sie den Rest haben.«

»Danke«, sagte der Student, »dann nehme ich den statt des Käses. Ich kann das Butterbrot unbelegt essen; es wäre eine Sünde, wenn dies ganze Buch in Stücke und Fetzen gerissen würde. Sie sind ein prächtiger Mann, ein praktischer Mann, aber auf Poesie verstehen Sie sich nicht mehr als das Fass da.«

Und das war unartig gesprochen, besonders gegen das Fass, aber der Speckhöker lachte und der Student lachte; es war ja so in einer Art Scherz gesagt. Das Heinzelmännchen aber ärgerte sich darüber, dass man dergleichen zu einem Speckhöker zu sagen wagte, der Hauswirt war und die beste Butter verkaufte.

Als es Nacht wurde, der Laden geschlossen war und alle im Bett lagen außer dem Studenten, ging das Heinzelmännchen hinein und nahm das Mundwerk der Madam; das brauchte sie nicht, wenn sie schlief. Und wo immer in der Stube er es einem Gegenstand aufsetzte, da bekam dieser Sprache und Stimme, konnte seine Gedanken und Gefühle ebenso gut aussprechen wie die Madam. Aber es konnte jeweils nur einer es haben, und das war eine Wohltat, denn sonst hätten sie ja alle durcheinander geredet.

Und das Heinzelmännchen setzte das Mundwerk dem Fass auf, in dem die alten Zeitungen lagen.

»Ist es wirklich wahr«, fragte es, »dass Sie nicht wissen, was Poesie ist?«

»Doch, das weiß ich«, sagte das Fass. »Das ist so etwas, das auf dem untern Teil der Zeitungen steht und ausgeschnitten wird. Ich möchte meinen, dass ich davon mehr in mir habe als der Student, und dabei bin ich im Vergleich zum Speckhöker nur ein geringes Fass.« Und das Heinzelmännchen setzte das Mundwerk der Kaffeemühle auf, nein, wie die mahlte! Und dann kamen das Butterfass und die Geldschublade dran − alle waren sie mit dem Fass einer Meinung, und worüber die meisten sich einig sind, das muss man achten.

»Jetzt werde ich es dem Studenten aber geben!« Und dann ging das Heinzelmännchen ganz leise die Küchentreppe hinauf zur Dachkammer, wo der Student wohnte. Es war Licht in der Kammer, und das Heinzelmännchen guckte durch das Schlüsselloch und sah, dass der Student in dem zerfetzten Buch von drunten las. Aber wie hell es dort drinnen war! Es ging ein klarer Strahl von dem Buch aus, der zu einem Stamm wurde, zu einem mächtigen Baum, der sich hoch erhob und seine Zweige weit über den Studenten ausbreitete. Jedes Blatt war so frisch, und jede Blume war ein schöner Mädchenkopf, einige mit Augen so dunkel und strahlend, andere so blau und seltsam klar. Jede Frucht war ein leuchtender Stern und dann sang und klang es so unvergleichlich schön. Nein, eine solche Herrlichkeit hatte das kleine Heinzelmännchen sich niemals gedacht, geschweige denn gesehen und vernommen. Und deshalb blieb es auf den Zehenspitzen stehen und guckte und guckte, bis das Licht drinnen gelöscht wurde. Der Student blies wohl sein Licht aus und ging zu Bett, aber das kleine Heinzelmännchen stand noch immer da, denn der Gesang tönte so weich und schön, ein liebliches Wiegenlied für den Studenten, der sich zur Ruhe legte.

»Hier ist es wunderbar«, sagte das kleine Heinzelmännchen. »Das hätte ich nicht erwartet. Ich glaube, ich werde beim Studenten bleiben.« Und es dachte nach – und dachte vernünftig und dann seufzte es: »Der Student hat keinen Brei!« Und danach ging es – ja, es ging wieder hinunter zum Speckhöker; und das war gut so, denn das Fass hatte beinahe alles Mundwerk der Madam verbraucht, um von der einen Seite alles auszusprechen, was es in sich barg; und jetzt war es eben dabei, sich umzuwenden, um dasselbe von der andern Seite wiederzugeben. In diesem Augenblick kam das Heinzelmännchen und brachte das Mundwerk wieder der Madam. Aber der ganze Laden, von der Geldschublade bis zum Brennholz, teilte seither die Meinung des Fasses, und sie achteten es in einem solchen Maße und trauten ihm so viel zu, dass sie, wenn der Speckhöker späterhin »Kunst und Theaterkritiken« aus seinen Nachrichten vorlas – den Nachrichten vom Abend –, immer glaubten, dass es vom Fass käme.

Aber das kleine Heinzelmännchen saß nicht mehr ruhig und lauschte all der Weisheit und dem Verstand da unten; nein, sobald das Licht aus der Dachkammer drang, da war es, als ob die Strahlen starke Ankertaue wären, die es dort hinaufzögen, und es musste fort und durch das Schlüsselloch hineingucken; und eine Erhabenheit umbrauste es da, gleich der, die wir beim rollenden Meer fühlen, wenn Gott im Sturm darüber hingeht. Und das Heinzelmännchen brach in

Das Heinzelmännchen beim Speckhöker

Tränen aus. Es wusste selbst nicht, warum es weinte, aber es war etwas so Gesegnetes in diesem Weinen.

Wie unvergleichlich schön musste es sein, mit dem Studenten unter diesem Baum zu sitzen, aber das ließ sich nicht einrichten – das Heinzelmännchen war froh über das Schlüsselloch.

Da stand es noch auf dem kalten Gang, als der Herbstwind von der Bodenluke herabblies, und es war so kalt, so kalt; doch das fühlte der Kleine erst, wenn drinnen in der Dachkammer das Licht ausgelöscht wurde und die Töne im Wind erstarben. Hu! Dann fror es ihn und er kroch wieder hinunter in seinen warmen Winkel. Dort war es bequem und behaglich! Und als der Weihnachtsbrei mit einem großen Klumpen Butter kam, ja, da war der Speckhöker Meister.

Aber mitten in der Nacht erwachte das Heinzelmännchen von einem fürchterlichen Gepolter an den Fensterläden: Leute donnerten von draußen dagegen! Der Wächter pfiff, es war große Feuersbrunst; die ganze Straße war hell erleuchtet. Brannte es hier im Haus oder beim Nachbarn? Wo? Das war ein Entsetzen! Die Speckhökermadam wurde so verwirrt, dass sie ihre goldenen Ohrringe aus den Ohren nahm und sie in die Tasche steckte, um wenigstens etwas zu retten; der Speckhöker lief nach seinen Wertpapieren und das Dienstmädchen nach dem Seidentuch, das es sich hatte leisten können. Jeder wollte das Beste retten und das wollte auch das kleine Heinzelmännchen. In wenigen Sprüngen war es die Treppe hinauf und in der Kammer des Studenten, der ganz ruhig am offenen Fenster stand und auf das Feuer hinausschaute, das im gegenüberliegenden Hof brannte.

Das kleine Heinzelmännchen ergriff das wunderbare Buch auf dem Tisch, steckte es in seine rote Mütze und hielt es mit beiden Händen fest: Der beste Schatz des Hauses war gerettet. Dann sauste es davon, bis hinaus aufs Dach, ganz hinauf auf den Schornstein, und dort saß es, beleuchtet von dem brennenden Haus gerade gegenüber, und hielt mit beiden Händen seine rote Mütze umklammert, worin der Schatz lag. Jetzt kannte es seine Herzensneigung, zu wem es eigentlich gehörte. Aber als das Feuer gelöscht war und das Heinzelmännchen zur Besinnung kam – ja! »Ich will mich zwischen ihnen teilen!«, sagte es. »Ganz kann ich den Speckhöker nicht aufgeben, des Breies wegen!«

Und das war ganz menschlich! Wir gehen ja auch zum Speckhöker – des Breies wegen.

289 *Das Heinzelmännchen beim Speckhöker*

Der Hofhahn und der Wetterhahn

Es waren einmal zwei Hähne, einer auf dem Misthaufen und einer auf dem Dach, hochmütig alle beide; aber wer richtete am meisten aus? Sag uns deine Meinung – wir behalten trotzdem unsere eigene.

Der Hühnerhof war durch einen Bretterzaun von einem andern Hof getrennt, in dem ein Misthaufen lag, und auf diesem Misthaufen wuchs eine große Gurke, die sich bewusst war, ein Mistbeetgewächs zu sein.

»Dazu wird man geboren!«, sagte es in ihrem Inneren. »Nicht alle können als Gurken geboren werden, es muss auch andere lebende Arten geben! Die Hühner, die Enten und der ganze Viehbestand des Nachbarhofes sind auch Geschöpfe. Zu dem Hofhahn auf dem Bretterzaun sehe ich nun empor, er ist wahrlich von anderer Bedeutung als der Wetterhahn, der so hoch oben angebracht ist und nicht einmal knarren kann, geschweige denn krähen. Er hat weder Hühner noch Küken, er denkt nur an sich selbst und schwitzt Grünspan.

Nein, der Hofhahn, das ist ein Hahn! Ihn schreiten sehen, das ist Tanz! Ihn krähen hören, das ist Musik! Wo er hinkommt, kriegt man zu hören, was ein Trompeter ist! Wenn er hier hereinkäme, wenn er mich mit Blatt und Stiel auffräße, wenn ich in seinem Körper aufginge, es wäre ein seliger Tod!«, sagte die Gurke.

In der Nacht gab es ein schreckliches Unwetter; Hühner, Küken und auch der Hahn suchten Schutz. Der Bretterzaun zwischen den beiden Höfen wurde umgeweht, so dass es ein lautes Gepolter gab; die Dachsteine fielen herab, aber der Wetterhahn saß fest, er drehte sich nicht einmal. Er konnte es nicht und doch war er jung, frisch gegossen, aber besonnen und gesetzt. Er war alt geboren, glich nicht den flatternden Vögeln des Himmels, den Sperlingen und Schwalben; die verachtete er: »Piepvögel, von geringer Größe und gewöhnlich.« Die Tauben waren groß, blank und glänzten wie Perlmutter, sahen aus wie eine Art Wetterhahn, aber sie waren dick und dumm. All ihre Gedanken liefen darauf hinaus, etwas in den Kropf zu bekommen, sagte der Wetterhahn, langweilig im Umgang waren sie. Die Zugvögel waren auch auf Besuch gewesen, sie hatten von fremden Ländern erzählt, von Luftkarawanen und fürchterlichen Räubergeschichten mit Raubvögeln. Das war neu und interessant beim ersten Mal. Aber später wusste der Wetterhahn, dass sie sich wiederholten, dass es immer dasselbe war, und das ist langweilig. Sie waren langweilig und alles war langweilig, es gab niemand, mit dem man Umgang pflegen konnte, jeder war fade und albern.

»Die Welt taugt nichts!«, sagte er. »Unsinn das Ganze!«

Der Wetterhahn war, was man eingebildet nennt, und das hätte ihn bestimmt für die Gurke interessant gemacht, wenn sie es gewusst hätte; aber sie hatte nur Augen für den Hofhahn und nun war er bei ihr im Hof.

Der Bretterzaun war umgeweht, aber Blitz und Donner waren vorüber.

»Was sagt ihr zu dem Hahnengeschrei?«, sagte der Hofhahn zu den Hühnern und Küken. »Es war etwas roh, die Eleganz fehlte.«

Und Hühner und Küken betraten den Misthaufen, der Hahn kam mit Reiterschritten daher.

»Gartengewächs!«, sagte er zu der Gurke, und in diesem einen Wort vernahm sie seine ganze umfassende Bildung und vergaß, dass er in sie hackte und sie auffraß.

»Ein seliger Tod!«

Und die Hühner kamen und die Küken kamen, und wenn das eine läuft, dann läuft das andere mit, und sie gluckten und sie piepsten und sie sahen den Hahn an; sie waren stolz auf ihn, er war von ihrer Art.

»Kikeriki!«, krähte er. »Die Küken werden sofort zu großen Hühnern, wenn ich das im Hühnerhof der Welt sage.«

Und Hühner und Küken gluckten und piepsten hinterdrein.

Und der Hahn verkündete eine große Neuigkeit.

»Ein Hahn kann ein Ei legen! Und wisst ihr, was in diesem Ei liegt? Da liegt ein Basilisk! Seinen Anblick kann niemand aushalten! Das wissen die Menschen, und nun wisst ihr es auch, wisst, was in mir wohnt, wisst, was ich für ein Allerhühnerhofskerl bin!«

Und dann schlug der Hofhahn mit den Flügeln, stellte den Kamm auf und krähte wieder. Ein Schauer durchlief alle Hühner und kleinen Küken. Aber sie waren fürchterlich stolz darauf, dass einer von den Ihren so ein Allerhühnerhofskerl war. Sie gluckten und sie piepsten, so dass der Wetterhahn es hören musste, und er hörte es, aber er rührte sich nicht dabei.

»Unsinn das Ganze!«, sagte es im Innern des Wetterhahns. »Der Hofhahn legt niemals Eier und ich hab keine Lust. Wollte ich, so könnte ich wohl ein Windei legen; aber die Welt ist kein Windei wert! Unsinn das Ganze! Jetzt hab ich nicht einmal mehr Lust zu sitzen!«

Und dann brach der Wetterhahn ab; aber er schlug den Hofhahn nicht tot, obwohl es darauf abgesehen war, sagten die Hühner.

Und was sagt die Moral?

»Es ist doch besser zu krähen, als eingebildet zu sein und abzubrechen.«

Der Hofhahn und der Wetterhahn

293 Der Hofhahn und der Wetterhahn

Herzeleid

Es ist eigentlich eine Geschichte in zwei Teilen, mit der wir hier kommen; der erste Teil könnte ruhig wegfallen – aber er gibt Vorkenntnisse und die sind nützlich!

Wir hielten uns drinnen im Land auf einem Herrenhof auf, und da traf es sich, dass die dortige Herrschaft für einen Tag verreiste. Nun kam eine Madame aus der nächsten Handelsstadt, die hatte ihren Mops dabei, und sie kam, wie sie das nannte, weil man »Aktien« in ihrer Gerberei erwerben sollte. Ihre Papiere hatte sie bei sich, und wir rieten ihr, das Ganze in einen Umschlag zu stecken und darauf die Adresse zu schreiben: »Herrn Generalkriegskommissar, Ritter, et cetera«.

Sie hörte uns zu, ergriff die Feder, hielt inne und bat uns, die Anschrift zu wiederholen, aber langsam. Wir taten es, und sie schrieb, aber mitten im »Generalkriegs-« blieb sie stecken, seufzte und sagte: »Ich bin nur ein Frauenzimmer!«

Den Mops hatte sie auf den Boden gesetzt, während sie schrieb, und er knurrte; schließlich war er auch zum Vergnügen und seiner Gesundheit wegen mitgekommen und dann darf man nicht auf den Boden gesetzt werden. Stupsnase und Speckrücken waren seine äußere Erscheinung.

»Er beißt nicht«, sagte die Madame, »er hat keine Zähne mehr. Er gehört sozusagen zur Familie, treu und mürrisch, aber dahin haben ihn meine Enkel gebracht; die spielen Hochzeit und dann wollen sie ihn als Brautjungfer haben, und das strengt ihn an, den armen Kerl!«

Und sie lieferte ihre Papiere ab und nahm den Mops unter den Arm. Das ist der erste Teil – der auch wegfallen könnte!

»Der Mops ist tot!«, das ist der zweite Teil.

Es war etwa eine Woche später; wir kamen in die Handelsstadt und bezogen im Gasthof Quartier. Unsere Fenster lagen zum Hof, der durch einen Bretterzaun in zwei Hälften geteilt war; in der einen, uns am nächsten gelegenen, hingen Leder und Häute, roh und gegerbt; hier standen alle Materialien, die zu einer Gerberei gehören, und das war die Hälfte der Witwe. – Der Mops war an diesem Morgen gestorben und hier im Hof begraben worden; die Enkelkinder der Witwe, das heißt der Gerberwitwe, der Mops war nämlich nicht verheiratet gewesen, deckten das Grab zu, und es war ein sehr schönes Grab, es musste ein Vergnügen sein, darin zu liegen.

Das Grab war mit Tonscherben eingerahmt und mit Sand bestreut worden; an das obere Ende hatten sie eine halbe Bierflasche gestellt, mit dem Hals nach oben, und das war nicht etwa allegorisch gemeint.

Die Kinder tanzten um das Grab, und der älteste der Knaben, ein praktischer Jüngling von sieben Jahren, schlug vor, das Mops-Grab sollte besichtigt werden, und zwar für alle aus der Gasse; als Eintrittsgeld sollte ein Hosenträgerknopf gezahlt werden; das war etwas, das jeder Junge hatte, und das konnte er auch für die kleinen Mädchen liefern, und dieser Vorschlag wurde einstimmig angenommen.

Und alle Kinder aus der Gasse und auch den Hinterhöfen kamen und gaben ihren Knopf und viele liefen an diesem Nachmittag mit nur einem Hosenträgerknopf herum, aber dann hatte man wenigstens das Mops-Grab gesehen und das war die Sache bestimmt auch wert.

Aber draußen vor dem Gerberhof, ganz dicht am Tor, stand ein kleines, zerlumptes Kind, lieblich anzusehen, mit dem herrlichsten Lockenhaar und Augen so blau und klar, dass es eine Lust war. Sie sagte kein Wort, sie weinte auch nicht, aber sie guckte, so weit sie nur konnte, jedes Mal, wenn das Tor sich öffnete. Sie besaß keinen einzigen Knopf, das wusste sie und deshalb blieb sie traurig draußen stehen, stand da, bis sich alle satt gesehen hatten und wieder weggegangen waren; da setzte sie sich nieder, hielt die kleinen, braunen Hände vor die Augen und brach in Tränen aus; nur sie hatte das Mops-Grab nicht gesehen. Das war ein Herzeleid so groß, wie es oft bei Erwachsenen sein kann.

Wir sahen es von oben mit an – und von oben gesehen, dieses, wie so manches von unserem und anderer Leute Leid – ja, da konnte man darüber lachen! – Das ist die Geschichte, und wer sie nicht versteht, der kann Aktien in der Gerberei der Witwe kaufen.

Herzeleid

Der Wandergefährte

Der arme Johannes war sehr traurig, denn sein Vater lag schwer krank und konnte nicht gesund werden. Es war niemand außer den beiden in der kleinen Stube. Die Lampe auf dem Tisch war nahe am Erlöschen und es war ziemlich spät am Abend.

»Du warst ein guter Sohn, Johannes«, sagte der kranke Vater. »Der liebe Gott wird dir in der Welt schon vorwärts helfen.« Und er sah ihn mit seinen ernsten, milden Augen an, holte ganz tief Luft und starb; es war, als ob er schliefe. Johannes aber weinte, jetzt hatte er gar niemand mehr in der ganzen Welt, weder Vater noch Mutter, Schwester oder Bruder. Der arme Johannes! Er lag vor dem Bett auf den Knien, küsste die Hand des toten Vaters und weinte viele bittere Tränen. Aber zuletzt fielen ihm die Augen zu und er schlief ein mit dem Kopf auf dem harten Bettpfosten.

Da träumte er einen sonderbaren Traum: Er sah, wie Sonne und Mond sich vor ihm verneigten, und er sah seinen Vater wieder frisch und gesund und hörte ihn lachen, wie er immer lachte, wenn er richtig vergnügt war. Ein schönes Mädchen mit einer Goldkrone auf ihrem langen prächtigen Haar reichte Johannes die Hand und sein Vater sagte: »Siehst du, was für eine Braut du bekommen hast? Sie ist die Schönste in der ganzen Welt.« Dann erwachte er und all das Schöne war fort, sein Vater lag tot und kalt im Bett, es war niemand bei ihnen. – Der arme Johannes!

In der Woche darauf wurde der Tote begraben. Johannes ging dicht hinter dem Sarg und konnte den guten Vater nicht mehr zu sehen bekommen, der ihn so lieb gehabt hatte. Er hörte, wie sie Erde auf den Sarg hinunterwarfen, sah noch die letzte Ecke von ihm; aber bei der nächsten Schaufel Erde, die hinabgeworfen wurde, war auch die verschwunden. Da war es, als ob sein Herz in Stücke zerbrechen wollte, so traurig war er. Rings um ihn her sangen sie ein geistliches Lied, es klang so schön und die Tränen traten Johannes in die Augen, er weinte und das tat wohl in seinem Kummer. Die Sonne schien herrlich auf die grünen Bäume, als wollte sie sagen: »Du sollst nicht so traurig sein, Johannes! Siehst du, wie schön blau der Himmel ist? Dort oben ist nun dein Vater und bittet den lieben Gott, dass es dir immer wohl ergehen möge!«

»Ich will immer gut sein!«, sagte Johannes. »Dann komme ich auch in den Himmel zu meinem Vater, und was für eine Freude wird das geben, wenn wir uns wiedersehen! Was werde ich ihm da alles erzählen können, und er wiederum wird mir so viele Dinge zeigen, wird mich so viel von all der Herrlichkeit im Himmel lehren, so wie er mich hier auf Erden belehrte. Oh, welche Freude wird das werden!«

Johannes stellte sich das so deutlich vor, dass er dabei lächelte, während die Tränen ihm noch über die Wangen liefen. Die kleinen Vögel saßen oben in den Kastanienbäumen und zwitscherten: »Quiwitt, quiwitt!« Sie waren so vergnügt, obgleich sie ja mit bei dem Begräbnis waren. Aber sie wussten sicher, dass der tote Mann nun oben im Himmel war, Flügel hatte, weit schöner und größer als die ihren, und dass er jetzt glücklich war, weil er hier auf Erden gut gewesen, und darüber freuten sie sich. Johannes sah, wie sie von den grünen Bäumen weit in die Welt hinausflogen, und da bekam er auch große Lust mitzufliegen. Aber erst schnitzte er ein feines Holzkreuz, um es auf das Grab seines Vaters zu setzen, und als er es am Abend dorthin brachte, war das Grab mit Sand und Blumen geschmückt. Das hatten fremde Leute getan, denn sie hatten den guten Vater, der nun gestorben war, sehr lieb gehabt.

Schon zeitig am nächsten Morgen packte Johannes sein kleines Bündel zusammen und verwahrte sein ganzes Erbteil in seinem Gürtel; es waren fünfzig Reichstaler und ein paar Silberschillinge, damit wollte er in die Welt hinauswandern. Aber zuerst ging er auf den Friedhof zum Grab seines Vaters, sprach sein Vaterunser und sagte: »Leb wohl, du lieber Vater! Ich will immer ein guter Mensch sein, und dann darfst du den lieben Gott wohl auch darum bitten, dass er mich beschützt!«

Draußen auf dem Felde, wo Johannes seinen Weg ging, standen alle Blumen so frisch und schön im warmen Sonnenschein, und sie nickten im Wind, als ob sie sagen wollten: »Willkommen im Grünen! Ist es hier nicht hübsch?« Aber Johannes drehte sich noch einmal um, weil er die alte Kirche sehen wollte, in der er

Der Wandergefährte

als kleines Kind getauft worden und in der er jeden Sonntag mit seinem alten Vater gewesen war und sein Lied gesungen hatte. Da sah er hoch oben in einer der Öffnungen des Turmes das Kirchenheinzelmännchen mit seiner roten, spitzen Mütze stehen. Er beschattete sein Gesicht mit dem gebogenen Arm, da ihm sonst die Sonne in die Augen schien. Johannes nickte ihm Lebewohl zu, und das Heinzelmännchen schwenkte seine rote Mütze, legte die Hand aufs Herz und warf ihm viele Kusshände nach, um zu zeigen, wie viel Gutes es ihm wünsche und dass er eine glückliche Reise vor sich haben möge.

Johannes dachte daran, wie viel Schönes er nun in der großen, prächtigen Welt erleben wollte, und ging weiter und weiter fort, so weit, wie er bisher noch nie gewesen war. Er kannte die Städte gar nicht, durch die er kam, oder die Menschen, denen er begegnete.

Jetzt war er weit draußen unter Fremden.

Der Wandergefährte

In der ersten Nacht musste er sich in einen Heuschober auf dem Feld schlafen legen, ein anderes Bett hatte er nicht. Aber das war gerade recht, fand er, der König konnte es nicht besser haben.

Das ganze Feld mit dem Bach, der Heuschober und dann der blaue Himmel darüber, das war just ein schönes Schlafgemach. Das grüne Gras mit den kleinen roten und weißen Blumen war der Teppich, die Holunderbüsche und die wilden Rosen waren Blumensträuße, und als Waschbecken hatte er den ganzen Bach mit seinem klaren, frischen Wasser, wo das Schilf sich neigte und ihm sowohl Guten Abend als Guten Morgen sagte. Der Mond war eine richtige große Nachtlampe, hoch oben unter der blauen Decke, und er setzte die Gardinen nicht in Brand. Johannes konnte ganz ruhig schlafen, und das tat er auch und erwachte erst wieder, als die Sonne aufging und all die kleinen Vögel ringsumher sangen: »Guten Morgen, guten Morgen! Bist du noch nicht auf?«

Die Glocken läuteten zur Kirche, es war Sonntag. Die Leute gingen hin, um den Pfarrer zu hören, und Johannes folgte ihnen, sang ein Lied und hörte Gottes Wort; und es kam ihm vor, als sei er in seiner eigenen Kirche, in der er getauft worden war und mit seinem Vater Lieder gesungen hatte.

Draußen auf dem Friedhof waren viele Gräber und auf einigen wuchs hohes Gras. Da dachte Johannes an das Grab seines Vaters, dass auch einmal so aussehen würde wie diese, da er nun nicht jäten und es schmücken konnte. Er setzte sich also nieder und riss das Gras aus, richtete die Holzkreuze auf, die umgefallen waren, und legte die Kränze, die der Wind von den Gräbern fortgeweht hatte, wieder auf ihren Platz, indem er dachte: Vielleicht tut jemand dasselbe an meines Vaters Grab, nun, da ich es nicht tun kann!

Draußen vor der Friedhofspforte stand ein alter Bettler und stützte sich auf seine Krücke. Johannes gab ihm die Silberschillinge, die er hatte, und ging dann glücklich und vergnügt seines Weges, hinaus in die weite Welt.

Gegen Abend zog ein schreckliches Unwetter auf. Johannes beeilte sich, unter Dach zu kommen, aber es wurde bald finstere Nacht. Da gelangte er endlich zu einer kleinen Kirche, die ganz einsam oben auf einem Hügel lag. Die Tür stand zum Glück nur angelehnt und er schlüpfte hinein. Hier wollte er bleiben, bis das Unwetter sich gelegt hatte.

»Hier will ich mich in einen Winkel setzen«, sagte er, »ich bin todmüde und

Der Wandergefährte

habe ein wenig Ruhe wohl nötig.« Dann setzte er sich nieder, faltete die Hände und sprach sein Abendgebet, und ehe er sich's versah, schlief er und träumte, während es draußen blitzte und donnerte.

Als er wieder erwachte, war es mitten in der Nacht, aber das Unwetter war vorübergezogen und der Mond schien durch die Fenster zu ihm herein. Mitten in der Kirche stand ein offener Sarg mit einem toten Mann darin, der begraben werden sollte. Johannes war gar nicht bange, denn er hatte ein gutes Gewissen, und er wusste wohl, dass die Toten niemand etwas tun. Es sind lebende böse Menschen, die Übles tun. Zwei solche lebende schlimme Menschen standen dicht bei dem toten Mann, den man hier in die Kirche geschafft hatte, bevor er ins Grab gelegt wurde. Sie wollten ihm Übles antun, ihn nicht in seinem Sarg liegen lassen, sondern den armen toten Mann vor die Kirchentür hinauswerfen.

»Warum wollt ihr das tun?«, fragte Johannes. »Das ist böse und schlimm, lasst ihn in Jesu Namen schlafen!«

»Oh, Schnickschnack!«, sagten die beiden schlechten Menschen. »Er hat uns zum Narren gehalten! Er ist uns Geld schuldig, das konnte er nicht bezahlen, und nun ist er obendrein gestorben, so dass wir nicht einen Schilling mehr kriegen, darum wollen wir uns richtig rächen. Er soll wie ein Hund draußen vor der Kirchentür liegen!«

»Ich habe nicht mehr als fünfzig Reichstaler«, sagte Johannes, »das ist mein ganzes Erbteil, aber das will ich euch gern geben, wenn ihr mir ehrlich versprechen wollt, den armen toten Mann in Frieden zu lassen. Ich werde auch ohne das Geld auskommen. Ich habe gesunde, starke Glieder und der Herrgott wird mir allezeit helfen.«

»Ja«, sagten die bösen Menschen, »wenn du seine Schuld bezahlen willst, wollen wir ihm freilich nichts antun, darauf kannst du dich verlassen!« Und dann nahmen sie das Geld, das Johannes ihnen gab, lachten herzlich und laut über seine Güte und gingen ihres Weges. Aber Johannes legte die Leiche wieder im Sarg zurecht, faltete ihre Hände, sagte Lebewohl und ging so recht zufrieden durch den großen Wald.

Ringsumher, wo der Mond zwischen den Bäumen hereinscheinen konnte, sah er die lieblichsten kleinen Elfen ausgelassen spielen. Sie ließen sich nicht stören, denn sie wussten wohl, dass er ein guter, unschuldiger Mensch war, und es sind nur die bösen Leute, die die Elfen nicht zu sehen bekommen dürfen. Einige von ihnen waren nicht größer als ein Finger und hatten ihr langes gelbes Haar mit Goldkämmen aufgesteckt. Zwei und zwei schaukelten sie auf den großen Tautropfen, die auf den Blättern und dem hohen Gras lagen. Zuweilen rollte der Tropfen davon, dann fielen sie hinunter zwischen die langen Grashalme und es entstand ein Gekicher und Gelärm unter den andern kleinen Knirpsen. Das war ein rechter Spaß! Sie sangen und Johannes erkannte ganz deutlich all die schönen Weisen, die er als kleiner Junge gelernt hatte. Große, bunte Spinnen mit Silberkronen auf dem Kopf mussten von der einen Hecke zur andern lange Hängebrücken und Paläste spinnen, die, als der feine Tau darauf fiel, im klaren Mondschein wie schimmerndes Glas aussahen. So währte es fort, bis die Sonne aufging. Da krochen die kleinen Elfen in die Blumenknospen hinein, und der Wind entführte ihre Brücken und Schlösser, die dann als große Spinngewebe durch die Luft dahinflogen.

Johannes war gerade aus dem Wald herausgekommen, als eine laute Männerstimme hinter ihm rief: »Hallo, Kamerad! Wohin geht die Reise?«

»Hinaus in die weite Welt!«, sagte Johannes. »Ich habe weder Vater noch Mutter, bin ein armer Bursche, aber der Herrgott wird mir schon helfen!«

»Ich will auch in die weite Welt hinaus!«, sagte der fremde Mann. »Wollen wir beide einander Gesellschaft leisten?«

»Ja, warum nicht!«, sagte Johannes und dann gingen sie miteinander. Sie gewannen sich bald sehr lieb, denn sie waren beide gute Menschen. Aber Johannes merkte wohl, dass der Fremde viel klüger war als er. Er war fast überall in der Welt herumgekommen und wusste von allem Möglichen, was es gab, zu erzählen.

Die Sonne stand schon hoch am Himmel, als sie sich unter einen großen Baum setzten, um ihr Frühstück zu verzehren. Da kam eine alte Frau. Oh, sie war so alt und ging ganz krumm, stützte sich auf einen Krückstock und hatte auf ihrem Rücken ein Bündel Reisig, das sie im Wald gesammelt hatte! Ihre Schürze war hochgebunden, und Johannes sah, dass drei große Ruten aus Farnen und Weidenzweigen daraus hervorschauten. Als sie ganz nahe bei ihnen war, glitt sie mit einem Fuß aus, fiel hin und stieß einen lauten Schrei aus; denn sie hatte sich ein Bein gebrochen, die arme alte Frau.

Der Wandergefährte

Johannes wollte gleich, dass sie sie nach Hause tragen sollten, wo sie wohnte. Aber der Fremde machte seinen Mantelsack auf, holte eine Büchse hervor und sagte, dass er hier eine Salbe habe, die ihr Bein sofort wieder heil und gesund machen würde, so dass sie selbst heimgehen könne, und zwar, als ob sie das Bein nie gebrochen hätte.

Aber dafür wolle er auch, dass sie ihm die drei Ruten schenke, die sie in ihrer Schürze habe.

»Das ist gut bezahlt!«, sagte die Alte und nickte ganz seltsam mit dem Kopf. Sie wollte ihre Ruten nicht gar so gerne hergeben, aber es war auch nicht angenehm, mit gebrochenem Bein dazuliegen. So gab sie ihm die Ruten, und kaum hatte er die Salbe auf ihr Bein gerieben, erhob sich die alte Frau und ging viel besser als zuvor. Das vermochte die Salbe zu bewirken. Aber sie war auch nicht in der Apotheke zu bekommen.

»Was willst du mit den Ruten anfangen?«, fragte Johannes nun seinen Wandergefährten.

»Das sind drei hübsche Kräuterbesen!«, sagte der. »Die kommen mir gerade recht, denn ich bin ein komischer Kauz.«

Dann gingen sie noch ein gutes Stück.

»Sieh nur, wie dunkel es da heraufzieht«, sagte Johannes und zeigte geradeaus. »Das sind ja schrecklich dicke Wolken!«

»Nein«, sagte der Wandergefährte, »das sind keine Wolken, das sind die Berge, die schönen, großen Berge, wo man bis ganz hinauf über die Wolken in die frische Luft gelangt. Das ist herrlich, kannst du mir glauben. Morgen sind wir sicherlich so weit draußen in der Welt!«

Es war aber nicht so nahe, wie es aussah. Sie mussten einen ganzen Tag gehen, bevor sie zu den Bergen kamen, wo die schwarzen Wälder gerade hinauf in den Himmel wuchsen und wo es Steine gab, so groß wie eine ganze Stadt. Das würde wahrlich eine beschwerliche Wanderung werden, da ganz hinüberzukommen. Aber deshalb gingen Johannes und der Wandergefährte auch in ein Wirtshaus, um sich gut auszuruhen und Kräfte zu sammeln für den morgigen Marsch.

Unten in der großen Schankstube im Wirtshaus waren viele Menschen versammelt, denn dort war ein Mann, der Puppentheater spielte. Er hatte gerade seine kleine Bühne aufgestellt, und die Leute saßen ringsherum, um das Stück zu sehen. Aber ganz vorn, wo man am allerbesten saß, hatte ein alter, dicker Metzger Platz genommen. Sein großer Bullenbeißer – hu! – , der sah so bissig aus, saß neben ihm und machte Augen, gerade wie alle andern.

Nun begann das Stück und es war ein nettes Stück mit einem König und einer Königin. Die saßen auf einem Samtthron, hatten Goldkronen auf dem Kopf und lange Schleppen an den Kleidern; denn das konnten sie sich leisten. Die niedlichsten Holzpuppen mit Glasaugen und großen Knebelbärten standen an allen Türen und machten auf und zu, damit frische Luft in die Stube kam. Das war wirklich ein schönes Stück und es war gar nicht traurig; aber gerade als die Königin sich erhob und über den Boden hinging, da – ja, Gott mag wissen, was der große Bullenbeißer dachte! – aber da der dicke Metzger ihn nicht festhielt, machte er einen Sprung ins Theater hinein, packte die Königin mitten um ihre schlanke Taille, dass es knick, knack sagte. Das war ganz entsetzlich!

Der arme Mann, der die Komödie aufführte, war so erschrocken und traurig über seine Königin, denn das war die allerniedlichste Puppe, die er besaß, und jetzt hatte der ekelhafte Bullenbeißer ihr den Kopf abgebissen. Aber als die Leute später fortgingen, sagte der Fremde, der mit Johannes gekommen war, er würde sie schon wieder zusammensetzen, und dann nahm er seine Büchse hervor und schmierte die Puppe mit der Salbe ein, mit der er der armen alten Frau geholfen, als sie sich ihr Bein gebrochen hatte. Kaum war die Puppe eingeschmiert, wurde sie gleich wieder ganz, ja, sie konnte sogar alle ihre Glieder selbst bewegen, man brauchte gar nicht mehr an der Schnur zu ziehen. Die Puppe war ein lebendiger Mensch, bis auf den einen Mangel, dass sie nicht sprechen konnte. Der Mann, dem das kleine Puppentheater gehörte, wurde so vergnügt, nun brauchte er die Puppe gar nicht zu halten, sie konnte ja von selbst tanzen. Das konnte keine von den andern.

Als es dann Nacht wurde und alle Leute im Wirtshaus zu Bett gegangen waren, war da jemand, der so schrecklich tief seufzte und so lange damit fortfuhr, dass sie alle aufstanden, um zu sehen, wer das sein könnte. Der Mann, der die Komödie gespielt hatte, ging zu seinem kleinen Theater, denn von dort kam das Seufzen her. Alle Holzpuppen lagen durcheinander, der König und alle Trabanten, und die waren es, die so jämmerlich seufzten und mit ihren großen Glasaugen vor sich hinstarrten, denn sie wollten so gerne ebenso wie die Königin ein

Der Wandergefährte

wenig geschmiert werden, damit sie sich auch von selbst bewegen könnten. Die Königin legte sich auf die Knie nieder und streckte ihre herrliche Goldkrone in die Höhe, während sie bat: »Nimm sie nur hin, aber schmiere meinen Gemahl und meine Hofleute!« Da konnte der arme Mann, dem die Komödie und alle Puppen gehörten, es nicht unterlassen zu weinen; denn es tat ihm wirklich so Leid um sie. Er versprach dem Wandergefährten sogleich, dass er ihm alles Geld geben wolle, das er am nächsten Abend für seine Komödie bekäme, wenn er bloß vier, fünf seiner hübschesten Puppen schmieren wolle. Aber der Wandergefährte sagte, er verlange gar nichts anderes als den großen Säbel, den er an seiner Seite habe, und als er ihn bekam, schmierte er sechs Puppen, die sogleich tanzten, und zwar so reizend, dass alle Mädchen, die lebenden Menschenmädchen, die es sahen, in den Tanz einfielen. Der Kutscher und die Köchin tanzten, der Diener und das Stubenmädchen, alle die Fremden und die Feuerschaufel und die Feuerzange, aber die beiden fielen um, als sie gerade die ersten Sprünge taten – ja, es war eine lustige Nacht.

Am nächsten Morgen ging Johannes mit seinem Wandergefährten von ihnen allen fort, die hohen Berge hinan und durch die großen Tannenwälder. Sie kamen so hoch hinauf, dass die Kirchtürme tief unter ihnen aussahen wie kleine rote Beeren unten in all dem Grünen; und sie konnten so weit sehen, viele, viele Meilen weit, wo sie nie gewesen waren. – So viel Schönes von der herrlichen Welt hatte Johannes früher noch nie auf einmal gesehen und die Sonne schien warm aus der frischen blauen Luft; er hörte auch die Jäger zwischen den Bergen das Waldhorn so schön und beglückend blasen, dass ihm vor Freude die Tränen in die Augen traten und er in die Worte ausbrach: »Du gütiger Gott! Ich möchte dich küssen, weil du so gut zu uns allen bist und uns all die Herrlichkeit gegeben hast, die in der Welt ist!«

Der Wandergefährte stand auch mit gefalteten Händen da und sah über den Wald und die Städte in den warmen Sonnenschein hinaus. Da erklang es auf einmal seltsam schön über ihren Köpfen; sie schauten in die Höhe: Ein großer weißer Schwan schwebte in der Luft. Er war wunderschön und sang, wie sie noch nie einen Vogel hatten singen hören. Aber der Gesang wurde immer schwächer, der Schwan neigte seinen Kopf und sank ganz langsam vor ihren Füßen nieder, wo er tot liegen blieb, der schöne Vogel.

305   *Der Wandergefährte*

»Zwei so herrliche Flügel«, sagte der Wandergefährte, »so weiß und groß wie die von diesem Vogel, sind Geldes wert, die will ich mit mir nehmen. Jetzt siehst du, wie gut es war, dass ich einen Säbel bekam!« Und dann hieb er dem toten Schwan mit einem Schlag beide Flügel ab, die wollte er behalten.

Sie reisten nun viele, viele Meilen weit über die Berge, bis sie zuletzt eine große Stadt mit über hundert Türmen vor sich sahen, die wie Silber im Sonnenschein glänzten. Mitten in der Stadt war ein prächtiges Marmorschloss, mit rotem Gold gedeckt, und hier wohnte der König.

Johannes und der Reisekamerad wollten nicht gleich in die Stadt gehen, sondern blieben im Wirtshaus vor der Stadt, um sich etwas nett zu machen; denn sie wollten ordentlich aussehen, wenn sie auf die Straße kämen. Der Wirt erzählte ihnen, dass der König ein herzensguter Mann sei, der nie einem Menschen etwas zuleide tue, weder dem einen noch dem andern; aber seine Tochter – ja, Gott bewahre uns –, das sei eine schlimme Prinzessin. Schönheit besaß sie genug, niemand könne so schön und einnehmend sein wie sie, aber was half das schon, sie war eine schlimme, böse Hexe, die schuld daran war, dass so viele schöne Prinzen ihr Leben verloren hatten. Allen Menschen hatte sie erlaubt, um sie zu freien. Jeder durfte kommen, er mochte ein Prinz sein oder ein Bettler, das war einerlei. Er sollte nur drei Dinge erraten, nach denen sie ihn fragte. Konnte er das, so wollte sie sich mit ihm vermählen, und er sollte König sein über das ganze Land, wenn ihr Vater stürbe. Konnte er die drei Dinge aber nicht erraten, so ließ sie ihn aufhängen oder köpfen, so schlecht und böse war die schöne Prinzessin. Ihr Vater, der alte König, war darüber sehr traurig, aber er konnte es ihr nicht verbieten, so böse zu sein; denn er hatte einmal gesagt, er wolle nie auch nur das Geringste mit ihren Liebhabern zu schaffen haben, sie könne selbst tun, was sie wolle. Jedes Mal, wenn ein Prinz kam und raten sollte, um die Prinzessin zu bekommen, so konnte er es nicht herausfinden und wurde alsbald gehängt oder geköpft. Sie hatten ihn ja beizeiten gewarnt, er konnte es ja lassen zu freien. Der alte König war so betrübt über all die Trauer und das Elend, dass er jedes Jahr einen ganzen Tag lang mit all seinen Soldaten auf den Knien lag und betete, die Prinzessin möge gut werden; aber das wollte sie gar nicht. Die alten Frauen, die Branntwein tranken, färbten ihn ganz schwarz, bevor sie ihn tranken, so sehr trauerten sie, und mehr konnten sie nicht tun.

»Die schlimme Prinzessin«, sagte Johannes, »sie sollte wahrhaftig die Rute bekommen, das geschähe ihr nur recht. Wäre ich nur der alte König, sie sollte schon ordentlich gegerbt werden!«

Da hörten sie die Leute draußen Hurra rufen. Die Prinzessin kam vorüber, und sie war wirklich so schön, dass alle Leute vergaßen, wie böse sie war; deshalb riefen sie Hurra. Zwölf liebliche Jungfrauen, alle in weißen Seidenkleidern und mit einer goldenen Tulpe in der Hand, ritten auf kohlschwarzen Pferden neben ihr her. Die Prinzessin selbst hatte ein schneeweißes Pferd, mit Diamanten und Rubinen geschmückt. Ihr Reitkleid war aus purem Gold, und die Peitsche, die sie in der Hand hatte, sah aus, als sei sie ein Sonnenstrahl. Die Goldkrone auf dem Haar funkelte wie kleine Sterne droben am Himmel, und der Mantel war aus mehr als tausend wunderbaren Schmetterlingsflügeln genäht, und dennoch war sie viel schöner als alle ihre Kleider.

Als Johannes sie erblickte, wurde er so rot im Gesicht wie ein Blutstropfen und er vermochte kaum ein Wort hervorzubringen. Die Prinzessin sah ja ganz so aus wie das schöne Mädchen mit der Goldkrone, von dem er in jener Nacht geträumt hatte, als sein Vater starb. Er fand sie so schön und konnte nicht anders: Er musste sie sehr lieb haben. Es sei gewiss nicht wahr, sagte er, dass sie eine böse Hexe wäre, die die Leute hängen oder köpfen ließe, wenn sie nicht erraten könnten, was sie von ihnen verlangte. »Jeder darf ja um sie freien, selbst der ärmste Bettler. Ich will doch auf das Schloss gehen, denn ich kann einfach nicht anders!«

Sie sagten alle, das solle er nicht tun, es würde ihm bestimmt ebenso ergehen wie all den andern. Der Wandergefährte riet ihm auch davon ab; aber Johannes meinte, es würde schon gut gehen. Er bürstete seine Schuhe und seinen Rock, wusch sich das Gesicht und die Hände, kämmte sein schönes, blondes Haar und ging ganz allein in die Stadt und ins Schloss hinauf.

»Herein!«, sagte der alte König, als Johannes an die Tür klopfte. Johannes öffnete und der alte König, in Schlafrock und gestickten Pantoffeln, kam ihm entgegen, die Goldkrone hatte er auf dem Kopf, das Zepter in der einen Hand und den Reichsapfel in der andern.

»Warte einen Augenblick«, sagte er und klemmte sich den Apfel unter den Arm, um Johannes die Hand reichen zu können. Aber sobald er hörte, Johannes sei ein Freier, begann er so heftig zu weinen, dass Zepter und Reichsapfel zu

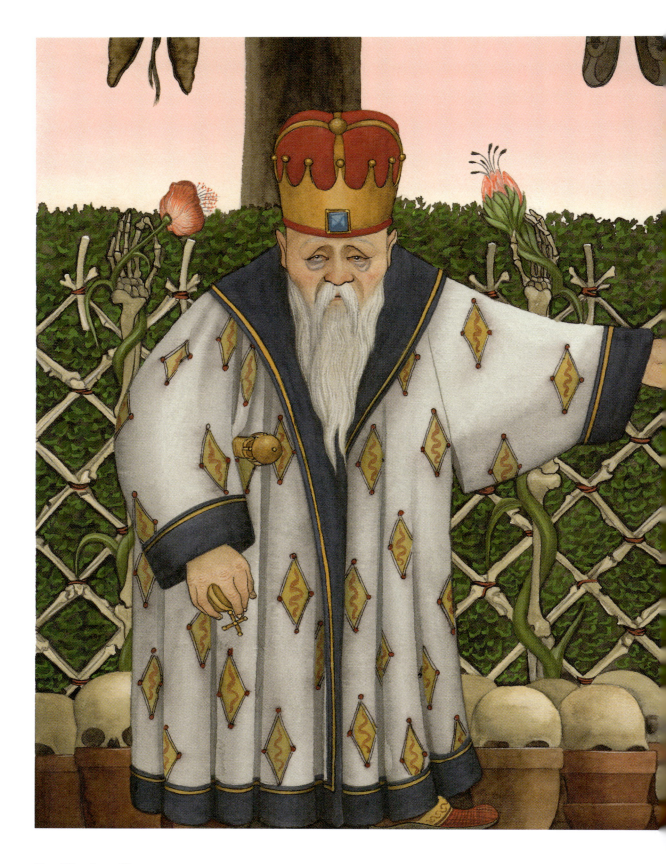

Der Wandergefährte

Boden fielen und er die Augen in seinem Schlafrock trocknen musste. Der arme alte König! »Lass ab davon!«, sagte er. »Es wird dir schlecht ergehen wie all den andern. Sieh es dir selbst an!«

Dann führte er Johannes in den Lustgarten der Prinzessin, da sah es schrecklich aus! Oben in jedem Baum, hingen drei, vier Königssöhne, die um die Prinzessin angehalten, aber nicht die Dinge hatten raten können, nach denen die Prinzessin sie gefragt hatte. Bei jedem Windstoß klapperten sämtliche Gebeine, so dass die kleinen Vögel erschraken und nie mehr in den Garten zu kommen wagten; alle Blumen waren an Menschenknochen hochgebunden, und in den Blumentöpfen standen Totenköpfe und grinsten. Das war wahrlich ein Garten für eine Prinzessin!

»Hier kannst du es selbst sehen«, sagte der alte König, »es wird dir genauso ergehen wie allen andern, die du hier siehst. Lass es deshalb lieber sein. Du machst mich wirklich unglücklich, denn ich nehme es mir so zu Herzen!«

Johannes küsste dem guten alten König die Hand und sagte, es werde schon gut gehen, denn er habe die schöne Prinzessin so sehr lieb gewonnen.

Da kam die Prinzessin selbst mit all ihren Damen in den Schlosshof geritten, deshalb gingen sie zu ihr hinaus und sagten ihr Guten Tag. Sie war wahrlich schön, reichte Johannes die Hand und er liebte sie noch mehr als zuvor. Sie konnte bestimmt keine schlimme, böse Hexe sein, wie es alle Leute von ihr sagten. Sie gingen in den Saal hinauf und die kleinen Pagen boten ihnen Eingemachtes und Pfeffernüsse an; aber der alte König war so traurig, dass er gar nichts essen konnte, und die Pfeffernüsse waren ihm auch zu hart.

Es wurde nun bestimmt, dass Johannes am nächsten Morgen wieder auf das Schloss kommen sollte, dann würden die Richter und der ganze Rat versammelt sein und hören, wie er mit dem Raten zurechtkomme. Käme er gut davon, dann sollte er noch zweimal erscheinen; aber bis jetzt hatte noch nie jemand das erste Mal richtig geraten und so mussten sie ihr Leben lassen.

Johannes machte sich gar keine Sorgen darum, wie es ihm ergehen werde; er war vielmehr vergnügt, dachte nur an die schöne Prinzessin und glaubte fest daran, dass der liebe Gott ihm schon helfen werde, aber wie, das wusste er selbst nicht und wollte auch gar nicht daran denken. Er tanzte auf der Landstraße dahin, als er zu dem Wirtshaus zurückkehrte, wo der Wandergefährte auf ihn wartete.

Der Wandergefährte

Johannes konnte nicht damit fertig werden zu erzählen, wie reizend die Prinzessin zu ihm gewesen sei und wie schön sie war. Er sehnte sich schon jetzt nach dem nächsten Tag, wo er auf das Schloss sollte, um sein Glück im Raten zu versuchen.

Aber der Wandergefährte schüttelte den Kopf und war ganz betrübt. »Ich habe dich so gern«, sagte er. »Wir hätten noch lange zusammen sein können und nun soll ich dich schon verlieren! Du armer, lieber Johannes, ich könnte weinen, aber ich will deine Freude am letzten Abend, den wir vielleicht beisammen sind, nicht stören. Wir wollen lustig sein, richtig lustig. Morgen, wenn du fort bist, darf ich dann weinen!«

Drinnen in der Stadt hatten alle Leute bald erfahren, dass ein neuer Freier der Prinzessin angekommen war, und darum herrschte große Trauer. Das Schauspielhaus wurde geschlossen, alle Küchenfrauen banden schwarzen Flor um ihre Zuckerschweinchen, der König und die Pfarrer lagen in der Kirche auf den Knien, es herrschte eine solche Trauer, denn es konnte Johannes ja nicht besser ergehen, als es all den andern Freiern ergangen war.

Gegen Abend bereitete der Wandergefährte einen großen Kessel Punsch und sagte zu Johannes, nun wollten sie recht lustig sein und auf das Wohl der Prinzessin trinken. Aber als Johannes zwei Glas getrunken hatte, wurde er so schläfrig, dass es ihm ganz unmöglich war, die Augen offen zu halten, und er versank in tiefen Schlaf. Der Wandergefährte hob ihn ganz sachte vom Stuhl auf und legte ihn ins Bett, und als es dann dunkle Nacht wurde, nahm er die beiden großen Flügel, die er dem Schwan abgehauen hatte, und band sie an seinen Schultern fest. Die größte der Ruten, die er von der alten Frau erhalten, die gefallen und sich ein Bein gebrochen hatte, steckte er in seine Tasche, öffnete das Fenster und flog dann hinaus über die Stadt hin, geradewegs zum Schloss, wo er sich in einem Winkel oben unter das Fenster setzte, das in das Schlafzimmer der Prinzessin führte.

Es war alles still in der Stadt. Jetzt schlug die Uhr drei viertel zwölf, das Fenster tat sich auf und die Prinzessin flog in einem großen weißen Mantel mit langen schwarzen Flügeln über die Stadt hinweg, hinaus zu einem großen Berg. Aber der Wandergefährte machte sich unsichtbar, so dass sie ihn gar nicht sehen konnte, flog hinterher und peitschte mit seiner Rute auf die Prinzessin ein, bis ordentlich Blut floss, wohin er schlug. Hu! Das war eine Fahrt durch die Luft! Der

Wind fasste ihren Mantel, der sich nach allen Seiten ausbreitete wie ein großes Schiffssegel, und der Mond schien durch ihn hindurch.

»Wie es hagelt! Wie es hagelt«, sagte die Prinzessin bei jedem Schlag, den sie mit der Rute erhielt, und das geschah ihr nur recht. Endlich kam sie hinaus zu dem Berg und klopfte an. Es rollte wie Donner, indem der Berg sich auftat, und die Prinzessin ging hinein. Der Wandergefährte folgte ihr, denn es konnte ihn niemand sehen; er war ja unsichtbar. Sie gingen durch einen hohen, langen Gang, wo die Wände ganz seltsam glitzerten; es waren über tausend glühende Spinnen, die an der Mauer auf und ab liefen und wie Feuer leuchteten. Nun kamen sie in einen großen Saal aus Gold und Silber, von den Wänden glänzten Blumen so groß wie Sonnenblumen herab, rote und blaue; aber niemand konnte diese Blumen pflücken, denn die Stängel waren abscheuliche giftige Schlangen, und die Blumen waren Feuer, das ihnen aus dem Rachen hervorloderte. Die ganze Decke war mit leuchtenden Johanniswürmchen und himmelblauen Fledermäusen bedeckt, die mit den dünnen Flügeln schlugen; das sah ganz sonderbar aus. Mitten auf dem Fußboden stand ein Thron, der von vier Pferdegerippen getragen wurde, deren Zaumzeug aus den roten Feuerspinnen bestand. Der Thron selbst war aus milchweißem Glas, und die Kissen, auf denen man saß, waren kleine schwarze Mäuse, die sich gegenseitig in den Schwanz bissen. Über dem Thron war ein Dach aus rosenrotem Spinngewebe, besetzt mit den niedlichsten kleinen grünen Fliegen, die wie Edelsteine schimmerten. Mitten auf dem Thron saß ein alter Troll, mit einer Krone auf dem hässlichen Kopf und einem Zepter in der Hand. Er küsste die Prinzessin auf die Stirn, hieß sie sich neben ihn auf den kostbaren Thron setzen und nun begann die Musik. Große schwarze Heuschrecken spielten auf der Mundharmonika, die Eule schlug sich auf den Magen, denn sie hatte keine Trommel. Das war ein sonderbares Konzert. Winzig kleine Heinzelmännchen mit einem Irrlicht auf der Mütze tanzten im Saal herum. Niemand konnte den Wandergefährten sehen, er hatte sich dicht hinter den Thron gestellt und hörte und sah alles. Die Hofleute, die nun auch hereinkamen, waren so nett und vornehm; aber wer richtig hinsah, merkte schon, wie es mit ihnen stand. Sie waren nichts weiter als Besenstiele mit Kohlköpfen darauf, in die der Troll Leben gehext und denen er die gestickten Kleider gegeben hatte. Aber das konnte ja auch einerlei sein, sie wurden nur zum Staat gebraucht.

Der Wandergefährte

313   *Der Wandergefährte*

Nachdem man nun eine Weile getanzt hatte, erzählte die Prinzessin dem Troll, dass sie nun einen neuen Freier bekommen habe, und fragte deshalb, an was sie wohl denken solle, wenn er am nächsten Morgen aufs Schloss komme.

»Höre«, sagte der Troll, »jetzt werde ich dir was sagen! Du musst etwas ganz Leichtes wählen, denn darauf verfällt er sicher nicht. Denke an einen deiner Schuhe. Das errät er nicht. Lass ihm dann den Kopf abschlagen, aber vergiss nicht, wenn du morgen Nacht wieder zu mir herauskommst, mir seine Augen zu bringen, denn die will ich essen!«

Die Prinzessin verneigte sich ganz tief und sagte, sie würde die Augen nicht vergessen. Der Troll machte nun den Berg auf und sie flog wieder heim. Aber der Wandergefährte folgte ihr und prügelte sie so stark mit der Rute, dass sie tief seufzte über das schlimme Hagelwetter und sich beeilte, sosehr sie nur konnte, durch das Fenster in ihr Schlafzimmer zu kommen. Der Wandergefährte aber flog zum Wirtshaus zurück, wo Johannes noch schlief, löste seine Flügel ab und legte sich auch auf das Bett, denn er konnte wohl müde sein.

Es war ganz früh am Morgen, als Johannes erwachte. Der Wandergefährte stand auch auf und erzählte, er habe in der Nacht einen sehr sonderbaren Traum von der Prinzessin und ihrem Schuh gehabt, und er bat Johannes deshalb, nur ja danach zu fragen, ob die Prinzessin nicht an ihren einen Schuh gedacht haben sollte. Denn das war es ja, was er vom Troll drinnen im Berg gehört hatte, aber er wollte Johannes nichts davon erzählen.

»Ich kann ebenso gut danach wie nach etwas anderem fragen«, sagte Johannes, »vielleicht ist es auch ganz richtig, was du geträumt hast; denn ich glaube stets daran, dass der Herr mir schon helfen wird! Aber ich will dir doch Lebewohl sagen, denn rate ich falsch, dann werde ich dich nie mehr wiedersehen!«

Darauf küssten sie sich, und Johannes ging in die Stadt und ins Schloss hinauf. Der ganze Saal war mit Menschen gefüllt, die Richter saßen in ihren Lehnstühlen und hatten Eiderdaunenkissen unter dem Kopf, denn sie hatten an so vieles zu denken. Der alte König stand auf und trocknete sich die Augen in einem weißen Taschentuch. Nun trat die Prinzessin herein, sie war noch viel schöner als gestern und begrüßte alle so liebevoll; Johannes aber reichte sie die Hand und sagte: »Guten Morgen, du!«

Nun sollte Johannes also raten, an was sie gedacht habe. Gott, wie sah sie

Der Wandergefährte 314

ihn freundlich an; aber sowie sie ihn sagen hörte: »Den einen Schuh«, wurde sie kreideweiß im Gesicht und zitterte am ganzen Leibe. Allein das konnte ihr nicht helfen; denn er hatte richtig geraten. Potztausend! Wie vergnügt der alte König wurde, er schlug einen Purzelbaum, der sich sehen lassen konnte, und alle Leute klatschten in die Hände, ihm und Johannes zu Ehren, der nun das erste Mal richtig geraten hatte.

Der Wandergefährte strahlte vor Vergnügen, als er erfuhr, wie gut alles abgelaufen war; aber Johannes faltete seine Hände und dankte dem lieben Gott, der ihm sicher auch die beiden andern Male wieder helfen würde. Am nächsten Tag sollte schon wieder geraten werden.

Der Abend verging ebenso wie der gestrige. Als Johannes schlief, flog der Wandergefährte hinter der Prinzessin her zum Berg hinaus und prügelte sie noch stärker als das vorige Mal, denn jetzt hatte er zwei Ruten genommen. Niemand bekam ihn zu sehen und er hörte alles. Die Prinzessin wollte an ihren Handschuh denken, und das erzählte er Johannes, als sei es ein Traum gewesen. Da vermochte Johannes wohl richtig zu raten und es herrschte eine große Freude auf dem Schloss. Der gesamte Hof schlug Purzelbäume, geradeso, wie er es den König das erste Mal hatte tun sehen. Aber die Prinzessin lag auf dem Sofa und wollte kein Sterbenswörtchen sagen. Nun kam es darauf an, ob Johannes das dritte Mal richtig raten konnte. Ging es gut, so sollte er ja die schöne Prinzessin haben und das ganze Königreich erben, wenn der alte König starb. Riet er falsch, so sollte er sein Leben verlieren und der Troll würde seine schönen blauen Augen essen.

Am Abend vorher ging Johannes früh zu Bett, sprach sein Abendgebet und schlief dann ganz ruhig. Aber der Wandergefährte spannte die Flügel an seinen Rücken, band den Säbel an seine Seite, nahm alle drei Ruten mit sich und flog dann zum Schloss.

Es war stockfinstere Nacht. Es stürmte so, dass die Dachziegel von den Häusern flogen und die Bäume drinnen im Garten schwankten wie Schilf im Winde. Es blitzte jeden Augenblick, und der Donner rollte, als ob es nur ein einziger Schlag wäre, der die ganze Nacht anhielt. Nun ging das Fenster auf und die Prinzessin flog hinaus. Sie war so bleich wie eine Tote; aber sie lachte über das böse Wetter und meinte, es sei noch nicht arg genug. Ihr weißer Mantel wirbelte in der Luft umher wie ein großes Schiffssegel. Aber der Wandergefährte schlug

Der Wandergefährte

derart mit seinen drei Ruten auf sie ein, dass das Blut auf die Erde hinabtropfte und sie zuletzt kaum weiterfliegen konnte. Endlich erreichte sie dann den Berg.

»Es hagelt und stürmt«, sagte sie, »mein Lebtag bin ich bei einem solchen Wetter nicht draußen gewesen.«

»Man kann auch des Guten zu viel bekommen!«, sagte der Troll. Nun erzählte sie ihm, dass Johannes auch das zweite Mal richtig geraten hätte; tat er nun morgen das Gleiche, dann hatte er gewonnen und sie konnte nie mehr zum Troll hinaus in den Berg kommen, sollte nie mehr solche Zauberkünste treiben können wie früher; deshalb war sie ganz betrübt.

»Er soll es nicht erraten können«, sagte der Troll, »ich werde schon etwas finden, woran er nie gedacht hat! Oder aber er muss ein größerer Zauberer sein als ich. Doch jetzt wollen wir lustig sein!« Und er fasste die Prinzessin bei den Händen, und sie tanzten mit allen kleinen Heinzelmännchen und Irrlichtern herum, die im Saale waren. Die roten Spinnen sprangen ebenso lustig an den Wänden auf und nieder, es sah aus, als ob Feuerblumen funkelten. Die Eule schlug die Trommel, die Grillen pfiffen und die schwarzen Heuschrecken bliesen die Mundharmonika. Es war ein lustiger Ball!

Als sie nun lange genug getanzt hatten, musste die Prinzessin nach Hause, denn sonst hätte man sie im Schloss vermissen können. Der Troll sagte, dass er sie begleiten wolle, dann seien sie wenigstens so lange noch beisammen.

So flogen sie denn dahin in dem bösen Wetter und der Wandergefährte zerschlug seine drei Ruten auf ihrem Rücken. Der Troll war sein Lebtag nicht bei einem solchen Hagelwetter draußen gewesen. Vor dem Schloss sagte er Lebewohl und flüsterte ihr zugleich zu: »Denke an meinen Kopf!« Aber der Wandergefährte hörte es wohl, und gerade in dem Augenblick, als die Prinzessin durch das Fenster in ihr Schlafzimmer schlüpfte und der Troll wieder umkehren wollte, packte er ihn an seinem langen schwarzen Bart und hieb mit dem Säbel seinen widerlichen Trollenkopf gerade bei den Schultern ab, so dass der Troll es nicht einmal selbst zu sehen bekam. Den Körper warf er in den See hinaus zu den Fischen, den Kopf aber tauchte er nur ins Wasser und knüpfte ihn dann in sein seidenes Taschentuch, nahm ihn mit heim nach dem Wirtshaus und legte sich schlafen.

Am nächsten Morgen gab er Johannes das Taschentuch, sagte aber, er dürfe es nicht aufbinden, bevor die Prinzessin frage, woran sie gedacht habe.

Der Wandergefährte

Es waren so viele Menschen in dem großen Saal auf dem Schloss, dass sie so dicht nebeneinander standen wie Radieschen, die in einem Bund zusammengebunden sind. Der Rat saß auf seinen Stühlen mit den weichen Kopfkissen, und der alte König hatte neue Kleider an, die Goldkrone und das Zepter waren poliert, das sah stattlich aus. Die Prinzessin aber war ganz blass und hatte ein kohlschwarzes Kleid an, als müsse sie zum Begräbnis.

»Woran habe ich gedacht?«, sagte sie zu Johannes, und sogleich band er das Taschentuch auf und erschrak selbst, als er den grässlichen Trollenkopf erblickte. Es schauderte allen Menschen, denn das war schrecklich anzusehen; aber die Prinzessin saß da wie ein steinernes Bild und vermochte kein einziges Wort zu sagen. Schließlich erhob sie sich und gab Johannes die Hand; denn er hatte richtig geraten. Sie sah weder den einen noch den andern an, sondern seufzte ganz tief: »Jetzt bist du mein Herr! Heute Abend wollen wir Hochzeit halten!«

»Das gefällt mir!«, sagte der alte König. »So wollen wir es haben!« Alle Leute riefen Hurra, die Wachtparade machte in den Straßen Musik, die Glocken läuteten und die Kuchenfrauen nahmen den schwarzen Flor von den Zuckerschweinchen; denn nun herrschte eitel Freude. Drei ganze gebratene Ochsen, mit Enten und Hühnern gefüllt, wurden mitten auf den Markt gestellt; jeder konnte sich ein Stück abschneiden. In den Springbrunnen sprudelte der herrlichste Wein, und kaufte man beim Bäcker eine Schillingsbrezel, so bekam man sechs große Wecken als Zugabe, und zwar Wecken mit Rosinen drin.

Am Abend war die ganze Stadt festlich erleuchtet, und die Soldaten schossen mit Kanonen und die Jungen mit Knallerbsen, und es wurde gegessen und getrunken, angestoßen und gesprungen oben im Schloss, alle die vornehmen Herren und schönen Fräulein tanzten miteinander; man konnte weithin hören, wie sie sangen:

>»Hier sind so viele schöne Mädchen,
>Die tanzen gerne rundherum,
>Den Tambourmarsch bestellen sie,
>Schönes Mädchen, dreh dich um!
>Tanzt und springet immerzu,
>Bis die Sohle fällt vom Schuh!«

Der Wandergefährte

Aber die Prinzessin war ja noch immer eine Hexe und mochte Johannes gar nicht leiden; daran erinnerte sich der Wandergefährte, und deshalb gab er Johannes drei Federn aus den Schwanenflügeln und eine kleine Flasche mit einigen Tropfen darin und sagte zu ihm, er solle ein großes Gefäß mit Wasser vor das Brautbett stellen lassen; wenn die Prinzessin dann ins Bett steigen wolle, solle er ihr einen kleinen Stoß geben, so dass sie ins Wasser hineinfalle, wo er sie dreimal untertauchen müsse, nachdem er vorher die Federn und die Tropfen hineingeschüttet habe, dann würde sie von ihrer Verzauberung befreit werden und ihn sehr lieb gewinnen.

Johannes tat alles, was der Wandergefährte ihm geraten hatte. Die Prinzessin schrie ganz jämmerlich, während er sie in das Wasser tauchte, und zappelte ihm unter den Händen als ein großer, kohlschwarzer Schwan mit funkelnden Augen. Als sie zum zweiten Mal wieder aus dem Wasser auftauchte, war der Schwan weiß, bis auf einen einzigen schwarzen Ring um den Hals. Johannes betete fromm zu Gott und ließ das Wasser zum dritten Mal den Vogel überspülen und im selben Augenblick verwandelte er sich in die schönste Prinzessin. Sie war noch schöner als zuvor und dankte ihm mit Tränen in den herrlichen Augen, weil er sie von ihrer Verzauberung erlöst hatte.

Am nächsten Morgen kam der alte König mit seinem ganzen Hofstaat und das war ein Gratulieren bis tief in den Tag hinein. Zuallerletzt kam der Wandergefährte; er hatte seinen Stock in der Hand und seinen Mantelsack auf dem Rücken. Johannes küsste ihn viele Male und sagte, er dürfe nicht fortreisen, er solle bei ihm bleiben, denn ihm verdanke er ja sein ganzes Glück. Aber der Wandergefährte schüttelte den Kopf und sagte mild und freundlich: »Nein, jetzt ist meine Zeit um. Ich habe nur meine Schuld bezahlt. Erinnerst du dich an den toten Mann, dem die bösen Menschen Übles antun wollten? Du gabst alles, was du besaßest, damit er in seinem Grabe Ruhe habe. Der Tote bin ich!«

Im selben Augenblick war er verschwunden.

Die Hochzeit währte einen ganzen Monat. Johannes und die Prinzessin hatten sich sehr lieb und der alte König lebte viele vergnügliche Tage und ließ ihre kleinen Kinder auf seinen Knien reiten und mit seinem Zepter spielen. Johannes aber war König über das ganze Reich.

Die Blumen der kleinen Ida

»Meine armen Blumen sind ganz welk!«, sagte die kleine Ida. »Gestern Abend waren sie so schön und jetzt lassen sie alle Blätter hängen. Warum tun sie das?«, fragte sie den Studenten, der auf dem Sofa saß; denn ihn hatte sie sehr gern, er wusste die allerschönsten Geschichten und schnitt so lustige Bilder aus: Herzen mit kleinen Damen darin, die tanzten; Blumen und große Schlösser, deren Türen man aufmachen konnte. Es war ein fröhlicher Student. »Warum sehen die Blumen heute so schlecht aus?«, fragte sie wieder und zeigte ihm einen Strauß, der ganz welk war.

»Ja, weißt du, was ihnen fehlt?«, sagte der Student. »Die Blumen sind heute Nacht auf dem Ball gewesen und deshalb lassen sie die Köpfe hängen.«

»Aber die Blumen können ja nicht tanzen!«, sagte die kleine Ida.

»Doch«, sagte der Student, »wenn es dunkel wird und wir andern schlafen, dann springen sie lustig umher; sie haben fast jede Nacht Ball.«

»Können Kinder nicht mit auf den Ball kommen?«

»Doch«, sagte der Student, »kleine winzige Gänseblümchen und Maiglöckchen!«

»Wo tanzen die hübschesten Blumen?«, fragte die kleine Ida.

»Bist du nicht oft draußen vor dem Tor bei dem großen Schloss gewesen, wo der König im Sommer wohnt, wo der schöne Garten mit den vielen Blumen ist? Du hast doch die Schwäne gesehen, die zu dir hinschwimmen, wenn du ihnen Brotkrumen geben willst. Dort draußen ist großer Ball, das kannst du mir glauben!«

»Ich war gestern mit meiner Mutter draußen im Garten«, sagte Ida, »aber die Blätter waren alle von den Bäumen gefallen und es waren gar keine Blumen mehr da! Wo sind sie? Im Sommer sah ich so viele!«

»Die sind drinnen im Schloss!«, sagte der Student. »Sobald der König und alle Hofleute in die Stadt ziehen, musst du wissen, laufen alle Blumen gleich aus dem Garten in das Schloss und sind lustig. Das solltest du sehen! Die beiden allerschönsten Rosen setzen sich auf den Thron und dann sind sie König und Königin. Alle die roten Hahnenkämme stellen sich zu beiden Seiten auf und stehen da und verbeugen sich: Das sind die Kammerjunker. Dann kommen alle niedlichen Blumen und es ist großer Ball. Die blauen Veilchen stellen kleine Seekadetten vor, sie tanzen mit Hyazinthen und Krokus, die sie Fräulein nennen. Die Tulpen und die großen gelben Lilien, das sind alte Damen, die passen auf, dass hübsch getanzt wird und es ordentlich zugeht.«

»Aber«, fragte die kleine Ida, »tut den Blumen denn niemand etwas, weil sie im Schloss des Königs tanzen?«

»Es weiß eigentlich niemand so recht darum«, sagte der Student. »Manchmal des Nachts kommt freilich der alte Schlossverwalter, der dort draußen aufpassen soll. Er hat einen großen Schlüsselbund bei sich, aber sobald die Blumen die Schlüssel rasseln hören, werden sie ganz still, verstecken sich hinter den langen Gardinen und gucken mit dem Kopf hervor. ›Ich rieche, dass hier Blumen sind‹, sagt der alte Schlossverwalter, aber er kann sie nicht sehen.«

»Das ist lustig«, sagte die kleine Ida und klatschte in die Hände. »Aber würde ich die Blumen auch nicht sehen können?«

»Doch«, sagte der Student, »denke nur daran, wenn du wieder dorthin kommst, ins Fenster hineinzugucken, dann wirst du sie schon sehen. Ich habe es heute getan, da lag eine lange gelbe Narzisse auf dem Sofa und streckte sich; sie bildete sich ein, sie sei eine Hofdame.«

»Können auch die Blumen aus dem botanischen Garten dorthin kommen? Können sie den langen Weg machen?«

»Ja, gewiss«, sagte der Student, »denn wenn sie wollten, könnten sie fliegen. Hast du nicht schon die schönen Schmetterlinge gesehen, die roten, gelben und weißen? Sie sehen fast aus wie Blumen, das sind sie auch gewesen, sie sind vom Stängel hoch in die Luft gesprungen und haben mit den Blättern geschlagen, als wenn es kleine Flügel wären, und dann flogen sie. Und da sie sich gut benahmen, durften sie auch am Tage herumfliegen, mussten nicht wieder heim und still auf dem Stängel sitzen und so wurden die Blätter zuletzt zu richtigen Flügeln. Das hast du ja selbst gesehen! Es kann übrigens gut sein, dass die Blumen im bota-

Die Blumen der kleinen Ida

nischen Garten nie draußen im Schloss des Königs gewesen sind oder nicht wissen, dass es dort des Nachts so lustig zugeht. Darum will ich dir nun etwas sagen, dann wird der botanische Professor, der nebenan wohnt, sehr erstaunt sein. Du kennst ihn doch sicher? Wenn du in seinen Garten kommst, musst du einer von den Blumen erzählen, dass draußen auf dem Schloss großer Ball sei, dann sagt sie es allen andern weiter und dann fliegen sie fort. Kommt nun der Professor in seinen Garten, so ist nicht eine einzige Blume da, und er kann gar nicht verstehen, wo sie geblieben sind.«

»Wie kann die Blume es den andern aber erzählen? Die Blumen können ja nicht sprechen!«

»Nein, das können sie allerdings nicht«, antwortete der Student, »aber sie geben sich Zeichen. Hast du nicht schon gesehen, dass die Blumen, wenn es ein wenig windig ist, nicken und alle die grünen Blätter bewegen? Das ist für sie ebenso deutlich, als ob sie sprächen!«

»Kann der Professor die Zeichen denn verstehen?«, fragte Ida.

»Ja, natürlich kann er das! Er kam eines Morgens in seinen Garten hinunter und sah, wie eine große Brennnessel mit ihren Blättern einer schönen roten Nelke Zeichen machte. Sie sagte: ›Du bist so reizend und ich habe dich sehr lieb!‹ Aber so etwas kann der Professor nun gar nicht leiden, und deshalb schlug er der Brennnessel gleich auf die Blätter, denn das sind ihre Finger, aber da brannte er sich und seit der Zeit wagt er keine Brennnessel mehr anzurühren!«

»Das ist lustig!«, sagte die kleine Ida und lachte.

»Wie kann man einem Kind so etwas weismachen!«, sagte der langweilige Kanzleirat, der zu Besuch gekommen war und auf dem Sofa saß. Er konnte den Studenten nicht ausstehen und brummte immer, wenn er ihn die sonderbaren, lustigen Bilder ausschneiden sah: bald einen Mann, der an einem Galgen hing und ein Herz in der Hand hielt, denn er war ein Herzensdieb; bald eine alte Hexe, die auf einem Besen ritt und ihren Mann auf der Nase sitzen hatte. Das konnte der Kanzleirat nicht leiden und dann sagte er gerade wie jetzt: »Wie kann man einem Kind so etwas weismachen! Das ist die dumme Phantasie!«

Aber die kleine Ida fand es doch lustig, was der Student ihr von den Blumen erzählte, und sie dachte sehr oft daran. Die Blumen ließen die Köpfe hängen, denn sie waren müde, weil sie die ganze Nacht getanzt hatten; sie waren bestimmt krank. Da ging sie mit ihnen zu ihrem andern Spielzeug hin, das auf einem hübschen, kleinen Tisch stand, dessen Schublade voller Sachen war. Im Puppenbett lag ihre Puppe Sophie und schlief, aber die kleine Ida sagte zu ihr: »Du musst wirklich aufstehn, Sophie, und heute Nacht mit der Schublade als Bett vorlieb nehmen. Die armen Blumen sind krank, und da müssen sie in deinem Bett liegen, vielleicht werden sie dann gesund!« Und sie nahm die Puppe, aber die sah recht verdrießlich aus und sagte nicht ein einziges Wort; sie war böse, weil sie ihr Bett nicht behalten durfte.

Dann legte Ida die Blumen in das Puppenbett, schlug die kleine Decke sorgfältig um sie und sagte, jetzt sollten sie schön still liegen, dann wolle sie ihnen Tee kochen, damit sie wieder gesund würden und morgen aufstehen könnten; und sie zog die Gardinen fest vor das kleine Bett, damit ihnen die Sonne nicht in die Augen schiene.

Den ganzen Abend hindurch musste sie daran denken, was der Student ihr erzählt hatte. Und als sie nun selbst ins Bett gehen sollte, musste sie erst hinter die Gardinen sehen, die vor den Fenstern herabhingen, wo die schönen Blumen ihrer Mutter standen, Hyazinthen und Tulpen. Und dann flüsterte sie ganz leise: »Ich weiß wohl, ihr geht heute Nacht auf den Ball!« Doch die Blumen taten, als ob sie nichts verstünden, und rührten kein Blatt, aber Klein Ida wusste nun mal, was sie wusste. Als sie zu Bett gegangen war, lag sie lange wach und dachte daran, wie hübsch es sein müsste, die schönen Blumen draußen im Schloss des Königs tanzen zu sehen. – Ob meine Blumen wirklich dabei gewesen sind? – Aber dann schlief sie ein. In der Nacht erwachte sie wieder, sie hatte von den Blumen und dem Studenten geträumt, auf den der Kanzleirat geschimpft hatte, weil er ihr etwas weismachen wollte. Es war ganz still im Schlafzimmer, wo Ida lag; die Nachtlampe brannte auf dem Tisch und ihr Vater und ihre Mutter schliefen.

Ob meine Blumen nun in Sophies Bett liegen?, fragte sie sich. Wie gern ich das doch wissen möchte. – Sie richtete sich ein wenig auf und sah zur Tür hinüber, die angelehnt stand, dort drinnen lagen die Blumen und all ihr Spielzeug. Sie lauschte, und da war es ihr, als hörte sie, dass drinnen in der Stube auf dem Klavier gespielt wurde, aber ganz leise und so hübsch, wie sie es noch nie gehört hatte.

Jetzt tanzen sicher alle Blumen dort drinnen!, dachte sie. O Gott, wie gern ich das doch sehen möchte. – Aber sie wagte nicht aufzustehen, denn dann würde

Die Blumen der kleinen Ida

sie ihren Vater und ihre Mutter geweckt haben. – Wenn sie doch nur hier hereinkommen wollten, dachte sie. Aber die Blumen kamen nicht, und die Musik fuhr fort, so hübsch zu spielen; da konnte sie es nicht länger aushalten, denn es war allzu schön. Sie kroch aus ihrem kleinen Bett und ging ganz leise zur Tür und guckte in die Stube. Nein, wie war das lustig, was sie da zu sehen bekam!

Es war gar keine Nachtlampe in der Stube, aber doch ganz hell, der Mond schien durch das Fenster mitten auf den Fußboden, es war fast, als wäre es Tag gewesen. Alle Hyazinthen und Tulpen standen in zwei langen Reihen im Zimmer, es waren gar keine mehr im Fenster, dort standen nur die leeren Töpfe. Unten auf dem Fußboden tanzten die Blumen so lieblich umeinander herum, bildeten eine ordentliche Kette und hielten sich an den langen, grünen Blättern, wenn sie herumschwenkten. Aber drüben am Klavier saß eine große, gelbe Lilie, die Ida im Sommer bestimmt gesehen hatte, denn sie erinnerte sich gut daran, dass der Student gesagt hatte: »Nein, wie ähnlich sie dem Fräulein Lina ist!« Aber da wurde er von allen Seiten ausgelacht; doch jetzt fand Ida wirklich auch, dass die lange, gelbe Blume dem Fräulein ähnlich sehe, und sie hatte auch dieselben Bewegungen beim Spielen; bald legte sie ihr längliches, gelbes Gesicht auf die eine, bald auf die andere Seite und nickte den Takt zu der schönen Musik. Niemand bemerkte die kleine Ida. Nun sah sie eine große, blaue Krokusblume mitten auf den Tisch hüpfen, wo das Spielzeug stand, gerade auf das Puppenbett zugehen und die Gardinen zur Seite ziehen; da lagen die kranken Blumen, aber sie erhoben sich sogleich und nickten den andern zu, dass sie auch mittanzen wollten. Der alte Räuchermann, dem die Unterlippe abgebrochen war, stand auf und verbeugte sich vor den hübschen Blumen. Sie sahen gar nicht krank aus, sie hüpften zu den andern hinunter und waren sehr vergnügt.

Es war, als fiele etwas vom Tisch herunter. Ida sah dorthin: Es war die Fastnachtsrute, die hinuntergesprungen war, sie fand, dass sie auch mit zu den Blumen gehörte. Sie war auch sehr hübsch, und oben auf ihr saß eine kleine Wachspuppe, die geradeso einen breiten Hut auf dem Kopf hatte, wie ihn der Kanzleirat trug. Die Fastnachtsrute hüpfte auf ihren drei roten Holzbeinen mitten zwischen die andern Blumen und stampfte ganz laut, denn sie tanzte Mazurka, und den Tanz konnten die andern Blumen nicht, weil sie so leicht waren und nicht stampfen konnten.

Die Wachspuppe auf der Fastnachtsrute wurde auf einmal ganz groß und lang, drehte sich über den Papierblumen rundherum und rief laut: »Wie kann man einem Kind nur so etwas weismachen! Das ist die dumme Phantasie!« Und da glich die Wachspuppe ganz genau dem Kanzleirat mit dem breiten Hut und sah ebenso gelb und verdrießlich aus. Aber die Papierblumen schlugen ihm um die dünnen Beine und da schrumpfte er wieder zusammen und wurde eine kleine, winzige Wachspuppe. Das war so lustig anzusehen! Die kleine Ida konnte ein Lachen nicht unterdrücken. Die Fastnachtsrute fuhr fort zu tanzen, der Kanzleirat musste mittanzen, es half ihm nichts, ob er sich nun groß und lang machte oder die kleine, gelbe Wachspuppe mit dem großen, schwarzen Hut wurde. Da legten die andern Blumen ein gutes Wort für ihn ein, besonders die, welche im Puppenbett gelegen hatten, und da hielt die Fastnachtsrute inne. Im selben Augenblick klopfte es ganz laut drinnen in der Schublade, wo Idas Puppe Sophie bei so viel anderm Spielzeug lag. Der Räuchermann lief an den Rand des Tisches, legte sich der Länge nach auf den Bauch, und es glückte ihm, die Schublade ein wenig herauszuziehen. Da richtete Sophie sich auf und sah sich ganz verwundert um. »Hier ist wohl Ball!«, sagte sie. »Warum hat mir das niemand gesagt?«

»Willst du mit mir tanzen?«, fragte der Räuchermann.

»Ja, du bist mir ein netter Tänzer!«, sagte sie und drehte ihm den Rücken zu. Dann setzte sie sich auf die Schublade und dachte, dass wohl eine der Blumen kommen würde, um sie aufzufordern, aber es kam keine; da hustete sie: »Hm, hm, hm!« Aber es kam trotzdem keine einzige. Der Räuchermann tanzte nun ganz allein, und zwar gar nicht so schlecht.

Da nun keine der Blumen Sophie zu sehen schien, ließ sie sich von der Schublade gerade auf den Boden herabplumpsen, so dass es großen Aufruhr gab. Alle Blumen kamen auch herbeigelaufen, umringten sie und fragten, ob sie sich nicht wehgetan hätte, und sie waren alle ganz reizend zu ihr, besonders die Blumen, die in ihrem Bett gelegen hatten. Aber sie hatte sich gar nicht wehgetan und alle Blumen Idas bedankten sich für das schöne Bett und hatten sie so lieb, nahmen sie mit auf den Fußboden, wo der Mond schien, und tanzten mit ihr und alle die andern Blumen bildeten einen Kreis um sie herum. Nun war Sophie vergnügt und sagte, dass sie ihr Bett gern behalten dürften, es machte ihr gar nichts aus, in der Schublade zu liegen.

Aber die Blumen sagten: »Hab vielen Dank, aber wir können nicht so lange leben! Morgen sind wir tot! Aber sage der kleinen Ida, sie soll uns draußen im Garten begraben, wo der Kanarienvogel liegt, dann wachsen wir im Sommer wieder und werden viel schöner!«

»Nein, ihr dürft nicht sterben!«, sagte Sophie und dann küsste sie die Blumen; da ging die Saaltür auf und eine ganze Gesellschaft schöner Blumen kam hereingetanzt. Ida konnte gar nicht begreifen, woher sie gekommen waren, das waren sicher alle die Blumen draußen aus dem Schloss des Königs. Voran gingen zwei herrliche Rosen und die hatten kleine Goldkronen auf, das waren ein König und eine Königin. Dann kamen die entzückendsten Levkojen und Nelken und grüßten nach allen Seiten. Sie hatten Musik mitgebracht; große Mohnblumen und Päonien bliesen auf Erbsenschoten, so dass sie ganz rot im Gesicht waren. Die blauen Glockenblumen und die kleinen, weißen Schneeglöckchen klingelten, als hätten sie Schellen. Das war eine lustige Musik. Dann kamen viele andere Blumen und sie tanzten alle, die blauen Veilchen und die roten Tausendschön, die Gänseblümchen und die Maiglöckchen. Und alle Blumen küssten einander, es war reizend anzusehen!

Zuletzt sagten sich die Blumen Gute Nacht, dann schlich sich auch die kleine Ida in ihr Bett, wo sie von all dem träumte, was sie gesehen hatte.

Als sie am nächsten Morgen aufstand, ging sie gleich zu dem kleinen Tisch hin, um zu sehen, ob die Blumen noch da wären. Sie zog die Gardinen vor dem kleinen Bett zur Seite, ja, da lagen sie alle, aber sie waren ganz welk, noch viel mehr als gestern. Sophie lag in der Schublade, wo sie sie hingelegt hatte; sie sah ganz schläfrig aus.

»Entsinnst du dich, was du mir sagen solltest?«, fragte die kleine Ida. Aber Sophie sah nur dumm aus und sagte kein einziges Wort.

»Du bist gar nicht lieb«, sagte Ida, »und sie haben doch alle mit dir getanzt.« Dann nahm sie eine kleine Pappschachtel, auf der niedliche Vögel gezeichnet waren, machte sie auf und legte die toten Blumen hinein. »Das soll euer hübscher Sarg sein«, sagte sie, »und wenn später die norwegischen Vettern kommen, dann sollen sie mir helfen, euch draußen im Garten zu begraben, damit ihr im Sommer wieder wachsen und noch viel schöner werden könnt.«

Die norwegischen Vettern waren zwei muntere Knaben, sie hießen Jonas

und Adolf. Ihr Vater hatte ihnen zwei neue Flitzbogen geschenkt, und die hatten sie mit, um sie Ida zu zeigen. Sie erzählte ihnen von den armen Blumen, die gestorben waren, und dann durften sie sie begraben. Die Knaben gingen mit den Flitzbogen auf den Schultern voran und die kleine Ida ging hinterher mit den toten Blumen in der hübschen Schachtel. Draußen im Garten wurde ein kleines Grab geschaufelt; Ida küsste erst die Blumen und stellte sie dann mit der Schachtel in die Erde, und Adolf und Jonas schossen mit den Flitzbogen über das Grab, denn Gewehre oder Kanonen hatten sie nicht.

Die Blumen der kleinen Ida

Der Schneemann

Es kracht und knackt in mir, so herrlich kalt ist es!«, sagte der Schneemann. »Der Wind kann einem wahrlich Leben einblasen! Und wie die Glühende dort glotzt!« Damit meinte er die Sonne; sie war gerade am Untergehen. »Sie soll mich nicht zum Blinzeln bringen, ich werde die Brocken schon festhalten.«

Das waren zwei große, dreieckige Dachziegelbrocken, die er als Augen hatte; der Mund war ein Stück von einem alten Rechen, deshalb hatte er Zähne.

Er war unter Hurrageschrei der Jungen geboren, war begrüßt worden von Schellengeläute und Peitschengeknall der Schlitten.

Die Sonne ging unter, der Vollmond ging auf, rund und groß, klar und herrlich in der blauen Luft. »Da haben wir sie wieder von einer anderen Seite!«, sagte der Schneemann. Er glaubte, es sei die Sonne, die sich abermals zeigte. »Ich habe es ihr abgewöhnt zu glotzen! Jetzt kann sie dort hängen und leuchten, damit ich mich selbst sehen kann. Wüsste ich nur, wie man es anstellt, sich fortzubewegen! Ich würde mich so gern fortbewegen! Könnte ich es, so wollte ich jetzt hinab und auf dem Eise schlittern, wie ich es die Jungen tun sah; aber ich verstehe mich nicht aufs Laufen!«

»Weg, weg!«, kläffte der alte Kettenhund; er war etwas heiser. Das war er seit der Zeit, da er Stubenhund gewesen war und unter dem Ofen gelegen hatte. »Die Sonne wird dir das Laufen schon beibringen! Das habe ich im vergangenen Winter an deinem Vorgänger und an dessen Vorgänger gesehen! Weg, weg! Und weg sind sie alle!«

»Ich verstehe dich nicht, Kamerad«, sagte der Schneemann. »Soll die da oben mich laufen lehren?« Er meinte den Mond. »Ja, sie lief freilich vorhin, als ich sie fest ansah, jetzt schleicht sie von einer andern Seite heran.«

»Du weißt nichts«, sagte der Kettenhund, »aber du bist ja auch erst neulich zusammengeklatscht worden! Der, den du jetzt siehst, wird der Mond genannt; die, welche ging, war die Sonne. Sie kommt morgen wieder. Sie wird dich schon

Der Schneemann 332

lehren, in den Wallgraben hinabzulaufen! Wir kriegen bald anderes Wetter, das merke ich an meinem linken Hinterbein, es reißt darin. Wir kriegen Wetterwechsel.«

»Ich verstehe ihn nicht«, sagte der Schneemann. »Aber ich habe das Gefühl, dass es etwas Unangenehmes ist, was er sagt. Sie, die glotzte und unterging, die er die Sonne nennt, die ist auch nicht mein Freund, das habe ich im Gefühl.«

»Weg, weg!«, kläffte der Kettenhund, ging dreimal um sich selbst herum und legte sich dann in seine Hütte, um zu schlafen. Es kam wirklich eine Wetteränderung. Ein Nebel, so dicht und klamm, legte sich am Morgen über die ganze Gegend. Als es Tag wurde, ging eine frische Brise; der Wind nahm zu und wurde eisig, der Frost setzte ordentlich ein. Aber welch ein Anblick war es, als die Sonne aufging! Alle Bäume und Büsche standen im Raureif; es war wie ein ganzer Wald von weißen Korallen; es war, als seien alle Zweige von strahlend weißen Blüten übersät. Die unendlich vielen und feinen Verästelungen, die man im Sommer vor lauter Blättern nicht sehen kann, traten jetzt klar hervor. Es war wie ein Spitzengewebe und so schimmernd weiß, als ströme jeder Zweig einen weißen Glanz aus. Die Hängebirke bewegte sich im Wind, es war Leben in ihr wie in den Bäumen zur Sommerzeit. Es war eine unvergleichliche Pracht! Und als die Sonne dann schien, nein, wie da alles funkelte, als wäre es mit Diamantstaub überpudert, und über der Schneedecke der Erde glitzerten die großen Diamanten, oder man konnte auch glauben, dass unzählige, winzig kleine Lichtlein brannten, die noch weißer waren als der weiße Schnee.

»Das ist eine unvergleichliche Herrlichkeit!«, sagte ein junges Mädchen, das mit einem jungen Mann in den Garten hinaustrat und gerade bei dem Schneemann stehen blieb, von wo aus sie beide die glitzernden Bäume betrachteten. »Einen schöneren Anblick hat man auch im Sommer nicht!«, sagte sie und ihre Augen strahlten. »Und so einen Burschen wie den da hat man schon gar nicht!«, sagte der junge Mann und zeigte auf den Schneemann. »Er ist wirklich ausgezeichnet!« Das junge Mädchen lachte, nickte dem Schneemann zu und tanzte dann mit ihrem Freund über den Schnee hin, der unter ihnen knirschte, als wenn sie auf Stärke gingen.

»Wer waren die beiden?«, fragte der Schneemann den Kettenhund. »Du bist länger auf dem Hof als ich; kennst du sie?«

»Allerdings!«, sagte der Kettenhund. »Sie hat mich ja gestreichelt und er hat mir einen Knochen gegeben; die beiße ich nicht.«

»Aber was stellen sie hier vor?«, fragte der Schneemann.

»Brrrautleute!«, sagte der Kettenhund. »Sie werden in eine Hundehütte ziehen und zusammen einen Knochen nagen. Weg, weg!«

»Haben die beiden ebenso viel zu bedeuten wie du und ich?«, fragte der Schneemann.

»Die gehören ja zur Herrschaft!«, sagte der Kettenhund. »Man weiß wahrlich recht wenig, wenn man gestern geboren wurde; das merke ich an dir. Ich bin alt und weise, ich kenne alle hier auf dem Hof! Und ich habe eine Zeit gekannt, wo ich nicht hier in der Kälte und an der Kette lag; weg, weg!«

»Die Kälte ist herrlich!«, sagte der Schneemann. »Erzähl, erzähl! Aber du darfst nicht mit der Kette rasseln; denn dann bricht etwas in mir.«

»Weg, weg!«, kläffte der Kettenhund. »Ein junges Hündchen bin ich gewesen, klein und niedlich, sagten sie. Da lag ich im Samtstuhl dort drinnen im Haus, lag im Schoß der oberen Herrschaft, wurde auf die Schnauze geküsst und um die Pfoten gewischt mit einem gestickten Taschentuch. Ich hieß der Schönste, Pusselpusselchen. Aber dann wurde ich ihnen zu groß. Da gaben sie mich der Haushälterin; ich kam in die Kelleretage! Du kannst von dort, wo du stehst, in sie hineinsehen; du kannst in die Kammer hinuntersehen, wo ich Herrschaft gewesen bin; denn das war ich bei der Haushälterin. Es war zwar ein geringerer Ort als oben, aber hier war es behaglicher. Ich wurde nicht abgeküsst und umhergeschleppt von den Kindern wie oben. Ich hatte ebenso gutes Futter wie früher und viel mehr! Ich hatte mein eigenes Kissen und dann war da ein Ofen und das ist um diese Zeit das Schönste auf der Welt. Ich kroch ganz darunter, so dass man mich nicht sehen konnte. Oh, von dem Ofen träume ich noch heute; weg, weg!«

»Sieht ein Ofen so schön aus?«, fragte der Schneemann. »Gleicht er mir?«

»Er ist gerade das Gegenteil von dir. Kohlschwarz ist er. Hat einen langen Hals mit einem Messingkragen. Er frisst Brennholz, so dass ihm das Feuer aus dem Maul herauslodert. Man muss sich an seiner Seite halten, dicht neben ihm, ganz unter ihm, das ist ein unendliches Behagen. Du musst ihn durch das Fenster sehen können von dort, wo du stehst.« Und der Schneemann hielt Ausschau und wirklich sah er einen schwarzen, blank polierten Gegenstand mit einem Messingkragen; das Feuer leuchtete unten heraus. Dem Schneemann wurde ganz wunderlich zumute. Er hatte ein Gefühl, über das er sich selbst nicht klar werden konnte; es kam etwas über ihn, das er noch nicht kannte, das aber alle Menschen kennen, wenn sie keine Schneemänner sind. »Und warum hast du sie verlassen?«, fragte der Schneemann. Er fühlte, dass es ein weibliches Wesen sein müsse. »Wie konntest du einen solchen Ort nur verlassen?«

»Es blieb mir wohl nichts anderes übrig«, sagte der Kettenhund, »sie warfen mich hinaus und legten mich hier an die Kette. Ich hatte den jüngsten Junker ins Bein gebissen, weil er mir den Knochen wegstieß, an dem ich nagte; und Knochen um Knochen, denke ich! Aber das nahmen sie übel auf und seit jener Zeit habe ich an der Kette gelegen und habe meine klare Stimme verloren. Hör, wie heiser ich bin: weg, weg! Das war das Ende vom Lied!«

Der Schneemann hörte nicht mehr zu; er sah beständig in die Kelleretage der Haushälterin hinein, in ihre Stube hinunter, wo der Ofen auf seinen vier eisernen Beinen stand und sich in derselben Größe zeigte wie der Schneemann selbst.

»Es knackt so sonderbar in mir!«, sagte er. »Werd ich nie dort hineinkommen? Das ist ein unschuldiger Wunsch und unsere unschuldigen Wünsche dürfen doch sicher erfüllt werden. Es ist mein höchster Wunsch, mein einziger Wunsch, und es würde fast ungerecht sein, wenn er nicht befriedigt würde. Ich muss dort hinein, ich muss mich an sie anlehnen, und wenn ich auch das Fenster zerschlagen müsste.«

»Dorthinein kommst du nie!«, sagte der Kettenhund. »Und kämst du zum Ofen, dann wärst du weg, weg!«

»Ich bin so gut wie weg«, sagte der Schneemann, »ich glaube, ich breche durch.«

Den ganzen Tag über stand der Schneemann da und schaute zum Fenster hinein. In der Dämmerung wurde die Stube noch einladender; vom Ofen her leuchtete es so mild, wie der Mond nicht leuchtet und auch nicht die Sonne, nein, wie nur der Ofen leuchten kann, wenn etwas in ihm ist. Sobald sie das Türchen öffneten, schlug die Flamme heraus, das war eine Angewohnheit von ihm. Es flammte ordentlich rot auf in dem weißen Gesicht des Schneemanns, es leuchtete geradezu rot aus seiner Brust heraus.

»Ich halte es nicht aus!«, sagte er. »Wie es sie kleidet, wenn sie die Zunge herausstreckt!«

Die Nacht war sehr lang, aber nicht für den Schneemann, er stand da in seinen eigenen schönen Gedanken, und die froren, dass sie nur so knackten.

Am Morgen waren die Kellerfenster zugefroren, sie trugen die schönsten Eisblumen, die ein Schneemann nur verlangen konnte; aber sie verbargen den Ofen. Die Scheiben wollten nicht auftauen, er konnte sie nicht sehen. Es knackte, es knirschte, es war ein Frostwetter, das einen Schneemann recht erfreuen musste, aber er war nicht erfreut. Er hätte sich so glücklich fühlen können und sollen, aber er war nicht glücklich, er hatte Ofensehnsucht. »Das ist eine schlimme Krankheit für einen Schneemann«, sagte der Kettenhund. »Ich habe auch an dieser Krankheit gelitten, aber ich habe sie überwunden; weg, weg! – Jetzt kriegen wir Wetterwechsel.« Und es gab Wetterwechsel, es schlug in Tauwetter um.

Das Tauwetter nahm zu, der Schneemann nahm ab. Er sagte nichts, er klagte nicht und das ist das rechte Zeichen.

Eines Morgens stürzte er zusammen. Es stak etwas wie ein Besenstiel in der Luft, wo er gestanden hatte, um den herum hatten die Knaben ihn aufgebaut.

»Jetzt verstehe ich seine Ofensehnsucht!«, sagte der Kettenhund. »Der Schneemann hat einen Ofenkratzer im Leib gehabt, der ist es, der sich in ihm gerührt hat, nun ist es überstanden; weg, weg!«

Und bald war auch der Winter überstanden.

»Weg, weg!«, kläffte der Kettenhund; aber die kleinen Mädchen auf dem Hof sangen:

> »Waldmeister grün, der Winter ist aus!
> Häng, Weide, die wollenen Handschuh heraus.
> Kommt, Kuckuck und Lerche! Singt hell und klar,
> Wir haben schon Frühling Ende Februar!
> Ich singe mit: Kuckuck! Tralala!
> Komm, liebe Sonne, schein warm und bleib da!«

Dann denkt niemand mehr an den Schneemann.

Die Schneekönigin
Ein Märchen in sieben Geschichten

*Erste Geschichte,
die von dem Spiegel und den Scherben handelt*

So, nun beginnen wir. Am Ende der Geschichte werden wir mehr wissen als jetzt, denn sie handelt von einem bösen Troll. Es war einer der allerschlimmsten, es war »der Teufel«. Eines Tages war er so recht guter Laune; denn er hatte einen Spiegel gemacht, der die Eigenschaft besaß, dass alles Gute und Schöne, das sich darin spiegelte, zu fast nichts zusammenschwand; aber was nichts taugte und sich schlecht ausnahm, das trat umso deutlicher hervor und wurde noch ärger. Die schönsten Landschaften sahen darin aus wie gekochter Spinat und die besten Menschen wirkten abstoßend oder standen auf dem Kopf. Die Gesichter wurden so verzerrt, dass sie nicht zu erkennen waren, und hatte man eine Sommersprosse, dann konnte man sicher sein, dass sie sich über Nase und Mund ausbreitete. Das

Die Schneekönigin

sei äußerst lustig, sagte der Teufel. Ging nun ein guter, frommer Gedanke durch einen Menschen, da zeigte sich ein Grinsen im Spiegel, so dass der Trollteufel über seine kunstvolle Erfindung lachen musste. Alle, die in die Trollschule gingen, denn er hielt Trollschule, erzählten rundum, dass ein Wunder geschehen sei; jetzt könne man erst sehen, meinten sie, wie die Welt und die Menschen wirklich aussähen.

Sie liefen mit dem Spiegel umher, und zuletzt gab es kein Land und keinen Menschen, die nicht darin verzerrt worden wären. Nun wollten sie auch zum Himmel selbst hinauffliegen, um sich über die Engel und den Herrgott lustig zu machen.

Je höher sie mit dem Spiegel flogen, desto mehr grinste er, sie konnten ihn kaum festhalten; höher und höher flogen sie, Gott und Engeln näher; da erzitterte der Spiegel so furchtbar in seinem Grinsen, dass er ihnen aus den Händen fuhr und zur Erde stürzte, wo er in hundert Millionen, Billionen und noch mehr Stücke zersprang, und gerade dadurch richtete er viel größeres Unheil an als zuvor. Denn einige Stücke waren knapp so groß wie ein Sandkorn und diese flogen in der weiten Welt umher, und wo sie Leuten ins Auge gerieten, da blieben sie sitzen, und da sahen die Menschen alles verkehrt oder hatten nur Augen für das, was bei einer Sache verkehrt war; denn jedes kleine Spiegelkörnchen hatte die gleiche Kraft behalten, die der ganze Spiegel besaß.

Einige Menschen bekamen sogar ein kleines Spiegelstückchen ins Herz, und dann war es ganz gräulich, das Herz wurde gleichsam zu einem Klumpen Eis.

Einige Spiegelstücke waren so groß, dass sie zu Fensterscheiben verwendet wurden; aber durch diese Scheiben sollte man seine Freunde lieber nicht betrachten; andere Stücke kamen in Brillen, und dann ging es schlecht, wenn Leute diese Brillen aufsetzten, um besser zu sehen und gerecht zu sein.

Der Böse lachte, dass ihm der Bauch platzte, und das kitzelte ihn so schön. Aber draußen flogen noch immer winzige Glassplitter in der Luft umher.

Nun lasst uns hören!

Zweite Geschichte
Ein kleiner Junge und ein kleines Mädchen

Drinnen in der großen Stadt, wo so viele Häuser und Menschen sind, dass nicht Platz genug ist, damit alle Leute einen kleinen Garten haben können und wo sich deshalb die meisten mit Blumentöpfen begnügen müssen, waren doch zwei arme Kinder, die einen Garten hatten, der ein wenig größer war als ein Blumentopf. Sie waren nicht Bruder und Schwester; aber sie hatten sich ebenso lieb, als wenn sie es gewesen wären. Die Eltern wohnten einander gerade gegenüber; sie wohnten in zwei Dachkammern. Dort, wo das Dach des einen Nachbarhauses an das andere stieß und die Wasserrinne zwischen den Dächern entlanglief, war in jedem Haus ein kleines Fenster; man brauchte nur über die Rinne hinwegzusteigen, dann konnte man von einem Fenster zum andern gelangen.

Die Eltern hatten draußen je einen großen hölzernen Kasten, und darin wuchsen Küchenkräuter, die sie brauchten, und ein kleiner Rosenstock; in jedem Kasten war einer und sie gediehen prächtig. Nun kamen die Eltern auf den Einfall, die Kästen quer über die Rinne zu stellen, so dass sie fast von einem Fenster zum andern reichten und ganz wie zwei Blumenwälle aussahen. Die Erbsenranken hingen über die Kästen herab und die Rosenstöcke trieben lange Zweige, schlängelten sich um die Fenster und neigten sich einander zu: Es war beinahe wie eine Ehrenpforte aus Grün und Blumen. Da die Kästen sehr hoch waren und die Kinder wussten, dass sie nicht hinaufkriechen durften, erhielten sie oft Erlaubnis, zueinander hinauszusteigen und auf ihren kleinen Schemeln unter den Rosen zu sitzen; da spielten sie dann so prächtig.

Im Winter hatte dieses Vergnügen ja ein Ende. Die Fenster waren oft ganz zugefroren; aber dann wärmten sie Kupferschillinge auf dem Ofen, legten den heißen Schilling gegen die gefrorene Scheibe, und so entstand dort ein schönes Guckloch, ganz kreisrund; dahinter guckte ein lieblich mildes Auge, von jedem Fenster eins; das waren der kleine Junge und das kleine Mädchen. Er hieß Kay und sie hieß Gerda. Im Sommer konnten sie mit einem Sprung zueinander gelangen, im Winter mussten sie erst die vielen Treppen hinunter- und die vielen Treppen hinaufsteigen; und draußen stob der Schnee.

»Das sind die weißen Bienen, die schwärmen«, sagte die alte Großmutter.

Die Schneekönigin

»Haben sie auch eine Bienenkönigin?«, fragte der kleine Knabe; denn er wusste, dass es bei den wirklichen Bienen eine solche gibt.

»Das haben sie«, sagte die Großmutter. »Sie fliegt dort, wo sie am dichtesten schwärmen. Sie ist die größte von allen und nie bleibt sie ruhig auf der Erde, sie fliegt wieder hinauf in die schwarze Wolke. In so mancher Winternacht fliegt sie durch die Straßen der Stadt und guckt in die Fenster hinein, und dann frieren die so sonderbar zu, dass es wie Blumen aussieht.«

»Ja, das habe ich gesehen!«, sagten die beiden Kinder, und nun wussten sie, dass es stimmte.

»Kann die Schneekönigin hier hereinkommen?«, fragte das kleine Mädchen.

»Lass sie nur kommen!«, sagte der Junge. »Dann setze ich sie auf den warmen Ofen und da schmilzt sie.«

Die Großmutter strich ihm übers Haar und erzählte andere Geschichten.

Am Abend, als der kleine Kay zu Hause und halb ausgezogen war, kroch er auf den Stuhl am Fenster und guckte durch das kleine Loch hinaus; ein paar Schneeflocken fielen dort draußen und eine von diesen, die allergrößte, blieb auf der Kante des einen Blumenkastens liegen. Die Schneeflocke wuchs und wuchs, sie wurde zuletzt zu einem ganzen Frauenzimmer, in den feinsten, weißen Flor gekleidet, der wie aus Millionen von sternartigen Flocken zusammengesetzt war. Sie war so schön und fein, aber aus Eis, aus blendendem, blinkendem Eis, und doch war sie lebendig; die Augen starrten wie zwei klare Sterne, aber es war weder Ruhe noch Rast in ihnen. Sie nickte gegen das Fenster und winkte mit der Hand. Der kleine Junge erschrak und sprang vom Stuhl herab; da war es, als flöge draußen ein großer Vogel am Fenster vorbei.

Am nächsten Tag wurde es klarer Frost und dann folgte Tauwetter. Und dann kam der Frühling: Die Sonne schien, das Grün keimte auf, die Schwalben bauten Nester, die Fenster wurden geöffnet und die beiden kleinen Kinder saßen wieder in ihrem kleinen Garten hoch oben in der Dachrinne über allen Stockwerken.

Die Rosen blühten in diesem Sommer so unvergleichlich; das kleine Mädchen hatte ein Lied gelernt und darin kamen auch Rosen vor und bei diesen Rosen dachte sie an ihre eigenen; und sie sang es dem kleinen Jungen vor und er sang mit:

»Im Tal blühen die Rosen so schön,
Dort werden wir das Jesuskind sehn!«

Und die Kleinen hielten einander an den Händen, küssten die Rosen und schauten in Gottes hellen Sonnenschein hinein und sprachen zu ihm, als ob das Jesuskind dort wäre. Was waren das für schöne Sommertage, wie herrlich war es, draußen bei den frischen Rosenstöcken zu sein, die aussahen, als wollten sie nie aufhören zu blühen.

Kay und Gerda saßen da und sahen ein Bilderbuch mit Tieren und Vögeln an, da geschah es – die Uhr auf dem großen Kirchturm schlug gerade fünf –, dass Kay sagte: »Au! Es stach mich ins Herz! Und jetzt flog mir etwas ins Auge!«

Das kleine Mädchen schlang ihren Arm um seinen Hals; er blinzelte mit den Augen: Nein, da war nichts zu sehen.

»Ich glaube, es ist weg!«, sagte er; aber weg war es nicht. Es war just eins dieser kleinen Glaskörner, die vom Spiegel abgesprungen waren, dem Trollspiegel; wir entsinnen uns wohl jenes scheußlichen Glases, das alles Große und Schöne, das sich darin spiegelte, klein und hässlich machte, während das Böse und Schlechte ordentlich hervortrat und jeder Fehler an einer Sache gleich zu bemerken war. Der arme Kay, der hatte auch ein Körnchen mitten ins Herz hinein bekommen. Es würde bald wie ein Eisklumpen werden. Nun tat es nicht mehr weh, aber das Körnchen war da.

»Warum weinst du?«, fragte er. »Du siehst so hässlich aus! Mir fehlt ja nichts! Pfui!«, rief er auf einmal. »Die Rose da ist von einem Wurm angenagt! Und sieh nur, die dort ist ja ganz schief! Es sind im Grunde eklige Rosen! Sie gleichen den Kästen, in denen sie stehen!« Und dann stieß er mit dem Fuß hart gegen den Kasten und riss die beiden Rosen ab.

»Kay, was tust du!«, rief das kleine Mädchen, und als er ihr Erschrecken sah, riss er noch eine Rose ab und lief dann in sein Zimmer hinein, fort von der lieben, kleinen Gerda.

Wenn sie fortan mit dem Bilderbuch kam, sagte er, das sei etwas für Säuglinge; und erzählte die Großmutter Geschichten, kam er immer mit einem Aber. Ja, bot sich dazu Gelegenheit, dann ging er hinter ihr her, setzte eine Brille auf und sprach ebenso wie sie; es war täuschend ähnlich und dann lachten die Leute über

Die Schneekönigin   342

ihn. Er konnte bald so gehen und so sprechen wie alle Menschen in der ganzen Straße. Alles, was an ihnen eigentümlich und unschön war, wusste Kay nachzumachen, und dann sagten die Leute: »Dieser Junge hat bestimmt einen ausgezeichneten Kopf!« Aber es war das Glas, das er ins Auge bekommen hatte, das Glas, das ihm im Herzen saß; daher kam es auch, dass er selbst die kleine Gerda neckte, die ihn von ganzem Herzen lieb hatte.

Seine Spiele wurden nun ganz anders als früher, sie waren so verständig. An einem Wintertag, als die Schneeflocken stoben, kam er mit einem großen Brennglas daher, hob seinen blauen Rockzipfel hoch und ließ die Schneeflocken darauf fallen.

»Sieh nun in das Glas, Gerda«, sagte er und jede Schneeflocke wurde viel größer und sah aus wie eine prächtige Blume oder ein zehneckiger Stern; es war schön anzusehen.

»Siehst du, wie kunstvoll«, sagte Kay, »das ist viel interessanter als die wirklichen Blumen! Und es ist nicht ein einziger Fehler an ihnen, sie sind ganz regelmäßig, wenn sie nur nicht schmelzen wollten!«

Bald darauf kam Kay mit großen Handschuhen und seinem Schlitten auf dem Rücken; er rief Gerda gerade in die Ohren hinein: »Ich habe Erlaubnis bekommen, auf den großen Platz zu fahren, wo die andern spielen!«

Und fort war er.

Dort drüben auf dem Platz banden die kecksten Jungen oft ihren Schlitten an dem Wagen eines Bauern fest und dann fuhren sie ein gutes Stück mit. Das ging wahrlich lustig zu. Als sie gerade mitten im Spiele waren, kam ein großer Schlitten daher; er war ganz weiß gestrichen, und darin saß jemand, in einen zottigen, weißen Pelz gehüllt und mit weißer, zottiger Mütze. Der Schlitten fuhr zweimal um den Platz herum und Kay band geschwind seinen kleinen Schlitten daran fest und nun fuhr er mit. Es ging immer schneller und schneller, geradenwegs in die nächste Straße hinein; der, welcher fuhr, drehte sich um und nickte Kay so freundlich zu, es war, als ob sie einander kennen; jedes Mal, wenn Kay seinen kleinen Schlitten losmachen wollte, nickte die Person wieder und dann blieb Kay sitzen. Sie fuhren schnurstracks zum Stadttor hinaus. Da begann der Schnee so dicht niederzufallen, dass der Kleine die Hand vor den Augen nicht sehen konnte, während er dahinsauste; da ließ er schnell die Schnur fahren, um von

Die Schneekönigin

dem großen Schlitten loszukommen; aber es half nicht, sein kleines Fuhrwerk hing fest und davon ging es mit Windeseile. Da rief er ganz laut, aber niemand hörte ihn, und der Schnee stob und der Schlitten flog dahin; zuweilen machte er einen Sprung, es war, als führe er über Gräben und Hecken. Er war ganz erschrocken, er wollte ein Vaterunser beten, aber er konnte sich nur an das große Einmaleins erinnern.

Die Schneeflocken wurden größer und größer, zuletzt sahen sie aus wie große weiße Hühner; auf einmal sprangen sie zur Seite, der große Schlitten hielt, und die Person, die ihn gefahren hatte, richtete sich auf, der Pelz und die Mütze waren aus lauter Schnee; eine Dame war es, so groß und rank, so schimmernd weiß – es war die Schneekönigin.

»Wir sind gut vorangekommen«, sagte sie, »aber wer wird denn frieren! Kriech hinein in meinen Bärenpelz!« Und sie setzte ihn neben sich in den Schlitten und schlug den Pelz um ihn; es war, als versänke er in einer Schneewehe.

»Frierst du noch immer?«, fragte sie und dann küsste sie ihn auf die Stirn. Uh! Das war kälter als Eis, es drang ihm bis ans Herz, das ja schon halbwegs ein Eisklumpen war; er fühlte es, als sollte er sterben, aber nur einen Augenblick, dann tat es ihm recht wohl; er spürte nicht mehr die Kälte ringsumher.

»Mein Schlitten! Vergiss meinen Schlitten nicht!« Daran dachte er zuerst; und der wurde an eins der weißen Hühner festgebunden und es flog hinterdrein mit dem Schlitten auf dem Rücken. Die Schneekönigin küsste Kay noch einmal und da hatte er die kleine Gerda und die Großmutter und alle daheim vergessen. »Nun bekommst du keine Küsse mehr«, sagte sie, »denn sonst küsse ich dich tot!«

Kay sah sie an; sie war so schön; ein klügeres, schöneres Gesicht konnte er sich nicht denken; jetzt schien sie nicht aus Eis zu sein wie damals, als sie draußen vor dem Fenster saß und ihm zuwinkte; in seinen Augen war sie vollkommen. Er fühlte gar keine Angst, er erzählte ihr, dass er kopfrechnen könne, und zwar mit Brüchen, dass er die Quadratmeilen der Länder wisse und wie viele Einwohner sie hätten, und sie lächelte immer. Da fand er, es wäre doch nicht genug, was er wisse, und er schaute in den großen, großen Luftraum hinauf, und sie flog mit ihm, flog hoch in die Lüfte auf die schwarze Wolke, und der Sturm sauste und brauste, es war, als sänge er alte Lieder. Sie flogen über Wälder und Seen, über Meere und Länder; unter ihnen sauste der kalte Wind, die Wölfe heulten, der

Die Schneekönigin

Schnee glitzerte, die schwarzen, krächzenden Krähen flogen über ihn hin, aber darüber schien der Mond so groß und hell und auf ihn schaute Kay in der langen, langen Winternacht; am Tage schlief er zu Füßen der Schneekönigin.

Dritte Geschichte
Der Blumengarten bei der Frau, die zaubern konnte

Aber wie erging es der kleinen Gerda, als Kay nicht mehr kam? Wo war er bloß? Niemand wusste es, niemand konnte Auskunft geben. Die Jungen erzählten nur, sie hätten ihn seinen kleinen Schlitten an einen andern, prächtig großen anbinden sehen, der in die Straße hinein- und zum Stadttor hinausfuhr. Niemand wusste, wo er war, viele Tränen flossen, die kleine Gerda weinte heiß und lange. Dann sagten sie, er sei tot, in dem Fluss ertrunken, der dicht bei der Stadt vorbeifloss; oh, es waren recht lange, dunkle Wintertage.

Nun kam der Frühling mit wärmerem Sonnenschein.

»Kay ist tot und verschwunden«, sagte die kleine Gerda.

»Das glaube ich nicht!«, sagte der Sonnenschein.

»Er ist tot und verschwunden!«, sagte sie zu den Schwalben.

»Das glaube ich nicht!«, antworteten die und zuletzt glaubte es die kleine Gerda auch nicht mehr.

»Ich will meine neuen, roten Schuhe anziehen«, sagte sie eines Morgens, »die, welche Kay nie gesehen hat, und dann will ich zum Fluss hinuntergehen und ihn fragen!«

Und es war ganz früh; sie küsste die alte Großmutter, die noch schlief, zog die roten Schuhe an und ging ganz allein zum Tor hinaus an den Fluss.

»Ist es wahr, dass du meinen kleinen Spielgefährten genommen hast? Ich will dir meine roten Schuhe schenken, wenn du ihn mir wiedergeben willst!«

Und die Wellen, so schien ihr, nickten so sonderbar; da nahm sie ihre roten Schuhe, das Liebste, was sie hatte, und warf sie beide in den Fluss hinaus, aber sie fielen dicht am Ufer nieder, und die kleinen Wellen trugen sie sogleich zu ihr ans Land, als wolle der Fluss das Liebste, was sie besaß, nicht nehmen, da er ja den kleinen Kay nicht hatte; aber sie glaubte nun, sie hätte die Schuhe nicht weit genug hinausgeworfen, und dann kroch sie in ein Boot, das im Schilf lag, sie ging bis ganz an das äußerste Ende und warf die Schuhe ins Wasser. Aber das Boot war nicht festgebunden, und bei der Bewegung, die sie machte, glitt es vom Land ab; sie bemerkte es und wollte schnell aussteigen, aber ehe sie zurücklangte, hatte sich das Boot über eine Elle vom Land entfernt und nun glitt es schneller dahin.

Da erschrak die kleine Gerda sehr und fing an zu weinen, aber niemand hörte sie außer den Sperlingen, und die konnten sie nicht an Land tragen, aber sie flogen am Ufer entlang und sangen, wie um sie zu trösten: »Hier sind wir, hier sind wir!« Das Boot trieb mit der Strömung; die kleine Gerda saß ganz still, in den bloßen Strümpfen; ihre kleinen roten Schuhe schwammen hinterher, aber sie konnten das Boot nicht erreichen, es trieb viel zu schnell.

Schön war es an beiden Ufern, herrliche Blumen, alte Bäume und Abhänge mit Schafen und Kühen, aber nicht ein Mensch war zu sehen.

Vielleicht trägt mich der Fluss zum kleinen Kay hin, dachte Gerda und da wurde sie wieder heiterer, richtete sich auf und sah viele Stunden lang die schönen grünen Ufer an; dann kam sie zu einem großen Kirschgarten, wo ein kleines Haus mit wunderlichen roten und blauen Fenstern war, übrigens hatte es ein Strohdach und draußen standen zwei Holzsoldaten, die vor den Vorbeisegelnden das Gewehr schulterten.

Gerda rief ihnen zu; sie glaubte, sie lebten, aber die Soldaten antworteten natürlich nicht; sie kam ihnen ganz nahe, der Fluss trieb das Boot gerade auf das Ufer zu. Gerda rief noch lauter, und da kam eine alte, alte Frau, die sich auf einen Krückstock stützte, aus dem Haus heraus; sie hatte einen großen Sonnenhut auf und der war mit den schönsten Blumen bemalt.

»Du kleines, armes Kind«, sagte die Frau. »Wie bist du nur auf den großen, starken Strom gekommen und so weit in die Welt hinausgetrieben worden?« Und dann ging die alte Frau ganz in das Wasser hinein, hakte ihren Krückstock im Boot fest, zog es an Land und hob die kleine Gerda heraus.

Und Gerda war froh darüber, wieder aufs Trockene zu kommen, aber doch ein wenig bange vor der fremden, alten Frau. »Komm doch und erzähle mir, wer du bist und wie du hierher kommst«, sagte sie.

Und Gerda erzählte ihr alles und die Alte wackelte mit dem Kopf und sagte: »Hm, hm!« Und als Gerda ihr alles gesagt und sie gefragt hatte, ob sie den kleinen

Die Schneekönigin

Kay nicht gesehen habe, sagte die Frau, er sei nicht vorbeigekommen, aber er würde wohl noch kommen, sie solle nur nicht betrübt sein, sondern ihre Kirschen kosten, ihre Blumen anschauen, sie seien schöner als irgendein Bilderbuch, sie könnten jede eine Geschichte erzählen. Dann nahm sie Gerda bei der Hand, sie gingen in das kleine Haus hinein und die alte Frau schloss die Tür zu.

Die Fenster saßen ganz hoch oben und die Scheiben waren rot, blau und gelb; das Tageslicht schillerte so wunderlich in allen Farben da drinnen, aber auf dem Tisch standen die schönsten Kirschen, und Gerda aß so viele sie wollte, denn das durfte sie. Und während sie aß, kämmte ihr die alte Frau das Haar mit einem goldenen Kamm, und das Haar lockte sich und glänzte so schön gelb rings um das kleine, freundliche Gesicht, das so rund war und wie eine Rose aussah.

»Nach einem so süßen, kleinen Mädchen habe ich mich richtig gesehnt!«, sagte die Alte. »Nun sollst du sehen, wie gut wir zwei miteinander auskommen werden.« Und während sie das Haar der kleinen Gerda kämmte, vergaß diese ihren Pflegebruder Kay mehr und mehr; denn die alte Frau konnte zaubern; aber eine böse Zauberin war sie nicht, sie zauberte nur ein wenig zu ihrem eigenen Vergnügen, und nun wollte sie die kleine Gerda gern behalten. Darum ging sie hinaus in den Garten, streckte ihren Krückstock gegen alle Rosensträucher aus, und wie schön sie auch blühten, sanken sie doch alle in die schwarze Erde, und man konnte nicht sehen, wo sie gestanden hatten. Die Alte fürchtete, dass Gerda, wenn sie die Rosen sähe, an ihre eigenen denken und sich dann des kleinen Kay erinnern und davonlaufen würde.

Nun führte sie Gerda in den Blumengarten hinaus.

Nein! Was hier für ein Duft und eine Schönheit war! Alle nur denkbaren Blumen, und zwar für jede Jahreszeit, standen hier in prächtigem Flor; kein Bilderbuch konnte bunter und schöner sein. Gerda hüpfte vor Freude und spielte, bis die Sonne hinter den hohen Kirschbäumen unterging; dann bekam sie ein schönes Bett mit roten Seidenkissen, die waren mit blauen Veilchen gestopft, und sie schlief und träumte dort so herrlich wie eine Königin an ihrem Hochzeitstag.

Am nächsten Tag konnte sie wieder im warmen Sonnenschein mit den Blumen spielen, und so vergingen viele Tage. Gerda kannte jede Blume, aber wie viele auch da waren, es schien ihr doch, dass eine fehlte, aber welche, das wusste sie nicht. Da saß sie eines Tages da und betrachtete den Sonnenhut der alten Frau mit den gemalten Blumen und gerade die schönste unter ihnen war eine Rose. Die Alte hatte vergessen, diese vom Hut zu entfernen, als sie die andern in die Erde versenkte. Aber so geht es, wenn man die Gedanken nicht beisammen hat!

»Was!«, sagte Gerda. »Sind hier keine Rosen?« Und sie sprang zwischen die Beete, suchte und suchte, aber es waren keine zu finden. Da setzte sie sich nieder und weinte; aber ihre heißen Tränen fielen gerade dorthin, wo ein Rosenstrauch versunken war, und als die warmen Tränen die Erde netzten, schoss der Strauch auf einmal empor, so blühend, wie er versunken war, und Gerda umarmte ihn, küsste die Rosen und dachte an die schönen Rosen daheim und mit ihnen auch an den kleinen Kay.

»Oh, wie bin ich aufgehalten worden!«, sagte das kleine Mädchen. »Ich sollte ja Kay suchen! – Wisst ihr nicht, wo er ist?«, fragte sie die Rosen. »Glaubt ihr, dass er tot und verschwunden ist?«

»Tot ist er nicht«, sagten die Rosen. »Wir sind ja in der Erde gewesen, dort sind alle die Toten, aber Kay war nicht da!«

»Habt Dank!«, sagte die kleine Gerda und sie ging zu den andern Blumen hin und sah in deren Kelch und fragte: »Wisst ihr nicht, wo der kleine Kay ist?« Aber jede Blume stand in der Sonne und träumte ihr eigenes Märchen oder ihre Geschichte; davon hörte Gerda so viele, viele, aber keine wusste etwas von Kay.

Und was sagte denn die Feuerlilie? »Hörst du die Trommel: bum, bum! Es sind nur zwei Töne, immer bum, bum! Höre den Klagegesang der Frauen! Höre den Ruf der Priester! – In ihrem langen, roten Gewand steht die Hindu-Frau auf dem Holzstoß, die Flammen lodern um sie und ihren toten Mann empor; aber die Hindu-Frau denkt an den Lebenden hier im Kreise, an ihn, dessen Augen heißer brennen als die Flammen, an ihn, dessen Augenfeuer ihrem Herzen näher kommt als die Flammen, die bald ihren Leib zu Asche verbrennen. Kann des Herzens Flamme sterben in des Feuers Flammen?«

»Das verstehe ich gar nicht«, sagte die kleine Gerda.

»Das ist mein Märchen«, sagte die Feuerlilie.

Was sagte die Winde?

»Über den schmalen Felsweg hinaus hängt eine alte Ritterburg; dichtes Immergrün wächst an den alten roten Mauern empor, Blatt an Blatt, um den Balkon herum, und dort steht ein schönes Mädchen; sie beugt sich über das Geländer und blickt den Weg hinab. Keine Rose hängt frischer von den Zweigen herab als sie; keine Apfelblüte, wenn sie der Wind vom Baum fortträgt, ist schwebender als sie; wie raschelt das prächtige Seidengewand: ›Kommt er denn nicht?‹«

»Meinst du Kay?«, fragte die kleine Gerda.

»Ich spreche nur von meinem Märchen, von meinem Traum«, antwortete die Winde.

Was sagte das kleine Schneeglöckchen?

»Zwischen den Bäumen hängt an Seilen das lange Brett; es ist eine Schaukel; zwei reizende, kleine Mädchen – die Kleider sind weiß wie Schnee, grüne Seidenbänder flattern von den Hüten – sitzen und schaukeln; der Bruder, größer als sie, steht aufrecht in der Schaukel, er hat den Arm um das Seil geschlungen, um sich zu halten; denn in der einen Hand hat er eine kleine Schale, in der andern eine Tonpfeife, er macht Seifenblasen. Die Schaukel schwingt und die Blasen fliegen mit schönen, wechselnden Farben; die letzte hängt noch am Pfeifenstiel und biegt sich im Winde; die Schaukel schwingt. Der kleine schwarze Hund, leicht wie die Blasen, richtet sich auf den Hinterbeinen auf und will mit in die Schaukel hinein; sie fliegt, der Hund fällt, kläfft und ist böse; er wird geneckt, die Seifenblasen platzen – ein schaukelndes Brett, ein zerspringendes Schaumbild ist mein Gesang!«

»Es mag wohl sein, dass es schön ist, was du erzählst, aber du sagst es so traurig und erwähnst Kay gar nicht. Was sagen die Hyazinthen?«

»Es waren drei schöne Schwestern, so durchsichtig und fein. Das Gewand der einen war rot, das der zweiten war blau, das der dritten ganz weiß; Hand in Hand tanzten sie an dem stillen See im hellen Mondschein. Sie waren keine Elfenmädchen, sie waren Menschenkinder. Es duftete so süß und die Mädchen verschwanden im Wald; der Duft wurde stärker. Drei Särge, darin lagen die schönen Mädchen, glitten aus dem Waldesdickicht über den See dahin; Johanneswürmchen flogen leuchtend ringsumher wie kleine, schwebende Lichter. Schlafen die tanzenden Mädchen oder sind sie tot? – Der Blumenduft sagt, sie sind Leichen; die Abendglocke läutet über den Toten!«

»Du machst mich ganz traurig«, sagte die kleine Gerda. »Du duftest so stark. Ich muss an die toten Mädchen denken! Ach, ist der kleine Kay denn wirklich tot? Die Rosen sind unten in der Erde gewesen und die sagen Nein!«

»Ding, dang!«, läuteten die Hyazinthenglocken. »Wir läuten nicht für den kleinen Kay, ihn kennen wir nicht. Wir singen nur unser Lied, das einzige, das wir können!«

Und Gerda ging zur Butterblume, die zwischen den glänzenden grünen Blättern hervorleuchtete.

»Du bist eine kleine, helle Sonne!«, sagte Gerda. »Sag mir, ob du weißt, wo ich meinen Spielgefährten finden soll.«

Und die Butterblume glänzte so schön und sah Gerda wieder an. Welches Lied konnte die Butterblume wohl singen? Es war auch kein Lied von Kay.

»In einem kleinen Hof erschien die liebe Gottessonne so warm am ersten Frühlingstag. Die Strahlen glitten an des Nachbarn weißer Wand herab; dicht daneben wuchsen die ersten gelben Blumen, leuchtendes Gold in den warmen Sonnenstrahlen; die alte Großmutter saß draußen in ihrem Stuhl, die Enkelin, das arme, schöne Dienstmädchen, kam heim von einem kurzen Besuch; sie küsste die Großmutter. Es war Gold, Herzensgold in diesem gesegneten Kuss. Gold auf dem Munde, Gold im Grunde, Gold dort oben in der Morgenstunde! Sieh, das ist meine kleine Geschichte!«, sagte die Butterblume.

»Meine arme, alte Großmutter«, seufzte Gerda. »Ja, sie sehnt sich gewiss nach mir und ist um mich besorgt, ebenso wie sie sich um den kleinen Kay grämte. Aber ich komme bald wieder heim und dann bringe ich Kay mit. – Es hilft nichts, dass ich die Blumen frage, sie kennen nur ihr eigenes Lied, sie geben mir keine Auskunft!« Und dann band sie ihr kleines Kleid hoch, damit sie schneller laufen konnte. Aber die Narzisse schlug ihr über das Bein, als sie über sie hinwegsprang; da blieb sie stehen, sah die lange Blume an und fragte: »Weißt du vielleicht etwas?« Und sie beugte sich ganz zu ihr nieder. Und was sagte die?

»Ich kann mich selbst sehen! Ich kann mich selbst sehen!«, sagte die Narzisse. »Oh, oh, wie ich dufte! – Oben in der Dachkammer, halb angekleidet, steht eine kleine Tänzerin, sie steht bald auf einem Bein, bald auf zweien, sie tritt mit den Füßen nach der ganzen Welt, sie ist nichts als Augentäuschung. Sie gießt Wasser aus einer Teekanne auf ein Stück Zeug, das sie hält; es ist das Mieder – Reinlichkeit ist eine gute Sache! Das weiße Kleid hängt am Haken, es ist im Teekessel gewaschen und auf dem Dach getrocknet! Das zieht sie an, das safrangelbe Tuch um den Hals, dann leuchtet das Kleid weißer. Das Bein in die Höhe! Sieh, wie sie sich auf dem einen Stängel streckt! Ich kann mich selbst sehen! Ich kann mich selbst sehen!«

»Das gefällt mir gar nicht«, sagte Gerda. »Es schickt sich nicht, mir so etwas zu erzählen.«

Und dann lief sie an das äußerste Ende des Gartens.

Die Tür war verschlossen, aber sie rüttelte an der verrosteten Krampe, bis sie nachgab und die Tür aufsprang, und dann lief die kleine Gerda auf bloßen Füßen in die weite Welt hinaus. Sie sah sich dreimal um, aber da war niemand, der ihr nacheilte; zuletzt konnte sie nicht mehr laufen und setzte sich auf einen großen Stein, und als sie sich umschaute, war der Sommer vorbei, es war Spätherbst; das konnte man drinnen in dem schönen Garten gar nicht merken, dort war immer Sonnenschein und die Blumen aller Jahreszeiten blühten.

»Gott, wie habe ich mich verspätet!«, sagte die kleine Gerda. »Es ist ja Herbst geworden! Da darf ich nicht ruhen!« Und sie erhob sich, um weiterzugehen.

Oh, wie waren ihre kleinen Füße wund und müde! Und überall sah es so kalt und rau aus; die langen Weidenblätter waren ganz gelb und der Nebel tropfte als Wasser von ihnen herab, ein Blatt nach dem andern fiel, nur der Schlehdorn stand mit Früchten da, den herben, die den Mund zusammenziehen. Oh, wie war es grau und schwer in der weiten Welt!

Vierte Geschichte
Prinz und Prinzessin

Gerda musste sich wieder ausruhen. Da hüpfte auf dem Schnee, ihr gerade gegenüber, eine große Krähe; sie hatte lange dagesessen, sie angeschaut und mit dem Kopf gewackelt; jetzt sagte sie: »Kra, kra! – Gu'n Tag, gu'n Tag!« Besser konnte sie es nicht sagen, aber sie meinte es so gut mit dem kleinen Mädchen und fragte, wohin sie so allein in die weite Welt hinausgehe. Das Wort »allein« verstand Gerda sehr gut und fühlte recht, wie viel darin lag, und dann erzählte sie der Krähe ihr ganzes Leben und Schicksal und fragte, ob sie Kay nicht gesehen habe.

Und die Krähe nickte ganz nachdenklich und sagte: »Es könnte sein! Es könnte sein!«

»Wie? Glaubst du?«, rief das kleine Mädchen und hätte die Krähe fast totgedrückt, so küsste sie sie.

»Vernünftig, vernünftig«, sagte die Krähe. »Ich glaube, es kann der kleine Kay sein! Aber nun hat er dich gewiss über der Prinzessin vergessen!«

»Wohnt er bei einer Prinzessin?«, fragte Gerda.

»Ja, höre!«, sagte die Krähe. »Aber es fällt mir so schwer, deine Sprache zu sprechen. Verstehst du die Krähensprache, dann kann ich besser erzählen?«

»Nein, die habe ich nicht gelernt!«, sagte Gerda. »Aber Großmutter konnte sie, und die P-Sprache konnte sie. Hätte ich sie doch gelernt!«

»Macht nichts«, sagte die Krähe. »Ich werde erzählen, so gut ich kann; aber schlecht wird es auf jeden Fall.« Und dann erzählte sie, was sie wusste.

»In dem Königreich, in dem wir jetzt sitzen, wohnt eine Prinzessin, die ungeheuer klug ist; aber sie hat auch alle Zeitungen gelesen, die es in der Welt gibt, und sie wieder vergessen, so klug ist sie. Neulich sitzt sie auf dem Thron, und das ist gar nicht mal so lustig, sagt man; da fängt sie an, ein Lied zu summen, es war gerade dieses: ›Warum sollte ich nicht heiraten?‹ Richtig, da ist etwas dran, sagt sie, und dann wollte sie sich verheiraten, aber sie wollte einen Mann haben, der zu antworten verstand, wenn man zu ihm sprach, einen, der nicht dastand und nur vornehm aussah, denn das ist so langweilig. Nun ließ sie alle Hofdamen zusammentrommeln, und als sie hörten, was die Prinzessin wollte, wurden sie sehr vergnügt. ›Das gefällt uns‹, sagten sie, ›an so etwas haben wir letzthin auch gedacht!‹ – Du kannst mir glauben, dass jedes Wort wahr ist, das ich sage«, versicherte die Krähe. »Ich habe eine zahme Liebste, die frei auf dem Schloss umhergeht, und sie hat mir alles erzählt!«

Das war natürlich auch eine Krähe, seine Liebste, denn eine Krähe sucht ihresgleichen und das ist immer eine Krähe.

»Die Zeitungen erschienen sogleich mit einem Rand von Herzen und dem Namenszug der Prinzessin; man konnte da lesen, dass es jedem jungen Mann, der gut aussah, freistehe, auf das Schloss zu kommen und mit der Prinzessin zu sprechen; und den, der so sprach, dass man hören konnte, er sei dort wie zu Hause, und der am besten redete, den wollte die Prinzessin zum Mann nehmen. – Jaja«, sagte die Krähe, »du kannst mir glauben, es ist so gewiss, wie ich hier sitze; die Leute strömten herbei, es war ein Gedränge und ein Laufen, aber es glückte nicht, weder am ersten noch am zweiten Tage. Sie konnten alle gut reden, solange sie draußen auf der Straße waren. Aber wenn sie zum Schlosstor hereinkamen und die Garde in Silber sahen und auf den Treppen die Lakaien in Gold und die großen, erleuchteten Säle, dann wurden sie verwirrt; und standen sie vor dem Thron, auf dem die Prinzessin saß, dann wussten sie nichts zu sagen als das letzte Wort, das sie gesprochen hatte, und das noch einmal zu hören, dazu hatte sie keine Lust. Es war, als ob die Leute da drinnen Schnupftabak auf den Bauch bekommen hätten und in Erstarrung gefallen wären, bis sie wieder auf die Straße hinauskamen, ja, dann konnten sie reden. Es stand eine Schlange vom Stadttor bis zum Schloss hin. Ich war selbst drinnen, um es zu sehen«, sagte die Krähe. »Sie wurden hungrig und durstig, aber im Schloss bekamen sie nicht einmal ein Glas lauwarmes Wasser. Wohl hatten einige der Klügsten Butterbrote mitgenommen, aber sie teilten nicht mit ihrem Nachbarn; sie dachten so: Lass ihn nur hungrig aussehen, dann nimmt die Prinzessin ihn nicht!«

»Aber Kay, der kleine Kay?«, fragte Gerda. »Wann kommt er? War er unter den vielen?«

»Gib Zeit, gib Zeit! Nun sind wir gleich bei ihm! Es war am dritten Tag, da kam eine kleine Person, ohne Pferd oder Wagen, ganz keck direkt aufs Schloss zumarschiert. Seine Augen glänzten wie deine, er hatte schönes, langes Haar, aber sonst ärmliche Kleider.«

»Das war Kay!«, jubelte Gerda. »Oh, dann habe ich ihn gefunden!« Und sie klatschte in die Hände.

»Er hatte einen kleinen Ranzen auf dem Rücken«, sagte die Krähe.

»Nein, das war sicher sein Schlitten«, sagte Gerda. »Denn mit dem Schlitten ging er fort!«

»Das kann gut sein«, sagte die Krähe, ich habe nicht so genau hingesehen. Aber das weiß ich von meiner zahmen Liebsten: Als er durch das Schlosstor kam und die Leibgarde in Silber und auf den Treppen die Lakaien in Gold sah, wurde er nicht im Geringsten verzagt, er nickte und sagte zu ihnen: ›Es muss langweilig sein, auf der Treppe zu stehen, ich geh lieber hinein!‹ Dort erstrahlten die Säle im Licht; Geheimräte und Exzellenzen gingen auf bloßen Füßen und trugen Goldschüsseln; es konnte einem wohl feierlich zumute werden! Seine Stiefel knarrten schrecklich laut, aber ihm wurde doch nicht bange.«

»Es ist ganz gewiss Kay«, sagte Gerda. »Ich weiß, er hatte neue Stiefel, ich habe sie in Großmutters Stube knarren hören!«

»Ja, geknarrt haben sie«, sagte die Krähe, »und keck ging er gerade auf die Prinzessin zu, die auf einer Perle saß, so groß wie ein Spinnrad. Und alle Hofdamen mit ihren Mädchen und den Mädchen ihrer Mädchen, und alle Kavaliere mit ihren Dienern und den Dienern ihrer Diener, die sich Burschen halten, standen ringsumher aufgestellt; und je näher sie der Tür standen, desto stolzer sahen sie aus. Des Dieners Dieners Bursche, der immer in Pantoffeln geht, darf man fast nicht anschauen, so stolz steht er in der Tür!«

»Das muss gräulich sein«, sagte die kleine Gerda. »Und Kay hat die Prinzessin trotzdem bekommen?«

»Wäre ich nicht eine Krähe gewesen, dann hätte ich sie genommen, und das, obwohl ich verlobt bin. Er soll ebenso gut gesprochen haben, wie ich spreche, wenn ich Krähensprache spreche, das weiß ich von meiner zahmen Liebsten. Er war unbefangen und reizend; er war gar nicht gekommen, um zu freien, er war nur gekommen, um die Klugheit der Prinzessin zu erproben, und die fand er gut und sie wiederum fand ihn gut!«

»Ja, bestimmt! Es war Kay!«, sagte Gerda. »Er war so klug, er konnte kopfrechnen, mit Brüchen! – Oh, willst du mich nicht auf das Schloss führen?«

»Ja, das ist leicht gesagt«, meinte die Krähe. »Aber wie machen wir das? Ich werde darüber mit meiner zahmen Liebsten reden; sie kann uns wohl raten. Denn das muss ich dir sagen: So ein kleines Mädchen wie du bekommt nie Erlaubnis, richtig hineinzukommen.«

»Doch, das tue ich«, sagte Gerda. »Wenn Kay hört, dass ich hier bin, kommt er gleich heraus und holt mich!«

»Erwarte mich dort am Zaun«, sagte die Krähe, wackelte mit dem Kopf und flog davon.

Erst als es dunkler Abend war, kam die Krähe wieder zurück: »Rar, rar!«, sagte sie. »Ich soll dich vielmals von ihr grüßen! Und hier ist ein Brötchen für dich, das nahm sie in der Küche, dort ist Brot genug, und du bist sicher hungrig! – Es ist nicht möglich, dass du ins Schloss hineinkommen kannst, du bist ja barfuß; die Garde in Silber und die Lakaien in Gold würden es nicht zulassen; aber weine nicht, du wirst schon hinkommen. Meine Liebste weiß eine kleine Hintertreppe, die zum Schlafgemach führt, und sie weiß, wo sie den Schlüssel finden kann!«

Und sie gingen in den Garten hinein, in die große Allee, wo ein Blatt nach dem andern abfiel, und als auf dem Schloss die Lichter erloschen, eines nach dem andern, führte die Krähe die kleine Gerda zu einer Hintertür, die angelehnt war.

Oh, wie Gerdas Herz vor Angst und Sehnsucht klopfte! Es war, als ob sie etwas Böses vorhätte, und sie wollte ja nur in Erfahrung bringen, ob es der kleine Kay sei. Doch er musste es sein; sie dachte so lebhaft an seine klugen Augen, sein langes Haar; sie konnte geradezu sehen, wie er lächelte, so wie damals, als sie daheim unter den Rosen saßen. Er würde sich bestimmt darüber freuen, sie zu sehen, von ihr zu hören, welchen weiten Weg sie seinetwegen gegangen war, und zu wissen, wie traurig sie zu Hause alle gewesen waren, als er nicht wiederkam. Oh, das war eine Furcht und Freude!

Jetzt waren sie auf der Treppe. Auf einem Schrank brannte eine kleine Lampe; mitten auf dem Fußboden stand die zahme Krähe und drehte den Kopf nach allen Seiten und betrachtete Gerda, die sich verneigte, wie Großmutter es sie gelehrt hatte.

»Mein Bräutigam hat so schön von Ihnen gesprochen, mein kleines Fräulein«, sagte die zahme Krähe. »Ihr Lebenslauf, wie man es nennt, ist auch sehr rührend! – Wollen Sie die Lampe nehmen, dann werde ich vorausgehen. Wir gehen hier den geraden Weg, denn da begegnen wir niemand.«

»Mir ist, als käme jemand gerade hinter uns her«, sagte Gerda und es sauste etwas an ihr vorbei; es war wie Schatten an der Wand entlang, Pferde mit flatternden Mähnen und dünnen Beinen, Jägerburschen, Herren und Damen zu Pferd.

»Das sind nur die Träume!«, sagte die Krähe. »Sie kommen und holen die Gedanken der hohen Herrschaft zur Jagd, das ist gut, dann können Sie sie besser im Bett betrachten. Aber falls Sie zu Ehren und Würden gelangen, dass Sie dann ein dankbares Herz zeigen.«

»Davon zu sprechen gehört sich nicht«, sagte die Krähe aus dem Walde.

Nun kamen sie in den ersten Saal, er war aus rosenrotem Atlas mit künstlichen Blumen an den Wänden; hier sausten schon die Träume an ihnen vorbei, aber sie flogen so schnell, dass Gerda die hohe Herrschaft nicht zu sehen bekam. Ein Saal war immer prächtiger als der andere; ja, man konnte nur staunen, und nun waren sie im Schlafgemach. Die Decke hier drinnen glich einer großen Palme mit Blättern aus Glas, kostbarem Glas, und mitten auf dem Boden hingen an einem dicken Stängel aus Gold zwei Betten, die jedes wie eine Lilie aussahen; das eine war weiß, in ihm lag die Prinzessin; das andere war rot, und in dem sollte Gerda den kleinen Kay suchen. Sie bog eines der roten Blätter zur Seite und da sah sie einen braunen Nacken. – Oh, es war Kay! Sie rief ganz laut seinen Namen, hielt die Lampe zu ihm hin – die Träume sausten zu Pferd wieder in die Stube herein –, er erwachte, drehte den Kopf und es war nicht der kleine Kay.

Der Prinz glich ihm nur von hinten, aber jung und schön war er. Und aus dem weißen Lilienbett schaute die Prinzessin heraus und fragte, was denn los sei. Da weinte die kleine Gerda und erzählte ihre ganze Geschichte und alles, was die Krähen für sie getan hatten.

»Du Ärmste!«, sagten der Prinz und die Prinzessin, und sie lobten die Krähen und sagten, sie seien ihnen gar nicht böse, aber sie dürften es doch nicht wieder tun, nun sollten sie jedoch eine Belohnung erhalten. »Wollt ihr frei sein?«, fragte die Prinzessin. »Oder wollt ihr eine feste Anstellung als Hofkrähen haben mit allem, was in der Küche abfällt?«

Und beide Krähen verneigten sich und baten um die feste Anstellung, denn sie dachten an ihr Alter und sagten: »Es ist so gut, etwas für seine alten Tage zu haben«, wie sie es nannten.

Und der Prinz stand aus seinem Bett auf und ließ Gerda darin schlafen und mehr konnte er nicht tun. Sie faltete ihre kleinen Hände und dachte: Wie sind Menschen und Tiere doch gut, und dann schloss sie ihre Augen und schlief ganz selig. Alle Träume kamen wieder hereingeflogen und da sahen sie aus wie Engel Gottes; und sie zogen einen kleinen Schlitten und auf dem saß Kay und nickte; aber das Ganze war nur Träumerei, und deshalb war es auch wieder verschwunden, sobald sie erwachte.

Am nächsten Tag wurde sie von Kopf bis Fuß in Seide und Samt gekleidet; es wurde ihr angeboten, auf dem Schloss zu bleiben und sich gute Tage zu gönnen, aber sie bat nur um einen kleinen Wagen mit einem Pferd davor und um ein Paar kleine Stiefel, dann wollte sie wieder in die weite Welt hinausfahren und Kay finden.

Und sie bekam Stiefel und auch einen Muff; sie wurde reizend angekleidet, und als sie fortwollte, hielt vor der Tür eine neue Kutsche aus purem Gold; das

Die Schneekönigin

Wappen des Prinzen und der Prinzessin leuchtete an ihr wie ein Stern; Kutscher, Diener und Vorreiter, denn Vorreiter waren auch da, saßen da mit Goldkronen auf dem Kopf. Der Prinz und die Prinzessin halfen ihr selbst in den Wagen und wünschten ihr alles Glück. Die Waldkrähe, die nun verheiratet war, begleitete sie die ersten drei Meilen. Sie saß neben Gerda, denn sie konnte es nicht vertragen, rückwärts zu fahren; die andere Krähe stand am Tor und schlug mit den Flügeln, sie kam nicht mit, denn sie litt an Kopfweh, seit sie eine feste Anstellung erhalten hatte und zu viel zu essen bekam. Inwendig war die Kutsche mit Zuckerbrezeln gefüttert und im Sitz waren Früchte und Pfeffernüsse.

»Leb wohl, leb wohl!«, riefen Prinz und Prinzessin und die kleine Gerda weinte und die Krähe weinte.

So ging es die erste Meile, dann sagte auch die Krähe Lebewohl und das war der schwerste Abschied. Sie flog auf einen Baum und schlug mit ihren schwarzen Flügeln, solange sie den Wagen sehen konnte, der wie der helle Sonnenschein strahlte.

Fünfte Geschichte
Das kleine Räubermädchen

Sie fuhren durch den dunklen Wald, aber die Kutsche leuchtete wie eine Flamme, die den Räubern in die Augen stach, das konnten sie nicht ertragen.

»Das ist Gold, das ist Gold!«, riefen sie, stürzten hervor, hielten die Pferde an, schlugen die kleinen Reiter, den Kutscher und die Diener tot und zogen nun die kleine Gerda aus dem Wagen.

»Sie ist fett, sie ist reizend, sie ist mit Nusskernen gemästet!«, sagte das alte Räuberweib, das einen langen, struppigen Bart hatte und Augenbrauen, die ihr über die Augen herabhingen. »Das ist so gut wie ein kleines Fettlamm! Na, die wird uns schmecken!« Und dann zog sie ihr blankes Messer hervor, und es blitzte, dass es grauenvoll war.

»Au!«, sagte das Weib auf einmal; sie wurde von ihrem eigenen Töchterchen ins Ohr gebissen. Die Kleine hing auf ihrem Rücken und gebärdete sich so wild und ungezogen, dass es eine Lust war. »Du leidiger Balg!«, sagte die Mutter und kam nicht dazu, Gerda zu töten.

Die Schneekönigin

»Sie soll mit mir spielen«, sagte das kleine Räubermädchen. »Sie soll mir ihren Muff geben, ihr schönes Kleid, bei mir in meinem Bett schlafen.« Und dann biss sie wieder, so dass das Räuberweib in die Höhe sprang und sich im Kreise drehte. Und alle Räuber lachten und sagten: »Seht, wie sie mit ihrem Balg tanzt!«

»Ich will in die Kutsche«, sagte das kleine Räubermädchen, und sie musste und wollte ihren Willen haben, denn sie war so verwöhnt und so eigensinnig. Sie und Gerda saßen im Wagen und dann fuhren sie über Stoppeln und Dornbüsche tiefer in den Wald hinein. Das kleine Räubermädchen war so groß wie Gerda, aber kräftiger, breitschultriger und von dunkler Haut; die Augen waren ganz schwarz, sie sahen fast traurig aus. Sie fasste die kleine Gerda um den Leib und sagte: »Sie sollen dich nicht töten, solange ich nicht böse auf dich werde. Du bist sicher eine Prinzessin?«

»Nein«, sagte die kleine Gerda und erzählte ihr alles, was sie erlebt hatte und wie lieb sie den kleinen Kay habe.

Das Räubermädchen schaute sie ganz ernst an, nickte ein wenig mit dem Kopf und sagte: »Sie sollen dich nicht töten, wenn ich auch böse auf dich werden sollte, dann will ich es schon selber tun!« Und dann trocknete sie Gerdas Augen und steckte ihre beiden Hände in den schönen Muff, der so weich und so warm war.

Nun hielt die Kutsche; sie waren mitten im Hof eines Räuberschlosses; es war von oben bis unten in den Mauern geborsten. Raben und Krähen flogen aus den offenen Löchern, und die großen Bullenbeißer, von denen jeder aussah, als könne er einen Menschen verschlingen, machten gewaltige Sprünge; aber sie bellten nicht, denn das war verboten.

In dem großen, alten, rußigen Saal brannte mitten auf dem Steinboden ein großes Feuer; der Rauch zog unter der Decke hin und musste selbst sehen, wie er einen Weg ins Freie fand; in einem großen Braukessel kochte Suppe, und Hasen und Kaninchen wurden am Spieß gebraten.

»Du sollst heute Nacht mit mir hier bei allen meinen kleinen Tieren schlafen«, sagte das Räubermädchen. Sie bekamen zu essen und zu trinken und gingen dann in eine Ecke, wo Stroh und Decken lagen. Darüber saßen auf Latten und Stäben an die hundert Tauben, die zu schlafen schienen, sich aber doch ein wenig bewegten, als die Mädchen kamen.

»Die gehören alle mir«, sagte das kleine Räubermädchen und griff sich geschwind eine der nächsten, hielt sie an den Beinen und schüttelte sie, so dass sie mit den Flügeln schlug. »Küss sie!«, rief sie und klatschte Gerda das Tier ins Gesicht. »Da sitzen die Waldkanaillen«, fuhr sie fort und zeigte hinter eine Menge Latten, die vor ein Loch hoch oben in der Mauer geschlagen waren. »Das sind Waldkanaillen, die beiden! Sie fliegen gleich fort, wenn man sie nicht ordentlich eingeschlossen hält; und hier steht mein alter Freund Bä!« Und sie zog ein Rentier am Horn, das einen blanken Kupferring am Hals hatte und angebunden war. »Ihn müssen wir genauso im Auge behalten, sonst springt er uns auch fort. Ich kitzle ihn Abend für Abend am Hals mit meinem scharfen Messer, davor hat er solche Angst!« Und das kleine Mädchen zog ein langes Messer aus einem Spalt in der Mauer und ließ es über den Hals des Rentiers gleiten; das arme Tier schlug mit den Beinen aus und das Räubermädchen lachte und zog Gerda mit auf das Bett nieder.

»Willst du das Messer bei dir behalten, wenn du schläfst?«, fragte Gerda und schaute etwas ängstlich nach ihm hin.

»Ich schlafe immer mit dem Messer«, sagte das kleine Räubermädchen. »Man kann nie wissen, was kommt. Aber berichte mir nun noch einmal, was du vorhin von dem kleinen Kay erzähltest und warum du in die weite Welt hinausgegangen bist.«

Und Gerda erzählte wieder von vorne und die Waldtauben gurrten oben im Bauer, die andern Tauben schliefen. Das Räubermädchen legte seinen Arm um Gerdas Hals, hielt das Messer in der andern Hand und schlief, dass man es hören konnte. Aber Gerda konnte kein Auge zutun, sie wusste nicht, ob sie leben oder sterben sollte. Die Räuber saßen rings um das Feuer, sangen und tranken und das Räuberweib schlug Purzelbäume. Oh, es war ganz gräulich für ein kleines Mädchen, das mitanzusehen!

Da sagten die Waldtauben: »Gurre, gurre! Wir haben den kleinen Kay gesehen. Ein weißes Huhn trug seinen Schlitten; er saß im Wagen der Schneekönigin, der niedrig über den Wald hinfuhr, als wir im Nest lagen; sie blies uns Junge an und alle starben sie außer uns beiden; gurre, gurre!«

»Was sagt ihr da oben?«, rief Gerda. »Wo reiste die Schneekönigin hin? Wisst ihr etwas darüber?«

»Sie reiste sicher nach Lappland, denn dort ist immer Schnee und Eis. Frage nur das Rentier, das am Strick angebunden steht.«

»Dort ist Eis und Schnee, dort ist es herrlich und gut!«, sagte das Rentier. »Dort springt man frei umher in den großen, schimmernden Tälern. Da hat die Schneekönigin ihr Sommerzelt; aber ihr festes Schloss liegt oben gegen den Nordpol zu, auf der Insel, die Spitzbergen genannt wird!«

»O Kay, kleiner Kay!«, seufzte Gerda.

»Lieg jetzt endlich still«, sagte das Räubermädchen. »Sonst bekommst du das Messer in den Magen!«

Am Morgen erzählte Gerda ihr alles, was die Waldtauben gesagt hatten, und das kleine Räubermädchen schaute ganz ernst drein; es nickte mit dem Kopf und sagte: »Es ist gleich, es ist gleich! – Weißt du, wo Lappland liegt?«, fragte sie das Rentier.

»Wer sollte das besser wissen als ich«, sagte das Rentier und die Augen funkelten in seinem Kopf. »Dort bin ich geboren und aufgewachsen, dort bin ich auf den Schneefeldern umhergelaufen.«

»Hör«, sagte das Räubermädchen zu Gerda, »du siehst, alle unsere Mannsleute sind fort, nur Mutter ist noch hier und sie bleibt, aber im Laufe des Vormittages trinkt sie aus der großen Flasche und macht danach ein Schläfchen; dann will ich etwas für dich tun!«

Nun sprang sie aus dem Bett, fiel der Mutter um den Hals, zupfte sie am Bart und sagte: »Mein lieber, süßer Ziegenbock, guten Morgen!« Und die Mutter knipste sie auf die Nase, dass sie rot und blau wurde; aber das tat sie alles aus lauter Liebe.

Als dann die Mutter aus ihrer Flasche getrunken hatte und ein kleines Schläfchen machte, ging das Räubermädchen zum Rentier hin und sagte: »Ich habe so recht Lust, dich noch viele Male mit dem scharfen Messer zu kitzeln, denn dann bist du so lustig. Aber es ist gleich, ich will dich losbinden und dir hinaushelfen, damit du nach Lappland laufen kannst. Du musst laufen, was du nur kannst, und dieses kleine Mädchen zum Schloss der Schneekönigin bringen, wo ihr Spielgefährte ist. Du hast ja sicher gehört, was sie erzählte, denn sie sprach laut genug und du horchtest!«

Das Rentier machte einen Luftsprung vor Freude. Das Räubermädchen hob die kleine Gerda hinauf und war so umsichtig, sie festzubinden, ja, ihr sogar ein kleines Kissen zu geben, auf dem sie sitzen konnte. »Es ist gleich«, sagte sie, »da hast du deine Pelzstiefel, denn es wird kalt, aber den Muff behalte ich, er ist allzu hübsch! Du sollst aber trotzdem nicht frieren. Hier hast du die großen Fausthandschuhe meiner Mutter, sie reichen dir bis an die Ellbogen; kriech hinein! – Jetzt siehst du an den Händen aus wie meine abscheuliche Mutter!«

Und Gerda weinte vor Freude.

»Ich kann es nicht leiden, dass du flennst«, sagte das Räubermädchen. »Jetzt solltest du gerade vergnügt aussehen! Und da hast du zwei Brote und einen Schinken, dann musst du nicht hungern.« Beides wurde hinten auf das Rentier gebunden; das kleine Räubermädchen öffnete die Tür, lockte alle die großen Hunde herein und dann schnitt sie den Strick mit ihrem Messer durch und sagte zum Rentier: »Lauf denn! Aber gib wohl Acht auf das kleine Mädchen!«

Und Gerda streckte die Hände mit den großen Fausthandschuhen nach dem Räubermädchen aus und sagte Lebewohl. Dann flog das Rentier davon über Büsche und Stoppeln, durch den großen Wald, über Moore und Steppen, so schnell es nur konnte. Die Wölfe heulten und die Raben krächzten. »Fut, fut!«, sagte es am Himmel. Es war, als niese er rot.

»Das sind meine alten Nordlichter!«, sagte das Rentier. »Sieh nur, wie sie leuchten!« Und dann lief es noch schneller von dannen, Tag und Nacht; die Brote wurden verzehrt, der Schinken auch, und dann waren sie in Lappland.

Sechste Geschichte
Die Lappin und die Finnin

Sie hielten vor einem kleinen Haus, das war sehr armselig. Das Dach ging bis zur Erde herab, und die Tür war so niedrig, dass die Familie auf dem Bauch kriechen musste, wenn sie heraus- oder hineinwollte. Hier war niemand zu Hause außer einer alten Lappin, die dastand und an einer Tranlampe Fische briet; und das Rentier erzählte Gerdas ganze Geschichte, aber erst seine eigene, denn es fand, die sei viel wichtiger, und Gerda war von der Kälte so mitgenommen, dass sie nicht sprechen konnte.

»Ach, ihr Ärmsten!«, sagte die Lappin. »Da habt ihr noch weit zu laufen! Ihr müsst noch über hundert Meilen nach Finnmarken hinein, denn dort wohnt die Schneekönigin und zündet jeden Abend bengalische Flammen an. Ich werde ein paar Worte auf einen gedörrten Stockfisch schreiben, Papier habe ich nicht, den werde ich euch mitgeben für die Finnin dort oben, die euch besser Auskunft geben kann als ich.«

Und als nun Gerda sich gewärmt hatte und sie zu essen und zu trinken bekommen hatte, schrieb die Lappin ein paar Worte auf einen gedörrten Stockfisch und bat Gerda, gut auf ihn aufzupassen, band sie wieder auf dem Rentier fest und dieses sprang davon. »Fut, fut!«, sagte es oben in der Luft; die ganze Nacht über brannte das schönste blaue Nordlicht, und dann kamen sie nach Finnmarken und klopften an den Schornstein der Finnin, denn sie hatte nicht einmal eine Tür.

Es war eine Hitze dort drinnen, dass die Finnin selbst fast nackt ging; klein war sie und schmutzig. Sie löste Gerda gleich die Kleider, zog ihr die Fausthandschuhe und die Stiefel aus, denn sonst wäre es ihr zu heiß geworden, legte dem Rentier ein Stück Eis auf den Kopf und las dann, was auf dem Stockfisch geschrieben stand. Sie las es dreimal, dann konnte sie es auswendig und steckte den Fisch in den Kochtopf, denn er ließ sich ja noch essen und sie vergeudete nie etwas.

Nun erzählte das Rentier erst seine Geschichte, dann die der kleinen Gerda, und die Finnin blinzelte mit den Augen, sagte aber nichts. »Du bist so klug«, sagte das Rentier. »Ich weiß, du kannst alle Winde der Welt in einen Nähfaden knüpfen; wenn der Schiffer den einen Knoten löst, bekommt er guten Wind, löst er den zweiten, dann bläst es heftig, und löst er den dritten und vierten, dann stürmt es, dass die Wälder umfallen. Willst du dem kleinen Mädchen nicht einen Trunk geben, dass sie Zwölfmännerstärke erhält und die Schneekönigin überwinden kann?«

»Zwölfmännerstärke«, sagte die Finnin, »ja, das würde allerhand ausrichten!« Und dann ging sie zu einem Brett, holte ein großes, zusammengerolltes Fell hervor und rollte es auf. Es waren sonderbare Buchstaben darauf geschrieben, und die Finnin las, dass ihr das Wasser von der Stirn troff.

Aber das Rentier bat noch einmal so sehr für die kleine Gerda, und Gerda sah die Finnin mit so flehenden, tränenvollen Augen an, dass diese wieder mit den ihren zu blinzeln begann und das Rentier in eine Ecke zog, wo sie ihm etwas zuflüsterte, während es frisches Eis auf den Kopf bekam.

»Der kleine Kay ist allerdings bei der Schneekönigin und findet dort alles nach seinem Wunsch und Willen und glaubt, es sei der beste Ort der Welt. Aber das kommt daher, weil er einen Glassplitter ins Herz und ein kleines Glaskörnchen ins Auge bekommen hat; die müssen erst heraus, sonst wird er nie wieder ein Mensch und die Schneekönigin wird ihn in ihrer Macht behalten.«

»Aber kannst du der kleinen Gerda nicht etwas eingeben, damit sie über das alles Macht erhält?«

»Ich kann ihr keine größere Macht geben, als sie schon hat! Siehst du nicht, wie groß die ist? Siehst du nicht, wie Menschen und Tiere ihr dienen müssen und wie sie auf bloßen Füßen so gut in der Welt vorangekommen ist? Sie braucht ihre Macht nicht von uns zu bekommen, sie sitzt in ihrem Herzen und besteht allein darin, dass sie ein liebes, unschuldiges Kind ist. Kann sie nicht selbst zur Schneekönigin hineingelangen und den kleinen Kay von den Glassplittern befreien, dann können wir ihr nicht helfen! Zwei Meilen von hier beginnt der Garten der Schneekönigin, dorthin kannst du das kleine Mädchen tragen; setze sie bei dem großen Busch ab, der voll roter Beeren im Schnee steht; mache kein langes Geschwätz, sondern kehre schnell hierher zurück!« Und dann hob die Finnin die kleine Gerda auf das Rentier, das lief, so schnell seine Beine es tragen konnten.

»Oh, ich habe meine Stiefel nicht! Ich habe meine Fausthandschuhe nicht!«, rief die kleine Gerda; das spürte sie in der schneidenden Kälte; aber das Rentier wagte nicht anzuhalten, es lief, bis es an den großen Busch mit den roten Beeren kam. Dort setzte es Gerda ab, küsste sie auf den Mund, und es liefen große, blanke Tränen über des Tieres Backen herab, und dann rannte es, was es nur konnte, wieder zurück. Da stand die arme Gerda, ohne Schuhe, ohne Handschuhe, mitten in dem fürchterlichen, eiskalten Finnmarken.

Sie lief weiter, so schnell sie es vermochte; da kam ein ganzes Regiment Schneeflocken; aber sie fielen nicht vom Himmel herab, der war ganz klar und leuchtete von Nordlichtern; die Schneeflocken liefen richtig über die Erde hin, und je näher sie kamen, desto größer wurden sie. Gerda erinnerte sich wohl daran, wie groß und künstlich sie damals ausgesehen hatten, als sie durch das Brennglas sah; aber hier waren sie allerdings noch viel größer und fürchterlicher, sie waren lebendig, sie waren Vorposten der Schneekönigin. Sie hatten die seltsamsten Gestalten; einige sahen aus wie garstige, große Stachelschweine, andere wie ganze Knäuel aus Schlangen, die die Köpfe hervorstreckten, und wieder andere wie kleine, dicke Bären, deren Haare sich sträubten, alle glänzend weiß, alle waren lebendige Schneeflocken.

Da betete die kleine Gerda ihr Vaterunser, und die Kälte war so groß, dass sie ihren eigenen Atem sehen konnte; wie Rauch strömte er aus ihrem Mund; der Atem wurde dichter, und er formte sich zu kleinen, lichten Engeln, die zusehends wuchsen, wenn sie die Erde berührten; und alle hatten sie Helme auf dem Kopf und Speer und Schild in den Händen. Es wurden immer mehr, und als Gerda ihr Vaterunser beendet hatte, war sie von einer ganzen Legion umgeben. Sie hieben mit ihren Speeren auf die gräulichen Schneeflocken ein, so dass sie in hundert Stücke zersprangen, und die kleine Gerda ging ganz sicher und unverzagt weiter. Die Engel streichelten ihre Füße und Hände, und da fühlte sie weniger, wie kalt es war, und ging rasch auf das Schloss der Schneekönigin zu.

Aber nun wollen wir erst sehen, wie es Kay ging. Er dachte wahrlich nicht an die kleine Gerda, und am allerwenigsten daran, dass sie draußen vor dem Schloss stand.

Siebente Geschichte
Was sich im Schloss der Schneekönigin zutrug und was später geschah

Die Wände des Schlosses waren aus stiebendem Schnee und Fenster und Türen aus schneidenden Winden; es waren über hundert Säle, je nachdem der Schnee stob; der größte erstreckte sich viele Meilen weit, alle beleuchtet von dem starken Nordlicht, und sie waren so groß, so leer, so eisig kalt und so glitzernd. Niemals herrschte hier Fröhlichkeit, es wurde nicht einmal ein kleiner Bärenball abgehalten, wo der Sturm aufblasen und die Eisbären auf den Hinterbeinen gehen und feine Manieren zeigen konnten; niemals eine kleine Spielgesellschaft mit Maulklapp und Tatzenschlag; niemals ein klein wenig Kaffeeklatsch von den weißen Fuchsfräulein her; leer, groß und kalt war es in den Sälen der Schneekönigin. Die Nordlichter flammten so regelmäßig, dass man zählen konnte, wann sie am

Die Schneekönigin

höchsten und wann sie am niedrigsten standen. Mitten in dem leeren, unendlichen Schneesaal war ein gefrorener See. Er war in tausend Stücke zerborsten, aber jedes Stück glich dem andern so genau, dass es ein wahres Kunstwerk war; und mitten darauf saß die Schneekönigin, wenn sie zu Haus war, und dann sagte sie, sie sitze im Spiegel des Verstandes, und das sei das Einzige und das Beste auf dieser Welt.

Der kleine Kay war ganz blau vor Kälte, ja, fast schwarz; aber er merkte es nicht, denn sie hatte ihm ja den Kälteschauer weggeküsst und sein Herz war wie ein Eisklumpen. Er schleppte einige scharfe, flache Eisstücke mit sich herum, die er auf alle möglichen Arten zusammenlegte; denn er wollte ein Muster daraus bilden; es war, als wenn wir andern kleine Holztafeln haben und diese zu Figuren zusammenfügen, was man das chinesische Spiel nennt. Kay legte alle Figuren, die allerkunstvollsten, es war das Verstandes-Eisspiel. In seinen Augen waren die Figuren ganz ausgezeichnet und von allerhöchster Wichtigkeit: Das bewirkte das Glaskörnchen, das ihm im Auge saß! Er legte ganze Figuren, die ein geschriebenes Wort bildeten; aber nie wollte es ihm gelingen, das Wort zu legen, das er just legen wollte, das Wort: Ewigkeit. Und die Schneekönigin hatte gesagt: »Kannst du mir diese Figur herausfinden, dann sollst du dein eigener Herr sein, und ich schenke dir die ganze Welt und ein Paar neue Schlittschuhe.« Aber er konnte es nicht.

»Nun sause ich fort nach den warmen Ländern!«, sagte die Schneekönigin. »Ich will hin und in die schwarzen Töpfe gucken!« – Das waren die Feuer speienden Berge, Ätna und Vesuv, wie man sie nennt. »Ich werde sie ein wenig weiß machen! Das gehört dazu; das wird den Zitronen und Weintrauben gut tun!« Und dann flog die Schneekönigin davon, und Kay saß ganz allein in dem viele Meilen großen, leeren Eissaal und schaute die Eisstücke an und dachte und dachte, so dass es in ihm knackte; ganz starr und still saß er da, man hätte glauben können, er sei erfroren.

Da trat die kleine Gerda durch das große Tor, das aus schneidenden Winden bestand, ins Schloss; aber sie sprach ihr Abendgebet, und da legten sich die Winde, als wollten sie schlafen, und sie trat in die großen, leeren, kalten Säle ein. Da erblickte sie Kay, sie erkannte ihn, sie flog ihm um den Hals, hielt ihn fest und rief: »Kay! Lieber kleiner Kay! So habe ich dich gefunden!«

Die Schneekönigin

Aber er saß ganz still, starr und kalt; da weinte die kleine Gerda heiße Tränen, sie fielen auf seine Brust, sie drangen in sein Herz hinein, sie tauten die Eisklumpen auf und verzehrten das kleine Spiegelstückchen da drinnen; er sah sie an
und sie sang das Lied:

»Im Tale blühen die Rosen so schön,
Dort werden wir das Jesuskind sehn!«

Da brach Kay in Tränen aus; er weinte so sehr, dass das Spiegelkörnchen aus seinem Auge herausrollte, er erkannte sie und jubelte: »Gerda! Liebe kleine Gerda! –
Wo bist du nur so lange gewesen? Und wo bin ich gewesen?« Und er blickte sich
um. »Wie kalt es hier ist! Wie leer und groß es hier ist!« Und er hielt sich an Gerda fest und sie lachte und weinte vor Freude; es war so beglückend, dass selbst die
Eisstücke vor Freude im Kreise tanzten, und als sie müde waren und sich nieder-
legten, lagen sie gerade in den Buchstaben, von denen die Schneekönigin gesagt
hatte, er solle sie ausfindig machen, dann sei er sein eigener Herr, und sie wolle
ihm die ganze Welt und ein Paar neue Schlittschuhe schenken.

Und Gerda küsste seine Wangen und sie wurden blühend; sie küsste seine
Augen und sie leuchteten wie die ihren; sie küsste seine Hände und Füße und er
war gesund und munter. Die Schneekönigin mochte ruhig nach Hause kommen,
sein Freibrief stand da mit glitzernden Eisstücken geschrieben.

Und sie fassten einander bei den Händen und wanderten aus dem großen
Schloss hinaus; sie sprachen von Großmutter und von den Rosen oben auf dem
Dach; und wo sie gingen, lagen die Winde ganz still und die Sonne brach hervor.
Und als sie den Busch mit den roten Beeren erreichten, stand das Rentier dort
und wartete; es hatte ein anderes junges Rentier bei sich, dessen Euter voll war,
und es gab den Kleinen seine warme Milch und küsste sie auf den Mund. Darauf
trugen sie Kay und Gerda zuerst zur Finnin, wo sie sich in der heißen Stube
wärmten und Bescheid über die Heimreise erhielten, und dann zur Lappin, die
ihnen neue Kleider genäht und ihren Schlitten instand gesetzt hatte.

Und das Rentier und das junge Rentier sprangen neben dem Schlitten her
und begleiteten sie bis an die Grenze des Landes; dort guckte das erste Grün hervor und dort nahmen sie Abschied von dem Rentier und der Lappin. »Lebt

wohl!«, sagten sie alle. Und die ersten kleinen Vögel begannen zu zwitschern, der Wald hatte grüne Knospen, und aus ihm kam herausgeritten auf einem prächtigen Pferd, das Gerda kannte (es war vor die Goldkutsche gespannt gewesen), ein junges Mädchen mit einer leuchtend roten Mütze auf dem Kopf und Pistolen im Halfter; es war das kleine Räubermädchen, das es satt hatte, zu Hause zu sein, und nun erst gegen Norden wollte und später nach einer anderen Gegend, falls es ihr dort nicht gefiele. Sie erkannte Gerda sofort und Gerda erkannte sie; das war eine Freude!

»Du bist ein komischer Kerl, dich so herumzutreiben!«, sagte sie zum kleinen Kay. »Ich möchte wohl wissen, ob du es verdienst, dass man deinetwegen bis ans Ende der Welt läuft!«

Aber Gerda streichelte ihr die Wange und fragte nach dem Prinzen und der Prinzessin.

»Die sind nach fremden Ländern gereist!«, sagte das Räubermädchen.

»Aber die Krähe?«, fragte die kleine Gerda.

»Ja, die Krähe ist tot!«, antwortete sie. »Die zahme Liebste ist Witwe geworden und geht mit einem Stückchen schwarzen Wollfaden um das Bein; sie klagt jämmerlich und Geschwätz ist das Ganze! – Aber erzähle mir nun, wie es dir ergangen ist und wie du ihn erwischt hast!«

Und Gerda und Kay erzählten beide.

Und »Schnippschnapp-Schnurrebasselurre!«, sagte das Räubermädchen, fasste sie beide an den Händen und versprach, falls sie einmal durch ihre Stadt käme, dann wolle sie heraufkommen und sie besuchen, und dann ritt sie in die weite Welt hinaus. Aber Kay und Gerda gingen Hand in Hand, und wie sie so gingen, war es schöner Frühling mit Blumen und Grün; die Kirchenglocken läuteten, und sie erkannten die hohen Türme, die große Stadt, es war die, in der sie wohnten, und sie gingen in die Stadt hinein und hin zu Großmutters Tür, und die Treppe hinauf, in die Stube hinein, wo alles noch am gleichen Platz stand wie früher, und die Uhr sagte: »Tick, tack!« Und der Zeiger drehte sich; aber als sie durch die Tür gingen, merkten sie, dass sie erwachsene Menschen geworden waren. Die Rosen in der Dachrinne blühten zu den offenen Fenstern herein und da standen die kleinen Kinderstühle und Kay und Gerda setzten sich jedes auf den seinen und hielten sich an den Händen; sie hatten die kalte, leere Herrlichkeit bei der Schneekönigin gleich einem schweren Traum vergessen. Großmutter saß in Gottes hellem Sonnenschein und las laut aus der Bibel vor: »Es sei denn, dass ihr euch umkehret und werdet wie die Kinder, so werdet ihr nicht ins Himmelreich kommen!«

Und Kay und Gerda schauten einander in die Augen und sie verstanden auf einmal das alte Lied:

»Im Tale blühen die Rosen so schön,
Dort werden wir das Jesuskind sehn!«

Da saßen sie beide, erwachsen und doch Kinder, Kinder im Herzen, und es war Sommer, warmer, gesegneter Sommer.

Hans Christian Andersen, geboren am 2. April 1805 im dänischen Odense, gestorben am 4. August 1875 in Kopenhagen, veröffentlichte Romane, Gedichte, Reisebeschreibungen, Tagebücher und über 150 Märchen, die seinen Welterfolg begründet und erhalten haben. Sie sind in fast allen Sprachen der Welt erschienen, wurden immer wieder neu übersetzt und in aller Welt auf ganz unterschiedliche Weise illustriert.

Albrecht Leonhardt, geb. 1926 in Dresden, studierte Literatur- und Kunstgeschichte; lebte ab 1951 in Kopenhagen als freier Rundfunkredakteur und Übersetzer zahlreicher Bücher aus dem Dänischen, Schwedischen und Norwegischen. 1952 gründete er eine literarische Agentur, die er bis 2000 leitete; heute lebt Albrecht Leonhardt in Lübeck.

Nikolaus Heidelbach, geboren 1955 in Köln, studierte Germanistik, Kunstgeschichte und Theaterwissenschaft; lebt als freischaffender Künstler und Autor in Köln. Seine Bilderbücher und Illustrationen wurden vielfach ausgezeichnet; für sein Gesamtwerk erhielt er den Sonderpreis des Deutschen Jugendliteraturpreises.
In gleicher Ausstattung von Nikolaus Heidelbach ist auch eine Auswahl der Märchen der Brüder Grimm erschienen.